開発の政治経済学

―グローバリゼーションと国際協力の課題―

稲葉　守満 著

時潮社

目 次
CONTENTS

はじめに *4*

第Ⅰ部　経済発展の政治経済学 ─────── *7*
第1章　ラテンアメリカの経済発展の構造　*8*
第2章　アフリカの経済発展の動向　*57*
第3章　旧イギリス・アフリカ植民地の経済発展　*90*
第4章　アフリカ経済の構造　*127*

第Ⅱ部　国際協力の課題 ─────────── *175*
第5章　開発と貧困　*176*
第6章　バングラデシュの貧困とミクロ開発金融　*219*
第7章　開発と環境政策　*217*
第8章　東南アジアの熱帯雨林の破壊と消失　*318*

第Ⅲ部　グローバリゼーションと発展途上国 ─── *353*
第9章　途上国債務の政治経済学　*354*
第10章　国際金融資本の流動化と通貨危機　*396*
第11章　タイと東南アジアの通貨危機　*421*
第12章　インドネシアの通貨・金融危機　*449*

おわりに *490*

はじめに

　この本は2007年3月に時潮社から出版した『開発政策論』の姉妹編である。著者はアジア開発銀行を退職後約15年間大学および大学院で「国際協力論」の講座を担当してきた。その間発展途上国の経済発展の様々な問題および課題について40篇前後の研究論文を大学の紀要に発表してきた。これ等の論文の内、特に日本を含むアジアの主要な国の経済発展と産業政策に関する論文を纏めたのが前著『開発政策論』である。本著『開発の政治経済学』ではアジア以外の発展途上国の経済発展の動向、途上国の主要な課題である「貧困と環境」、途上国特に中所得国が先進国の資本主義経済体制に統合される過程で発生した通貨・金融危機の問題を解説した合計13の論文が纏められている。最初の計画では、以上の他ブレトン・ウッズ体制と発展途上国、多国籍企業と途上国、先進国の開発援助（ODA）政策に関する問題と課題を解説する予定であったが、紙面と時間の都合で割愛せざるを得なかった。

　第1部ではラテンアメリカ諸国及びアフリカ、特に旧イギリス植民地国の経済発展の動向を政治経済学の視点から書かれた論文を収録した。第1章では19世紀前半独立したラテンアメリカ諸国特にメキシコの経済が長期間停滞した根本的な原因がこれ等諸国の経済社会の構造的体質と閉鎖的な経済政策にあるという著者の主張が述べられている。第2章から第4章まで、アフリカ特に旧イギリス植民地国の経済発展のプロセスを解説している。ここでは主にアフリカ諸国の多様性、奴隷貿易以降数世紀に及ぶ西欧社会の搾取、間接統治による伝統的社会と権力構造の温存、未熟な国家形成（nation-building）、人為的に造られた国家、資源及び一次産品依存型の経済構造、貧困の罠、ODA依存と腐敗構造、多発する紛争等に焦点を当ててアフリカ経済が抱える問題と課題について解説している。

第2部では途上国の共通の課題である「貧困と環境」の問題を多少詳しく解説している。第5章では、途上国の貧困の実態、貧困に関する学説と研究、貧困の定義と統計的な測定の技術的な問題について説明している。著者はA・センの見解に賛同する立場を取っており、「貧困は本質的には人間が人間としての尊厳や権威を喪失した状態」であり、統計学的に貧困をどう測定するかという問題は技術的な問題に過ぎないと考える。

　第6章では最近世界で注目されているユヌス教授の「グラミン銀行」を中心とする途上国の貧困を解決す実践的な方法として展開された「ミクロ開発金融」を解説している。ユヌス教授はその功績によって「ノーベル平和賞」を受賞しているが、ユヌス教授の「グラミン銀行」は資本主義社会から疎外された「体制外的存在」である貧困者を、資本主義社会の体制を越えたより本源的で人間的なアプローチでその人間性を回復しようとしており非常に革命的な試みであると著者は考える。第7章では環境問題に関する高まる国際世論、日本の公害と環境政策、「環境クズネッツ曲線（EKC：Environmental Kuznets Curve）」論争，東アジア及び東南アジアの環境問題を紹介している。第8章では、地球環境問題の1つとして近年重要視されている「熱帯雨林の破壊と消失傾向」の問題を東南アジアの熱帯雨林の問題に焦点を当て分析している。

　第3部の各章は1980年代以降の国際経済のグローバル化の中で途上国、特に中所得国が先進国の金融市場に統合される過程で発生した累積債務危機（第9章）、国際金融資本の流動化と通貨危機（第10章）、タイと東南アジアの通貨危機（第11章）及びインドネシアの通貨・金融危機（第12章）の問題を分析している。

　発展途上国は、その初期の発展段階では「貧困の罠」に陥り、中所得国の段階に経済が発展すると先進資本主義経済体制に統合される過程で種々の「罠」に嵌る。その発現形態が通貨・金融危機であろう。これ等の罠に陥る危険性を事前に予知し、その対策を講ずることはこれ等国々の指導者達の重要な責務であろう。国際社会は発展途上国の開発援助について戦後60年以上

の経験を有している。この過程で蓄積した叡智を結集して発展途上国の自立的な経済発展を効果的に支援するためより一層の努力をすべきであろう。

　この本の出版に当たっては前著の『開発政策論』と同じく時潮社代表取締役相良景行氏のご協力を頂いた。ここにその御厚情に深く感謝いたします。尚原稿の校閲作業に際して前著『開発政策論』と同様に稲葉エツの献身的な尽力が不可欠であった。

平成22年8月22日

第Ⅰ部　経済発展の政治経済学

第1章　ラテンアメリカの経済発展の構造

はじめに

　戦後数多くの西欧先進国の旧植民地が自立的な経済発展を目ざして独立した。アジアで急成長を遂げたのは韓国・台湾・シンガポールである。これらは例外的事例であり、世界の多数の発展途上国の経済発展の道程は容易ではなく、現在でも多くの発展途上国が深刻な課題を抱えている。西欧の植民地から独立した発展途上国は、自国の伝統的な社会構造・制度・文化・民族構成を所与の条件として近代的な国家形成（nation-building）と資本主義経済制度を確立し、経済発展に必要な制度構築・人材開発・開発投資を行わなければならなかった。経済発展には賢明な開発戦略を計画・実施する有能な指導者やテクノクラート達の長年の献身的な努力が不可欠である。日本は明治維新（1868年）以降の近代国家の形成に現在まで140年以上の歴史がある。そのような日本でも現在数多くの課題を抱えている。
　ここでは19世紀前半にスペイン・ポルトガルから独立したラテンアメリカ諸国、特にメキシコの経済発展の軌跡を分析し、これらの国々の構造的特色及びこれらの国々の経済発展が何故韓国・台湾・シンガポールの経済発展に遅れをとったのかを分析する。この作業を通して我々は、途上国の経済発展を理解するためには経済学的なアプローチだけでは不十分であり、これらの国々の構造的特色を理解する歴史的な洞察力と政治経済学的な総合的なアプローチが必要であることが理解されよう。

1.1 ラテンアメリカの経済発展

(1) 植民地支配の遺産

　ラテンアメリカは、アメリカ大陸の北半球中緯度から南半球にかけて大きく広がる、33の独立国と13の非独立領土からなる地域の総称である。その総面積は2,050万平方キロと世界全体の陸地面積の7分の1を占め、その人口は2003年約5億3,000万に達し、それは世界人口の8.5パーセントを占める。ラテンアメリカの面積の5分の2、人口の3分の1が旧ポルトガル植民地であった大陸国家ブラジルに属する。残る大半の国は、北はメキシコ、キューバから南はチリ、アルゼンチンに至る18の旧スペイン植民地国によって構成されている。その他ラテンアメリカには、この地域で最も早く独立国となったハイチ、1962年以降に独立国となったカリブ海とその周辺にある旧イギリス領、旧オランダ領の13の諸国、フランス、イギリス、アメリカ、オランダ領の13の非独立領土が含まれている。このようにラテンアメリカ諸国は多様だが、主要国は旧ポルトガル・スペインの植民地国である。[1]

　徳川家康が1600年に関が原の戦いに勝利し日本全土を掌握する以前、既に西欧社会は海外に飛躍する大航海時代に突入していた。コロンブスの「新大陸発見」とヴァスコ・ダ・ガマのインド航路発見に象徴される大航海時代とは、15世紀から17世紀にいたるヨーロッパ人の海外進出によってそれまで孤立した大陸や地域が相互に結びついて世界が一体化した時期を指す。[2]

　最初に国家統一を果たし大西洋に挑戦したのはポルトガルである。15世紀ポルトガルの首都リスボンは地中海と北海に面したハンザを結ぶ中継貿易港として、また新しく開拓されたアフリカのギニア方面の物産（象牙・砂金・黒人奴隷・砂糖など）の集積港として栄え、ポルトガルは地中海世界と北大西洋世界を繋ぐ一大海事国家となっていた。15世紀半ばまでにギニア海岸のポルトガル植民地化が完了し、1482年には黄金海岸にエルミナの砦が建設され、奴隷貿易の基地となった。1488年にはディヤスがアフリカ南端の喜望峰

を発見した。こうしてポルトガルはアジアの香料や絹を東回りで運ぶ航路開発に力を注いだ。ヴァスコ＝ダ＝ガマは喜望峰を経由してインド洋を横断し、1498年にはインドのカルカッタに到着している。1543年にはポルトガル人が種子島に漂着し、鉄砲が日本に伝来した。このように「大航海時代」の先駆けとなったのはポルトガルの海外進出であるが、それを可能にしたのはヨーロッパ文化とイスラム文化の接点に位置していたという地理的環境、早くから中央集権化体制を確立したという政治的条件、「航海王子」と呼ばれたエンリケ（1394－1460年）による海外遠征奨励政策が掲げられている。これに対して日本は、徳川幕府が躍進する海外から己を意図的に孤立させる「鎖国政策」を採用した結果、日本人は冒険心や科学的・合理的精神を涵養する貴重な機会を喪失してしまったと和辻哲郎は主張する。

　イタリアのジェノヴァで生まれたコロンブスは、スペイン女王イザベルの支援を得て3隻の帆船を動員して1492年アメリカ新大陸を発見した。コロンブスはそれ以降1504年11月までの期間前後4回の航海を実施し現在のカリブ海地域の各諸島の開拓を行った。このようにして海洋国ポルトガルとスペインは西欧社会による新世界の開拓及び植民地化の先駆者となる。1519－22年マジェラン隊は世界周航を行い、マジェラン自身はフィリピンのセブ島でラプラブ尊長率いる現地人によって命を落とした。しかしスペイン人は1565年までにフィリピンを制圧し、1571年マニラ市を建設しレガスピが初代フィリピン総督となる。しかしスペイン・ポルトガル人が特に力を注いだのは新大陸南アメリカである。しかしスペイン・ポルトガル人の到来はアメリカ新大陸の原住民にとって文明の破壊を意味した。「エル・ドラド（黄金郷）を求めて渡来してきたイベリア半島の征服者達は、先住民の文化を徹底的に破壊しただけでなく、新大陸の住民を奴隷のように酷使し、その人口を激減させた。カリブ海域では、コロンブスが到来した1492年頃、約300万人が生活していたが、約30年間でその数は10数万人にまで激減し……アステカ王国が支配していたメキシコ中央部は、スペイン人到来直前には約2,500万人の人口を有していたが……征服から100年後の1625年頃には、その人口は僅か100万

第 1 章　ラテンアメリカの経済発展の構造

人にまで激減した……コロンブスの到来から1世紀も経たぬうちに、北は現在のアメリカ合衆国の南西部から南はチリにいたる広大な地域がスペインとポルトガルの植民地となった」[7]。現在のメキシコに存在したアステカ文明は、フェルナンド・コルテスが率いるスペイン人の少数部隊の殺戮と略奪によって壊滅する（1519-20年）。また現在のペルー地域に存在したインカ文明もフランシスコ・ピサロが率いるスペイン人の少数部隊の侵略によって滅亡する（1532-72年）。スペイン人によるこれら地域の原住民に対する殺戮行為については、ラス・カサス神父が詳細な記録を残している[8]。このようにスペイン人・ポルトガル人による新大陸の開拓は、先住民の大量殺戮と金・銀の略奪行為によって開始された。後進文明や未開文化が、先進国の強力な軍事力や経済力に遭遇する時、どのような運命を辿るかスペイン人・ポルトガル人によるラテンアメリカ大陸征服の歴史が物語っている。

　ラテンアメリカにおけるスペイン・ポルトガルの植民地支配の特徴は、ラテンアメリカ研究者達によると、本国政府の統治機構の移植による直轄統治、白人・混血・原住民・黒人奴隷の身分階層制度、カトリック教会の大土地所有、黒人奴隷に依存した砂糖栽培を中心とするアシエンダ（大農場）経営及び金銀の鉱山開発、ラティフンディオ（大規模土地所有制）とミニフンディオ（零細土地所有）の不平等な土地所有制度、主に宗主国を輸出市場とする一次産品輸出構造、大土地所有階層を基盤とする寡頭支配体制、家父長支配の社会構造、貧困な先住民族の存在等であるとラテンアメリカの研究者達によってしばしば指摘されてきた[9]。

　これらポルトガル・スペインのラテンアメリカの植民地は、19世紀の前半ナポレオン戦争によってスペインの支配体制が弱体化し、さらにアメリカの独立（1776年）およびフランス革命（1789年）によって触発され、啓蒙思想や民族意識に目覚めた植民地生まれのスペイン人（クリオリョ）達が主導した独立戦争を契機に本国政府から独立する。しかし本国から独立以降もラテンアメリカの社会は、旧イベリヤ半島の貴族主義的なエリート階層文化、カトリック教会の大土地所有制度、回教勢力をイベリヤ半島から駆逐したレコ

11

ンキスタ（再征服運動）の過程で形成されたエンコミエンダ大土地所有制度と家父長的な専制制度等の前近代的な旧ヨーロッパ社会の封建的制度が、色濃く残ることになる。独立戦争後の権力の空白期に実権を握ったのは、軍人出身のカウディーリョ（頭領）であった。軍事力に権力の正当性を求めるカウディーリョは、強力なカリスマ性と家父長主義によって民衆の支持を得た。19世紀後半から20世紀初頭にかけて一次産品の生産と輸出に力を入れ、ラテンアメリカ諸国の経済は発展する。中米・カリブ海諸国は熱帯農作物、南米諸国は温帯農畜産物の生産と輸出に次第に特化していく。イギリス及びアメリカ指導の国際的な自由貿易体制の下で、ラテンアメリカ諸国は、このようにモノカルチャー経済構造を深化させていく。一次産品を生産・輸出する大土地所有者は、所謂寡頭支配体制を形成し、外国資本の進出は、この寡頭支配勢力を温存・強化することとなる。[10]

　しかしこれらラテンアメリカ諸国は、民主主義的な政治文化が希薄な寡頭政治体制と度重なる軍部のクーデター、貧富の格差の拡大と都市部に堆積した労働者階級のサンディカリズムに代表される極左活動、メキシコのザパタ革命に代表される農民の社会改革の要求、ポピュリズム（大衆迎合主義的）政治体制と経済政策の失敗等極度の政治不安に悩まされる。[11]

　ラテンアメリカの旧植民地は、経済発展に必要な鉱山開発、鉄道等の産業基盤整備、砂糖農園等の大規模農園や牧畜の開発に必要な投資資金は、主にロンドンを中心とするヨーロッパの資本市場から調達した。しかし、第一次大戦以降の世界経済恐慌を経てラテンアメリカではアメリカ資本及び多国籍企業の影響力が増大し、ラテンアメリカ経済のアメリカ経済に対する依存度が高まった。特に中米諸国経済のアメリカ経済に対する依存が強まった。特にグアテマラ、ニカラグア等中米諸国の経済や政治に強大な影響力を行使したアメリカの多国籍企業、ユナイテッド・フルーツ・カンパニー（United Fruit Company）の活動は象徴的である。これら諸国は「バナナ共和国」と揶揄されるようになる。[12]このようなことからラテンアメリカの知識人達は、ラテンアメリカ経済が先進西欧資本主義経済に依存することによって生じる

種々の問題と対決する思想とイデオロギーを展開するようになる。[13]

（2）経済開発のイデオロギー「構造主義理論」と「従属理論」

　このラテンアメリカにおける反米思想の1つの現われがフィデロ・カストロ等による「キューバ革命」（1959年）及びアルゼンチンの革命家チェ・ゲバラ（Che Guevara）の南米におけるゲリラ活動とボリビアのゲリラ闘争中の死（1967年10月）であろう。[14] またラテンアメリカの開発思想としての「構造主義」（Structuralism）や「従属理論」（Dependency Theory）もこのイデオロギー的文脈の中で理解されよう。

「構造主義」はアルゼンチンの経済学者ラウル・プレビッシュ（Raul Prebisch, 1901－86）等が1950－60年代に主張した「発展途上国の開発政策としての輸入代替工業化政策」の基礎となった経済理論である。プレビッシュは国連ラテンアメリカ経済委員会（1949－63年）及び国連貿易開発会議（1963－69年）の事務局長の実務経験を基にこの「構造主義理論」を展開した。[15] この「構造主義理論」は、発展途上国の経済はモノカルチャー経済を特徴としていると考える。すなわち途上国は世界経済の中核的地位を占める西欧の先進資本主義国に対して一次産品を輸出し、先進工業国から経済発展に必要な工業製品を輸入する構造を有する。この先進国に一次産品を輸出し、先進国から工業製品を輸入するという先進国と途上国の「交易条件」は、途上国に本質的に不利であるという構造を持つ。この構造的な罠から途上国が解放されるためには、途上国政府は、必要とする工業製品を自国内で生産する「輸入代替工業化」政策を実施すべきであると主張する。このように「構造主義理論」は先進国を「中核的資本主義国」、発展途上国を「周辺的低開発国」であると位置づける点で、「従属理論」（Dependency Theory）に近似していると考えられよう。

「従属理論」（Dependency Theory）は、主にチリのサンチヤゴ大学社会経済研究所で1960年代後半活躍したA.G.フランク（Andre Gunder Frank, 1929－2005）、テオトニオ・ドスサントス（Theotonio Dos Santos, 1937－）、

13

及びF.H.カルドーゾ（Fernando Henrique Cardoso, 1931－）等が主張した開発理論で、一般に「新マルクス理論」或は「ラディカル政治経済学」と呼ばれている。A.G.フランクはドイツ生まれで1957年シカゴ大学で経済学の博士号（ロシアの農業経済）を取得した後アメリカ・カナダ・ブラジル・チリ・メキシコ・イギリス・オランダ・ドイツ等の複数の国で開発経済学、人類学、社会学、政治学等の社会科学の分野で教鞭をとり、「従属理論」の形成に指導的な役割を果した社会科学者である。フランクは7ケ国以上の外国語に堪能で世界各国を転々し、彼の息子は複数の国で教育された結果12ケ国語に堪能になったといわれる。フランクには36冊以上の研究書及び350以上の研究論文がある。1968－73年の期間チリ大学で教鞭をとりアジェンデ社会主義政権下でラテンアメリカの経済開発の研究に従事した。[16] アジェンダ大統領は、1973年9月CIAが介入したとされるピノチェット陸軍司令官等が指揮する軍事クデター部隊が大統領府を攻撃中に自殺する。フランク及びドスサントス等は国外に亡命し、「従属論」の研究は、それ以降主にメキシコ国立自治大学で行われようになる。チリではピノチェットの軍事独裁体制が1990年まで継続し、この間左翼勢力の弾圧がおこなわれ3,000人以上が死亡ないしは行方不明となった。　このピノチェト軍事独裁政権下でチリ政府は、シカゴ大学で教育を受けたテクノクラート達（シカゴ・ボーイズ）が中心となってIMF・世銀の経済自由化政策（ネオ・リベラリズム政策）を実施することになる。[17]

　F.H.カルドーゾはブラジルの社会学者であるばかりか、1995－2002年の期間大統領となり政治家としても積極的に活躍した。[18] ドスサントスもカルドーゾと同世代のブラジルの開発経済学者であり、「従属論者」としてはその著作の日本語訳を通して日本でよく知られている。[19] 彼等「従属論者」の主張の内容は、ドスサントスの著作に詳しく説明されているが、以下のように要約されよう。すなわち、世界の資本主義経済体制は、世界経済を支配する中核的な西欧先進資本主義国と、これら先進資本主義国によって支配される周辺的な低開発国によって構成される。西欧先進国の資本主義経済は独占的な段階に達し、西欧列強は19世紀に世界経済を帝国主義的に植民地化した。低

開発国は、これら先進資本主義国が必要とする鉱物資源、農作物等の一次産品を供給し、先進国が生産する工業製品の輸出市場となる。低開発国の産業資本家は、貧弱な産業資本の蓄積、劣悪な産業技術や経営管理技術の故に先進工業国の多国籍企業の支配力に従属する地位に甘んじる宿命を持つ。この呪縛から周辺低開発国が解放されるためには社会主義的な革命によってこれら低開発国の先進工業国に対する従属性を断ち切る必要がある。[20]

（3）ポピュリズム・マクロ経済政策

　ラテンアメリカ経済に固有の現象は、1930年代以降複数の諸国にしばしば登場したポピュリズム政権である。ポピュリズム政権は、その支持基盤である大衆に迎合する財政拡大政策、所得配分政策、農業所得維持政策（農作物の生産者価格維持政策）、工業労働者の最低賃金制度等の政策を実施する傾向を強く持つ。これらの政策の結果、ラテンアメリカ諸国の経済は、財政赤字・悪性インフレ・国際収支の赤字等のマクロ経済の不均衡・不安定を経験する。特に悪性インフレは、国民の実質所得を低下させ、経済を極度に不安定化させる。経済の不安定化は社会不安・政治不安を惹起する要因ともなり、軍部によるクーデターを誘発させる。これら諸国は、マクロ経済の不均衡・不安定を是正するため度々IMFの経済安定化政策に依存することになる。

　このポピュリズム政権にほぼ共通する特徴は、零細農民、労働者や中産階級を含む多数の社会階層に支持基盤を持ち、カリスマ的リーダーによって指導され、反帝国主義・民族主義的イデオロギーによって大衆に訴求し、農地改革や労働者保護政策を実施する。

　これらポピュリズム政権がしばしば採用したマクロ経済政策の内容は、底辺層の所得の向上（所得移転）を目的とした積極的財政支援政策、国営企業の労働者の賃金水準改善政策、主要物資の価格統制、国内企業の保護・育成を目的とした輸入代替工業化政策、為替の安定を目的とした固定為替政策を内容とする。[21]

　ラテンアメリカ諸国はこれらポピュリズムマクロ経済政策の結果、財政支

出が拡大し、国営及び公益企業の非効率・放漫経営が顕著となり、一次産品の輸出価格の長期的な下落傾向等により経常収支の赤字が慢性化する。経常収支の赤字は海外からの長期・短期の資金の流入をもたらし、ラテンアメリカの対外債務は急激に膨張し、過剰流動性が必然的にもたらす悪性のインフレーションに悩まされる。ラテンアメリカ諸国は1980年代に極度のマクロ経済の不均衡と「累積債務の危機」に直面し、IMFのマクロ経済安定化政策及び世銀指導の構造調整プログラムを中心とする「経済自由化政策」を実施せざる得なくなる。これらはネオ・リベラリズム政策といわれJ・スティグリッツ（Joseph E. Stiglitz）が揶揄するように「市場原理主義」イデオロギー的色彩を強く持ち、後に「ワシントン・コンセンサス」アプローチと呼ばれるようになる。[22] しかしこれらラテンアメリカ諸国の経済はIMFの支援によって実施した緊縮財政政策・金融引締め政策によって経済が収縮し、長期の景気後退を経験する。この結果ラテンアメリカ諸国は1980年代長期の経済不況に陥り、1980年代はこれら諸国にとって「失われた10年」と呼ばれるようになる。

　更に世銀の構造調整融資支援によってこれら諸国が実施した経済自由化政策（価格規制の撤廃、投資・貿易の自由化、金融市場の自由化、国営企業の民営化等）は、チリのようなピノチェット軍事独裁政権を強化し、大土地所有階層や大企業および多国籍企業に利益をもたらし、社会の底辺に喘ぐ社会的弱者（零細農家・都市の労働者階層及び貧困層・先住民等）に過大な犠牲を強いる結果となる。IMF／世銀の「経済自由化政策」は特に、アメリカのレーガン政権（1981－88）、イギリスのサッチャー政権（1979－90年）等の保守的な政治勢力によって後押しされて実施された結果、ラテンアメリカでは近年左翼政権・社会主義政権がその反動として国民の支持を得る傾向がある。ベネズエラのチャヴェス政権（Hugo Chavez；1998－）、ブラジルのルーラ政権はこの顕著な現れであろう。[23]

（4）ラテンアメリカ経済停滞論争

　ラテンアメリカ諸国は1820年代に多くの国が独立し現在まで170年以上経過している。その間第2次大戦後独立したアジアの新興工業国である韓国やシンガポールでは、急速に経済発展が進み2007年の段階でこの両国はラテンアメリカ諸国の1人当たり国民所得の2倍—3倍の水準に達する経済成長を遂げている。2007年の時点でラテンアリカの主要国の1人当たり所得水準はマレーシアの所得を多少上回る水準に留まっているに過ぎない。1965年以降の経済成長率も東南アジアの主要国の成長率に明らかに劣っている。確かにラテンアメリカ諸国の所得水準は、アフリカや南アジア諸国の所得水準を陵駕しているが、世界全体では中所得国の水準に止まっている。しかし何故ラテンアメリカ経済が、かくも長期間中所得の水準に停滞してしまったのであろうか。経済史家や開発経済学者達によって盛んに研究が行われてきた。これらの研究を通して展開されてきた論議を整理すると以下のようになろう。[24]

　第1に、ラテンアメリカ特有の植民地支配の遺産である伝統的な社会構造と制度（大土地所有制度、寡頭支配、軍部・カトリック教会の保守勢力）が経済発展を阻害したと解釈する見方である。この保守的な社会体制がポピュリズム体制と対立抗争する悪循環を生み、社会不安・政治不安・経済不安を恒常化し、これらラテンアメリカ固有の制度的要因が経済を停滞させる基本的な原因となったという主張である。これら制度的欠陥や隘路が、経済システムの「ガヴァナンス」を弱体化し、システムの効率的運用を阻害し、資源の浪費をもたらし、生産性の向上を阻害し、悲観的な将来展望をもたらすという制度論者の主張である。これら制度論者の見方は、D.ノースの制度論及び「従属理論」や「構造理論」に近い見方であり、アメリカのラテンアメリカ経済史家達もこのアプローチを支持する傾向がある。[25]これら制度論者は、それぞれの地域には資源の賦存状況に適合した経済社会の制度が形成され、これらの制度が19世紀以降の経済発展の促進要因や阻害要因となったと指摘する。例えば北アメリカ大陸は、南部の綿花地域を除き小麦等の穀物の栽培

17

表1　主要ラテンアメリカ、東南アジア・韓国・香港の経済動向（2007年）

	人口百万	1人当たり所得（$）	経済成長率（GDP）（%）			
			1965―80	80―90	90―99	2000―07
ラテンアメリカ						
アルゼンチン	40	6,050	3.4	−0.7	4.9	4.7
ブラジル	192	5,910	9.0	3.0	2.9	3.3
チリ	17	8,350	1.9	2.7	7.2	4.5
コロンビア	46	3,250	5.7	3.6	3.3	4.5
メキシコ	105	8,340	6.5	1.1	2.7	2.6
ペルー	28	3,450	3.9	−0.4	5.4	5.4
ベネズエラ	27	7,320	3.7	1.1	1.7	4.7
東南アジア						
インドネシア	226	1,650	7.0	6.1	4.7	5.1
マレーシア	27	6,540	7.4	4.9	6.3	5.1
フィリピン	88	1,620	5.9	1.0	3.2	5.1
シンガポール	5	32,470	10.0	6.7	8.0	5.8
タイ	64	3,400	7.3	7.6	4.7	5.4
韓国	49	19,690	9.9	9.7	5.7	4.7
香港	7	31,610	8.6	6.9	3.9	10.2
世界	6,612	7,958	4.1	3.2	2.5	3.2
高所得国	1,056	37,566	3.8	3.1	2.4	2.4

資料：World Bank, World Development Reports; Various Issues

に適し、開拓農民による小規模土地所有制度が発達した。これらフロンティア精神に富んだ自作農民が地域社会の経済的発展の主体となり民主的な政治制度を形成したと考える。これに対してラテンアメリカ地域では、砂糖キビ、コーヒーやトウモロコシ等のヨーローッパ市場向けの換金作物の栽培に適し、これら作物の栽培には大土地所有制度に基礎をおく大農場経営が必要とされた。この結果少数のエリート寡頭支配階層が形成され、所得分布の不平等が増大したと解釈する。これらの社会制度は自由な市場競争を前提とする資本主義経済体制を形成する阻害要因となると考える。

　第2番目の見方は、新古典派の正統派理論に依拠する経済学者達の見方である。第2次大戦以前にラテンアメリカ諸国が採用した一次産品輸出指向型

の経済政策は資源の略奪的開発をもたらした。この「閉鎖的経済」体制は、1960年代以降採用した輸入代替工業化政策によって強化され、その結果市場の価格機能が歪められ資源の浪費をもたらし、企業の自由競争を阻害し経済システムの活力や効率性を低下させたという主張である。またポピュリズム体制が採用した市場介入型の国家資本主義的な経済政策は、財政の放漫経営、悪性インフレ及び経常収支の赤字等のマクロ経済の不安化をもたらし、健全な経済活動を阻害したと解釈する。この見方は新古典派経済理論に依拠するIMF・世銀が主張する「ワシントン・コンセンサス」と呼ばれる正統派理論を形成する。ラテンアメリカ諸国が経済停滞の罠から開放され、成長の軌道に乗るためには、IMFが実施したマクロ経済安定化政策および世銀が実施した構造調整政策が不可欠であるという主張である。ラテンアメリカの代表的な経済学者S・エドワーズは、ラテンアメリカ諸国の経済学者やテクノクラート達の間で現在新古典派経済理論に依拠した「経済自由化政策」が、1980年代後半以降マクロ経済政策の主流となっていると観察している。その根底にあるのは、ラテンアメリカ諸国が、東アジア諸国に追い越されたのは閉鎖的な経済政策を採用したためであるという強い反省と危機意識があると主張する[26]。これらラテンアメリカ諸国はIMF・世銀の支援を得て1980年代後半以降「経済自由化政策」を実施した結果、2000年代初頭以降全要素生産性も改善し、毎年4％以上の比較的高い経済成長率を2007年まで維持することが可能となったと主張する[27]。

　第3番目の解釈は、構造主義理論や従属理論の論者が主張する解釈である。これら理論によると、後発資本主義国であるラテンアメリカ諸国は、資本力・技術力・市場支配力で欧米の先進資本主義工業国に劣り、欧米資本主義に従属して発展する宿命にある。ラテンアメリカ経済は、マクロ経済およびミクロ経済の需要と供給の両面で先進国経済に対する依存性が極度に強く、先進資本主義国の景気変動、市場の急激な変動等の外的ショックに対す脆弱性が極度に高くなる。このような状況で、これら諸国が自由主義政策を実施し、国内市場を開放すると、市場は外国の多国籍企業によって支配され、土着の

民族資本の育成が阻害されてしまう。また国内資源は外国資本によって略奪的に開発され経済レントが海外に流失する。またラテンアメリカ諸国経済の従属性は、国内経済の中に、「近代部門」と「伝統部門」、「大企業」と「中小企業」、「大規模農園」と「零細農業」、「都市部」と「農村」との間の支配と服従の「2重構造」の亀裂をもたらし、少数の寡頭支配層と貧困層との所得格差が不可避的に拡大してしまう。ラテンアメリカがこの従属性から開放されるためには、経済体制を社会主義的或は国家指導的な経済体制に転換する必要があると説く。ラテンアメリカ諸国は、国家指導的な経済体制及び政策によって1940－1980年の長期間6.0％代の高い経済成長を持続することが可能となったのであり、IMF・世銀の支援よってラテンアメリカ諸国が実施した「経済自由化政策」によって1980年代から1990年代前半にかけてこれら諸国の経済成長率は軒並み低下し、「失われた10年」を経験した。IMFのマクロ経済安定化政策によってこれら諸国の悪性インフレは収束したが、個々的なマクロ経済安定化政策が具体的に経済成長にどのような経路で貢献するのか、また世銀が実施した貿易の自由化政策や金融の自由化政策がどのように経済成長に貢献するのか不明であると主張する。経済自由化政策によってラテンアメリカ諸国の「二重構造」がかえって深刻化し、所得格差が拡大したと主張する。これらの主張は、国連ラテンアメリカ経済委員会ECLA (Economic Commission for Latin America) が主張する見解でもある。[28]

　第4は、「資源の呪い」理論で、ラテンアメリカに賦存する豊富な資源が、ラテンアメリカ特有の制度的欠陥とあいまってラテンアメリカ経済システムに資源の浪費・非効率性・脱工業化傾向・所得の不平等・経済不安を惹起するという解釈である。[29]

　これらの論議のうちどの主張が正しいのかの判断は実証研究の成果を待つより方法がない。しかし19世紀以降ラテンアメリカ経済が、他の地域特に東アジアに比較してその発展が遅れた主な要因を、先進国の保護貿易政策、一次産品価格の低下がもたらす交易条件の悪化、世界経済の停滞、石油危機、金利の高騰等の外的環境の変化に求めることは出来ないであろう。何故なら

第1章 ラテンアメリカの経済発展の構造

ばこれらの外的環境はラテンアメリカ以外の地域にも共通した外的環境の変化であり、ラテンアメリカ諸国に特有の要因ではないからである。ラテンアメリカ経済停滞の要因は、従ってこれら諸国の内部的な要因、すなわち社会

表2：ラテンアメリカ諸国の一次産品の輸出比率

	一次産品輸出比率(%)	一次産品上位3品目の年平均シェア（%）		一次産品上位3品目
	2006年	1975〜77年	1997〜99年	1977〜99年
アルゼンチン	68.4	34.5	24.0	燃料、植物性油かす、小麦・小麦粉
ウルグアイ	68.8	35.3	30.5	牛肉、米、乳製品
エクアドル	90.4	80.4	76.5	燃料、バナナ、海産物
エルサルバドル	43.6	68.8	19.1	コーヒー、砂糖、燃料
キューバ	73.4*	91.6	49.1	砂糖、タバコ、海産物
グアテマラ	65.1	60.6	39.7	コーヒー砂糖、バナナ
コスタリカ	35.6	61.1	40.4	バナナ、コーヒー、生材料（花を含む）
コロンビア	65.3*	65.0	55.2	燃料、コーヒー、生材料（花を含む）
ジャマイカ	40.4	—	—	—
チリ	89.0	62.2	47.3	青銅、銅鉱石、海産物
ドミニカ共和国	—	69.2	28.9	砂糖、タバコ、カカオ
ニカラグア	91.3	55.8	36.7	コーヒー、海産物、牛肉
ハイチ	—	52.4	18.7	コーヒー、海産物、マンゴー
パナマ	80.5	71.6	55.9	海産物、バナナ、燃料
パラグアイ	84.1	46.6	54.2	大豆、木材、綿花
ブラジル	49.5	34.5	14.3	鉄鉱石・精鉱、コーヒー、砂糖
ベネズエラ	94.4	96.5	80.9	燃料、鉄鉱石・精鉱、タバコ
ベリーズ	95.8	—	—	
ペルー	88.0	41.8	40.7	海産物、金、精銅
ボリビア	89.8	68.4	23.3	植物性油かす、燃料、大豆油
ホンジュラス	70.7	57.2	34.9	コーヒー、バナナ、海産物
メキシコ	24.4	35.2	15.9	燃料、コーヒー、海産物

（注）*は2005年。
（出所）星野妙子「序章 ラテンアメリカ新一次産品輸出経済論」、星野妙子編『新一次産品輸出経済論：構造と戦略』アジア経済研究所2007年、P.6をもとに、次のデータでアップデート。CEPAL, *Statisitical Yearbook for Latin America and the Caribbean*
資料：小池洋一・西島章次ほか著『図説ラテンアメリカ経済』、日本評論、2009年、97頁

制度的な欠陥や状況、政治経済の構造的特質、経済政策の是非、資源賦存状況、対外債務政策、民間企業の国際競争力、産業基盤整備の状況等に求められるべきであろう。これらの問題を理解するため以下ここではメキシコの経済発展の動向を少し詳しく見てみよう。

表3 ラテンアメリカ諸国の相対的所得格差
（1960年US価格・人口で加重平均,対OECD比率）

	ラテンアメリカ 7ケ国（対OECD比率）	OECD (14ケ国)	アメリカ
1850	129 (0.34)	378 (1.0)	354
1900	213 (0.27)	779 (1.0)	905
1950	445 (0.26)	1,740 (1.0)	2,484
2000	1,093 (0.18)	6,042 (1.0)	7,175

資料：Leandro Prados de la Escosura, "When Did Latin America Fall Behind ?"
In The Decline of Latin American Economies; Growth, Institutions and Crises, ed., by Sebastian Edwards, et al., The University of Chicago Press, 2007,

1.2 メキシコの経済発展

1821年にスペインから独立したメキシコは、2007年時点で人口が1億500万人、国土面積は日本の約5倍、一人当たり国民所得は8,340ドルである。これは韓国の1人当たり国民所得19,690ドルの半分以下の水準であるが、中南米の代表的な中所得国の1つである。メキシコは1986年にGATT加盟、1993年アジア太平洋経済協力会議（APEC）に加盟し、1992年8月米国、カナダとの間で調印した北米自由貿易協定（NAFTA）が発効（1994年1月）、同5月中南米で初めて経済開発協力機構（OECD）の加盟国となる。総人口に占める先住民族の比率は、11パーセントであり、先住民族は特にメキシコ南部に集中し、チアパス州を含む南部3州の先住民比率は40パーセントを超えている。先住民の所得水準

は一般的に低く、所得格差の1つの要因ともなっている。

　メキシコは、武装反乱やクーデターが頻発するラテンアメリカ諸国のなかにあって1930年以降武力革命やクーデターの経験を持たない政治的に安定した国である。その主な理由は、軍部の政治不介入政策および1929年に設立された制度的革命党（PRI）が長期間一党支配体制を維持したことが挙げられる。2000年大統領選挙で国民行動党（PAN）のビセンテ・フォックスが勝利し71年ぶりの政権交代を実現した。メキシコは464億バーレルの石油埋蔵量を有し、日産330万バーレル（2005年）の世界で第6位の産出規模を誇る石油産出国である。ただし石油輸出機構（OPEC）のメンバーではない。

（1）メキシコ経済社会の改革

　メキシコは、植民地時代にスペインの旧社会体制が新大陸に移植した「伝統的社会」を、1829年の奴隷解放以降ほぼ100年かけて3段階の改革を通して徐々に近代化していった。この伝統的社会とは、カトリック教会の強固な支配、家父長的家族制度、人種別身分制度、大土地所有制度等をその特徴とする。しかしこれら改革は種々の弊害を伴う結果をもたらした。[30]

　第1番目の改革は、「レフォルマの時代」（1855-67年）に実施された改革である。その主な内容は、教会と軍部が植民地時代から保有していた特権、課税の免除と特別裁判権を剥奪したファレス法（1855年）、カトリック教会が長年蓄積した膨大な所有地を接収し売却することを目的としたレルド法（1856年）、民主制、連邦制、代議制を明記した急進的な自由主義憲法の公布（1857年）等による改革である。しかし、教会保有の土地が売却された結果少数の富裕層に土地所有が集中し、資産保有の不平等度が増す結果をもたらした。[31]

　第2番目の改革は、ディアス長期独裁政権下（1876-1911年）に実施された欧米の制度、資金・技術・文化を積極的に導入した一連の近代化政策である。具体的には1883年拓殖法が制定され、所有権の不明確な土地は国有地として処分された。その結果大規模な土地が外国資本を含む民間資本によって

独占される結果をもたらした。1884年制定（1992年改定）の鉱業法により地下資源の私有化が認められ、イギリス、アメリカ、フランス等の外国資本の投資が活発化する。この期間鉱業部門の投資の95パーセント、鉄道投資の92パーセントはこれら3ケ国の外国資本による投資であった。これら外国資本の投資によって鉄道網が全国的に拡大し、地下資源が開発され20世紀初頭にはメキシコは石油産出国になる。しかしディアス長期政権下で、砂糖、綿花、コーヒー、サイザル麻、ゴムなどの商品作物を生産する大規模なプランテーションが出現し、人口の80パーセントを占める農村を支配してきたアシェンダも巨大な大農園に変貌する。1910年面積25万ヘクタールを越える巨大なアシェンダは全国に167ケ所あり、チワワ州のテラサス一族は、50を越すアシェンダを所有し、その合計面積は700万ヘクタールに達するメキシコ最大の大土地所有者となる。20世紀初頭メキシコの可耕地面積の97パーセントが835家族の所有するところとなる。[32]

　第3番目の改革は、「メキシコ革命」期（1910－40年）による政治・社会・経済の改革運動であり、この革命によりメキシコの伝統的社会は崩壊し、政治、経済、社会の枠組みは大きく変革され現代メキシコの基盤が形成された。日本の代表的なメキシコ史研究家、国本伊代教授によると、「メキシコ革命は、中国の辛亥革命（1911年）、ロシア革命（1917年）とともに、……後進地域で起こった民族主義的で急進的な社会変動運動であった。……革命運動はディアス独裁体制に反対した中間層を中心とする自由主義者達の政治の民主化運動として起こり、……農民・労働者を巻き込んだ革命運動に発展した……この過程で大規模な農地改革が実施され……対立する集団の利害を調整しながら組合主義的な国家の枠組みが作り上げられ……制度的革命党（PRI）が20世紀末まで一党支配体制を保持し、……反米主義を軸とするメキシコのナショナリズム」が形成された。[33]1917年には新憲法が制定され、土地と水は根源的に国家に帰属するものとされ、外国人による土地所有を禁止し、労働者の基本権が保障され、憲法による反教権主義に基づく政教分離政策が再確認され、宗教団体による学校設立の禁止、不動産の所有が禁止された。ザパ

タ農民勢力が提示した「アヤラ綱領」(大農園によって占拠された共有地・水利権の返還、農民への土地の再分配等)を反映した1915年の農地改革令によって6年間で約1,850万ヘクタールの土地が約81万の農民に分配された。また農地改革令がエヒード (ejido：村落共同体の共有地) の導入を積極的に支援した結果、エヒードは1940年までに農業人口の3分の1、耕地面積の47％、農業生産の49％を占めることになる。鉄道は1937年に国有化され、翌年石油も国有化され、外国企業が開発した石油資源は、1940年に設立されたメキシコ石油公社 (PEMEX) に引き継がれた。[34]

表4　メキシコ経済の現状 (2007年)

	人口 (百万人)	面積 (千平方キロ)	GDP (10億ドル)	産業構造別構成比 (％) 農業	工業	サービス	1人当たり国民所得	都市化(％)
メキシコ	105	1,964	893	8	36	56	8,340	76.0
ブラジル	192	8,515	1,314	8	33	59	5,910	84.2
アルゼンチン	40	2,780	262	8	36	56	6,050	90.1
チ リ	17	756	164	4	48	48	8,350	87.6
韓 国	49	93	970	3	39	58	19,690	80.8
日 本	123	378	4,377	2	30	69	37,670	65.8

資料：World Bank, World Development Report 2009.

以上のように、19世紀後半から1910年にメキシコ革命が勃発するまでの期間のメキシコの経済は、封建的な大土地所有制度と外国資本に依存した植民地経済であった。製鉄所や鉄道が建設され、鉱山が開発され、農作物は輸出されたが、その利益の大部分は外国資本や大土地所有階層に独占され、国民の90％を占める農民は恩恵を受けることはなかった。しかし土地なき農民の武力蜂起によって始まったメキシコ革命により外国資本はメキシコから逃避し、工業や農業の発展は停滞する。1929年には世界恐慌が発生し1930年代のメキシコ経済は混乱する。1934年に発足したカルデナス政権は、労働組合や

農民団体の支援を背景に、前述したように鉄道や石油を国有化し、土地改革によって農民へ農地を分配し、国家が民間の経済活動に介入する組合国家的な体制を確立した。

表5　メキシコの歴史的発展

年	事項	年	事項
1492年	コロンブス、新大陸到着	1931	国際連盟加入
1521	コルテス遠征軍、ティノチトラン（現メキシコ・シティー）を陥落	1936	メキシコ労働者総連合（CTM）結成
1535	初代副王メンドウサ、メキシコ市に到着	1937	鉄道国有化、翌年石油国有化
1546-52	銀鉱脈発見	1938	国民革命党がメキシコ革命（PRM）に再編、全国農民総連合（CNC）の結成
1570	マニラ・アカプルコ間でガレオン貿易開始	1940	メキシコ石油公社（PEMEX）結成
1810	イダルゴ神父、独立運動を開始	1946	メキシコ革命党（PRM）が再編されて制度的革命党（PRI）となる
1821	副王メキシコの独立を承認		
1829	奴隷制度の廃止	1954	通貨ペソの大幅切下げ
1846	アメリカとメキシコ戦争に突入　翌年テキサス、アメリカ合衆国に合併	1960	電力産業の国有化
		1968	メキシコ・オリンピック開催
		1971	新農地改革法の公布
1848	メキシコ、アメリカに国土の半分を割譲	1973	新外資導入法の公布
		1977	石油開発6ケ年計画の発表
1873	メキシコーベラクルス間に鉄道が開通	1982	債務返済猶予宣言・金融危機の発生・銀行の国有化
1877	ディアス立憲大統領となる　ディアス政権1911年まで継続　ザパタ、「アヤラ綱領」発表	1986	GATTに加入
		1992	アメリカ・カナダと北米自由貿易協定（NAFTA）締結・94年発効
1915	カランサ「農地改革令」発表		
1916	革命憲法の公布	1993	アジア太平洋経済協力会議（APEC）に加入
1917	メキシコ労働者連合（CROM）結成　翌年ザパタ暗殺	1994	経済協力開発機構（OECD）に加入・金融危機・通貨ペソ50%以上下落
1925	メキシコ中央銀行設立		
1926	カトリック教会、宗教行事停止		
1929	国民革命党（PNR）結成	2000	国民行動党（PAN）政権誕生

資料：国本伊代著『メキシコの歴史』、新評論、2002年、346-360頁。

（2）戦後の経済発展―安定経済成長からポピュリズム政策へ―

　第2次大戦はメキシコ経済の発展の契機となった。直接戦火を被らなかったメキシコは連合国への主要な戦略物資の供給国として農作物や天然資源を大量に輸出し、戦争のため輸入できなくなった工業製品を国内で生産するため製造業の振興政策を図った。その結果メキシコ経済は、1950年代－1970年代前半年平均6.7％のGDP成長率を実現し、物価上昇率を3.1％の水準に維持した「安定経済成長」を達成した。この期間のメキシコの順調な経済成長は「メキシコの奇跡」あるいは「メキシコの黄金期」と呼ばれた。[35] このメキシコの奇跡を可能にしたのは国家指導型の輸入代替工業化モデルである。1940年－1970年の期間採用された輸入代替工業化政策は、農産物輸出によって得た外貨をもとに欧米、特にアメリカから資本財や中間財を輸入し、国内産業を関税や輸入許可制度によって保護しながら、輸入消費財を国内産業で代替し工業化を進めるという戦略であった。[36] この時期多くのラテンアメリカ諸国が輸入代替工業化政策を採用していた。[37] メキシコ政府は他のラテンアメリカ諸国と同じく高率の輸入関税を消費財の輸入に課するとともに、1947年に導入した輸入許可制度を1980年代まで維持した。輸入許可制度は当初輸入品目の18％をカバーしていたが、1964年には総輸入の65％、1975年には100％までに拡大した。[38]

　メキシコを含むラテンアメリカ諸国の輸入代替工業化政策は、アルゼンチンの経済学者R・プレビッシュ（Raul Prebisch）が1964年国連貿易会議（UNCTAD）の事務局長に就任するに従って更に拍車が駆けられた。しかしこのメキシコの保護貿易政策や価格統制等の内向きの経済政策のマイナスの効果、すなわち経済効率の低下、経常収支の赤字、農業の生産性の低下、製造業の国際競争力の低下等が1960年代の後半から次第に顕著となる。本来国際競争力を持つべきメキシコの繊維産業もその高コスト構造及び低労働生産性のために国際競争力を喪失していった。[39] 都市化が進展するとともに所得格差が拡大していった。メキシコは1925年に中央銀行（Banco de Mexico）を

設立するとともにカルデナス(Cardnas)政権(1934-40)下に、道路建設、灌漑設備、エネルギー資源開発等の公共投資に必要な長期資金を低利で融資するため、Nacional Financiera(1934年設立)を始め多数の国営の産業開発金融機関を設立した。これらの国営産業開発金融機関を通して政府は積極的に公共投資を行った。[40]

1960年代他のラテンアメリカ諸国と同じ様にメキシコ社会は、カストロのキューバ革命に触発されて先鋭化する。これに呼応してルイス・エチェヴェリア政権(Luis Echeverria;1970-76年)及びホセ・ロペス・ポーティリオ政権(Jose Lopez Portillo;1976-82年)のポピュリズム政権が誕生する。これらのポピュリズム政権は、公共投資を含む財政出動を積極化し、国営産業開発銀行を通しての政策融資の他に個々的な産業分野や基盤整備を支援するため「産業開発基金」を設立し、財政投融資を積極化した。[41]

表6　韓国・台湾・メキシコの製造業の生産の変化

	年平均成長率	国内需要比率	輸出比率	輸入代替比率
韓国				
1955-63	10.4	57.3	11.5	42.2
1963-70	18.9	70.1	30.4	-0.6
1970-73	23.8	39.0	61.6	-2.5
台湾				
1956-61	11.2	34.8	27.5	25.4
1961-66	16.6	49.2	44.5	1.7
1966-71	21.1	34.9	57.0	3.8
メキシコ				
1950-60	7.0	71.8	3.0	10.9
1960-70	8.6	86.1	4.0	11.0
1970-75	7.2	81.5	7.7	2.6

資料：Nora Lustig and Jaime Ros, " Mexico," in The Rocky Road to Reform, ed., by Lance Taylor, The MIT Press, 1993, pp.268-269.

また公共料金等の価格統制を行い、増大する雇用を吸収するため多数の国営企業を新規に設立した。国営企業の数は1970年の381社から1982年には

1,176社に膨張する。最大の国有企業は石油開発公社（PEMEX：Petroleo Mexicanos）であり、この公社の1983年の付加価値総額はGDP13％に達する。その他の国有企業は銀行、保険、鉄道、電力・電話等の公益事業、肥料製造、農作物販売等多岐にわたる。財政支出の増大によって財政収支の赤字は、1956－72年の年平均対GDP2.5％から1977－81年には23.8％に増大する。財政赤字を補塡するため中央銀行は通貨供給量を増大する。その結果物価水準は1956－72年の年平均3.1％から1977－81年10.2％に上昇。これに拍車を駆けたのが1972－73年にメキシコ湾沿岸地域に発見された油田開発である。石油開発公社（PEMEX）による原油生産量は1日当たり270万バーレルに達し、輸出額は1974年の4億ドルから1978年には20億ドル、1980年には94億ドル（総輸出額の75％以上）の水準に達した。この石油ブームによって経済が過熱し、メキシコの商品輸入額の増大は、1978－80年の期間年平均45％以上の伸率を示した。

　メキシコの通貨ペソの為替レートは1950年代以降1ドル12.5ペソに固定されていた。しかしメキシコの物価上昇の結果ペソの実質為替レートは増価傾向にあり、メキシコ政府の通貨切下げを予想して海外及び国内の金融機関による資本逃避が顕著となる。政府はこの資本逃避を補塡してペソの固定相場を維持するため、海外の金融機関から短期のドルの借入を行う。その結果メキシコ政府の対外債務は1974－76年の2ケ年間だけで110億ドルから210億ドルに増大する。メキシコ政府はペソの固定相場を維持することを断念し、1976年ペソの固定為替レートを12.5ペソから19ペソ、翌年22.6ペソに切下げた。しかし外為市場のペソの減価圧力は強く、ドル資本の海外逃避・政府の短期ドルの借入のサイクルが続行し1981年にはメキシコ政府の対外債務は750億ドルの水準に達する。1982年初頭メキシコ中央銀行はペソの固定相場を維持することを断念し、変動相場制度に移行する。その結果外為市場でのペソの為替レートは70％減価することとなる。外貨準備の減少、通貨の切下げによるインフレ圧力に直面し、メキシコ政府は1982年8月5日二重為替レート制度の採用を決定する。即ち体外債務支払い及び最優先分野の為替取引

には1ドル49.13ペソの固定為替レートを採用し、その他の取引に関しては外為市場の実働にゆだねる変動相場制の採用である。外為市場のペソの為替レートは1ドル100ペソから120ペソの間を変動することになる。1982年8月メキシコ政府は、3ケ月間対外債務の支払いを停止するというモラトリウム宣言を行い、9月銀行を国有化する。メキシコの対外債務危機の始まりである。[44]

表7　メキシコの輸出構成比（％）の変化（1940-67）

	1940	1950	1960	1967
農作物	19.6	46.9	41.6	38.5
鉱物資源	62.4	24.6	18.6	14.6
工業製品	2.4	6.7	18.4	21.3

表8　メキシコの輸入構成比（％）の変化（1940-67）

	1940	1950	1960	1967
消費財	27.7	23.3	18.6	16.4
生産財	71.5	75.8	81.3	83.6
（資本財）	(27.4)	(38.2)	(47.3)	(50.1)

資料：Gerardo Bueno, "The Structure of Protection in Mexico," in The Structure of Protection in Developming Countries, by Bela Balassa and Associates, The Johns Hopkins Press, 1971, pp. 175-76.

表9　ラテンアメリカの名目保護率（1960年頃）％

	非耐久消費財	耐久消費財	半製品	工業原料	資本財	平均
アルゼンチン	176	266	95	55	98	131
ブラジル	260	328	80	106	84	168
チ　リ	328	90	98	111	45	138
メキシコ	114	147	28	38	14	61
EEC	17	19	7	1	13	13

資料：ビクター・バルマー＝トーマス著・田中高他訳『ラテンアメリカ経済史』、名古屋大学出版会、2001年、224頁。

表10 メキシコの経済成長率及び生産性の推移(%):1940－85

	GDP	全要素生産性 (TFP)	労働生産性	資本生産性
1940－50	6.0	2.4	2.3	3.1
1950－60	6.1	3.2	4.0	1.0
1960－70	6.5	2.5	4.0	0.1
1970－80	6.6	1.2	2.4	－0.9
1980－85	1.6	－0.5	－0.1	－0.8

資料：Angus Maddison, The Political Economy of Poverty, Equity and Growth, Oxford University Press, 1992, page 146

表11 メキシコの世帯所得及び支出分布

	低所得40%世帯	高所得10%世帯
1963	10.2%	42.2%
1968	11.2%	40.0%
1977	10.4%	36.8%

資料：Nora Lustig and Jaime Ros, "Mexico," in The Rocky Road to Reform, ed., by Lance Taylor, 1993, page 285.

(3) 累積債務危機と経済調整改革プログラム

　メキシコ及びラテンアメリカ諸国が1980年代に直面した「累積債務危機」に関しては多数の研究成果が既に発表されているので、ここではその概略を述べるに止める。[45] メキシコの「累積債務の危機」の問題は、基本的には発展途上国特に中所得国が、頻繁に直面する外的衝撃にいかに対応するかという途上国のマクロ経済政策の問題として分析されるべきであろう。途上国、特に中所得国は、一般的に貿易及び金融取引で先進国の経済システムに統合される傾向が強く、先進国の景気変動及びマクロ経済政策、特に金融政策その他の環境変化に敏感に反応する。さらに途上国経済は、先進国の多国籍企業による直接投資を通して先進国の国際分業体制に組み込まれて行く。一般に中所得国の経済成長率は、既に成熟段階にある先進国の経済成長率より相対

的に高く、従って資本の収益率も高く、旺盛な設備投資需要を持つ。しかし国内の貯蓄・投資ギャップから中所得国は海外金融市場からのプロジェクト融資、民間金融機関からの長期・短期資金に依存する傾向が強い。しかし中所得国の金融市場は銀行、特に政府関係金融機関が中心で、非銀行金融市場、短期金融市場や外為市場等は未成熟の段階にある。更に中所得国は、税収基盤が脆弱で、旺盛な民間企業及び公企業の開発投資需要及び拡大する行政・公共サービス需要から政府の財政収支は赤字になる構造的体質を持つ。また対外的な交易条件も中所得国に不利であり、非石油産出国は、特に石油製品輸入コストの増大から経常収支は構造的に赤字になる傾向がある。更に中所得国は経済発展のためには先進国から資本財・中間生産財を輸入する必要があった。このように中所得国は供給サイドに種々の隘路（ボトルネック）を

表12　メキシコのマクロ経済動向：1980－86

	1980	1981	1982	1983	1984	1985	1986
GDP伸び率（％）	8.3	8.8	－0.6	－4.2	3.6	2.5	－3.7
インフレ（％）	26.3	27.9	58.9	101.9	65.4	57.7	86.3
粗資本形成対GDP（％）	24.8	26.4	23.0	17.5	17.9	19.1	19.4
資本形成伸び率（％）	14.9	14.7	－16.8	－25.3	5.1	6.7	－11.7
財政赤字対GDP	7.5	14.9	16.9	8.6	8.5	9.6	16.0
経常収支対GDP	－4.3	－5.8	－3.7	3.8	2.5	0.7	－1.0
対外債務残高（＄10億）	50.8	74.9	87.6	93.8	96.7	97.8	100.5
債務残高対GDP比率（％）	27.7	33.5	54.4	66.6	55.4	53.8	74.3
交易条件（1980＝100）	100.0	103.0	97.0	77.0	77.0	73.0	58.0

資料：Nora Lustig and Jaime Ros, "Mexico," in The Rocky Road to Reform, ed., by Lance Taylor, The MIT Press, 1993, page 274.

第1章　ラテンアメリカの経済発展の構造

抱えていた。このような理由から、多くの中所得国はマクロ経済に不安定な要素を多数内包しているが、中所得国政府は、自国通貨の安定を確保するため固定為替制度を採用する傾向が強く、インフレ圧力から途上国通貨の実質為替レートは常に増価する潜在性を内在していた。このように途上国のマクロ経済は、一般的に対外的・対内的不均衡・不安定になる傾向を強く持ち、累積債務危機、通貨危機及び金融危機に陥る潜在性を持っていた。更にこれらの途上国経済の危機の潜在性は、経済がグローバル化するにつれて他の発展途上国にパニック的に飛び火して波及効果をもたらす傾向が顕著となってきた。[46]

メキシコの累積債務危機

　メキシコは1821年にスペインから独立以降長期間内乱・紛争に悩まされ常備軍を整備する必要があった。しかし19世紀を通してメキシコ政府の税収入は軍事費・経常経費をカバーするには不十分で、ヨーロッパの資本市場、特にロンドンの資本市場でメキシコ債を起債して外貨を調達した。これらメキシコ債はメキシコ政府の関税収入を担保にして起債され、イギリスのベアリング商会等のマーチャントバンクが引受けてロンドンの投資家に売却された。メキシコ債を保有するイギリスの投資家は「債券保有者委員会」を設立し、債券保有者の権利の保全にあたった。しかし19世紀を通してメキシコ政府は、契約通りに利払い及び元本の償還が出来ず、しばしば債務支払いの繰延べ交渉を「債券保有者委員会」の代表者と行うのが常態化した。これら債務支払いの繰延べ交渉は、①未払い利息の元本繰入、②旧債券を新債券に変換（債務の繰り延べ）を内容とするのが一般的であった。

　その他メキシコ政府は、財政赤字を補填するため1848年2月グアダルーペ条約（the Treaty of Guadalupe）によってテキサス・ニューメキシコ・カリフォルニアの領土を1,500万ドルでアメリカ政府に割譲し、更に1853年12月には現在のアリゾナ州の南部地域及びニュー・メキシコ州の一部をアメリカ政府に1,000万ドルで割譲して財政資金を調達した。[47] メキシコはディアス

政権時代 (1876-1911年) 外国資本、特にアメリカ資本による鉄道建設等の公共投資を積極的に行ったが、これら鉄道建設資金は鉄道料金収入を担保とする事業債であった。第一次大戦以降モルガン銀行を含むアメリカの金融機関が、メキシコの開発プロジェクト投資に積極的になる。[48]

　20世紀前半メキシコは、度重なる過去の債務不履行から信憑性を喪失し、国際金融市場で資金を調達することが困難となっていた。[49]しかしメキシコ湾で石油資源が発掘され、中東戦争によって原油価格が高騰した結果、1973年以降メキシコに流入する海外資金が増大する。過去20年間2.0億ドル程度であった海外資金の流入額が1973年には16億ドルに急上昇する。海外の金融機関特に、アメリカの大手金融機関9行は競争してメキシコに融資を供与するようになる。その結果メキシコの対外債務残高は1972年の68億ドルから1981年には750億ドルの水準に急拡大する。[50]1981年単年度だけでメキシコの対外債務は50％上昇し、そのうち短期債務が30％を占めるようになる。この結果国際金融市場での短期金利の上昇はメキシコ政府の資金繰りに深刻な影響を及ぼすことになる。1982年末の段階でアメリカの大手9銀行の対メキシコ融資残高は130億ドルに達し、この額はこれら金融機関の自己資本総額の45％を占める水準に達していた。[51]

　メキシコ政府は1983年3月500行以上の海外の銀行が参加する銀行の幹事団と債務の繰延べ交渉で合意に達した。この合意は以下の内容を含む。①1982年8月―1984年12月に満期になる銀行債務総額140億ドルの債務支払いの8年間の延長（4年間の支払猶予期間を含む）、②総額50億ドルの短期銀行間債務の協同借換え、③総額50億ドルの債務返済期間6年の協調融資の供与。これらの合意によってメキシコ政府は1983-86年の期間300億ドルの資金繰りに余裕が生じた。[52]このメキシコ政府と銀行団との債務繰延べ交渉は1984年、1985年にもより包括的な内容で繰り返された。

　一方IMF専務理事は、IMFの対メキシコ政府支援融資は、メキシコ政府が銀行団との債務繰り延べ交渉に合意することを条件とする意思表示を行う（1982年12月）。アメリカ財務省は1985年10月「ベーカー計画」(Baker Plan)

第1章　ラテンアメリカの経済発展の構造

を発表した。この債務救済戦略は、①債務国による経済調整プログラムの実施、②IMF/世銀による構造調整融資の50％増額、③民間商業銀行による追加融資を内容とするものであった。[53]このアメリカ財務省の「ベーカー計画」は期待された効果を発揮することが出来ず、債務不履行を危惧した欧米の金融機関は対メキシコ債権を国際金融市場で売却しようとする。この結果メキシコ債権の売買取引市場が形成され、ドル表示のメキシコ債権は債務不履行リスクから額面価格は60％（1987年）から40％（1988年）に下落する。この結果海外の投資家は、国際金融市場でドル表示のメキシコ債権を割引価格で購入し、これを為替レートが下落したペソに転換する（Debt-Equity Conversion/Swap）取引を行うようになる。またメキシコ政府は、自国の債務を取引市場で買戻してメキシコの対外債務残高を削減することが可能となった。[54]このような背景からアメリカ財務省は、メキシコの対外債務危機を抜本的に解決する債務削減政策を発表する。これがアメリカ財務省の「ブレイディー計画」（1989年3月）といわれる債務削減戦略であり、以下を主な内容とする。先ずIMF及び世銀がメキシコ政府にそれぞれ13億SDR、20億ドルの新規の融資を供与する、これらを原資にメキシコ政府が自己資金13億ドルを動員してアメリカ政府から財務省の長期割引ゼロクーポン債71億ドルを購入する。このアメリカ財務省のゼロクーポン債券を担保にメキシコ政府は複数の国債（後に「ブレディー債」と呼ばれる）を発行して、これら国債を海外の金融機関が保有する対メキシコ債権と交換してメキシコ政府保有の対外債務残高を削減する。メキシコ政府が発行する国債と海外の金融機関が保有する対メキシコ債権の交換メニューは、①30年償還のLIBORプラス・スプレッドの65％割引債券、②30年償還の長期固定金利6.1/4％のメキシコ国債、及び③既存の対メキシコ債権額を25％増額した15年償還のLIBORプラス金利の新規の債権との交換という複数の選択肢（メニュー）を内容とした。これ故に「ブレイディー債務削減戦略」はメニュー・アプローチと呼ばれるようになる。この計画案に500行以上の銀行が1990年2月までに合意し、総額310億ドルの既存の対メキシ旧債権が新債券および新債権に交換された。[55]

35

以上を内容とする対策によってメキシコの累積債務危機は回避され、メキシコの対外債務残高は危険水準から脱することが可能となった。メキシコの対外債務残高は1980年の574億ドルの水準から1990年1,044億ドル、2000年1,503億ドルと2000年までに絶対額では約3倍に増額しているが、その85％以上が長期債務であり、債務残高の対総国民所得比率は1990年の41.0％の水準から2003年には23％の水準に低下して来ている。債務返済比率（債務返済額と輸出外貨獲得額との比率）も1980年の44％の水準から2000年初頭20％代の水準に収束している。[56] しかし以上のメキシコ政府の累積債務の削減政策の実施は、メキシコ政府がIMF・世銀と合意したマクロ経済安定化政策及び経済調整策を実施することが条件となっていた。またメキシコが累積債務危機に対してとられた対策は、一般的なモデルとして他のラテンアメリカ諸国の累積債務の危機対策として使用された。

マクロ経済安定化政策：正統派理論とネオ構造主義理論
　発展途上国が悪性インフレや高い失業率等の国内経済の不均衡及び経常収支の赤字という対外不均衡に直面した時取り得るマクロ経済安定化政策は、IMFが支持する正統派新古典派（マネタリスト）であるか、発展途上国の個々的な構造を考慮した政治経済学的なネオ構造主義（以下ここでランス・テイラー等の展開する理論を1960年代のプレビッシュの構造主義と区別するため「ネオ構造主義理論」と呼ぶ）の処方箋であろう。前者は先進国と途上国のマクロ経済現象は本質的に同じ性質を持ち、先進国で適用されるマクロ経済安定化政策は、基本的に発展途上国でも適用可能と考える。それに対してネオ構造主義理論は、途上国のマクロ経済政策は個々的な途上国の構造的な特色を反映した政策であるべきであると考える。前者の立場は、先進国が戦後長期間の経験に発展した新古典派経済学理論かケインズ・マクロ経済学理論に基礎をおいており、欧米の代表的な大学で使用されるマクロ経済学の教材に解説されている。[57]
　これに対してネオ構造主義マクロ経済理論は未だ発展途上の理論であり、

第1章　ラテンアメリカの経済発展の構造

ランス・テイラー（Lance Taylor, 1940-）等が中心になって展開してきている。[58] しかし残念ながらネオ構造主義マクロ経済理論の立場から、発展途上国が直面するマクロ経済問題を分析した事例は多くはない。日本では神戸大学の石黒馨教授がネオ構造主義理論の立場からメキシコ経済を分析しており注目に値する。[59]

　メキシコ政府が債務危機対策に苦慮していた当時のミゲル・デ・ラ・マドリッド政権（Miguel de la Madrid, 1982-88）及びカルロス・サリナス（Carlos Salinas）政権（1988-04）下でマクロ経済安定化政策に従事していたメキシコのテクノクラート達は、国連ラテンアメリカ経済委員会（ECLA）のネオ構造主義理論と無縁ではあり得ない。これら政権は制度的革命党（PRI）政権であり、制度的革命党の支持基盤である労働組合、農民組合の政治的支持が経済政策運営に不可欠であった。[60] 当然メキシコのマクロ経済安定化政策の具体的な内容と方法に関してはIMFの正統派理論とメキシコのネオ構造主義理論との対立は予想される。IMFのエコノミスト達は途上国のインフレの原因は基本的には、名目通貨供給量が実物経済の活動によって必要とされる通貨需要を超過するため発生すると考える。すなわち政府が財政赤字を補塡するための中央銀行から借入、中央銀行の対国内金融機関の信用供与の増大によるマネタリー・ベースの増大が通貨供給量の増大をもたらすという解釈をするマネタリストの立場を取る。[61] これに対してランス・テイラー等のネオ構造主義者達は、発展途上国のインフレは、①農業部門の食糧生産のボトルネック、②物価にスライドした賃金決定（インデグゼーション）、③輸入資本財・中間生産財の上昇によるコスト・プッシュ、④原油価格の高騰等の輸入インフレ、⑤消費者のインフレ期待に由来する慣性インフレ等途上国の実物経済の構造的特色を重要視する。[62] 両者の間でラテンアメリカ諸国のインフレ、特に悪性インフレ（月平均インフレ率が50％を越えるインフレを一般に悪性インフレと呼ぶ）の間で論争が展開された。[63] IMFがインフレ対策として採用する政府の財政支出を抑制して通貨供給量をコントロールする方法は一般に「オーソドックス・プログラム」（正統派プログラム）と呼ばれ、ネ

オ構造主義理論が主張する実物経済のインフレ慣性要因（インフレにリンクする賃金水準）を除去する方法は「ヘテロドックス・プログラム」（非正統派プログラム）と呼ばれている。[64]

　IMFがメキシコを含むラテンアメリカ諸国のマクロ経済を安定化する方法として採用した政策は、伝統的な総需要削減政策（expenditure reducing）であり、メキシコ政府に対しては、IMFは拡大信用供与プログラム（Extended Fund Facility；1983-85）を供与した。このプログラムは厳しい財政支出削減政策のほか、貿易の自由化、為替の切下げを含むプログラムであったが、1985年のメキシコ地震、原油価格の下落（1985年の1バーレル＄25から翌年＄12の大幅な下落）等の予期せぬショックで当初期待された目標を達成することが出来なかった。インフレは1985年12月年率65％から1987年12月には159％に急上昇する。そこで政府は労働組合・農民と企業グループと協議の結果、インフレ抑制を目的とした経済連携協定（PACTO：the Pact for Economic Solidarity）を締結する。この協定は、一定の水準に賃金を凍結する所得政策、食糧価格の凍結、為替レートを切下げ後固定化、貿易の自由化等を主な内容とするものであった。このインフレ抑制政策が「ヘテロドックス・プログラム」（非正統派プログラム）と呼ばれる経済安定化プログラムである。この結果メキシコのインフレ率は、1988年には急激に下降に転じた。[65]

　このマクロ経済安定化政策と同時並行的に、メキシコ政府は国有企業の民営化政策を実施した。その結果1982年当時1,155社存在した国営企業の数は1994年には80社前後までに縮小する。[66]しかしIMFの支援の下で行われる発展途上国のマクロ経済安定化政策の妥当性や有効性については論争が絶えない。[67]

構造調整政策：貿易の自由化と北米自由貿易協定（NAFTA）

　発展途上国の経済支援に関してIMFと世銀の間で分業体制が確立している。IMFが途上国の短期のマクロ経済安定化政策を実施し、途上国のマクロ経済の主に需要管理を担当するのに対して、世銀は途上国の長期のミクロ

第1章　ラテンアメリカの経済発展の構造

経済の供給構造改革を促進するとともに開発プロジェクト融資を通して途上国が必要とする長期の外貨資金を供与する。途上国の経済調整プログラムに関しては、先ず最初にIMFが途上国のマクロ経済の安定を確保し、その後世銀が構造調整融資を通して、実物経済及び金融経済の自由化政策（投資の自由化・国営企業の民営化・貿易の自由化・金融の自由化等）を実施する。このIMFのマクロ経済安定化政策及び世銀の構造調整プログラムは、一定の順序に従って行われるべきであると認識されている。この経済調整プログラムの「順序性」に関しては多数の研究が発表されている。しかしこのIMF・世銀の機能的な分担は、相互に重複する場合がある。例えば途上国の対外的マクロ経済の不均衡、即ち経常収支の赤字を改善するためにはマクロ経済政策として為替レートの切下げ政策ばかりでなく、ミクロ経済の調整政策である貿易の自由化政策を実施することが必要になってくる。

　戦後のメキシコ経済は、輸入数量制限、輸入事前許可制度、高率の輸入関税の賦課、海外投資規制等の輸入代替工業化政策によって極度に内向きの閉鎖的な経済体制となっていた。憲法27条はメキシコの自然資源と基幹産業の分野で外国企業の活動を禁止し、1973年制定の「海外企業の投資規制法」（LFI）は石油関連産業、主要な鉱業、電力、鉄道、電信・電話事業を国有企業に限定していた。またマスコミ事業、自動車産業、高速道路の輸送事業、国内航空、海運、森林資源開発、ガス流通事業、その他個別に指定する事業をメキシコ企業に限定していた。このような規制によって市場の価格機能による資源の効率的配分は阻害され、メキシコの産業は国際競争力を喪失し、経済を停滞させる結果をもたらしたと理解されている。

　このような閉鎖的な経済体制の下で登場したのが、アメリカとの国境地帯に建設された「マキアドーラ」（maquiladora）と呼ばれる輸出工業団地である。「マキアドーラ」は、小麦の製粉工場主が製粉の対価として一定の小麦粉を保有する慣行を意味するスペイン語（maquilar）から由来する。[68] これはアメリカ及びメキシコ企業が、原材料や部品をアメリカから無税で輸入して保税倉庫に保管し、メキシコの労働者の低い賃金コストを活用して、組立加

39

工して再度アメリカに輸出することを目的にアメリカとの国境沿いに建設した工場を指す。最初のマキアドーラが国境地域工業化プログラムの一環として1964年に建設された。その後マキアドーラ工場は増大し1970年120工場、1980年578工場、1990年には1924工場が操業し47万人を雇用している。業種別には電気・電子加工工場が28％、繊維工場15％、家具製造13％、自動車部品8％となっている。このマキアドーラ工業団地工場はメキシコ政府が採用した輸入規制の下で形成された特異な制度である。

　しかしメキシコ政府は1985年以降経済調整プログラムの一環として実施した貿易の自由化政策によって漸次輸入規制を削減・撤廃していく。更にこのメキシコ政府の貿易自由化政策の実施は、メキシコ政府が1986年8月GATTに加盟し、1992年8月アメリカ及びカナダ政府と北米自由貿易協定に調印することによって加速する。先ずメキシコ政府は1985年7月3,604品目（総輸入額の36％）について輸入許可制度を撤廃し、その結果輸入数量規制の割合は75％から39％に削減された。その後輸入許可制限は1986年10月、1987年4月、7月、10月と漸次的に撤廃され、1987年末には残存する輸入許可品目は全品目8,300品目のうち329品目（総輸入額の23％）だけとなる。この輸入許可制度を撤廃することがメキシコのGATT加盟の条件となっていた。1990年末には残存輸入許可品目は210品目（全体の4.1％）に減少した。これら残存輸入許可品目の多くは農作物であった。

　輸入関税分類や関税率も漸次的に簡素化、低率化された。先ず1985年7月に導入された関税表は最高輸入関税率を100％から50％に低下させ、1987年には消費財の最高税率を40％から20％に設定し、一般標準関税も5％、10％、15％の3種類に簡素化された。1990年までに平均輸入関税率は10％の水準に低下した。

　これら輸入規制の撤廃と関税率の低下措置と同時並行的に、メキシコ政府は外国企業の対メキシコ投資の規制を緩和する措置をとった。先ず「海外投資規制法」（1973年）を弾力的に解釈して投資許可申請手続が簡素化され、1983－85年の期間150件の100％外国人所有の投資プロジェクトが許可された。

1989年5月には「海外投資規制法」(1973年)の実施規則が改正され「海外投資委員会」の事前の許可なく、1億ドル以下の対メキシコの100％の外国人による株式保有が認められた。更に73％の産業分野で事前許可なく外国人が100％の株式保有が認められることとなった。

　これら貿易の自由化及び投資の自由化政策の実施によって、メキシコの輸出産業が必要とする原材料・中間材・資本財の輸入が容易となり自動車部品、機械類、化学品、鉄鋼製品、電気・電子製品、繊維等が主要な輸出産業となる。これら産業の輸出は1985－1991年の期間2.8倍に増大し、1991年には非石油輸出品の70％を占めるまでに成長した。更に全輸出のうち製造業製品の輸出が1991年には56％をしめることとなる。[69]

　1992年8月には14ケ月の交渉の末メキシコ・アメリカ・カナダの3ケ国の間で北米自由貿易協定（NAFTA：North American Free Trade Agreement）が調印され、1994年1月から施行された。北米自由貿易協定は3ケ国の間で北米地域を「原産地」とする総ての製品の関税を5年－10年の期間で漸次撤廃してメキシコ・アメリカ・カナダの間で「自由貿易地域」を実現することを目的とする。農業製品についてはメキシコ及びアメリカは即時非関税障壁を関税化し、農作物に課せられた関税は10年間で漸次撤廃することが合意された。自動車産業については10年間で北米自由貿易地域を原産地（60－62.5％）とする部品・製品について関税を撤廃し、投資を自由化する。繊維製品についても10年間で関税を撤廃し、政府調達及び金融サービス業務、投資を自由化する、知的財産権の保護、紛争処理を目的とする「貿易委員会」の設立、環境保全等について合意がなされた。NAFTA発効以降メキシコの対米輸出は急増し、メキシコの輸出の80－90％、輸入の60％が対アメリカ取引となっている。[70]

　この他メキシコ政府は自由貿易地域協定（FTA）をチリ（1991年）、コロンビア・ベネズエラ（1994年）、コスタリカ（1994年）、中央アメリカ諸国（1992年）と締結している。日本政府とは自由貿易協定（FTA）が2004年に調印され、翌年2005年に発効している。日本はメキシコから豚肉、オレンジジュー

ス、牛肉、鶏肉、オレンジ生果等の農作物に特恵輸入枠を設定している。日系進出企業は339社、在留邦人は4,617人（2004年）であり、日本企業は対メキシコ投資をNAFTA以降積極化している。[71]

構造調整政策：金融の自由化

　メキシコの金融システムは、他のラテンアメリカ諸国の金融システムと同じように、1980年代の後半から自由化されるまで所謂「抑圧型金融システム」(Repressed Financial System) の典型であった。「抑圧型金融システム」とは政府が金融市場に介入し、預金金利及び貸出金利及び融資業務を規制して、政府が政策的に重視する産業分野に長期・短期資金を優先的に融資することを金融機関に義務づける「政策金融」が行われる金融システムである。またこの「抑圧型金融システム」では、政府が法律によって金融市場を細分化し、金融機関が産業開発金融・商業金融・貿易金融・農業開発金融等特殊な融資分野に特化するように義務づけることも頻繁に行われる。このように「抑圧型金融システム」では、金融市場での金融機関の自由な経済取引が規制され、資金が市場の価格機能によって効率的に配分されず、市場が歪められた金融システムである。多くの発展途上国の金融システムはこの「抑圧型金融システム」である特徴を持つ。日本の金融システムも自由化されるまで「抑圧型金融システム」の特徴を持っていた。[72]

　メキシコの金融システムは1980年代の後半自由化されるまで銀行は、金利規制や、融資規制が行われ、高率の準備金比率（50％以上）及び流動資金比率が義務づけられていた。1975年メキシコ政府は証券市場法を制定し、証券市場監視委員会を設立するが証券市場の取引は活発化しなかった。1978年政府は短期金融市場を活性化するために財務省証券（CETES）を導入するが短期金融市場の取引量は少なく市場の深度は浅かった。このようにメキシコの非銀行金融市場、即ち短期金融市場、証券市場、保険市場、リース産業等はその発展が未成熟で市場の深度（取引量）が浅く・多角化が遅れていた。このような状況下でメキシコ政府の金融政策は、通貨供給量をコントロールす

る政策よりは主に国内金融機関に対する中央銀行の与信管理を通して行われた。更にメキシコ政府は累積債務危機に直面して1982年9月商業銀行を国有化する措置を取った。インフレ率が急上昇した1982-88年の期間銀行の預金金利は実質マイナスとなり、国民の預金離れ（financial disintermediation）現象が顕著となり、インフォーマル金融市場が形成され、国民は「ドル預金」に殺到し、ドル資金は海外に逃避（capital flight）した。

このような状況下でメキシコ政府は1989-91年一連の金融自由化政策を実施した。先ず、1988年11月輸入金額の支払いを銀行が保証するBC（bankers acceptance）の数量規制を流動資金比率30％を保持（財務省証券及び中央銀行預金）することを条件に自由化した。

1989年4月預金金利規制の撤廃、法定準備金制度を廃止し、30％の流動資金比率によって置換え、民間及び公企業融資規制の撤廃等の措置を実施することで金融の自由取引を促進する。しかし商業銀行による海外市場からの短期資金の借入の増大に対処するため、政府は50％の流動性比率の維持規制を行った。さらに短期金融市場を活性化するため、政府は種々の国債を導入した。1980年代財務省証券（CETES）が短期金融市場の80-90％を占めていたが、1986年に原油価格に連動した3年償還の国債（PETROBONOS）及び28日-364日償還の債券（元本ドル表示・固定金利ペソ払い）、1987年には政府は長期国債（BONDES）、1989年には中期国債（3-5年満期・利子率が消費者物価指数に連動）及び為替レートにリンクした短期財務省証券（1-3ヶ月満期）を導入した。

1990年5月憲法28条及び123条を改正し商業銀行の民営化を可能にする法案が議会に提出され、金融機関法（Credit Institutions Law）が1990年7月に制定され産業開発銀行を除くすべての商業銀行を民営化（株式の50％を民間人が保有し外国人投資家の30％保有を許可）する手続が開始された。1992年には総ての商業銀行が民営化された。このようにしてメキシコの金融システムは暫時的に自由化され、金融市場の深度を示す通貨の供給量（M4）対GDP比率は1980年の25％から1991年には40％に増大した。[73]

（4）1994年12月のメキシコの通貨危機

　1980年代後半から1990年代前半に実施された累積債務の処理、マクロ経済安定化政策、貿易・金融の自由化政策、国有企業の民営化政策の結果メキシコ経済は1990年代以降順調に回復することが期待された。GDP成長率は1987年の1.7％から1994年には3.5％の水準に上昇した。消費者物価指数も1987年の159.2％から1994年には7.1％の水準に沈静化した。対外累積債務残高も対GDP比率で1987年の61.5％から1994年には24.2％の水準に削減された。総て順調のように思われた。しかし貯蓄率は1987年の21.6％から1994年の13.7％に低下し、経常収支は1987年の29億ドルの黒字から1990年の75億ドルの赤字に転落し、赤字幅は年々増大し1994年には295億ドルまで拡大した。しかし海外の投資家はメキシコ政府が累積債務を処理し、マクロ経済安定化政策と経済調整プログラムを実施し、1994年には北米自由貿易協定が発効し、メキシコ経済の将来に楽観的な見通しを持っていた。1970年代、80年代の海外の投資家の対メキシコ投資は国有企業の開発プロジェクトに対する多数の銀行が参加して行う協調融資であったが1980年代の後半以降の海外の投資家はメキシコ政府が発行する短期の財務省証券（Cetes）やドルにリンクした短期国債（Tesobonos）に対する投資が中心となった。1994年3月－10月だけで130億ドルの短期国債が海外の投資家に売却された。

　しかし1994年一連の事件、南部のチアパス州の先住民族の反乱、大統領選挙候補者コロシオ（3月23日）、制度的革命党の事務局長マシュウの暗殺、検事総長の辞任、大物銀行家の誘拐事件等が発生し、メキシコの政治不安が一気に表面化した。この結果資本逃避が起こりメキシコの外貨準備高は282億ドルから暗殺事件後の4月には110億ドルに減少した。1994年12月1日新大統領ゼディリオが就任するが、チアパスで暴動が再発し外貨準備高は1日だけで40億ドル減少する。メキシコ政府は通貨ペソの為替レートを切下げ、1995年1月31日為替レートは12月の水準から40％下落する。このメキシコに発生した通貨危機は他のラテンアメリカ諸国にパニック的に波及し、通貨不

安を惹起させた。[74]

おわりに―メキシコ経済発展の長期的課題―

メキシコ経済は通貨危機の影響で1995年マイナス6.2％のGDP成長率を記録したが、それ以降回復した。2008年にはアメリカ経済の不況の影響を受けて1.8％の水準に落ち込んだが、2000年代初頭の数年3.0％以上の成長率を維持している。1980年代後半以降の累積債務の処理の結果対外債務残高は2007年1,931億ドル（対GDP比率18.9％）、債務返済比率（対財・サービス輸出額比率）は7.0％の水準にまで低下した。インフレ率も4.0％代に推移している。貿易収支が赤字であるが2007年の輸出のうち石油関連製品が全体の16％を占め、製造業製品の輸出が80％を占めている、北米自由貿易協定の発効（1994年）以降メキシコの対アメリカ輸出が急増しメキシコの全輸出の80％以上が対アメリカ輸出となっている。[75]メキシコ経済は今やアメリカ経済と一体化する傾向にある。1980年代後半以降にメキシコ政府が実施した経済安定化政策および経済調整プログラムの成果が現れているのであろうか。しかし経済安定化政策および経済調整政策の経済効果を実証的に計測することは不可能に近い。

ディアス大統領は「メキシコは神とは遠く、アメリカに近すぎる」とメキシコ経済がアメリカ経済に従属的であることを嘆いたとされる。[76]大国に近接する小国は良くも悪くも大国経済に従属する性質を強く持つことは「従属論者」でなくても理解し得よう。特にアメリカの現在のカリフォルニア・ニュー・メキシコ・テキサス各州の大部分が旧メキシコ領土であったことを考えるとメキシコ人の意識は複雑であろう。

メキシコの1人当たりGDPの水準は1990年代以降2004年までカナダの36％以下、アメリカの28％以下の水準に止まっており、北米自由貿易地域（NAFTA）ばかりでなく1994年に加盟した経済協力開発機構（OECD）の中でも低位の水準にある。全要素生産性（TFP）で示されるメキシコの経済全体の生産性の伸び率も1.0％以下である。[77]メキシコの為政者や知識人達は、

遅れて工業化を開始した東アジア諸国、特に韓国の経済発展に遅れをとったことに危機意識を持っている。資源も豊富で、1億人の人口規模を有し、経済大国アメリカに近接するメキシコが何故経済発展が停滞するのかメキシコ人自身および世銀の担当者達にとっていまだに謎である。

　2004年アメリカには1,050万人のメキシコ人移民が居住しており、この数字は外国人移民全体の31％をしめる。このアメリカ居住のメキシコ人移民の規模はメキシコ本国の人口の10％に相当する。このうち56％のメキシコ人移民は不法移民であると推計されている。[78] これらアメリカ在住のメキシコ人移民のメキシコ本国への外貨送金はGDP比率2.2％の規模に達し、この数字はメキシコの観光産業による外貨獲得額や外国人による対メキシコ直接投資の規模よりも大きいとされる。これも経済のグローバリゼーション（資本と労働力という生産要素の国境間移動）の1つの形態であろう。

　メキシコはボリビア、ペルー及びコロンビアで栽培されるヘロイン等の麻薬のアメリカ市場へ輸送経路にあたり麻薬カルテル組織の対立抗争が2000年以降激しくなっている。在来アメリカ向けの麻薬ルートはカリブ海沿岸経由フロリダ向けが中心であったが、最近はアメリカ向けの麻薬の90％以上がメキシコ経路であるといわれる。1960年代及び70年代アメリカの麻薬消費の中心はヘロイン及びマリファナが中心であったが、1980年代以降麻薬の中心はコカインとなった。毎年メキシコに流入する麻薬資金の規模は150億ドル−200億ドルと推計され、メキシコの麻薬カルテルはAK−47の自動小銃で武装した私兵を抱え、麻薬カルテル同士の衝突、メキシコ軍隊及び警備隊との市街戦が多発している。政府要人の暗殺・誘拐・脅迫事件が頻発しフェリペ・カルデロン大統領が2006年に大統領に就任して以来1万人以上の麻薬関連殺人事件が発生している。[79] 1929−2000年の71年の長期間政治権力を掌握した制度的革命党（PRI）は麻薬カルテルと暗黙の同盟関係を結び、麻薬カルテルは社会問題とならなかった。しかし2000年以降国民行動党（PAN）が政権を掌握して以来、この同盟関係が崩れメキシコの治安が悪化したと解釈されている。

第1章 ラテンアメリカの経済発展の構造

　世銀はメキシコのような中所得国に対する支援につては政策助言（AAA；analytic and advisory activities）の供与を重視している。メキシコ政府に対しては毎年「開発政策融資」（DPL：Development Policy Loan）を供与し、メキシコ政府の年度毎の開発戦略の実施を支援している[80]。

　この世銀の対メキシコ政府政策支援の一環として、世銀はメキシコ政府が取組むべき中期的な開発戦略課題についての報告書を作成している[81]。世銀はこの報告書の中で、メキシコ政府の中期的課題として、①治安の維持と民主的な政治体制の確立と地方分権化、②民間主導型の経済成長と所得格差・地域格差の是正、③国際競争力の強化、④社会福祉サービスの改善、⑤制度改革と革新による経済成長の加速、⑥環境保全政策の実施、⑦人的資本のための開発投資と労働市場の近代化、⑧農村・農業開発と土地制度改革、⑨水資源開発、⑩エネルギー資源開発、⑪社会サービス基盤と産業基盤の拡充等を掲げている。これらは妥当な政策提言であると考えられる。以上見てきたように、ラテンアメリカ及びメキシコの経済発展を理解するためには単に経済学的な分析だけでは不十分であり、これらの国々の構造的特色についての歴史的洞察力とより総合的な政治経済学的なアプローチが不可欠あることが理解されよう。

註
1. 中川文雄著「ラテンアメリカ地域の特徴」、国本伊代・中川文雄編著『ラテンアメリカ研究への招待』、新評社、2005年、18－28頁。
2. 金七紀男著『ポルトガル史』、増補版、彩流社、2003年、69頁。
3. 金七紀男著『エンリケ航海王子』、刀水書房、2004年、89－98頁。
4. 和辻哲郎著『鎖国：日本の悲劇』、岩波文庫、1982年、上巻、51－108頁、下巻、289－307頁。
5. 増田義郎著『コロンブス』、岩波新書、1979年、42－48頁。林屋永吉訳『コロンブス航海誌』、岩波文庫、1977年、273－297頁。
6. Agoncillo and Guerrero, *History of the Philipino People*, R.P Garcia Publishing, 1977 Pp.67-84.
7. 国本伊代著『概説ラテンアメリカ史』、改定新版、2001年、28－35頁。

8. ラス・カサス著・染田秀藤訳『インヂアスの破壊についての簡単な報告』、岩波文庫、1976年。
9. 乗浩子著「政治と社会の歩み」、松下洋・乗浩子編『ラテンアメリカ：政治と社会』、新評論、2004年、34−51頁。
10. 細野昭雄著『ラテンアメリカの経済』、東京大学出版会、1983年、3−33頁。
11. 乗浩子著、前掲論文、松下洋・乗浩子編『ラテンアメリカ：政治と社会』、34−51頁。
12. 二村久則・野田隆ほか著『ラテンアメリカ現代史、Ⅲ、メキシコ・中米・カリブ海地域』山川出版、2006年、194−221頁。
13. 最近のラテンアメリカにおける反米思想について、伊藤千尋著『反米大陸』、集英社新書、2007年参照のこと。
14. フィデル・カストロの思想と行動については自叙伝に詳しい。Fidel Castro, *My Life*, Penguin Books, 2006. チェ・ゲヴァラの革命活動については、Richard L. Harris, *Death of A Revolutionary : Che Guevara's Last Mission*, W.W. Norton, 1970 参照のこと。
15. 谷洋之著「考える実務家・行動する理論家：ラウル・プレビッシュ」、今井圭子編著『ラテンアメリカ開発の思想』、日本評論社、2004年、143−159. Dianna Hund, *Economic Theories of Development: An Analysis of Competing Paradigms*, Harvester Wheatsheaf, 1989, pp.121-161.
16. A.G.フランク（Andre Gunder Frank）の波乱万丈の生涯については自叙伝が自身のWebsite に紹介されている。フランクの思想と研究活動については以下の文献に詳しい。*The Underdevelopment of Development : Essays in Honor of Andre Gunder Frank*, ed., by Sing C.Chew and Robert A. Denemark, Sage Publications, 1996.
17. 中川文雄・松下洋・遅野井茂雄著『ラテンアメリカ現代史、Ⅱ：アンデス・ラプラタ地域』、山川出版、1985年、219−236頁。Time Weiner, *Legacy of Ashes : The History of The CIA*, Anchor Books, 2007,pp. 354-367. ピノチェット政権が行った暗殺・拷問・拉致・暴行等の残虐行為については、中王子聖著『チリの闇』、彩流社、2005年、
18. 子安昭子著「従属論の思想と実践：フェルナンド・エンリケ・カルドーゾ」、今井圭子編著『ラテンアメリカ開発の思想』、前掲書、227−244頁。
19. テオトニオ・ドスサントス著、青木芳夫ほか訳『帝国主義と従属』、拓殖書房、1983年。

第1章　ラテンアメリカの経済発展の構造

20. A.G.フランクは、この服従関係を先ず最初にチリとブラジル経済について分析している。Andre Gunder Frank, *Capitalism and Underdevelopment in Latin America; Historical Studies of Chile and Brazil,* Monthly Review Press, 1967.
21. Rudiger Dornbusch and Sebastian Edwards, "Introduction",；Robert R.Kaufman and Barbara Stallings, "The Political Economy of Latin American Populism," ed., by Rudiger Dornbusch and Sebastian Edwards, *The Macroeconomics of Populism in Latin America,* The University of Chicago Press, 1991, pp.7-13, pp.15-43.
22. Joseph E.Stiglitz, *Globalization and Its Discontents,* W.W. Norton&Company, 2002., pp.3-52.
23. 遅野井茂雄・宇佐美耕一編『21世紀ラテンアメリカの左派政権：虚像と実像』、アジア経済研究所、2008年。ベネズエラのチャヴェス政権については、以下の文献に詳しい。Gregory Wilpert, *Changing Venezuera；The History and Politics of the Chavez Government,* Verso, 2007.
24. ラテンアメリカ経済史の権威、ビクター・ブルマー＝トーマスは、ラテンアメリカ経済の停滞の主な原因を、①一次産品輸出市場の需要の変化、②輸入代替工業以下政策の負の効果、③経済政策の失敗に求めている。Victor Bulmer=Thomas, *The Economic History since Independence,* Cambridge University Press, 1994, （邦訳）田中高・榎股一索・鶴田理恵訳『ラテンアメリカ経済史』、名古屋大学出版、2001年、323－353頁。日本のラテンアメリカ経済研究の専門家達は、一般的にラテンアメリカ経済の発展の「記述的分析」に終始して、あまりラテンアメリカ経済の停滞の要因分析に強い関心を示していない。細野昭雄著『ラテンアメリカの経済』、東京大学出版会、1983年；西島章次・細野昭雄編著『ラテンアメリカ経済論』、ミネルヴァ書房、2004年。この問題に強い関心を持っているのはラテンアメリカの経済学者達である。以下の文献参照のこと。Sebastian Edwards et al. ed., *The Decline of Latin American Economies；Growth,Instituions, and Crises,* the University of Chicago Press, 2007；Jose Antonio Ocampo, "Latin America's Growth and Equity Frustrations During Structural Reforms," and Arminio Fraga, "Latin America since the 1990s：Rising from the Sickbed？" *Journal of Economic Perspectives,* Vol.18, Number 2, Spring 2004, pp. 67-88 and pp.89-106.

49

25. Haber, Stephen., "Introduction : Economic Growth and Latin American Economic Historiography," and Stanley L.Engerman and Kenneth L. Sokoloff, "Factor Endowment, Institutions, and Differential Paths of Growth Among New World Economies : A View from Economic Historians of the United States," in *How Latin America Fell Behind* ; *Essays on the Economic Histories of Brazil and Mexico, 1800-1914*, ed., by Stephen Haber, Stanford University Press, 1997.
26. Edwards, Sebastian., *Crisis and Reform in Latin America* : *From Despair to Hope*, Oxford University Press, 1995,pp.41-65.
27. Fraga, Armnio., "Latin America since the 1990s : Rising from the Sick bed ? " in *The Journal of Economic Perspectives*, Spring 2004, pp.89-109.
28. Ocampo, Jose Antonio., "Latin America's Growth and Equity Frustrations During Structural Reforms," in the *Journal of Economic Perspectives*, Spring 2004, pp.64-88.
29. Barbier, Edward B., *Natural Resources and Economic Development*, Cambridge University Press, 2005, pp.51-154 ; Jeffrey D.Sachs and Andrew M.Warner, "Natural Resources and Economic Development : The Curse of natural resources," *European Economic Review*, 2001, Vol.45, pp.827-838 ; Kenneth L.Sokoloff and Stanley L.Engerman, "Institutions, Factor Endowments and Paths of Development in the New World," *Journal of Economic Perspectives*, Vol.143, No. 3 . Summer 2000. pp.217-232.
30. 国本伊代著『メキシコの歴史』、新評論、2002年、93−129頁。
31. 国本伊代著、前掲書、193−217頁。
32. 国本伊代著、前掲書、219−252頁。
33. 国本伊代著、前掲書、253−279頁。
34. 国本伊代著、前掲書、281−316頁。
35. Maddison, Angus., *The Political Economy of Poverty, Equity, and Growth* : *Brazil and Mexico*, Oxford University Press, 1992,pp.143-183.
36. Cardoso, Eliana A., and Santiago Levy, "Mexico," in *The Open Economy* : *Tools for Policy Makers in Developing Countries*, ed., by Rudiger Dornbusch and F.Leslie C.H.Helmers, Oxford University Press, pp.348-369.

37. Bulmer-Thomas, Victor., *The Economic History of Latin America since Independence,* Cambridge University Press, 1994.（邦訳）田中高他訳『ラテンアメリカ経済史』、名古屋大学出版会、2001年、pp.221-253.
38. 前掲書、223－225頁。
39. Gomez-Galvarriato,Aurora., "The Political Economy of Protectionism; The Mexican Textile Industry, 1900-1950," in *The Decline of Latin American Economies ; Growth, Institutions, and Crises,* The University of Chicago Press, 2007,pp.363-406.
40. Maxfield, Sylvia., "The Politics of Mexican Financial Policy," in *The Politics of Finances in Developing Countries,* ed., by Stephan Haggard, Chung H. Lee and Sylvia Maxfield,Ccornell University Press, 1993, pp. 230-258.
41. Bazdresch, Carlos., and Santiago Levy, "Populism and Economic Policy in Mexico ; 1970-1982," in *The Macroeconomics of Populism in Latin America,* ed., by Rudiger Dornbusch and Sebastian Edwards, The University of Chicago Press, 1991,pp.223-262.
42. Maddison,Angus., and Associates, *The Political Economy of Poverty, Equity and Growth,* 1992, Page 115; pp. 156-158; pp.135-138..
43. 実質為替レート（Re）は次のように定義される。Re＝(1 ＋d) (1 ＋Ⅱ*)/(1 ＋Ⅱ) ; d：自国通貨の減価率；Ⅱ*：外国の物価上昇率；Ⅱ：自国の物価上昇率。即ち実質為替レートは、自国通貨表示の外国インフレ率（分子）と自国インフレ率（分母）との相対価格を意味する。一定の国が固定為替レート制度を採用すると、自国通貨の減価率（d）はゼロとなる。この場合自国インフレ率の相対的上昇は、実質為替レート（Re）の値を下げる、即ち増価する。詳しくは、高木信二著『入門国際金融』、日本評論社、第 3 版、2006年、89-107頁の説明を参照。
44. Cardoso, Eliana A., and Santiago Levy, "Mexico," in *The Open Economy ; Tools for Policymakers in Developing Countries,* ed., Rudiger Dornbusch and F.Leslie C.H.Helmers, Oxford University Press, 1988, pp. 348-369.
45. 以下の文献がその代表的な研究である。William R.Cline, *International Debt Reexamined,* Institute for International Economics, 1995 ; IMF, *External Debt Management,* ed., by Hassanali Mehran, 1985, *Analytical Issues in Debt,* ed., by Jacob A.Frenkel, 1989 ; World Bank, *International Debt*

and the Developing Countries, ed., by John T.Cuddington, 1985, *Dealing with the Debt Crisis,* ed., by Ishrat Hussain and Ishac Diwan, 1989 and *External Debt Management,* by Thomas M.Klein, 1994. 日本の研究書としては以下が参考になる。寺西重郎著『経済開発と途上国債務』、東京大学出版会、1995年。河合正弘・村瀬英彰著『途上国の債務問題』、三菱経済研究所、1992年。筆者自身も簡単な解説論文を書いている。稲葉守満著「途上国債務の政治経済学」（1）、『国際関係研究』、第18巻、2号、平成9年12月、（2）第19巻、1号、平成10年7月。

46. 途上国のマクロ経済の構造的特徴については簡単な解説が以下の文献にある。Pierre-Richard Agenor and Peter J.Montiel, *Development Macroeconomics,* Princeton University Press, 3rd Edition, 2008, pp.10-30.

47. Aggarwal, Vinod K., *Debt Games ; Strategic Interaction in International Debt Rescheduling,* Cambridge University Press, 1996, pp.101-137.

48. Chernow, Ron., *The House of Morgan; An American Banking Dynasty and the Rise of Modern Finance,* A Touchstone Book,1991, pp.237-243.

49. Aggarwal, Vinod A., "Interpreting the History of Mexico's External Debt Crises," In *The International Debt Crisis in Historical Perspective,* ed., by Barry Eichengreen and Peter H. Lindert, The MIT Press, 1989, pp.140-188.

50. Solis, Leopoldo., and Ernsto Zedillo, "The Foreign Debt of Mexico," in *International Debt and the Developing Countries,* ed., by Gordon W. Smith and John T.Cuddington, The World Bank, 1985, pp.258-288.

51. El-Erian, Mohamed A., "Mexico's External Debt Policies, 1982-90," in *Mexico : The Starategy to Achieve Sustained Economic Growth,* IMF, September 1992, page 51.

52. IMF, Mexico : *The Strategy to Achieve Sustainable Economic Growth,* ed.,by Claudio Loser and Eliot Kalter, 1992, op.cit., page 51.

53. アメリカ財務省の「ベーカー計画」（1985年）及び「ブレイディー計画」（1989年）については、William R.Cline, "The Baker Plan and Brady Reformulation ; An Evaluation," in *Dealing with the Debt Crisis, ed.,* by Ishrat Husain and Ishac Diwan, The World Bank, 1989, pp.176-198.

54. IMF, 1992, op.cit., page 53-56.

55. IMF, 1992, op.cit., page 57. 尚メキシコの対外債務危機に対するアメリカ

第 1 章 ラテンアメリカの経済発展の構造

政府の対応策については当時連邦準備制度理事会（FRB）の議長であったポール・ヴォーカー（Paul Volcker）氏が回顧しており、参考になる。Paul Volcker and Toyo Gyohten, *Changing Fortunes : The World's Money and the Threat to American Leadership*, Times Books, 1992, pp.187-219.
56. The World Bank, *Global Development Finance*, Vol. II, 2005, pp.356-359.
57. 例えば、Rudiger Dornbusch, Stanley Fischer and Richard Startz, *Macroeconomics 9th Ed.*, McGraw Hill, 2004.
58. Lance Taylor（1940－）の代表的は著作は以下の通りである。
    1983 : *Structuralist Macroeconomics : Applicable Model for the Third World*, Basic Books.
    1988 : *Varieties of Stabilization Experience*, Oxford, Clarendon Press.
    1991 : *Income Distribution, Inflation, and Growth ; Lectures on Structuralist Macroeconomic Theory*, MIT Press.
    2004 : *Reconstructing Macroeconomics ; Structuralist Proposals and Critiques Of the Mainstream*, Harvard University Press.
    ラテンアメリカ諸国の累積債務危機対策として行ったマクロ経済安定化政策および経済調整の問題に関するランス・テイラーの新構造主義マクロ経済理論からの分析は、以下の文献になされている。Lance Taylor, "Stabilization, Adjustment,and Reform," in *The Rocky Road to Reform ; Adjustment, and Growth in the Developing Countries*, ed., by Lance Taylor, the MIT Press, 1993.
59. 石黒馨著『開発の国際政治経済学：構造主義マクロ経済学とメキシコ経済』、勁草書房、2001年。
60. 途上国における経済政策の政治的基盤については、以下の文献参照。
    Stephan Haggard and Robert Kaufmann, "The Politics of Stabilization and Structural Adjustment," in *Developing Country Debt and Economic Performance*, ed., by Jeffey D.Sachs, The University of Chicago Press, 1989, pp. 209-254. Barbara Stallings, "International Influence on Economic Policy : Debt, Stabilization, and Structural Reform," in *The Politics of Economic Adjustment*, ed., by Stephan Haggard and Robert R.Kaufman, Princeton University, 1992, pp.41-88.
61. Khan, Mohsin S., and Malcolm D.Knight, "Stabilization Programs in Developing Countiries : A Formal Framework," in *Macroeconomic Models*

for Adjustment in Developing Countries, IMF, 1991, pp.38-85.
62. Taylor, Lance., *Income Distribution, Inflation,and Growth;Lectures on Structuralist Macroeconomic Theory,* The MIT Press, 1991, pp.86-110.
63. Cardoso, E., and A.Helwege, *Latin America's Economy*: *Diversity, Trends and Conflicts,* The MIT Press, 1992. Ross,Anthony Clunies., *Economic Stabilization for Developing Countireis,* Edward Elgar, 1991, pp95-121.
64. 石黒馨著『開発の国際経済学：構造主義経済学とメキシコ経済』、前掲書、193-221頁。この著作の中で石黒教授は、新構造主義理論の見方を明確に解説している。このほか以下の文献に詳しい説明がある。Pierre-Richard Agenor and Peter J.Montiel, *Development Macroeconomics,* 3rd Ed., Princeton University, pp.339-372.
65. Pierre-Richard Agenor and Peter J.Montiel, *ibid.,* pp.362-364.
66. Edwards, Sebastian., *Crisis and Reform in Latin America,* Oxford University Press,1995, pp.191-194.
67. Killick, Tony.,ed., *The Quest for Economic Stabilization*: *IMF and the Third World,* Heinemann, 1984 ; Richard N.Cooper, *Economic Stabilization and Debt in Developing Countries,* The MIT Press, 1992 ; Peer Koerner et al., *The IMF and the Debt Crisis,* Zed Books, 1986.
68. Hufbauer, Gary Clyde., and Jeffrey J.Schott, *North American Free Trade*: *Issues and Recommendations,* Institute for International Economics, 1992. pp.91-105.
69. Szymczak, Phllippe., "International Trade and Investment Liberalization" Mexico's Experience and Prospects," in *Mexico*: *The Strategy to Achieve Sustained Economic Growth.,* ed., by Claudio Loser and Eliot Kalter, IMF, September 1992, pp.27-33.
70. 詳しくは、Gary Clyde Hufbauer and Jeffrey J.Schott, *op. cit.,* 1992、を参照されたい。
71. 経済産業省、『経済連携の取り組み状況について』、平成17年3月。細野昭雄著『APECとNAFTA』、有斐閣、1995年。
72. 一般に「抑圧型金融システム」はE・マッキンノンとE・ショウが以下の著作の中で発展途上国の金融システムの特徴として指摘した金融システムである。Edward S.Shaw, *Financial Deepening in Economic Development,* 1973 ; Ronald I.McKinnon, *Money and Capital in Economic Development,* 1973.

ショウ・マッキンノン理論の概略については、以下の文献を参照のこと。
Maxwell J.Fry, *Money, Interest, and Banking in Economic Development*, 2nd Ed., The Johns Hopkins University Press, pp.20-60.
他のラテンアメリカ諸国の金融に自由化については、以下に詳しい。
Sebastian Edwards, *Crisis and Reform in Latin America : From Despair to Hope*, Oxford University Press, 1995, pp.200-251.

73. Coorey, Sharmini., "Financial Liberalization and Reform in Mexico," in *Mexico : The Strategy to Achieve Sustained Economic Growth*, IMF, 1992, pp.37-45.
74. メキシコの通貨危機については既に多数の優れた研究の成果が発表されている。筆者も数年前簡単な小論文の中でこれら研究成果を紹介している。稲葉守満著「国際資本の流動化と通貨危機」、『国際研究』第19巻2号、日本大学国際関係学部、平成10年12月、69－96頁。以下の文献が非常に参考になる。
IMF, *World Economic Outlook*, May 1995 pp.90-97.
IMF, *International Capital Markets, Developments, Prospects and Policy Issues*, August 1995, pp.53-79.
Pierre-Richard Agenor and Peter J.Montiel, *Development Macroeconomics*, Princeton University Press, 3rd Ed., 2008, pp.551-559.
メキシコの通貨危機に関しては危機の後国際シンポジウムが開催されており、そこで発表された論文は、*Journal of International Economics*, Vol.41, 1996, に収録されている。参照されたい。
75. IMF, *Staff Report for the 2008 Article IV Consultation*, January 15, 2009.
76. このディアス大統領の言葉は、R・ドーンブッシュがその著作の中で引用している。
Rudiger Dornbusch, *Stabilization, Debt and Reform ; Policy Analysis for Developing countries*, Harvester, 1993, page 325.
77. World Bank, *Mexico 2006-2012 ; Creating the Foundations for Equitable Growth,* June 2007, pp.109-132
78. Hanson, Gordon., "Illegal Migration from Mexico to the United States," in *Journal of Economic Literature*, December 2006, pp.869-924.
79. O'Neil, Shannon, "The Real War in Mexico ; How Democracy Can Defeat the Drug Cartels," in *Foreign Affairs*, July/August 2009, pp.66～77 ;

Robert C Bouyer "the New Cocaine Cowboys ; How to Defeat Mexico's Drug Cartels" *Foreign Affairs July/August 2010, pp.35-47.*
80. World Bank, *Country Partnership Strategy for the United Mexican States for the Period FY2008-2013,* March 4, 2008.
81. World Bank, *Mexico 2006-2012* ; *Creating the Foundations for Equitable Growth,* June 18, 2007.

第2章　アフリカの経済発展の動向

はじめに

　最近アフリカの経済発展に関する論議が盛んになっている。イギリスのブレア前首相の「アフリカ委員会」が膨大な報告書を発表しているし、オックスフォード大学のアフリカ経済の研究者ポール・コリィア（Paul Collier）教授の研究グループがアフリカ諸国の長期的な経済発展について大規模な計量分析の成果を発表している。元世銀のエコノミストであったニューヨーク大学のウイリアム・イースタリー（William Easterly）教授やハーバード大学のロバート・ベイツ（Robert H.Bates）教授等も盛んにアフリカの経済発展に関する長年の研究成果を発表している。日本の対アフリカ諸国に対する政府開発援助（ODA）も1980年代以降全体の10％以上を占めるようになり、1993年以降日本で5年に1度の頻度で「東京アフリカ開発国際会議」（TICAD）が開催されるようになり、日本におけるアフリカ経済発展に対する関心も高まってきている。しかし日本の開発経済学者の主な関心は従来、アジアの経済発展に関する問題や課題に関する研究が主であった。アフリカ社会は現在、貧困、食糧危機、民族紛争と大量虐殺と難民、エイズ、腐敗と政治不安、国家機能の崩壊、環境破壊等深刻な問題を抱えている。開発経済学や開発政策の問題を主な研究課題とする筆者にとってもアフリカの社会が抱えるこれらの課題を等閑視することは出来ない。

　ここではアフリカの経済発展や開発政策の課題に関する最近の研究成果を整理して日本の対アフリカ開発援助の課題とその対策を模索するが、先ずその準備作業として主なイギリスの旧植民地国の国家形成や経済発展の動向を概略的に記述し、アフリカの経済発展とその課題に関する認識図式の「点と

線」を明確にすることにする。

2.1 アフリカ経済社会の諸相

(1) 多様なアフリカ社会
自然環境

　アフリカ大陸は2,999万平方キロでアジア大陸に次ぐ世界第2の大陸であり、世界の陸地面積の20.4%を占め、日本の国土面積の約80倍である。北は地中海、北東は紅海、東はインド洋に臨み、南は南極海を望む大陸である。2005年のアフリカ大陸の総人口は8億9,600万人である。北部のサハラ砂漠、南部のカラハリ砂漠を中心に乾燥地帯が広がり、北部と南部の沿岸は地中海性の気候を有し、中央部の熱帯雨林地帯を挟んで、サバンナ、ステップが多い。サハラ砂漠は780万平方キロメートル（日本の国土面積の約20倍）、東西約4,900キロメートル（日本列島の長さの1.4倍）、南北約1,600キロメートルの世界最大の砂漠である。

　サバンナは、まばらに木の生えた熱帯の草原で、年間を通して気温が比較的高い。サバンナは主にイネ科の草木群落の植生によって構成されるが、疎開林から草原まで形態が異なりアフリカ大陸の約63%を占める。熱帯雨林の密林（湿潤閉鎖林）はコンゴ盆地の赤道地帯（カメルーンーコンゴ・ブロック）と西アフリカ・ギニア湾岸（ギニア・ブロック）に分かれる。

　アフリカの熱帯雨林、特に西アフリカのギニア・ブロックの熱帯雨林は、ヨーロッパの植民地となった約100年前以来、急速に破壊されるようになった。短期耕作長期休閑を基本とする伝統的な焼畑耕作に加えて、カカオやコーヒー等の換金作物の栽培、アブラヤシ、ゴム、バナナなど大規模プランテーション農園の開墾、輸出用の木材の大量伐採、サバンナ地帯からの人口の流入による耕地開拓圧力等により近年、コートジボワール、ガーナ、ナイジェリア等の森林の消失が加速している。

サハラ砂漠南縁の半乾燥地帯、サーヘル・スーダン地域では、1960年代後半

以来、4半世紀以上にわたって厳しい旱魃が続き、過放牧、過耕作、無秩序な薪炭材の伐採等によって砂漠化が進行している[1]。

アフリカの黒人

　サハラ以南のアフリカの農耕民及び牧畜民は一般に黒人と呼ばれ、アフリカを代表する人々である。人類学者によると、共通する身体的特徴は黒い皮膚、縮れた頭髪、突き出た口部と厚い唇などであるが、身長は地理的変異が著しく、いくつかの集団が区別される。特に東アフリカのサバンナに住む高身長の集団と、西アフリカの森林地帯の比較的低身長の集団にはかなり著しい身体的相違がある[2]。

北アフリカ

　一般にアフリカと言う時、サハラ砂漠以南のアフリカ諸国を指し、北アフリカ地域は含めない。北アフリカ諸国とは、アフリカ大陸の北部にある国々、西からモロッコ、アルジェリア、チュニジア、リビア、エジプト、スーダンからなっている。北アフリカでは、住民の大多数が非黒人系であるムスリム（イスラム教徒）であり、アラブ語を話す。
　また北アフリカ地域の内エジプトとスーダンを除外した地域は「マグレブ」(Maghrib)、（アラブ語で「日没の地」つまり西を表す）と呼ばれる[3]。また狭義のマグレブはモロッコ、アルジェリア、チュニジアの3ケ国を指し、広義のマグレブにはリビア及びモーリタニアが含まれる。マグレブ諸国は、地中海世界、アラブ・イスラム世界・アフリカ世界という3つの異なった文化にまたがっており、独特なマグレブ文化が形成されている。マグレブ諸国にはベルベル人が居住している。ベルベル人とはベルベル語（アフロ・アジア語）を母語として話す人々の総称である。ベルベル（Berber）という名称はラテン語のバルバラス（Barbarus、ローマ世界の外にすむ文明化されていない人間を指す）に由来すると言われている。
　エジプトは2005年現在人口が7,400万人、1人当たり所得＄1,600のアラブ

諸国の大国の1つである。エジプトは16世紀オスマン・トルコ帝国の支配を受け、1805年オスマン・トルコ派遣軍のアルバニア人のムアメッド・アリ将軍が王朝を樹立した。1869年フランス人元外交官レセップスが主宰する『国際スエズ運河株式会社』が10年以上の歳月を費やして建設したスエズ運河が開通する。1876年財政赤字が深刻化し、フランス・イギリスの管理下に入る。第1次大戦を契機にイギリスがエジプトを植民地化するが、大戦中民族運動が高まり1922年2月王国として独立する。第2次大戦後1952年ナセル中佐率いる「自由将校団」が軍事クーデターを敢行しファルーク国王を国外に追放し、53年共和制になり56年6月ナセルが大統領に就任して7月スエズ運河の国有化を宣言する。ナセル政権はソ連の援助でアスワン・ハイダム建設を進めアラブ社会主義政策を遂行する。

　70年9月ナセル大統領の急死によってサダト副大統領が大統領に就任、71年6月ソ連と友好協力条約を締結し、73年第4次中東戦争でイスラエルと交戦、78年9月キャンプデービット合意により、79年3月イスラエルとの平和条約に調印した。81年10月サダト大統領はイスラム過激派組織「ジハード」によって暗殺され、ムバラク副大統領が大統領に就任した。エジプトの20世紀初頭の経済は、綿花が輸出の90％を占めたモノカルチャー経済であったが戦後ナセル政権のアラブ社会主義政策のもとで国家指導型の工業化政策を促進した。2004年次で綿花の輸出比率は10％以下に下がり、輸出の40％強を石油製品、繊維製品13％と経済の多角化が進んでいる。[4]

イスラム文化

　イスラムは7世紀にアラビア半島、現在のサウジアラビアで起こった一神教であり、現在では西はモロッコから東はインドネシアまで広がっている。一般的に北部アフリカではムスリムが絶対多数を占めるが、ムスリムの多数地域はアラビア語の使用地域と重なる。近年マグレブ諸国でもイスラム原理主義運動が活発化してきている。アルジェリアでは「イスラム救済戦線（FIS）」が1988年の暴動以降台頭し1991年の国会選挙で圧勝した。イスラム

政権成立に危機感を抱いた軍部はクーデターを起こして政権を掌握し憲法を停止しFISを非合法化した。その後イスラム主義者のテロが多発し、軍事政権の弾圧がエスカレートし国内は内乱状態になった。95年以降民主化への復帰が進むが、FISの過激武装闘争集団（GIA）による大量殺戮テロが多発している。[5]

イスラムは、政治支配者の改宗、商人による普及、神秘主義教団による大衆化、土着信仰との結びつきなどによりサハラ砂漠以南のアフリカに普及している。アフリカのムスリムの大多数はスンニ派（Sunni）に属す。1940年頃までにアフリカの全人口の約50％がイスラム教徒であり、人口の半数以上がイスラム教徒である国は、アルジェリア、モロッコ、リビア、モーリタニア、セネガル、ギニア、スーダン、ニジェール、チャド、ガンビア、ナイジェリア、ソマリア、ザンジバル等である。ナイジェリアのムスリムは北東地域に集中し、ハウサ（Hausa）、フラニ（Fulani）、カヌリ（Kanuri）地域の半数以上の住民が回教徒である。回教は地域社会のエリートの宗教であり、首長や部族長、富裕な商人達は自己の社会的地位を正当化する神秘的なシンボルとして回教を用いる傾向が強かった。[6]

東アフリカ地域ではザンジバル（アラビア語で「奴隷の国」を意味する）を中心とする「スワヒリ世界」が形成され回教文化が東アフリカ沿岸地域及び内陸地帯に広まった。スワヒリとう言葉は、海岸地方を意味するアラビア語の「サワーヒル」から由来し、アラブ系の文化の影響を受けつつ、バンツー系の言語文化を土台にスワヒリ語が生まれた。スワヒリ文化はアラブ商人達が住んでいた沿岸の島嶼部などの港町にうまれた。その中心は現在のタンザニアの沿岸の島、ザンジバルである。[7] このスワヒリ文化と回教文化がアラブ商人活動を通して東アフリカ内陸部に普及して行く。[8]

農耕文化と牧畜文化

今日のアフリカ大陸にはいくつかの農耕・牧畜の様式が見出される。ニジェール川やチャド湖でみいだされるグラベリマ稲の採取といった初期的な農

耕形態、氾濫原を利用した農耕、伝統的な焼畑農耕、熱帯雨林を中心とした根菜農耕などそれぞれの地域に適した農耕が発達している。ナイル川では氾濫原をふくむ川辺の土地が灌漑化され、エチオピア高原ではセム系の人々が体系的な土地利用方法を開発している。牧畜に関してもいくつかの形態が見出される。比較的湿潤なサバンナでは牛を中心とした牧畜が発達し、東アフリカでは牛は人々の経済的基盤のみならず、精神的基盤として欠かせない。ラクダは砂漠をふくむ乾燥地域の牧畜社会に見出される。乾燥が厳しいほど、牧畜民の移動する範囲は大きく、2,000キロにおよぶこともある。ヤギやヒツジは、アフリカでは牛やラクダの副次的な家畜として飼育される。アフリカの農牧社会の特徴は、ヨーロッパでは耕作地、牧草地、休閑地が一体化した土地利用が行われるのに対し、アフリカでは牧草地と農耕地が遊離し、土地利用に関して農耕民と牧畜民の対立・抗争が絶えないことである。[9] ソマリアのダルフール（Darfur）地域の紛争の要因の1つはダルフール地域の北部の回教徒である遊牧民族と南部のキリスト教徒である農耕民族の経済的利益の対立に求めることが出来る。[10]

（2）地域的特性

アフリカには1,000語以上の言語を話す人々が居住していると推計されている。しかしこれら言語は以下の4つの言語集団、すなわち①ニジェール・コンゴ語族、②ナイロ・サハラ語族、③アフロ・アジア語族、④コイサン語族に分類されると考えられている。ニジェール・コンゴ語族に属するバンツー（Bantu）語はアフリカ大陸の3分の1を占める中部・東部・南部アフリカ地域で話される数百の言語から構成されている。[11]

アフリカの文化圏は奴隷貿易、種族・部族紛争、動乱、侵略、破壊が繰り返され群小社会の停滞と孤立化をもたらした。アフリカ社会の特徴は人間社会が極度に分化していることにある。しかし生産形態や経済組織は地方の地理的な状況や自然資源の腑存状態から地域別の特性を共有している。

東アフリカ

　上ナイルからザンベジ川のほとんど全域の住民は人種・言語上差異があるが単一の文化圏を構成している。この文化圏の中心は地理的にはヴィクトリア湖周辺の大湖地域でインド洋から吹きよせる季節風の影響をうけて適度の降水量をもつ。ステップ、サバンナ、疎林地帯が多く牧畜民にとって最適の地である。牧畜文化的価値観が住民を支配している。大湖地方のマサイ族には発達した年齢階層制度がみとめられ、同時に割礼を受けた少年は同一の階層に属する。ウガンダからザンベジ川まで牧畜民であるハム族が農耕民であるニグロ原住民を支配し、カースト的な社会が形成された。農耕に従事する農奴的農民は牛を所有することは出来ず、山羊だけの所有が認められたが、土地の所有権に関する社会的な規則はなく、農民は主人である牧畜民に収穫の一部を納めることが要求された。このような牧畜社会では家畜が社会的価値の源泉であり、出生、成人式、結婚、相続等は家畜の数によって価値が表現された[12]。

南アフリカ

　ザンベジ川以南のアフリカは東から西に傾斜する高原地帯を形成しており、その標高は1,200メートルにも達する。バンツー部族はこの広い地域に居住し800万人以上の人口を擁す。彼らは政治的には多数の部族に別れ、各部族には首長がおり、部族の最高の権力者として意思決定を行う。部族の規模は数千人から50万人まである。ナタルとズルランドの住民はズルと呼称され最も戦闘的な部族で、イギリス人やボーア人の侵入に抵抗した。南アフリカ共和国の初代大統領となったネルソン・マンデラは南アフリカの小規模の部族の首長の息子として生まれ、伝統的な部族社会で成長する過程を自叙伝の中で語っており興味深い[13]。

　南アフリカでダイアモンド鉱山及び金鉱山の利権を獲得し、これら鉱山の開発によって巨万の富を蓄積したセシル・ローズ（Cecil Rhodes）は南アフリカ会社を設立し、これら地域の部族の首長に彼らが欲する武器・弾薬を提

供して独占的な開発権（コンセッション）を得た。セシル・ローズが支配する地域は南ローデシア（現在のジンバブエ）及び北ローデシア（現在のザンビア）まで及んだ。[14]

　これら部族は小さく分散した集落を形成しており、各集落は1つの親族集団である拡大家族から構成されている。これら集落は家畜の飼育と農耕に依存し、食糧は穀物（粟、トウモロコシ）の粥と凝乳を基本としている。家族・政治組織は父権的である。[15]

赤道アフリカ

　アフリカの心臓部に位置し、旧ベルギー領コンゴ、ガボン、旧スペイン領ギニア、カメルーン南部を含んでいる。コンゴ川が流れ、数多くの川、湖、沼と熱帯雨林に囲まれた地域である。この地域は小説家ジョセフ・コンラッド（1857-1924）の小説『闇の奥』の舞台となった地域であり、ベルギー国王レオポルド2世が私有植民地を建設して原住民を酷使・搾取した地域である。[16]山羊以外は家畜は存在せず、村落民は食物の堆積を焼いて灰を肥料にバナナを植え甘藷やヤム芋を栽培する。森林地帯は人口密度が低く1平方キロあたり平均2人、小規模の村落は頻繁に肥えた土地を求めて移動する。丸木舟が主要な交通手段となっており、社会組織は父権的である。大規模な村落では首長の下に部族の長老によって組織される評議会が組織され、首長を補佐している。[17]

西アフリカ

　森林地帯が西部海岸沿いにリベリアまでのびている。その北方はサバンナ地帯であり、黄金海岸（ゴールド・コースト）と象牙海岸（アイボリー・コースト）地帯は雨季には適度な雨が降り肥沃な地帯を形成している。そこでは茎食物、バナナ、コーヒー、米、その他の穀物が栽培される。牧畜民、漁労民、農耕民がこの地域に混在し頻繁に略奪が行われ、紛争となる。細工師、鍛冶屋、工芸師等の職人はカースト化する傾向がある。集約的な農業はしば

第 2 章　アフリカの経済発展の動向

しば灌漑なしで行われる。成人の儀式として男子の割礼、女子の陰核切除が風習化している。象牙海岸の集落では共同体の風俗を伝承するため秘密結社が存在し、様々の儀式が遂行される。「豹人結社」では結社の入会に人間の肢体を提供することもあり、妖術師は犠牲者の内臓を食する邪悪な風習がいまだ存在する。[18]

サハラ・東スーダン

　サハラ砂漠及びサヘル（アラビア語で「周辺」を意味する）の住民の生活は戦争・輸送の手段である駱駝を中心に展開する駱駝の遊牧民である。この遊牧民は「ハッサン」と呼ばれる貴族階級によって支配され、食糧は奴隷あるいは解放奴隷によって構成される農耕民によって供給される。リビア砂漠の遊牧民であるベドウィン族は、駱駝の飼育と駱駝の商隊（キャラバン）の運営に専念している。チャド湖以東の中央スーダンは遊牧民の住む半砂漠地帯である。駱駝、牛、羊、山羊、馬が飼育される。乾燥期には部族は牧草地を求めて移動する。連帯責任のシステムがあり、或部族の1人が殺されると、その部族の男はすべて、殺害者の所属する部族に対して戦闘状態になる。

（3）アフリカのエネルギー・鉱物資源

　アフリカ大陸にはエネルギー及び鉱物資源が豊富に散在する。石油・天然ガス資源は、アルジェリア、アンゴラ、リビア、ナイジェリア、チャド、エジプト、モロッコ、ガボン等の沿岸地域で開発され、これらの国々の主要な輸出品となっている。[19] 2006年時点のアフリカ全体の確認原油埋蔵量は1,172億バーレル（中東全体の確認埋蔵量は7,427億バーレル）と推計され、アフリカ原油は一般に軽質油で硫黄含有量が低い。リビア、アルジェリア、ナイジェリア、アンゴラはOPECの加盟国である。1日当たり産原油生産量（2005年）は、ナイジェリア260万バーレル、アルジェリア200万バーレル、リビア170万バーレル、アンゴラ120万バーレル、エジプト70万バーレル、スーダン30万バーレル、赤道ギニア36万バーレル、ガボン23万バーレルである。これら

65

の国々の原油開発は西欧の大手石油メジャーとの主に「生産分与方式」契約による共同開発である。西アフリカ沿岸地域、ナイジェリア及びアンゴラ地域の油田は深海油田である。近年中国がアフリカの石油資源開発に積極的であり、ナイジェリア、アンゴラ及びスーダンその他の地域で石油資源開発のための投資を活発化している。ナイジェリアでは反政府組織がこれらの外国企業の石油精製施設及び職員に対するテロ活動を活発化している。日本政府も近年アフリカの石油産出国に対する資源外交を展開している。[20]

　アフリカは石油資源ばかりでなく、ダイアモンド、金、鉄鉱石、銅その他の非鉄金属、半導体その他の先端技術製品に不可欠なレアー・メタル（希少金属）が豊富に存在する。世界ダイアモンド評議会（World Diamond Council；2000年に世界のダイアモンド業界団体が設立した団体）によると、世界で取引されるダイアモンドの65％はアフリカ産のダイアモンドであり、毎年平均して24トン（1億2,000万カラット：1カラットは0.2グラム）のダイアモンド原石がアフリカ大陸の南アフリカ、ボツワナ、アンゴラ、シエラレオネ、コンゴ民主共和国を中心とするダイアモンド原産地から20億ドルの採掘コストで採掘され、70億ドルでベルギーのアントワープ、ロンドン、ニューヨークのダイアモンドの研磨・元売業者に売却される。これらダイアモンドは500億ドル以上の価格で小売市場で取引される。[21]アフリカのダイアモンドの多くはアフリカの内戦・反乱・民族紛争当事者の資金源となり、「紛争ダイアモンド（conflict diamonds）」と呼ばれるようになる。アメリカの映画「ブラッド・ダイアモンド」（2006年、デ・カプリオ主演）で話題になった「紛争ダイアモンド」は、シエラレオネ及びリベリア地域で採掘されるダイアモンドの原石が、秘密のルートを通して国際的なダイアモンド取引市場で売買され、シエラレオネの反政府ゲリラ組織「革命統一戦線」（RUF）の軍資金の源泉となっていた。合法的に取引されるアフリカ産のダイアモンドはセシル・ローズが創設したダイアモンド発掘・販売の多国籍企業「ド・ベアーズ」（De Beers）を通して国際市場で販売される。ド・ベアーズ社は国際市場でのダイアモンドの価格を一定の水準に保つため、ダイアモンド原石の供給をコン

トロールしている。[22]

　国連の安全保障理事会は1998年内乱が継続するアンゴラの反政府組織（UNITA）の資金源であるダイアモンドの非合法取引を禁止する措置を取った。その後ダイアモンドの国際取引を継続的に監視する機関が2003年に国連の主催で設立され、非合法なダイアモンド取引を規制する仕組み「キンバリー・プロセス認証（ダイアモンドの原産地の認証）」が制度化された。[23]

　アフリカは石油、ダイアモンド以外の再生不能資源も豊富である。金は南アフリカ、ガーナ、タンザニア、モザンビーク、ジンバブエ、コンゴ民主共和国、アルジェリア、マリ、シエラレオネ、セネガル、コートジボワール、ギニア、ブルキナファソ、ニジェール、エチオピア等から産出されるが、南アフリカからの金の産出が一番大きくアフリカ大陸産出の54％（2006年）を占めている。2005年の主要な金産出国の金産出量は南アフリカ295トン、ガーナ67トン、タンザニア45トン、マリ44トン等である。南アフリカを含む現在のザンビア及びジンバブエ地域の金鉱山の開発は、初期の段階でセシル・ローズ（Cecil Rhodes；1853－1902年）が設立した南アフリカ会社が中心になって行われたことがセシル・ローズの伝記に詳しく描かれている。[24]装飾品、自動車の排気ガスの浄化触媒等に使用されるプラチナ（白金）の世界の産出量の75％は南アフリカで産出される。世界のクローム鉄鉱石の産出量の80％以上が南アフリカ及びジンバブエの鉱山から産出される。鉄鉱石は主に南アフリカ（2005年3,900万トン）及びモーリタニア（2005年1,100万トン）で産出され、その他アルジェリア、エジプト、チュニジア、ジンバブエ等にも小規模の鉄鉱石資源の存在が知られている。2005年174万トン（世界全体の輸出量の49％）のボーキサイトがアフリカから輸出され、主な産出国は南アフリカ（48％）及びモザンビーク（32％）である。銅鉱石資源も豊富で、ザンビア、南アフリカ、ボツワナ、ナミビア及びコンゴ民主共和国に連なる山脈（長さ600キロメートル、幅50キロメートの銅鉱山）に高濃度の銅鉱石が含まれている。2005年67万トンのアフリカ全体の銅鉱石産出量の内ザンビア（64％）及び南アフリカ（15％）が主要な産出国となっている。トタン屋根材の原料となる

亜鉛（Zinc）鉱山資源も豊富にアフリカ大陸に存在する。2005年アフリカの亜鉛の主要産出国の総産出量は42万4,000トン、そのうち24万6,000トン（58%）はナミビア、12万8,000トン（30%）はモロッコからの産出である。このようにアフリカ大陸の鉱物資源は非常に豊富であるが一定地域に偏在する傾向がある。[25]

2.2 アフリカ社会の問題と課題

（1）経済の停滞

　このようにアフリカは石油資源及び鉱物資源が比較的豊富であるが、アフリカ諸国は独立後約半世紀経過した現在でも経済発展は貧困水準に止まっている。2005年時点のサラハ砂漠以南のアフリカ諸国48ケ国の1人当たり国民所得の平均は、南アフリカ共和国を含めて572ドル、南アフリカ共和国を除外すると世銀が便宜上定義する1日1ドル以下の貧困国の水準にある。一方北アフリカ5ケ国（アルジェリア、エジプト、リビア、モロッコ、チュニジア）の1人当たり国民所得の平均は1,928ドルの水準にあり、ラテンアメリカの中所得国の水準に近い。しかし特殊な条件により一部国民所得水準が比較的高い少数の国がある。1968年スペインの植民地から独立した人口規模約50万人（鎌倉市に藤沢市の人口を加えた人口規模）の赤道ギニアは1992年以来ビオコ島沖合の原油生産のため、1人当たり国民所得は7,533ドルとサハラ砂漠以南のアフリカで一番高くなっている。しかし赤道ギニアは長期間独裁的な政治体制が継続している。旧フランス植民地・イギリス領であったインド洋の島嶼国である人口10万人のセーシェル共和国の主要産業は、主にヨーロッパからの観光客が年平均12万人訪れる観光産業である。この観光産業は外貨収入の70%を占める。そのほか対日輸出用のマグロ缶詰、冷凍魚がある。このため1人当たり国民所得は比較的高く6,666ドル（2005年）となっている。人口規模180万人の陸の孤島で旧イギリス保護領のボツワナは、1967年にダイアモンド鉱山の開発以降世界最大のダイアモンド産出国となり、輸出額の

80％以上をダイアモンドの輸出が占めている。1人当たり国民所得は従って高く4,559ドル（2005年）となっている。マダガスカル島の東約800キロのインド洋上にある島嶼国モーリシャス共和国は旧フランス領、転じてイギリス領から1963年独立した。1人当たり国民所得は4,400ドル（2005年）である。人口124万人の内70％がインド系人口によって占められている。主要な産業は砂糖プランテーション経営と砂糖精製、観光産業と輸出加工区に立地する輸出向け繊維産業である。年々増加する観光客の多くがヨーロッパからの観光客である。オランダ人（アフリカーナ）及びイギリス人の白人入植者・植民地として発展した南アフリカ共和国の人口は4,700万人の内約10％が白人、1人当たり国民所得は3,400ドルである。既にみたように南アフリカは金・ダイアモンドその他鉱物資源が非常に豊富である。これら南アフリカの特殊な条件からサハラ砂漠以南のアフリカの経済発展を論ずる場合、南アフリカは別格として取り上げられる。

　以上取り上げた1人当たり国民所得水準の高い少数の国は例外であり、大多数のアフリカ諸国は貧困の罠に陥った貧困国である。

（2）アフリカの貧困問題

　アフリカ諸国は少数の例外を除いて貧困国に共通した社会問題を抱えている。これらの国に共通の社会問題とは、低所得水準、多数の貧困層の存在、劣悪な生活環境、低い教育水準と識字率、高い幼児死亡率、エイズ患者の増加、都市スラムの形成、女性の性器切除等の古い因習、旱魃・飢餓・食糧危機、多発する内紛・内戦・民族紛争、大量の難民の発生、大量虐殺と人権侵害、脆弱化した政治システムと国家機能の崩壊等枚挙にいとまがない。

　2000年9月ニューヨークで開催された国連ミレニアム・サミットに参加した147の国家元首を含む189の国連加盟国代表は、21世紀の国際社会の目標として国連ミレニアム宣言を採択した。その宣言の内容と具体的な目標として明示したのが「ミレニアム開発目標」（MDGs：Millennium Development Goals）である。このミレニアム開発目標は以下の8つの目標を含む。①極

度の貧困と飢餓の撲滅、②初等教育の完全普及、③ジェンダーの平等と女性の地位の向上、④乳幼児死亡率の削減、⑤妊産婦の健康の改善、⑥エイズ、マラリアその他の疾病の蔓延の防止、⑦環境の持続可能性の維持、⑧開発のためのグローバル・パートナーシップの推進である。これら「ミレニアム開発目標」はアフリカを含む世界の最貧国の福祉水準の改善目標を数値として設定し、この目標を2015年までに実現しようとしている。これら「ミレニアム開発目標」は、これら最貧国政府自身の経済開発政策、先進国、特にOECDの「開発援助委員会」(DAC) 加盟国の政府開発援助 (ODA) 政策、世銀等の国際機関の援助政策に盛り込まれて、その目標を達成することが意図された。

世銀及び国連はこの「ミレニアム開発目標」の達成状況について定期的に報告書を発表している。アフリカの貧困削減状況は以下の通りである。1日当たり1ドル以下の所得水準しか得ていないアフリカの極貧層の人口比率は1990年の46.6％から2004年には41.1％に減少しているが、絶対数では2億4,000万人から2億9,800万人に増加している。1日2ドル以下の貧困層の比率は1990年の77.1％から2004年には72.0％に減少しているが、絶対数では3億9,600万人から5億2,200万人に増大している。[26]

この貧困撲滅のために取られた方策の1つが1996年9月に世銀とIMFが共同して提案したプログラム「HIPC イニシアティブ」(Heavily Indebted Poor Countries (HIPC) Initiative) である。このプログラムは重債務国が持つ公的債務を免除する条件として、重債務国政府が「貧困削減戦略ペーパー」(PRSP：Poverty Reduction Strategy Paper) を作成しこれを一定の期間内に実行する責務を負うことである。このように重債務国が策定した「貧困削減戦略」プログラムを支援するためIMFは、これら重債務国 (HIPC) に対して「貧困削減成長ファシリティー」(PRGF：Poverty Reduction and Growth Facility) という名称の融資プログラムを1999年11月以降供与している。このIMFの「貧困削減成長ファシリティー」支援プログラムはIMFが1987年に導入した「拡大構造調整ファシリティー」(ESAF：Enhanced

Structural Adjustment Facility）を貧困削減を焦点にしたプログラムに変更した支援プログラムである。現在「HIPCイニシアティブ」の世界の重債務国は40ケ国あるが、そのうち32ケ国がアフリカの重債務国となっている。

アフリカ諸国の最貧国は所得水準が極端に低く財政収支が恒常的に赤字であり、政府は経常支出及び開発投資に必要な財政資金の多くを海外からのODA資金（2国間及び国際機関）に依存している。これらODA資金は返済期間が30年以上と非常に長く金利もゼロと非常に贈与性の高い援助資金であるが、元本は毎年返済が必要である。しかしアフリカ諸国の経常収支は恒常的に赤字で、ODA債務の支払いに必要な輸出で獲得する外貨資金が絶対的に不足する。ここで登場したのがアフリカに多くの旧植民地を抱えるイギリス政府が中心となって主張する重債務国に対して供与したODA資金の返済免除の問題である。

トニー・ブレア前イギリス首相はアフリカの開発問題に非常に高い関心を持ち、イギリス政府の対アフリカ支援政策を論じた「ブレア委員会」を2004年に発足させている。この委員会報告書は翌年2005年に発表され、グレンイーグル・サミット会議で提案されたイギリス政府の対アフリカ政策の土台となっている[27]。アフリカの貧困問題と貧困の原因であるアフリカ経済の停滞性の問題は、後でより詳しく分析することにする。

（3）アフリカのエイズ問題

エイズ（AIDS）とは後天性免疫不全症候群（Acquired Immunodeficiency Syndrome）の病名の頭文字で、その病原体はHIV（Human Immunodeficiency Virus）である。通常はHIV/AIDSと表記される。ここでは煩雑を避けて病名をエイズ、感染者と発症者を「エイズ患者」と表記する。エイズウイルスに感染すると、体内の免疫機構が破壊されて体の抵抗力が低下し、細菌、ウイルス、カビなどが体内で増殖する。ウイルスの感染源には、血液、精液、膣分泌液がある。感染経路は性交渉、血液感染（輸血、注射器）及び母子感染がある[28]。

1981年にエイズ患者が発見されて以来世界保健機構（WHO）が中心となってエイズ対策の国際協力を進めてきたが、1990年代後半エイズの世界的な拡大と感染が及ぼす社会・経済的影響の大きさから、国連組織全体の取り組みの強化の必要性が認識されるようになる。1994年7月の国連経済社会理事会において「国連合同エイズ計画」（UNAIDS：Joint United Nations Program on HIV/AIDS）が承認され、1996年1月に発足した。本部はスイスのジュネーブに置かれた。「国連合同エイズ計画」の主な事業目的は、途上国のエイズ対策強化支援にある。現在世界保健機構（WHO）及び世銀を含む10の国際機関がスポンサーとして参加している。以下ここでは「国連合同エイズ計画」（UNAIDS）が作成した最新の報告書にしたがってアフリカのエイズ問題の実情を見てみる。[29]

　世界全体のエイズ患者数は1990年の約900万人から2007年には3,300万人に増大したと推計されている。この間アフリカのエイズ患者数は約500万人から2,200万人に増大している。2007年時点で世界のエイズ患者の67％がアフリカに集中している。この2,200万人のエイズ患者の内1,100万人（50％）が女性患者、150万人（7.0％）が14才以下の少女である。2,007年だけで150万人の成人及び未成年エイズ患者がエイズ疾患で死亡している。エイズ孤児の総数は2007年1,160万に達している。[30]

　アフリカのエイズ患者数は1985年頃から都市部のスラム地域の若年層のセックスを媒介として増大し始め、2005年の段階でサハラ砂漠以南のアフリカ全体で成人人口（15-49歳）の6％に相当するエイズ患者が発生している。エイズ患者が多い地域は鉱山労働者が集中しているアフリカ大陸南部のスワジランド（エイズ疾患比率33.4％）、ボツワナ（24.1％）、レソト（23.2％）、ジンバブエ（20.1％）ナミビア（19.6％）南アフリカ共和国（18.8％）、ザンビア（17.0％）となっている。2005年アフリカのエイズ患者の死亡者数はアフリカ全体で約200万人、南アフリカ32万人、ナイジェリア22万人、ジンバブエ18万人、ケニア、モザンビーク、タンザニアがそれぞれ14万人となっている。

　エイズ孤児（0才-17才）は、南アフリカ共和国120万人、レソト、タンザ

第2章 アフリカの経済発展の動向

ニア、ジンバブエがそれぞれ110万人、ウガンダ100万人となっている。世銀は1999年アフリカのエイズ疾患の重大さを認識してエイズ対策プログラムに対する支援を開始した。世銀は2007年現在アフリカの30ケ国以上の国に対して総額15億ドルのエイズ対策プログラム・プロジェクト支援を供与している[31]。

「国連合同エイズ計画」(UNAIDS) 及び世銀のアフリカのエイズ疾患及び患者対策は、①エイズ予防、②エイズ疾患治療、③エイズ疾患医療システム及びサービスの充実等に区分出来るが在来エイズ対策資金の70%がエイズ患者の治療費に支出されていた。増大するエイズ疾患・マラリア・結核対策費用として国際社会は、2002年アナン国連事務総長の提案に基づき官民共同の「世界エイズ・結核・マラリア対策基金」(GFATM：Global Fund to Fight AIDS, Tuberculosis and Malaria) を設立している[32]。

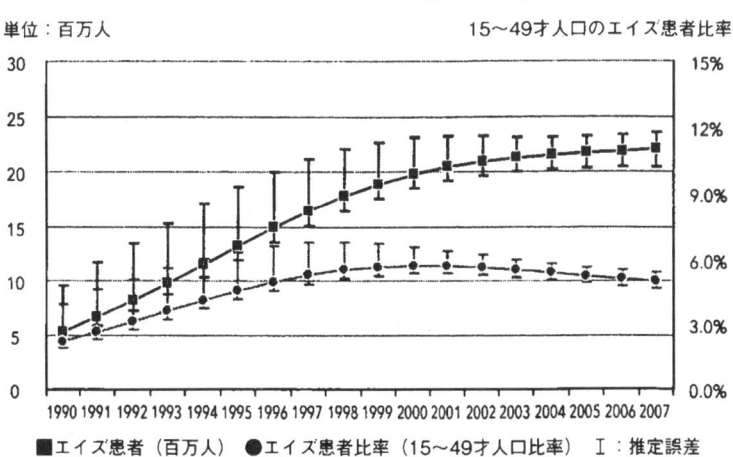

図1：アフリカのHIV/AIDS陽性患者の増大

単位：百万人　　　　　　　　　　　　15〜49才人口のエイズ患者比率

■エイズ患者（百万人）　●エイズ患者比率（15〜49才人口比率）　I：推定誤差

資料：UNAIDS, 2008 Report on the Global Aids Epidemics, page 35

73

（4）日本の対アフリカ支援

　日本の発展途上国に対する政府開発援助（ODA）は戦後賠償として出発した。従って日本のODAはアジア諸国の発展途上国に重点が置かれ、これらの国々に対するODAが総援助額の70％を占めていた。日本は歴史的にアフリカ諸国との関係は深くなく、日本の対アフリカ諸国との貿易取引も世界全体の貿易額の約1.0％を占めるにすぎなかった。しかも日本の対アフリカ貿易は資源が豊富な南アフリカ共和国との取引が中心であった。しかもアフリカ諸国は1950年代の後半の独立以降民族紛争・クーデターが多発（28の国内紛争と186のクーデター）し、冷戦構造下の1960年代以降これらの国の内戦は代理戦争化し長期化する傾向があった。日本の対アフリカODAが積極化するのは1989年11月のベルリンの壁の崩壊に象徴される冷戦の終焉以降である。1970年代日本の対アフリカODAは2.0％前後に推移していたが、1978年以降は、全体の10％前後の水準に拡大している。[33]この日本政府の対アフリカ支援は3段階に区分して変化した。第1段階は、アジアの発展途上国が経済成長を遂げ結果日本のODA支援のウエイトが他の地域にシフトした1978－88年の期間、第2段階は、日本の国際協力が多角化し紛争解決をとおして平和構築に日本が先進国の一員として積極的に貢献した1988－92年の期間。1989年日本政府は初めてアフリカの紛争解決のため国連ナミビア独立支援グループへの選挙監視要員27名を派遣した。92年にはアンゴラ、93年にはアフリカに初めて自衛隊員が派遣され、国連のモザンビーク活動に67名の自衛隊員が派遣された。94年にはルワンダに401名の自衛隊員が派遣されている。この間大湖地域の紛争解決支援のため6億ドルを越える難民対策・食糧援助資金が供与されている。第3段階は、1993年以降の「東京アフリカ開発国際会議」（TICAD）を通して日本がアフリカ開発戦略の策定に積極的に関与したことである。この間日本の対アフリカODAの内技術協力が強化されてきている。2005年の日本の対アフリカ技術協力費は226億円とアジア地域に次いで規模が大きく、アフリカから9,800名の研修生を受け入れ、582名の専門家、

1,139名の調査団員、1,284名の青年海外協力隊員が派遣されている[34]。2005年の日本の対アフリカODAは紛争地域における人道・復興支援、貿易・投資の促進等が主な内容となっている。

「東京アフリカ開発国際会議」(TICAD：Tokyo International Conference on African Development) は日本が国連、世銀等と共催して開催するアフリカの開発をテーマとする国際会議である。第1回アフリカ開発会議 (TICAD I) は1993年に東京で開催され、第2回アフリカ開発会議 (TICAD II)、1998年東京、第3回アフリカ開発会議 (TICAD III) 2003年東京、そして第4回アフリカ開発会議 (TICAD IV) 2008年は横浜で開催されている。これらアフリカ開発会議に前後して関係閣僚会議も開催されている。これら一連の国際会議で強調されたことは、①アフリカにおける政治・経済改革の必要性、特に民主化、人権の尊重、統治の質、人間・社会開発、構造改革の必要性の認識、②アフリカ諸国の自助努力、国際社会とのパートナーシップの必要性である。第3回会議 (2003年) には小泉総理大臣 (当時) が「人間中心の開発」、「経済成長を通した貧困削減」、「平和の定着」を3本柱とする日本の対アフリカ支援方針を表明し、5年間に10億ドルの無償資金協力を実施する旨表明した。この間アフリカ諸国は、1963年5月に設立された「アフリカ統一機構」(OAU：Organization of African Union, 本部エチオピア、アジスアベバ) を発展的に解消し、新組織「アフリカ連合」(AU：African Union) を2002年7月に設立した。その基本的な理由は、アフリカ諸国が希望を持って設立した地域的な国際機関である「アフリカ統一機構」(OAU) が、アフリカ諸国が抱える課題、すなわち貧困の削減と持続的な経済発展、エイズ・マラリアの撲滅、内戦や民族紛争の解決、人権侵害と大量虐殺、食糧危機、ガヴァナンスの確立等の課題に答えることが出来なかったという深い反省がある。それとともにアフリカの主要国の首脳 (アルジェリア、エジプト、ナイジェリア、セネガル、南アフリカ) は2001年7月アフリカ諸国の長期的開発戦略「アフリカ開発の新しいパートナーシップ」(NEPAD：The New Partnership for Africa's Development) を提案した。この新しい長期的な開発戦略NEPAD

を「アフリカ連合」は新組織の長期的な政策綱領として採択する。[35]それとともに「アフリカ連合」(AU)は短期的な行動計画として、①平和・安全の維持、ガヴァナンスの確立、地域協力、組織の能力開発を通したアフリカ諸国の持続的発展を可能にする条件整備、②農業開発、人的資本開発、インフラ整備、農村工業及び鉱業の付加価値の増大による輸出産業の育成等の実行計画は採択した。特に「アフリカ連合」はOECD加盟国相互の「相互監視行動」(Peer Review)に対応してAU独自の「アフリカ相互監視メカニズム」(APRM：African Peer Review Mechanism) を導入した。

「東京アフリカ開発会議」(TICAD)は、このアフリカ諸国が自主的に採択した新しい長期的な開発戦略を歓迎し、これを積極的に支持する声明を第3回東京アフリカ開発会議 (TICAD Ⅲ) 2003年に発表した。この声明の発表は2002年6月カナナスキスG8サミットで採択された「G8アフリカ行動計画」の内容に沿ったものである。このG8サミットに出席した小泉総理（当時）は「アフリカ開発の新しいパートナーシップ」(NEPAD)を高く評価し「アフリカ諸国のイニシアティブを歓迎し……アフリカ開発に関する大胆かつ明確なビジョンであり……障害を乗り越える歴史的な機会を提供する……（日本政府）はNEPADの目的を目指すアフリカ諸国の努力を支援する」と述べた。[36]

さらに2005年7月イギリスのグレンイーグルで開催されたG8サミットに出席した小泉総理は、①日本政府は今後アフリカ向けODAを3年間で倍増する、②アフリカの重債務貧困国 (HIPC) に対して総額49億ドルの債務救済を約束する、③「世界エイズ・結核・マリラア基金」に5億ドルの拠出を行うという日本政府の対アフリカ開発支援政策を表明している。[37]

2008年5月28日－30日まで51ケ国のアフリカ諸国、74の国際機関・地域機関の代表が参加して第4回アフリカ開発会議 (TICAD Ⅳ) が横浜で開催され、「横浜宣言」及び「TICAD Ⅳ横浜行動計画」が採択された。この「横浜宣言」及び「横浜行動計画」は第3回「東京アフリカ開発会議」(TICAD Ⅲ) 2003年で採択された宣言の内容を敷衍した内容であり、特に新しい内容とな

っていない。[38]

2.3 西欧列強によるアフリカの植民地支配

(1) 奴隷貿易

　16世紀、ポルトガルとスペイン、次いでオランダ、イギリス、フランスが西インド諸島や南北アメリカ大陸でヨーロッパ市場向けの砂糖、コーヒー、カカオ、綿花プランテーション経営で必要となる労働力の供給源となったのが、アフリカ特に西アフリカ沿岸地域から調達された黒人奴隷である。この当時すでにアフリカ西岸のギニア湾のポルトガル領のサントメ島、フェルナンド・ポー島、プリンシペ島には大規模な砂糖プランテーションがあり、アフリカ近隣地域出身の黒人奴隷労働者が7万5,000人以上雇用されていた。[39] 1486年ポルトガル王室はリスボン奴隷局を設置し、奴隷商人に貿易許可証を発行し奴隷売買の独占権を付与していた。1513年スペイン王室は労働力不足に悩む新世界の植民地への奴隷輸送業者に奴隷供給契約許可証を授与して奴隷貿易が活発化する。17世紀にはいるとイギリスとフランスが西インド諸島に地盤を築き、18世紀にはイギリスがアフリカ西海岸と新大陸の大西洋奴隷貿易で主導権をにぎり、19世紀初頭奴隷貿易の禁止令が出されるまで黒人奴隷貿易は最盛期を迎える。こうしてヨーロッパ・アフリカ・新大陸の間に「三角貿易」関係が形成された。18世紀、奴隷貿易最盛期におけるアフリカ・アメリカ・ヨーロッパ間の貿易構造は、ヨーロッパからアフリカに武器・弾薬・繊維製品などの製造工業品が輸出され、アフリカから北アメリカ・カリブ海諸島・ブラジルに黒人奴隷が、ヨーロッパに金・象牙・木材などが輸出された。アメリカからヨーロッパにタバコ・綿花・砂糖が、アフリカにラム酒・タバコなどが輸出される三角貿易であった。この「三角貿易」はイギリスに産業革命が勃興した18世紀にその最盛期を迎える。イギリスの産業革命の発祥地であるリバプールやマンチェスターからアフリカに繊維品・武器・弾薬が積み出され、アフリカの西海岸で黒人奴隷と交換され、新大陸の綿花・

砂糖プランテーションの経営者達に売り渡された。アメリカ南部の綿花地帯だけでアフリカ黒人奴隷人口は1790年70万人、1860年には1,200万人の規模に増大する。アフリカから新大陸に売渡された黒人奴隷の規模は1,000－2,000万人と推計されている。[40] このようにしてアフリカは産業革命以降急速に発展する西欧の資本主義経済体制の中に「黒人奴隷労働力」の供給地と人間蔑視の社会風俗が形成され、アフリカの部族社会はその活力の源である膨大な人数の労働力を喪失することになる。[41] しかし18世紀後半以降奴隷貿易に対する反対運動がイギリスのキリスト教人道主義の立場から活発化し、イギリス政府は1807年イギリス人の奴隷貿易を禁止し、1832年にイギリス領内における奴隷制を禁止した。

(2) アフリカの分割 (Scramble of Africa)

19世紀前半まで西欧列強のアフリカ大陸に対する関心は奴隷貿易や象牙貿易に限られていたが、次第に「暗黒の大陸」に対する関心が高まってくる。1788年ロンドンでアフリカ協会が設立され、1820－22年ナイル川の源流をもとめた探索が開始され1831年イギリスでは王立地理学会が設立された。産業革命が進展するにつれて増大する富裕階層の支援による探検活動やキリスト教伝道活動が活発化する。スコットランドの宣教師・探検家D・リビングストン (David Livingstone；1813－1873年) は1841年南アフリカに到着しアフリカ大陸の探検を開始する。1869年スエズ運河が開通しエジプト及びナイル川流域地域がイギリスの帝国主義戦略にとって重要となってくる。1871年11月ウェールズ出身のアメリカのジャーナリスト、ヘンリー・モートン・スタンリー (Henry Morton Stanley；1841－1904年) は死亡が伝えられたリヴィングストンとタンガニーカ湖畔で遭遇する。1873年5月リヴィングストンはアフリカで死亡する。1876年ベルギー王レオポルド2世は「国際アフリカ協会」を設立し、1879－84年スタンリーに依頼してコンゴ川上流地域の開発・植民地化事業を展開する。[42] このように19世紀前半から後半にかけて西欧社会、特にイギリスではアフリカ大陸に対する帝国主義的関心が高まった。それと

第 2 章　アフリカの経済発展の動向

ともに西欧社会の指導者階層、知識人、エリート達は「未開の暗黒大陸を文明化することは白人の責務である」という意識をもつようになる。[43]

このイギリスにおけるアフリカに対する帝国主義的関心は、イギリスで産業革命が進展し市民階層が裕福になるにつれてアフリカ産のアブラヤシ油や落花生から搾り取られた油を原料とする石鹸、食用油、機械油に対する需要が増し、更に都市の電化が進むにつれて銅線に対する需要が急増しアフリカの未開発の鉱物資源に関する野望が目覚めたためでもある。[44]

イギリスはヴィクトリア女王（1837-1901）の時代に「世界の工場」として経済の最盛期を謳歌していた。産業革命は繊維産業の蒸気機関化・機械化が1830年代にほぼ完了し、綿花等の原料をインド・エジプトをはじめ世界中に求め、イギリスで加工された製造工業品は世界中の市場に輸出された。イギリスは穀物法の廃止（1846年）、航海条例の廃止（1849年）などの一連の改革を推し進め自由主義経済体制を確立していった。1836-47年には鉄道建設ブームにより全国に鉄道網が建設され、鉄鋼業、機械産業、建設業の興隆を導いた。国内の鉄道建設が一巡すると鉄道建設は南・北アメリカ大陸の鉄道が主にイギリスの技術及び資本によって建設され、ロンドンのシティーは世界の金融資本の中心となる。1850年代には蒸気を利用した鉄製蒸気船が普及し海上の遠距離の大量輸送が可能となった。しかしイギリスを初めとするヨーロッパ諸国の生産力の拡大は、世界的な規模の過剰生産力をもたらし、世界経済は長期の大不況（1873-96年）に突入する。ヨーロッパの列強、特にイギリス及びフランスは世界市場の獲得競争を激化させる。いわゆる世界市場の帝国主義的分割及び勢力圏の拡大である。

19世紀後半イギリス、フランス、ポルトガルはそれぞれアフリカ大陸の沿岸地域及び河川の河口・流域のみにそれぞれの勢力圏を確立していた。イギリスはオランダから1793年に奪取した南アフリカのケープ植民地、シエラレオネ、ゴールド・コースト（現在のガーナ）及びラゴス（現在のナイジェリア）等少数の西アフリカ地域の沿岸地域に小規模の交易港町を勢力圏に置いていた。一方フランスは1830年にアルジェリアを征服し、西アフリカのセネガル

及び一部の沿岸地域を植民地化していた。またポルトガルが西アフリカ南西部のアンゴラ及び東アフリカ南東部のモザンビークを支配下に置いていた。ここに後発植民地国であるベルギーとドイツが勢力圏の獲得を開始する。1831年オランダから独立したベルギーのレオポルド2世は先に述べたアメリカ人ジャーナリスト・探検家スタンリーに委託してコンゴ川流域の探索を行う。スタンリーはこの地域を支配する40以上の部族の首長と合意書を交わしベルギー本国の80倍に及ぶコンゴ川流域の独占的な探査権を取得する。しかしコンゴ川の河口地域は既にポルトガルが占有しておりポルトガル政府はベルギー政府のコンゴ川流域の開発に異議を唱える。イギリス政府及びフランス政府はそれぞれポルトガル及びベルギー政府に加担し国際紛争となる。そこでアフリカ大陸の植民地化にそれまで消極的であったドイツのビスマルク首相が調停に乗り出しベルリンでアフリカに関する国際会議、いわゆる「アフリカ分割に関するベルリン会議」(1984年11月－85年2月) が開催された。このベルリン国際会議にはイギリス、フランス、ベルギー、オランダ、ポルトガル、ドイツ、スペイン、オスマン帝国、イタリア、アメリカ、オーストリア、デンマーク、ロシア、スウェーデンの14ケ国の代表が参加した。

そこでコンゴ盆地、アフリカ大陸の領有、奴隷貿易の禁止等に関する合意を含む18条のベルリン協定が調印された。アフリカ大陸の領有に関しては、①当該国の実効的支配の原則、②河川の渡航の自由、③関係国に対する通知義務等の合意が成立し、これ以降アフリカ大陸の内陸部の関係各国による領有化が急速に進んだ。

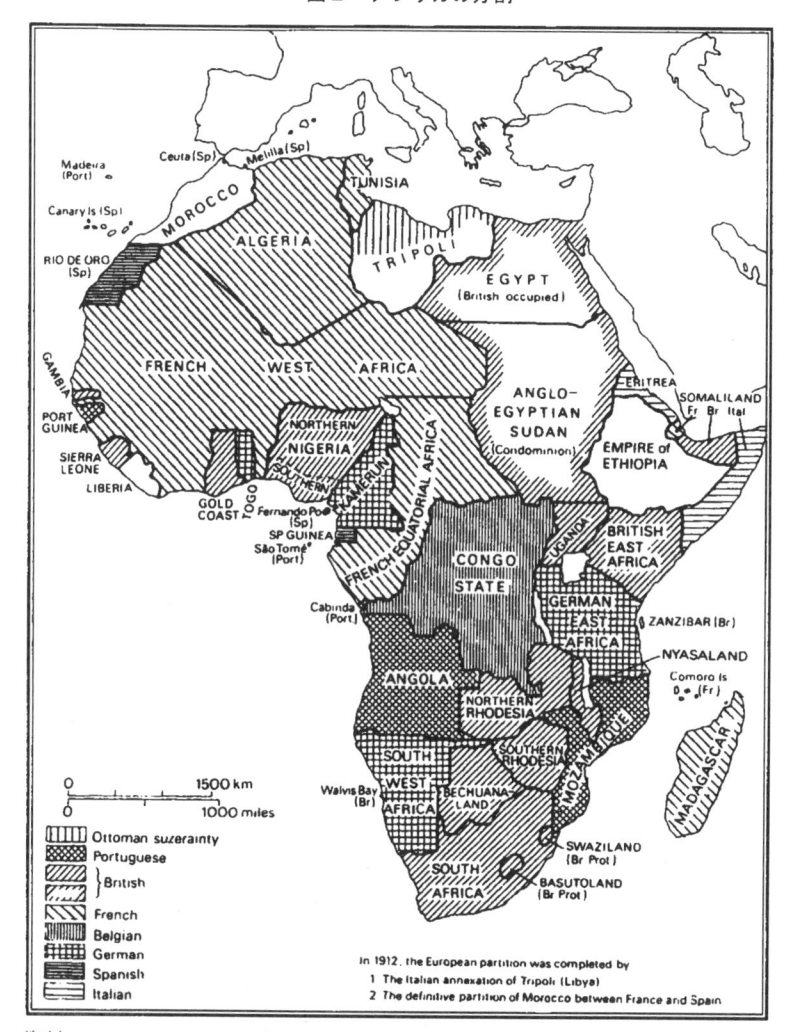

第2章 アフリカの経済発展の動向

図2 アフリカの分割

資料：G.N. Sanderson, "The European partition of Africa: origins and dynamics," The Cambridge History of Africa, Vol. 6;1870-1905, 1985, page 152.

表1 西欧列強のアフリカ分轄・支配地域

イギリス領
エジプト（保護国）
スーダン（エジプトと共同統治）
イギリス領東アフリカ
ケニア
ウガンダ
イギリス領ソマリランド
南ローデシア（現ジンバブエ）
北ローデシア（現ザンビア）
ベチュアランド（現ボツワナ）
オレンジ自由国
イギリス領南アフリカ（現南アフリカ共和国）
ガンビア
シエラレオネ
ナイジェリア
イギリス領ゴールド・コースト（現ガーナ）
ニアサランド（現マラウイ）

ポルトガル
アンゴラ
ポルトガル領コンゴ（現アンゴラ領カビダ）
ポルトガル領東アフリカ（現モザンビーク）
ポルトガルギニア（現ギニアビサウ）
カーボベルデ諸島（現カーボベルデ）
サントメ・プリンシペ

イタリア
イタリア領北アフリカ（現リビア）
イタリア領東アフリカ
エリトリア
イタリア領ソマリランド（現ソマリア）
エチオピア帝国（1936-41年）

独立国
リベリア
エチオピア

フランス領
フランス領アルジェリア
チュニジア
モロッコ
フランス領ソマリランド（現ジブチ）
コモロ諸島
フランス領西アフリカ
モーリタニア
セネガル
フランス領スーダン（現マリ共和国）
ギニア
コートジボワール
ニジェール
オートボルタ（現ブルキナファソ）
ダオメ（現ベナン）
フランス領赤道アフリカ
中部コンゴ（現コンゴ共和国）
ウバンギシャリ（現中央アフリカ共和国）
チャド

ドイツ
ドイツ領カメルーン（英仏の分割統治後現カメルーン）
ドイツ領東アフリカ
タンガニーカ（英領の後現タンガニーカ）
ルワンダ（ベルギー領の後1962年独立）
ブルンジ（ベルギー領後1962年独立）
ドイツ領南西アフリカ（南アフリカ連邦の委任統治後現ナミビア）
ドイツ領トーゴランド（英仏に分割後現トーゴ）

ベルギー
ベルギー領コンゴ（現コンゴ民主共和国）

スペイン
スペイン領サハラ（現西サハラ）
リオ・デ・オロ
サギア・エル・ハムラ
イフニ
モロッコ北部保護領

(3) 帝国主義的支配

なぜ西欧列強は植民地化に非常にコストの掛るアフリカの分割に関心を示したのであろうか。イギリスにとって対アフリカ貿易はヨーロッパを除く世界貿易の1％にも満たず、アフリカの植民地化にかかる費用を補う経済的便益は無かった。ドイツのビスマルク宰相もヨーロッパにおけるドイツ帝国の勢力の確保が急務でアフリカの植民地獲得に消極的であったとされる[45]。西欧列強のアフリカ分割の帝国主義的勢力拡大に関しては以下の帝国主義論が展開されている。

第1の帝国主義論は南アフリカの「ボーア戦争」（1899－1902年）を観戦したイギリスのジャーナリストのジョン・アトキンス・ホブソン（John Atkins Hobson：1858－1940年）が展開した帝国主義論である[46]。ホブソンは西欧列強の資本主義経済体制が、19世紀の後半過剰貯蓄・過剰投資によって国内市場の需要を凌駕する過剰生産力を造成し、この過剰生産力を満たす市場及び原料の供給地として海外の植民地・保護領を獲得しようとしたと考える。それとともに余剰資金力の捌け口を金融資本家達は海外の市場に求めるようになり、これらの資本主義経済の支配階層が持つ海外市場へ自国の経済力の拡張欲が、軍人の支配階層及び国民一般が持つ民族主義的な拡張意欲と相まって政府の帝国主義政策を支えると主張する。

第2の理論は、レーニンの帝国主義論である。レーニンの帝国主義論は第1次大戦中の1916年に書かれ、ホブソンの帝国主義理論に強い影響を受けたとされる。レーニンは帝国主義を高度に資本主義が発展して独占的な状態に達した段階ととらえる。この段階では生産と資本が少数の支配階層に集中的に蓄積され、原料の確保と余剰資本の活用のため資本主義経済は不可避的に海外市場に進出する。この段階に達した資本主義は以下の特徴を有する。①生産と資本の集中、②銀行資本と産業資本の融合と金融寡頭制度の成立、③資本輸出の重要性、④国際資本による世界の分割、⑤資本主義的列強による地球の領土的分割の完了。レーニンによれば、帝国主義とは「独占と金融資

本の支配が成立し、資本の輸出が重要課題となり、国際トラストによる世界の分割が始まり、最大の資本主義列強による地球上の全領土の分割が完了した」資本主義の発展段階と理解される。[47]

　第3の理論は、イギリスの経済史家達、ロビンソン＝ギャラハー等が中心になって特にアフリカの分割を説明する理論として展開した「インフォーマル帝国主義」理論である。ロビンソン＝ギャラハー等は在来の帝国主義理論が先進資本主義国の海外拡張プロセスを先進国の経済的利益の視点から論じたのに対して、植民地化のプロセスを搾取される周辺国の政治的視点から分析しようとする。[48] アフリカの伝統的な部族社会の権力構造の枠組みのなかでヨーロッパの冒険的な企業家達は「インフォーマルな帝国」を築き上げ、相互に彼らの勢力圏の拡大を謀った。工業化された西欧列強は、これら私的に築き上げられた「インフォーマル帝国」を自国の勢力圏の拡大のために追認する政治的判断を行った。これらの理論によると帝国主義は単なる経済現象ではなく、植民地国及び被植民地国を巻き込んだ政治的現象なのである。

　第4の理論、ケイン＝ホプキンスが論ずる「ジェントルマン資本主義」理論である。[49] ケイン＝ホプキンスはイギリスの資本主義を「ジェントルマン資本主義」として捉えこの枠組みの中でイギリスの帝国主義を分析する。ケイン＝ホプキンスはレーニン流の帝国主義を資本主義の発現形態とする見方では、西欧列強のアフリカ分割の特殊性を理解することは出来ないと考える。各国の資本主義の形態の特殊性を理解することが不可欠であると主張する。彼らによるとイギリスの資本主義は「ジェントルマン資本主義」であり、19世紀以前の大土地所有者によって構成される紳士階層が資本主義の発展とともに進化しロンドンのシティーを中心とする国際金融資本や貿易商社のエリート階層に発展する。これら「紳士階層（ジェントルマン）」は共通の教育・価値観・ライフスタイルを共有し、彼らがイギリス資本主義の海外膨張の急先鋒となる。彼らが中心となってアフリカを初め世界の後進地域に「紳士階層」が体現するイギリスの文化・文明を普及させる。アフリカにおけるイギリスの植民地拡大の橋頭保となったのは南アフリカであり、「ジェントルマ

ン資本家」の代表者の1人はセシル・ローズである。[50]

　これら帝国主義理論の内、どの理論が西欧列強によるアフリカの植民地化のプロセスを最も有効に説明することが出来るかは歴史家達の判断であるが、以下ここでは戦後独立したアフリカ諸国の植民地の負の遺産を理解するため西欧列強の植民地支配の実態を代表的な事例の概略を見ることにする。西欧列強、特にイギリスとフランス、によるアフリカの分割はほぼ1905年頃までに完了し1940年までの数十年間これら諸国は植民地支配の行政組織と植民地政策を形成して行く。イギリス領アフリカの統治方式は複数のイギリス領の総督を務めたF・D・ルガード（F.D.Lugard）によって定式化された「間接統治」を特徴とする。これに対しフランスの植民地政策は、海外の植民地を本国の一部に政治的・文化的にに統合する「同化政策」、ベルギーの政策は基本的に植民地が保有する資源開発を本国の経済発展に活用する「搾取政策」、ポルトガルの植民地政策はポルトガル人開拓者の移住を促進し本国経済と一体化させて植民地行政を実施したことに特徴があろう。以下ここではイギリスの植民地の発展に焦点を当てて、アフリカの経済発展の軌跡を概略的に見ていくことにする。[51]

註
1．門村浩著「自然とその変動」、川田順造編『アフリカ入門』、新書館、1999年、15－34頁。
2．尾本恵市著「アフリカ人の身体的特徴」、川田順造編『アフリカ入門』、前掲書、53－64頁。
3．Brett, Michael., "The Maghrib," in *The Cambridge History of Africa, Vol.7., ed.*, by J.D.Fage and Roland Oliver, 1986, pp.267-328.
4．エジプトの政治・経済の動向については以下の文献参照のこと。山口直彦著『エジプト近現代史』、明石書店、2006年。山田俊一編『エジプトの政治経済改革』、アジア経済研究所、2008年。
5．シャルル＝ロベール・アージュロン著・私市正年・中島節子訳『アルジェリア近現代史』、白水社、2002年、154－172頁。
6．Stewart, C.C. "Islam" in *The Cambridge History of Africa, Vol.7.,*

op.cit., pp.191-222.
7. 東アフリカのスワヒリ文化について、富永智津子著『ザンジバルの笛』、未来社、2001年、参照のこと。
8. タンザニアにおける回教文化の普及について、Felicitas Becker, *Becoming Muslim in Mainland Tanzania,1890-2000,* Oxford University Press, 2008, pp.25-52；pp.83-113.
9. 福井勝義著「農耕・牧畜民」、川田順造編、『アフリカ入門』、前掲書、215－231頁。
10. ダルフール地域の紛争の歴史については、以下の文献が詳しい。
M.W.Daly, *Darfur's Sorrow：A History of Destruction and Genocide,* Cambridge University Press,2007
11. 加賀屋良平著「言語と言語生活」、川口順造編『アフリカ入門』、前掲書、65－89頁。
12. ドニーズ・ポーム著・川田順造訳『アフリカの民族と文化』、クセジュ文庫、1961年、83－92頁。
13. Mandela, Nelson., *Long Walk to Freedom,* Little,Brown and Company, 1994, pp.3-59.
14. セシル・ローズの伝記は数多く出版されているが以下の伝記が最も詳細である。
Robert I.Rotberg, *The Founder：Cecil Rhodes and the Pursuit of Power,* Oxford University Press, 1988.
15. ドニーズ・ポーム著・川田順造訳『アフリカの民族と文化』、前掲書、92－100頁。
16. 藤永茂著『闇の奥の奥：コンラッド・植民地主義・アフリカの重荷』、三交社、2006年。
17. ドニーズ・ポーム著・川田順造訳『アフリカの民族と文化』、前掲書、100－109頁。
18. ドニーズ・ポーム著、同上、117頁。BBC World, A Special Program, "Dancing with the Devils," 2009年8月15日。このBBCの特別番組では、シエラレオネとライベリアに未だ蔓延る「秘密結社」の邪悪な「人食い」の因習が取り上げられている。
19. African Development Bank, *African Development Report 2007：Natural Resources for Sustainable Development in Africa,* 2007, pp.58-64.
20. 中津他孝司著『アフリカ世界を読む』、創成社、2006年。前田匡史、「アフリ

カにおける資源開発に向けた戦略的取り組みへの指針」、『日本貿易月報』、2008年4月号、31-35頁。みずほ総合研究所、『原油獲得にむけた日本の対アフリカ政策の再考』、2008年1月25日。「アフリカ資源開発セミナー：鉱物資源及び石油・ガス向け投資の機会と留意点」、JOI,2006年3月号。1-5頁。
21. "Diamonds: The Real Story," *National Geographic,* March 2002, pp.2-35.
22. De Beers, Website.
23. Kimberly Process Certification Scheme (KPCS), Website.http://www.Globalwitness.org.
24. Rotberg, Robert I., *The Founder ; Cecil Rhodes and the Pursuit of Power,* op.cit.,
25. アフリカの鉱物資源に関する記述は以下の文献資料による。
African Development Bank, *African Development Report 2007*：*Natural Resources for Sustainable Development in Africa,* 2007, op.cit., pp.63-87.
26. World Bank, *Global Monitoring Report 2007*：*Millennium Development Goals,* page 65. United nations, *The Millennium Development Goals Report,* 2009, pp.6-13.
27. *Commission for Africa, Our Common Interest ; Report of the Commission for Africa,* March 2005.この「ブレアー報告書」の内容については後で紹介する。
28. 石弘之著『子供たちのアフリカ』、岩波書店、2006年、頁xi。
29. UNAIDS, 2008 *Report on the global AIDS epidemic.*
30. UNAIDS. *Op.cit.,* pp.214-218.
31. World Bank, *Our Commitment*：*The World Bank's Africa Region HIV/AIDS Agenda for Action 2007-2011,* November 2007, pp.1-12.
32. *Website,* GFATM.
33. 外務省編、2001年版政府開発援助白書、156頁。
34. 外務省中近東局長、榎泰邦著「アフリカが直面する課題とわが国の対アフリカ外交」、平成12年6月。
35. NEPAD. *Website.*
36. 首相官邸、「小泉総理の演説・記者会見」2002年6月27日。
37. 外務省：日本政府の対アフリカ支援—G8サミットに向けた小泉総理のメッセージ。

38. 外務省、TICADIV に関するWebsite。
39. ジャン・メイエール著、猿谷要監訳『奴隷と奴隷商人』、創元社、1992年、25頁。
40. 本田創造著『アメリカ黒人の歴史』、岩波新書、1991年、18－74頁。
41. Rodney, Walter., "Africa in Europe and Americas," in *The Cambridge History of Africa, Vol.4*：1600-1790, Cambridge University Press, 1975, pp.589-597.
42. アンヌ・ユゴン著・堀信行監修『アフリカ大陸探険史』、創元社、1993年。
43. Hallet, Robin., "Changing European Attitudes to Africa," in *The Cambridge History of Africa, Vol.5*；1790-1870, 1976, pp. 458-496.
44. Sanderson, G.N., "The European Partition of Africa：Origins and Dynamics," in *The Cambridge History of Africa, Vol.6*：1870-1905, 1985, pp.100-117.
45. Hobson, John Atkins., *Imperialism*；*A Study,* London, George Allen&Unwin, 1902, 3rd Ed., 1938.（邦訳）ホブソン著・矢内原忠雄訳『帝国主義論』、岩波文庫、上・下巻、1951年。
46. ホブソン著、前掲書、上巻、11－34頁。
47. レーニン著『資本主義の最高の段階としての帝国主義』、1917年。（邦訳）宇高基輔訳『帝国主義』、岩波文庫、1956年、119－206頁。
48. 「インフォーマル帝国主義理論」は、以下の文献の中で論じられている。Ronald Robinson and John Gallagher, *Africa and the Victorians：The Official Mind of Imperialism,* 1961；G.N. Sanderson, "The European Partition of Africa；Origins and Dynamics," John Lonsdale, "The European scramble and conquest in African history," in *The Cambridge History of Africa,* Vol.6, pp.96-158, pp.680-766.
49. Cain, P.J., and A.G.Hopkins, *British Imperialism：Innovation and Expansion 1688-1914*；*British Imperialism*；*Crisis and Deconstruction 1914-1990,* Longman, 1993. 上記の著作は名古屋大学出版会から日本語訳が出版されている。竹内幸雄・秋田茂訳『ジェントルマン資本主義の帝国Ⅰ：創生と膨張 1688－1914』、1997年。木畑洋一・旦祐介訳『ジェントルマン資本主義の帝国Ⅰ：危機と解体　1914－1990』1994年。
50. Cain, P.J., and A.G.Hopkins, *British Imperialism：Innovation and Expansion：1688-1914,* Longman, 1993, pp.3-55 and pp.351-396.
51. Roberts, Andrew., "Introduction," and Andrew Roberts, "The Imperial

Mind," in *The Cambridge History of Africa, Vol.7*; 1905-1940, pp.1-23 and pp.24-76.

第3章　旧イギリス・アフリカ植民地の経済発展

はじめに

　イギリス領アフリカは、白人入植者によって開拓が行われた南アフリカ及びその周辺地域、シエラレオネ、ガーナ及ナイジェリアの西アフリカ地域、ウガンダ、ケニヤ及びタンザニア（旧ドイツ領タンガニーカ）の東アフリカ、及びエジプト及びスーダンの北アフリカ地域等とほぼアフリカ大陸の全域に及ぶ。これら地域は20世紀初頭以降イギリスの本国の植民地省によって任命された総督のもとで植民地行政が行われた。これら広大な地域を少数のイギリス植民地行政官（約1,200名前後）が統治する必要から、現地社会の支配構造を活用した「間接統治」が取られた。このアフリカ大陸のイギリス植民地の統治方式は「ルガード統治原則」（Lord Lugard）として一般化する。この原則は現地社会の支配構造をイギリス植民地行政の末端機構として活用し、治安維持および徴税等の行政機能を負担させる統治方法である。公用語として英語を使用し、下級官僚育成のため現地アフリカ人の学校教育を奨励した。第1次大戦後アフリカに民族主義運動が芽生えると、アフリカ人の医師、教師、下級官僚、弁護士等の政治参加を認めるようになる。プランテーション農業及び商業等の経済の中核部門は主に白人入植者が担っていたが、第2次大戦後ケニヤ、南北ローデシア地域に白人入植者が増大するとアフリカ人との対立・抗争が多発するようになる。イギリス領アフリカの植民地支配の問題は、フランス領アルジェリア、ポルトガル領アンゴラ及びモザンビークと同じく、白人入植者がこれらの地域で既得権益を確保・拡大するにつれて現地アフリカ社会との軋轢が増大することになる。以下ここではイギリス領アフリカ植民地の発展のプロセスを概略的に見ていくことにする。[1]

第3章 旧イギリス・アフリカ植民地の経済発展

3.1 南アフリカ共和国

　南アフリカの現在（2005年）の人口は4,700万人その内黒人が約80％、白人約10％、混血9.0％、インド系2.5％によって構成されている。南アフリカは最初オランダ領ケープ植民地（1652－1795年）として発展した。1603年に設立されたオランダ東インド会社は6,000隻の船舶、4万8,000人の乗務員を擁する世界で最大の貿易会社であった。喜望峰の東方で海上権を行使し東南アジアを支配する東インド会社はオランダとジャワのバタビアの間の海上輸送の寄港地として、新鮮な水、果物、野菜、穀物を供給する基地を必要としていた。[2] フランス革命後のヨーロッパ大陸の混乱期にイギリスは支配的な海軍国となり1795年ケープ半島をその支配下においた。しかしこの地域は1860年代にダイアモンドが発見されるまでイギリス経済に羊毛、象牙、獣皮等を提供するだけだった。1814年イギリス政府はケープ植民地を英領とした。オランダ系住民（彼らは自分達をアフリカーナと呼んだのに対してイギリス系住民は彼らをボーア（農民）人と呼んで蔑んだ）は集団で内陸部に異動（グレート・トレック；1836－1854年）して1852年トランスヴァール共和国、1854年オレンジ自由国を建設した。1867年ケープタウンから550マイル内陸部のキンバリー地域でダイアモンド鉱床が発見され、1872年までに2万人の白人と3万人の黒人労働者がダイアモンドの採掘に従事した。イギリスの田舎牧師の次男坊のセシル・ローズ（Cecil John Rhodes、1853－1902年）は16歳で健康上の理由から南アフリカに移住し、ダイアモンドの採掘事業に従事し成功をおさめ、1881年オックスフォード大学を卒業するときに既に億万長者になっていた。[3] それとともにイギリス系入植者とアフリカーナ（ボーア人）達の間の利害の衝突が先鋭化し第1次ボーア戦争（1880－81年）、第2次ボーア戦争（1899－1902年）が勃発しイギリスが勝利を収める。1910年ケープ植民地、ナタール、トランスバール、オレンジ自由国が参加して南アフリカ連邦が成立し、1913年原住民土地法によりアフリカ人の土地所有は居留地内に制限され

る。一連の人種隔離政策（アパルトハイト）の制定が始まる。[4] アフリカーナ政党の国民党が1948年政権を掌握後人種差別の制度化が進み、1950年国民を人種別に分類する人口登録法、集団地域法、治安法が制定される。1961年共和制に移行し英連邦を脱退する。1952年以降ネルソン・マンデラが中心となってアフリカ民族会議（ANC：African National Congress）が不服従抵抗運動を開始する。[5] 1964年ネルソン・マンデラは逮捕され国家反逆罪で終身刑を言い渡される。黒人の暴動が多発する。1990年2月デクラーク大統領はネルソン・マンデラを釈放し、アフリカ民族会議（ANC）を合法化する。91年6月アパルトハイト政策の根幹である人種登録法、集団地域法、土地法を廃止する。1994年5月ネルソン・マンデラ南アフリカ初代の黒人大統領に選出されマンデラ政権が発足する。

3.2　旧イギリス領中央アフリカ

(1) ジンバブエ共和国（旧南ローデシア）とザンビア共和国（旧北ローデシア）

　一般に現在のボツワナ、ジンバブエ、ザンビア、マラウイ地域はイギリス領中央アフリカという名称で呼ばれてきた。ここではジンバブエとザンビアに限定してイギリスの植民地統治形態の特徴をみることにする。

　1884年のベルリン会議以降西欧列強はアフリカ大陸の内陸部の実効支配に積極的となった。ドイツがアフリカ南西部（現在のナミビア）に植民地を確保し、ポルトガルは大陸の西側にアンゴラ、東側にモザンビーク地域に植民地を拡大していた。セシル・ローズは年来の野望であるアフリカ大陸をケープからカイロまで縦断するイギリス植民地帝国の建設に着手する。1886年にはヴィトウォーターズランド（Witwatersrand）、現在のヨハネスブルグ地域に金鉱脈が発見され、金及びその他の鉱物資源開発が積極化する。セシル・ローズは南アフリカの北方に流れるリンポッポ川（Limpopo）とザンベジ川（Zambezi）の間にある現地人が支配する広大な地域を開発し、更にザンベジ

第3章　旧イギリス・アフリカ植民地の経済発展

川の北側の地域を開発しカイロに直結するイギリス植民地帝国の建設に着手する。[6]

　この目的のためにセシル・ローズが1889年他の協力者と設立したのが「イギリス南アフリカ会社」(BSAC：British South Africa Company) である。この会社は、インドの開発のためにイギリスが設立して「東インド会社」に倣って、リンポッポ川以北を独占的に開発するために設立された国策特許会社である。この国策会社は、これらの地域の部族首長との協定締結権、鉱物資源開発権、徴税権を付与されマキシム機関銃で武装した軍隊を有していた。[7] ザンベジ川の北側の地域は、セシル・ローズ (Rhodes) の名前から北ローデシア (Northern Rhodesia) と呼ばれ、ザンベジ川の南は南ローデシア (Southern Rhodesia) と呼ばれるようになる。これら地域は「イギリス南アフリカ会社」(BSAC) の直轄開発地域となり、開発会社はこれら地域から産出される金及びその他の鉱物資源、輸出用のトウモロコシ、タバコ等の現金農作物を運搬するため、南ローデシアを横断し北ローデシアを縦断する鉄道を建設する。しかし南ローデシアからは金、銅、ニッケル、クロム、鉄鉱石等の鉱物資源が発見されたがその規模は小さく、開発会社はこの地域を農業地帯として開発することに方向転換する。このため開発会社は1912年農地開発銀行 (Land Bank) を設立し、農地をイギリス及び南アフリカからの白人移住者に提供する政策を打ち出す。この結果南ローデシアの白人人口は5万人規模に増大しトウモロコシ、タバコ、牧畜業等の大規模農場の経営に従事する。南ローデシアの鉱業部門（金・アスベスト・クロム等）には白人雇用者1,700人、黒人労働者が4万7千人就業していた。イギリス南アフリカ会社 (BSAC) の特許期間は1923年終了し、南ローデシアは1923年、北ローデシアは1924年イギリス本国政府の植民地省の管轄の自治領となる。南ローデシアの自治政府は白人農業経営者を保護育成するため「土地収用法」(1930年) を制定する。この結果全土地面積の半分以上にあたる4,900万ヘクタールの土地が白人の農業用地に指定された。

　1936年南ローデシア自治政府は「原住民登録法」を制定し、南アフリカと

同じく人種隔離政策を採用する。

　これに対して北ローデシアでは銅鉱石が豊富に発見され南アフリカ、イギリス及びアメリカ資本による銅鉱石及びその他の鉱物資源の開発投資が積極化し、1930年には4,000人前後の白人技術者、3万人の黒人労働者が鉱山業に従事していた。黒人の鉱山労働者の賃金は白人の30分の1の低い水準であったが、周辺地域特に現在のマラウイ地域の農業地帯から多数の出稼ぎ労働者が北ローデシアに職を求めて流入した。

　南ローデシアでは多数の黒人労働者が低賃金で白人の大規模農場や鉱山で働き、北ローデシアでは主に銅鉱山労働者として働くようになり、アフリカの伝統的な共同体的社会は崩壊して行く。それとともに第1次大戦中多数のアフリカの青年が東アフリカで展開されたドイツ軍との戦闘で戦闘部隊、輸送部隊、兵站に動員され多数の死傷者を出した。

　1960年には16のアフリカの旧植民地が独立した。南ローデシアの大規模農園経営者層達の利益を代弁する白人自治政府は危惧を募らせ1965年一方的に独立を宣言し、イワン・スミス白人少数政権が誕生する。スミス政府は国名を1970年「ローデシア共和国」に名称変更するが、イギリス政府はこれを承認しなかった。黒人組織ジンバブエ・アフリカ人民同盟（ZAPU：Zimbabwe African People's Union）及びR・ムガベが指揮するジンバブエ・アフリカ人民同盟（ZANU：Zimbabwe African National Union）がモザンビーク政府の支援を得てゲリラ闘争を展開し南ローデシアは内戦状態に突入する。1979年12月イギリス政府の仲介でスミス白人政権と黒人組織の間で「ランカスター協定」が調印され内戦が終焉する。この協定は白人入植者の権利を擁護しつつ黒人指導者が政権を掌握することに合意する内容である。1980年選挙が実施され、南ローデシアは4月18日ジンバブエ共和国（Republic of Zimbabwe）として独立する。ムガベは北朝鮮の支援をえて特殊部隊及び秘密警察を組織して反対勢力の抹殺を謀り1万人以上の市民が犠牲になったと報じられている。[8]

　1987年R・ムガベが大統領に就任し、1989年黒人組織のZAPU・ZANUが

合併しジンバブエ・アフリカ民族同盟愛国戦線（ZANU-PF）となり、独裁体制を確立する。ジンバブエは基本的には農業国である。ジンバブエの総人口1,200万人の65％が農業就業者である。タバコ、トウモロコシ等の農作物の輸出が外貨獲得額の40％を占めている。20世紀のジンバブエの農業の特徴は少数の白人入植者によって営まれる資本主義的大農業と多数のアフリカ人が従事する小農業の存在である。ジンバブエとして独立後白人の大農場数は約6,000農場、総面積は1,550万ヘクタール、国土の40％を占めていた。農場規模の平均は2,285ヘクタール、最大規模の農場は30万ヘクタールの広さを誇る。これら大規模農場では商業化、機械・先端技術の導入、賃労働の使用が盛んで1980年当時全国農業生産の約8割を占めていた。これに対してアフリカ人の農業は低所得、家族労働、小規模生産、牛耕、トウモロコシ栽培、食糧自給、出稼ぎ労働を特色としていた。これらアフリカ人の農業は植民地政府時代に区画化された原住民保留地が発展した国土の42％を占める共同体地域に立地し、国民の57％の430万人がそこに居住していた。ムガベ政権は1992年白人経営の大規模農場とアフリカ人の零細農業の所得格差を是正するため、白人が所有する農地をイギリス政府の経済支援をえて有償で接収し黒人に分配する土地収用法を制定する。白人農場経営者は危機感を募らせ海外に移住する者が増大する。当初黒人入植者は内戦によって生じた難民、貧農、退役兵士が中心であったが、ムガベ政権の有力者達はこの機会を利用して大土地所有者となる者が続出する。ムガベ政権に腐敗が横行し都市部の労働者、学生、商店経営者、退役兵士の不満が鬱積しストライキが続発する。これら不満分子を懐柔するためムガベ政権は1997年白人経営の大規模農場の強制接収を実施した結果、白人居住者が大挙して海外に移住することになる。世銀・IMFはこれらのムガベ政権の独裁的な政策に反対し、通常の支援業務を中止する。この結果1990年代後半に未だ残存していた4,500の大規模農場の数は2005年には約500農場に激減する。ジンバブエの農業は壊滅的な打撃を蒙り輸出が激減し、人口の70％が食糧不足を訴え、失業率は50％に達する状態となる。反ムガベ政治勢力は労働組合が中心になって「民主変革運動」（MDC：

Movement for Democratic Change) を結成する。ジンバブエの経済は1999－2007年の期間GDPが40％減少し、財政赤字を補塡するためムガベ政府が紙幣を増発した結果超悪性インフレが発生し2008年の物価上昇率は天文学的な数字を記録し、失業率は50％の水準に達する。医者・看護師が大挙して国外に流失しエイズ患者は全人口の25％に達し、上下水道等の社会インフラが麻痺しコレラ患者が激増する。ジンバブエの平均寿命は1990年の67歳から2005年には37歳に短縮する。このような状態で2008年3月大統領選挙が挙行されたがムガベ政権のZANU－PFは反対党の「民主変革運動」(MDC)の選挙運動員に暴行を加え多数の死傷者がでる。ムガベ大統領は2008年9月南アフリカ大統領の仲裁に応じ「民主変革運動」(MDC) のツバンギライ党首と「権力の分担」に合意するが、ジンバブエの政治機能はマヒ状態にあり、経済も危機的な状態にある。[9]

3.3　旧イギリス領西アフリカ

　英語を公用語とする西アフリカ諸国は、ナイジェリア、ガーナ、シエラレオネ、ガンビア、リベリア、及び旧ドイツ植民地で第一次大戦後国際連盟のイギリス及びフランスの信託統治となったトーゴ及びカメルーンである。トーゴのイギリス統治領は1957年ガーナの一部として独立し、カメルーンの北部は1961年ナイジェリアに編入された。以下ここではガーナ及びナイジェリアを中心にイギリスの植民地支配の特徴を見ていく。その他の国は概略だけの紹介に止める。[10]

(1) シエラレオネ共和国 (Republic of Sierra Leone)

　シエラレオネ（ポルトガル語でライオンの山を意味する）は2007年現在人口552万人、1人当たり国民所得200ドルの小規模な国である。国土面積は九州の面積の2倍弱の広さである。1562年イギリス人が上陸し、1787年イギリスはイギリス国内の解放奴隷を移住させてフリータウンを建設した。1808年沿

岸地域がイギリスの植民地、1896年内陸部が保護領となる。1961年4月イギリスから独立した。最大の産業はダイヤモンドである、デ・カプリオ主演のアメリカの映画「ブラッド・ダイアモンド」ではこのシエラレオネのダイアモンドに纏わる紛争が描かれている。1991年反政府勢力、フォダイ・サンコオ（Foday Sankoh）が指揮する革命統一戦線（RUF：Revolutionary United Front）が東部のダイアモンド鉱山の支配権をめぐりゲリラ闘争を開始し内戦に発展する。97年コロマ少佐が軍事クーデタで政権を掌握、軍革命評議会を発足させ、南アフリカの戦争請負会社（Executive Outcomes）を雇用し革命統一戦線（RUF）に対抗する。ナイジェリアも部隊を派遣して内戦の収拾を図る。西アフリカ諸国経済共同体（ECOWAS）は経済制裁を決定し、99年国連はシエラレオネ派遣団の設置を決定した。2002年イギリスの少数の特殊部隊が国連派遣団部隊として内戦に介入し、RUFおよび政府軍4万7,000人を武装解除する。RUFの指導者F・サンコオは逮捕され、サンコオは、10年以上の内戦期間中に犯した少年兵の強制徴兵、市民の虐殺及び手足の切断、暴行・レイプ等の非人道的な残虐行為の罪で軍事法廷で起訴された。革命統一戦線（RUF）の指導者サンコオは2003年獄中で病死する。更に国連はシエラレオネ国際戦犯法廷を設置し政府勢力及び反政府勢力の指導者、及び反政府勢力を支援したチャールズ・テイラー前リベリア大統領を非人道的な残虐行為を支援した罪で拘束・起訴した。シエラレオネの内戦中5万人以上が死亡し2万人以上が手足の切断等の損傷を負った。[11]

（2）リベリア共和国（Republic of Liberia）

　リベリアはアメリカから送られた解放奴隷が1822年に黒人居住区を建設し1847年アフリカ初の共和国として独立した国である。人口は2007年現在328万人、国土は北海道より多少大きく、天然ゴム、ダイアモンド、ヤシ油、鉄鉱石、木材が豊富な高温多湿の熱帯地域である。1人当たり国民所得は110ドルである。アメリカの多国籍企業フアイヤストーンタイヤ会社（Firestone Tyre and Rubber Company）が1929年から100万ヘクタールの土地を長期間

租借しゴム園を経営し、アメリカ政府は第2次大戦中空軍基地を建設しアメリカの対アフリカ外交政策の戦略的基地となっている。

　リベリア政府は2,500隻以上の外国船舶に便宜船籍を供与し、歳入の18%を占める収入を得ている。アメリカ政府の支援で長期間一党独裁政権が続行する。1980年サムエル・ドウ（Samuel Doe）軍曹がクーデターで政権を奪取し大統領に就任する（86年）。89年バプティスト教会学校の教師の息子であるチャールズ・テイラー（Charles Taylor）が反政府組織「リベリア国民愛国戦線」（NPFL：National Patriotic Front of Liberia）を組織して蜂起して以来内戦が続き政治が極度に不安定化する。チャールズ・テイラーはアメリカに9年間留学しボストンの大学を卒業している。1991年リベリア国民愛国戦線の部隊はドウ大統領を捕え拷問の末処刑した。各派の軍事的対立が激化するが西アフリカ諸国、特にナイジェリア政府の調停により和解が成立し、97年チャールズ・テイラーが大統領に就任する。2002年反政府組織が蜂起し内戦が拡大する。チャールズ・テイラー大統領はナイジェリアに亡命する（03年）。チャールズ・テイラーが指揮する「リベリア国民愛国戦線」の部隊はシエラレオネのサンコが指揮する革命統一戦線（RUF）を支援し内戦期間中数々の非人道的犯罪を犯しており、国際刑事警察機構はテイラー大統領以下数名を人道に対する罪で起訴した[12]。

（3）ガンビア共和国（Republic of the Gambia）

　ガンビアは南にセネガルに接する人口154万、国土面積秋田県ほどの小国である。10-13世紀ガーナ王国、15世紀マリ王国に属す。1783年イギリスの植民地となり、イギリスの奴隷貿易の中心地となる。1965年独立するが、1981年軍事クーデターが発生する。1982年セネガルと国家連合「セネガンビア」を結成するが1989年解体する。1994年再度軍事クーデターが発生するが97年民政に移行する。1998年世銀・IMFが支援を再開した。労働力人口の70%が農業に従事し、落花生の輸出が全輸出額の70%を占める[13]。

（4）ナイジェリア連邦共和国（Federal Republic of Nigeria）

　1960年10月イギリスから独立したナイジェリアは人口1億3千万人でありサハラ砂漠以南のアフリカで最大規模の人口を有する。国土面積は日本の国土面積の2.4倍であり、自然及び鉱物資源に恵まれ石油、天然ガス、錫、亜鉛、銅等が豊富に賦存する。少量の金、銀、ダイアモンドも産出する。輸出の9割及び政府の財政収入の7割が原油である。サハラ砂漠以南のアフリカ諸国中唯一の石油輸出機構の加盟国である。民族構成は北部のハウサ族が21％、フラニ族11％、南東部のイボ族18％、南西部ヨルバ族21％が主要な部族である。250以上の民族語が話されているが公用語は英語、宗教はイスラム教徒（スンニ派）48％、キリスト教徒34％であり、主に北部はイスラム教、南部はキリスト教が普及している。1人当たり国民所得は390ドルであり、貧富の格差が大きい。地理的環境は北部が乾燥サバンナ、中央部は森林地帯、南部は熱帯雨林である。ニジェール川とこれに注ぐベヌエ川によって国土が三分化され主要民族の居住地域が区分されている。1950年当時88％の人口は農村に居住していたが、近年急速に都市化が進み2005年現在農村人口比率が51.7％にまで低下している。ナイジェリアの主要な都市ラゴスの人口は920万人（2005年）と推計されている。ケニアのナイロビ、南アフリカのヨハネスブルグと同じく生活環境の劣悪な都市スラムの形成がナイジェリアでも問題化している。

　ナイジェリアは1914年イギリス植民地政府によって統一されるまで多数の部族社会によって構成されていた。ナイジェリアの北東部に居住するハウザ部族（Hausa）はサハラ砂漠を横断するアラブ商人との交易が盛んで11世紀以降次第にイスラム教の影響を受けるようになる。特に部族社会の首長は自己の権威を正当化するためイスラム教を積極的に受け入れた。ナイジェリアの沿岸地域、特にビアファラ湾及びベンイン湾周辺地域は16世紀以降奴隷貿易の中心となる。1600－1800年の200年間ベニン湾地域だけで150万人のナイジェリア人が奴隷貿易の犠牲となったと推計されている。1807年イギリス政

府が奴隷貿易を禁止して以来、奴隷貿易は次第に減少し、奴隷に代わってアブラヤシ油・ココア・ゴム・落花生・綿花が主な輸出品となる。19世紀初頭ハウサ部族は現在のナイジェリアの北東部の乾燥サヴァンナ地域に「ソコト太守国」(The Sokoto Caliphate) を設立する。ナイジェリアの南部のヨルバ地域 (Yoruba) では紛争が絶えなかったがイギリス輸出向けのアブラヤシの栽培が盛んとなる。イギリスでは産業革命以降国民の所得が向上し蠟燭、石鹸、機械油用のアブラヤシの需要が増加し、19世紀前半毎年平均2,000トンのアブラヤシ油が西アフリカから輸入されていた。[14]

　19世紀後半イギリスの植民地活動で主導的な役割を演じたのはキリスト教各宗派の宣教活動である。イギリス各宗派の教会及び学校が沿岸地域、ニジェール川流域の内陸部に建設されるようになる。マラリヤ予防薬としてキニーネが活用され河川輸送用に蒸気船が普及するにつれてイギリス商人達もナイジェリアの内陸部に商圏を拡大する。イギリスは1861年沿岸の港湾都市ラゴスを保護領とする。次第にイギリスはアフリカ西部でフランス及びドイツと植民地圏拡大で抗争するようになり、西欧列強はベルリン会議（1884年12月−85年2月）で「実効支配」を原則とするアフリカの分割の運用原則 (modus operandi) に合意する。イギリスは1891年ニジェール・デルタ地域を保護領とする。イギリス政府は1886年「王立ニジェール会社」に植民地行政及び開発の特許権を付与する。しかしイギリス政府は保守党のジョセフ・チェンバリン (Joseph Chamberlain；1836−1914) が植民地相となり、王立ニジェール会社の特許を取り消しナイジェリアの各イギリス保護領をイギリス政府の直轄植民地とする。[15]1914年ナイジェリアのイギリス政府の各保護領は統合されイギリス植民地相直轄の植民地となる。この統合されたナイジェリア植民地政府の総督として活躍するのがフレデリック・ルガード卿 (Frederick Lugard；1836−1914) である。

　ルガード卿は「二重信託論」(Dual Mandate) を展開しイギリスは、アフリカを初め低開発国を帝国主義的に支配する二重の責務があると主張する。第1の責務は、イギリスが低開発国を植民地化することによりイギリス本国

第3章　旧イギリス・アフリカ植民地の経済発展

及び植民地を経済的に発展させるという責務であり、第2の責務は未開発国を文明化するという責務である。ルガードはこの「二重信託論」を実践するため植民地の「間接統治」(indirect rule)をナイジェリアで実践する。この「間接統治」は広大な植民地を少数のイギリスの植民地行政官僚が統治するためには可能な限り現地社会の統治機構を活用することが不可欠であるという認識に基いている。具体的には村落の首長、長老派の権力を利用して治安の維持、紛争処理、徴税等の末端行政業務を現地社会の権力者にまかせて植民地行政を行うという行政方法である。この間接統治を実施するため植民地総督府の下級官僚を可能な限り現地人社会から雇用する必要があり、イギリス政府は積極的に英語教育、教師・医者・看護師・エンジニヤ等の現地人エリートの育成に努めた。イギリス政府は現地人エリートを育成するためシエラレオネやウガンダ等に大学を設立しアフリカ各地のエリート教育に努めた。1921年にはラゴスの行政組織に5,300人の現地人が雇用されていた。[16]

　イギリスのナイジェリア植民地支配の目的はイギリス本国の産業や消費者が必要とする農作物及び資源を開発することにあった。ナイジェリア北部の乾燥地帯では落花生・綿花が栽培され、ココアが南西部で栽培され、ヤシ油が南東部で主に開発された。原住民の主食用の作物としてはカサバ、イモ類、粟の栽培が奨励された。金、銀、亜鉛、ダイアモンド等の貴金属や鉱物資源も少量ながら発掘された。イギリス植民地政府が特に開発投資で重視したのはラゴスを起点とする鉄道網とハーコート(Port Harcourt)等の主要な港湾施設の建設である。20世紀前半には局地的な鉱業労働者の数も4万人規模に増大し、1931年にはラゴスの都市人口は13万人、1951年には27万人、1963年には68万人の規模に膨れ上がった。

　第1次及び第2次大戦を契機にイギリスやアメリカで教育されたナイジェリア人が、黄金海岸(現ガーナ)、シエラレオネ、ナイジェリア出身の学生達と共にイギリスやこれらの植民地の主要な都市で「西アフリカ国民評議会」や「西アフリカ学生同盟」等の組織を通して「汎アフリカ主義」運動を展開する。1937年ナイジェリア全土で3,500校の初等教育学校があり、生徒数は

28万人であったが、1960年には初等学校は南西部だけで6,500校、北部に2,600校生徒数の総計は140万人に増大する。1957年にはナイジェリアの南西部では初等学校教育は義務教育となり、1948年にはイバダンで大学が開校する。1920年以降公務員組合、教員組合が結成され1947年にはナイジェリアの登録組合数は121組合、組合員5万2千人に達する。ココア生産組合等の協同組合も結成され1947年までに692の各種協同組合が結成された。ナイジェリア人の上級公務員も1939年の23名から、1947年182名、1953年786名、1960年2,600名と次第に増大しナイジェリア人自身による行政能力も改善された。第1次大戦後の世界恐慌、第2次大戦中の物価統制と「販売庁」(Marketing Board) による主要農作物の販売統制に反発したナイジェリアの労働組合はしばしばストライキを敢行する。都市部では多数の英字新聞が刊行されナイジェリアの民族意識が高揚する。イギリス植民地政府は現地人エリート層が地方の立法評議会に参加することを可能にする植民地憲法を制定する。イギリス本国政府の植民地省はナイジェリアを含む海外の植民地の開発戦略をまとめた「開発計画報告書」を作成し植民地の開発投資を活発化するため「開発公社」(Development Corporations) を設立するが、その活動は非常に限定的なものであった。この様な経過を経た後ナイジェリアは1960年10月独立国となる。

　しかしナイジェリアは独立後苦難の道を歩むことになる。その第1の試練は北部ハウサ・フナイ部族が支配する連邦政府と南部イボ族が支配する地方政府の対立が発展した「ビアフラ戦争」(1966-1970年) の勃発である。この内戦は子供の餓死者150万人を含む200万人の戦争犠牲者を出した悲惨な内戦であった。このビアフラ戦争は北東部のハウサ・フナイ人が多数居住する北東部の工業都市カノで1966年9月に発生したイボ人の大量虐殺（5千-1万人と推計）が発端となっているが民族紛争の要因は複雑である。北部のアウサ・フナイ人と南部のイボ人の対立は、①部族社会の帰属意識の衝突、②政府及び軍部の指導権争い、③北部のイスラム教と南部のキリスト教との宗教的対立、④イボ人が多数を占めるビアフラ地域（ニジェール・デルタ地域）に

埋蔵する石油資源及び鉱物資源に対する支配権争い、⑤エリートの指導権争い（伝統的にナイジェリアの指導者層は教育水準が比較的高い南部のイボ人から多く排出していた）、⑥地域的な所得格差等にその要因があるとされる。[17] イギリス植民地政府は第2次大戦後これら民族的・部族的対立を止揚するため試行錯誤的に少数民族の利益を保護する憲法体制を確立しようとするが失敗する。

　第2の試練は、1956年ニジェールデルタ地域でシェル・BP開発会社（Shell-BP Development Company）が試掘に成功した石油資源がもたらした「オランダ病」及び「資源の罠」の問題である。ナイジェリアの原油生産は1958年以降急激に増大し、1970年には年産3億9,600万バーレル、1974年年産8億2,300万バーレルの水準に達する。ナイジェリアは1971年石油輸出機構（OPEC）に加盟する。1973年の中近東戦争の結果、原油の国際価格はバーレル3ドル80セントから約4倍の14ドル70セントの上昇し、ナイジェリア政府の財政収入の82%が石油関連収入（ロイヤルティー収入及び生産分与方式による原油販売収入）によって占められるようになる。この結果ナイジェリア経済は急速に石油資源依存型の経済構造に転換し農業・製造業が停滞する「オランダ病」に陥る。それとともに強化拡大する石油収入は増大する財政及び軍事支出、政権担当者による石油利権の独占的支配と腐敗等の「資源の罠」に陥る利権追及社会（rent seeking society）特有の試練に直面する。特に象徴的な財政資金の浪費は、1977年のナイジェリアが主催した「アフリカ民族文化祭」（Festival of Black Arts and Culture）関連施設の建設にかかった膨大な費用と首都をラゴス（Lagos）から内陸部のアブジャ（Abuja）への遷都費用と首都圏（FCT：Federal Capital Territory）の都市開発費用の発生である。これら財政支出の増大と農業部門の停滞はインフレをもたらし、製造業の停滞は必要な物資の輸入を増大させナイジェリアの経常収支は悪化する。ストライキが多発し経済・政治不安が増大する。その結果軍部がクーデターにより1983年12月権力を奪取し、それ以降15年間軍事独裁政権が1999年まで続行する。[18]

第3の試練は軍事独裁下で依然蔓延する腐敗と経済政策の失敗がもたらしたナイジェリア経済の停滞の問題である。1983年12月クーデターで政権を奪取したモハメッド・ブハリ将軍政権（General Muhammadu Buhari；1984-85）以降イブラヒム・ババンギダ准将政権（Major General Ibrahim Badamasi Babangida（IBB）；1985-93）及びサニ・アバチャ将軍政権（General Sani Abacha；1993-98）と3代の軍事独裁政権が続く。ブハリ政権は1年間でクーデターで転覆された短命政権であったが、腐敗体制を是正するため強権を行使し不法行為者を厳しく罰し、政権に敵対する反対者を粛清する専制政治を実施する。ナイジェリアの経済を健全化するためIMFは経済安定化政策を実施することを勧告するが、ブハリ政権はIMFの勧告を拒絶する。ブハリ政権をクーデターで転覆したババンギダ政権はより柔軟な政策を実施し、世銀が勧告する「構造調整政策」を1986年6月に実施し、貿易の自由化政策、国営企業の民営化政策、為替の切下げ政策を実施する。しかし、輸入財価格が高騰し国内の製造業の稼働率が極端に低下し、緊縮財政政策によって景気が悪化し失業率が上昇する。イスラム教とキリスト教の宗教的対立が多発し、医者やエンジニア等の熟練労働者が海外に流出する。1人当たり国民所得は1985年の778ドルから1989年には105ドルに低下する。アバチャ軍事独裁政権は最も抑圧的な専制政治を実施した。反対党を非合法化し、ニジェールデルタ地域の少数民族集団オゴニ（Ogoni）の指導者ケン・サロ・ウィワ（KenSaro-Wiwa）を殺人罪で処刑する。世銀が「構造調整政策」支援を1994年中断した結果海外資本は国外に逃避し、原油生産は極端に低下する。アバチャ政権は通貨の増発を行いインフレ率は年率150％に上昇する。アバチャは1998年6月心臓病の発作によって急死する。死後アバチャ及び家族は海外の銀行口座に30億ドルの預金を隠匿していたことが判明する。その後大統領選挙の結果1999年から8年間オバサンジョ文民政治（Olusegun Obasanjo：1999-07）に移行するがナイジェリアの腐敗体質は根本的には改善されていない。[19]

（5）ガーナ共和国（Republic of Ghana）

　ガーナは1957年イギリスから独立した最初のサハラ砂漠以南のアフリカの国である。以前ゴールド・コースト（黄金海岸）と呼ばれた。人口規模は2,200万人（2005年）、国土面積は22万8,000平方キロメートルで日本の本州ほどの面積である。1人当たり国民所得は450ドル（2005年）であり、「重債務貧困国」（HIPC）に分類される。南は大西洋、西はコートジボワール、東はトーゴに接している。首都はアクラにある。経済は1970年代までカカオ豆の生産を中心とする農業国（対GDP比52％）であったが、農業のウエイトは40％前後（2000年）に低下する一方製造業のウエイトが27.5％に増大した。輸出はカカオ豆の輸出比率が67.2％（1986年）から35.1％（1996年）に低下する一方、錫その他の鉱物資源の輸出比率が16.6％（1986年）から40.8％（1996年）に増大している。このようにガーナは一次産品輸出国（カカオ・鉱物資源・木材の輸出85％）である。[20]

　ガーナは1970年代まで年40万トンを産出する世界最大のココア豆生産国・輸出国であったが1990年代以降100万トン以上を産出するコートジボワールが最大のココア輸出国になっている。ココア豆はチョコレートの原料であり19世紀後半にガーナで栽培されるようになる。カカオの豆は種子が植え付けられてから4－5年経過してから収穫される。その間苗木は直射日光を避けてバナナの葉の影でイモやキャサバと一緒に生育する。カカオの栽培はコーヒーやゴム園のような大規模栽培は適さず家族労働力に依存する小規模農家によって行われる。イギリス植民地政府は財政収入を安定的に確保するため1947年カカオ流通会社（Cacao Marketing Board）を設立し独占的にカカオ農家からカカオ豆を買い付け輸出する体制を確立した。ガーナ政府は独立後もこの体制を維持しカカオの販売価格を規制し、独占的に販売流通を管理してきた。[21]

　第2次大戦後ガーナ（旧ゴールド・コースト）はイギリスの優良植民地と考えられていた。民族紛争もなく、カカオ生産農家の所得も安定し、治安状

況もよくガーナ人の教育水準も高く多くのガーナ人が下級官僚としてイギリス植民地政府に雇用されていた。独立当初のガーナは会議人民党（CPP：Convention People's Party）のカリスマ的な指導者カマエ・エンクルマ（Kwame Nkrumah 1909-1972；首相後に大統領に就任）の下で順調に国家形成をなし遂げると期待された。エンクルマは14年間のアメリカ及びイギリスに留学中次第に社会主義思想に傾倒するようになる。特に1961年ソ連・中国を訪問後、国営企業の設立、農産物の価格統制と機械化等の社会主義的な計画経済政策を実施する。その結果財政収支の赤字、インフレ、経常収支の赤字、外貨準備高の激減、農業生産の停滞をきたした。

　西インド諸島出身の開発経済学者アーサー・ルイス（Arthur Lewis：1915-91、プリンストン大学教授）はロンドン大学（LSE）で博士号を取得（1940年）後エンクルマ大統領の経済顧問（1957-58年）となり、ガーナの経済発展計画の策定に参画するがエンクルマの社会主義的な開発思想と相いれずその職を辞する。[22] アーサー・ルイスは1915年西インド諸島のセント・ルシアの生まれロンドン大学（LSE）の博士課程で開発経済学を専攻し、イギリス政府の植民地省の経済顧問及びマンチェスター大学教授となる。1979年にはアーサー・ルイスは「2部門経済発展理論」の構築の功績によってノーベル経済学賞を受賞している。独立当初のガーナの政策課題の1つは、カカオの輸出によって蓄積した外貨所得をガーナの長期的な経済発展のためどのような産業分野に重点的に投資するべきかという問題であった。エンクルマ首相は工業化を促進するため国営企業中心の開発投資、特に戦前イギリス植民地政府が計画した「ヴォルタ・ダム建設プロジェクト」を重要視したのに対し、アーサー・ルイスはガーナの経済開発は民間指導で行うべきと考え、特に農業開発を重視した。このエンクルマ首相とアーサー・ルイスのイデオロギーの対立は政治指導者エンクルマと開発経済学者ルイスの対立であり、ガーナの年度予算・及び5ケ年経済計画策定の過程で表面化する。次第に会議人民党（CPP）の指導権争いで左翼勢力が勢力を増し、アーサー・ルイスはエンクルマの経済顧問を辞任する。[23]

しかしエンクルマの社会主義的な経済政策は失敗し、1960年代の前半ガーナの1人当たり所得の伸び率は1.0-1.5％に低迷し、1966年エンクルマは北京訪問中に軍部のクーデターによって権力を喪失し失脚する。エンクルマは失脚後セクトール（Ahmed Sektou Toure）大統領の賓客としてギニアに亡命するが1972年癌を患い死亡する。[24]

1966年-69年軍事政権下でガーナ政府はIMFとマクロ経済安定化政策に合意し通貨を43％切下げ、国営企業の合理化、輸入規制の強化、対外債務の繰延べ政策を実施する。1969年大統領選挙が実施され元大学教授のブシア（Dr. Kofi Busia）の文民政権が誕生し、これら経済改革政策を継続するが、1971年以降ココアの国際価格が下落し、経済は停滞する。ブシア政権は通貨を再度44％切り下げる。1972年1月ブシア政権はアチェアンポン大佐（Colonel Ignatius Kutu Acheampong）が首謀者となって行った軍事クーデターによって転覆する。アチェアンポン軍事政権下（1972-78年）ガーナ経済は、通貨の切上げ政策、輸入許可制度、財政支出の増大等によって更に悪化し頭脳流出が顕著となる。この軍事政権下で腐敗が蔓延する。[25]この間ガーナ経済は極端に不安定化する。

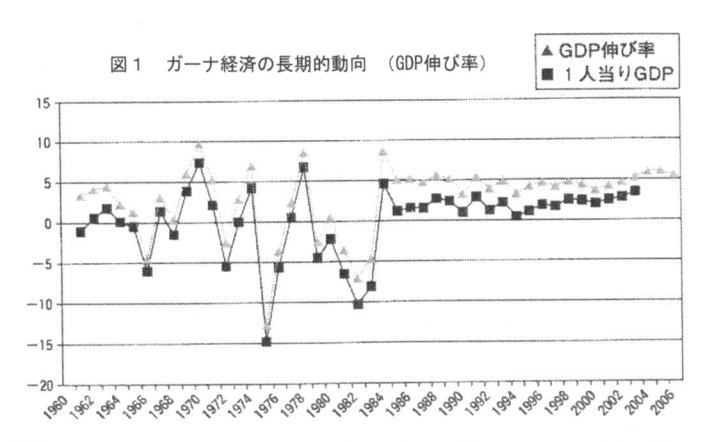

図1　ガーナ経済の長期的動向　（GDP伸び率）

資料；Ernest Aryeetey and Augustin Kwasi Fosu, "Economic growth in Ghana, 1960-2000," in The Political Economy f Economic Growth in Africa, 1960-2000,Vol.2 ; Country Case Studies, ed., by Stephen A. O'Connell et al., Cambridge University Press, 2008, page 293.

更にアンチェンポン軍事政権は軍部の不満分子によって更迭されアクフォ陸軍中将の政権（Lieutenant-General Fred Akuffo）が誕生するが（1978年7月）軍部の最高軍事評議会メンバーの腐敗が横行する。1979年5月空軍大尉J.ロウリングス（Flight Lieutenant Jerry Rawlings）が率いる少数部隊がクーデターを企てるが失敗し、ロウリングス大尉等は逮捕され軍事法廷で死刑を宣告される。空軍大尉ロウリングス等は軍の少数精鋭部隊によって監獄から救出され「軍事革命評議会」を設置する。軍事革命評議会は短期間（1979－81年）リマン（Dr.Hilla Limann）文民政権に政権を移譲する。しかし左派・右派勢力の政治的対立が表面化し、ストライキが多発し経済不安が深刻化し空軍大尉J.ロウリングスが率いる特殊部隊がクーデターを再度敢行し（1981年12月）暫定国防評議会（PNDC）による軍事独裁政権を樹立する。

　空軍大尉Jerry John Rawlings（1947－）はスコットランド人の薬剤師の父とガーナ人の女性を母を持ちカリスマ的な政治指導者であるが、政権奪取の後旧軍部体制の反対勢力を粛清し独裁的な政権を樹立し、以降2001年大統領職を辞任するまで長期間政権を維持する。このロウリングス政権下でガーナは種々の経済改革を実施する。先ずガーナ政府はIMF/世銀の支援を得てマクロ経済の安定とミクロ経済の改革を目的とした「経済復興プログラム」（1983－85年）、これに引き続いて世銀の支援をえて「構造改革プログラム」（第1次1987－88年、第2次1989－90年）を含む経済の自由化政策を実施する。その結果ガーナ経済はプラスの経済成長を着実に達成することに成功する。[26]

　以上のように独立以降約30年間ガーナの政治・経済は混乱状態にあったが、1990年代ロウリング政権以降次第に安定化する兆しを見せてきている。1992年以降多数党の自由選挙による民主政治体制が定着してきており、2008年12月には大統領選挙によって政権がクフォー（Kufour）大統領政権からミルズ（Prof.John A.Mills）に民主的に移行している。経済政策も1990年代以降健全なマクロ経済政策・産業政策が実施されてきておりGDP成長率は、1990年代平均4.0％、2005年以降は6.0％以上の年平均成長率を維持している。これは主にココア及び金国際価格の上昇、パイナップル等の熱帯性園芸作物

の輸出の順調な伸び、小規模農業部門の生産性の改善によるものである。[27]

3.4 旧イギリス領東アフリカ

　東アフリカ地域は広義ではスーダン・エリトリア・エチオピア・ジブチ・ソマリア・ケニア・ウガンダ・ルワンダ・ブルンジ・タンザニアの10ケ国が位置するインド洋に面した沿海・内陸地域を指す。しかし狭義では東アフリカ地域は、英語圏であるケニア・ウガンダ・タンザニアの3ケ国のみをさす。[28]広義の東アフリカの地形は非常に多様であり、高度1,000－3,000メートルの広大な高原、ヨルダンの谷からモザンビークに続く大地溝帯、内陸部のビクトリア湖・アルバート湖・エドワード湖等の大湖地域、海抜5,000メートル以上のキリマンジャロ等の高山、東部インド洋沿岸の低地帯（幅50－200キロメートル）等多様である。気候は東アフリカの高原地域では涼しく、ケニアの首都ナイロビは海抜1,600メートル、エチオピアの首都アディスアベバは海抜2,400メートルに位置しており、年間を通じて寒暑の差があまりない。民俗学的にもバンツー語を話す農耕民文化、ナイル語群に属するマサイ族の牧畜文化と多様である。

　東アフリカの沿岸地域はインド洋の最西端に位置し、19世紀後半西欧諸国による植民地化が進む前まではアラブ人・ペルシャ人・インド人達による象牙・金・奴隷の交易が盛んであった。この時期ザンジバル島が中継貿易の中心として栄えた。ザンジバル島は現在のタンザニアの港湾都市ダルエスサラームの北沿岸から40キロの海上に浮かぶサンゴ礁の小島であり、面積は1,500平方キロ（佐渡ヶ島の約2倍）、現在の人口は約60万人である。ザンジバル島はオマーンのスルタンの支配下にあったが1890年イギリスの保護領となり、1963年に独立するが翌年タンザニア連合共和国に属す。このザンジバル島を中心に東アフリカの「スワヒリ文化」が形成された。[29]「スワヒリ」の語源は「海岸」や「縁」を意味するアラビア語の「サワーヒル」に由来し、バンツー語群の言葉を持つ住民がインド洋沿岸部のアラブ人との交易を通し

109

て発達したピジョン語（言語の混合）としての「スワヒリ語」が東アフリカ地域に普及した。現在スワヒリ語はケニア・タンザニア・ウガンダ・ソマリア南部・ルワンダ・ブルンジ・コンゴ東部・マラウイ・ザンビア北部地域で話されている。スワヒリ語はタンザニアの公用語、ケニアでは英語と並ぶ公用語となっている。以下ここでは狭義の東アフリカ地域を代表するケニアの経済発展の軌跡を見てみよう。

（1）ケニア共和国（Republic of Kenya）
国家形成の変遷

　ケニアは地理的には南部のサバンナ高原地帯、北部の砂漠地帯、高温多湿のインド洋沿岸地域に大別される。面積は58万平方キロ（日本全土の約1.5倍）、ただし可耕地面積は20％に限られる。人口は約3,400万人、主要民族はキクユ部族（22％）、ルヒヤ（14％）、ルオ（13％）、アジア系（主にインド人）9万人、アラブ系4万人、欧州系3万5,000人。公用語は英語及びスワヒリ語である。1人当たり国民所得は442ドル（2005年）であり首都はナイロビ（人口約310万人）にある。主要産業はGDP比25％、就業人口の60％を占める農業、主要作物はコーヒー、紅茶、園芸作物、タバコである。製造業は食品加工、ビール、タバコ、砂糖、セメントである。最近の経済成長は3.0－7.0％代（2003－07年）を前後している。但し2008年は前年の総選挙の結果に端を発した政治不安により経済成長率は1.7％に低下する。貯蓄率は15％以下に低迷し、投資率は20％以下の水準に止まる。物価上昇率は2000年代10％－15％に推移、但し2008年は21％に上昇する。対外債務は対GDP比率で21.6％、対内債務21.2％（2008年）、外貨準備高は輸入2.5－4.5ケ月分。経常収支は恒常的に赤字、2008年は約20億ドルの赤字を記録している。[30]

　ケニアは1895年イギリスの保護領となり、1963年12月イギリスから独立し、翌年共和制に移行しケニア・アフリカ民族同盟（KANU）の指導者であったケニヤッタが初代大統領に就任した。イギリス政府は1869年スエズ運河が開通した結果、イギリスのアジアの植民地インドの中継地に位置するエジプト

第3章　旧イギリス・アフリカ植民地の経済発展

及びアフリカの東海岸地域の戦略的重要性を認識するようになる。イギリス政府はそれ以前1841年にザンジバルに領事館を置き奴隷貿易の廃止とキリスト教伝道を支援していたが、フランスのマダガスカル島の権益を認める代わりにザンジバル島をイギリスの勢力圏とする「イギリス・フランス共同宣言」に合意する（1862年）。

　一方遅れて国家統一を果たしたドイツはアフリカの植民地経営に消極的であったが、ビスマルクは政策の方向転換を行い1884年アフリカ南西部（現在のナミビア）地域をドイツの保護領とし、「ベルリン会議」（1884年11月－85年2月）以降植民地政策に積極的となる。ビスマルクは1984年カール・ペーター（Carl Peters）が設立した「ドイツ植民会社」に特許を付与し、東アフリカ地域におけるドイツ勢力圏の拡大に努める。イギリス及びドイツ政府は1886年及び1890年協定を結び、東アフリカ地域の勢力圏を明確化する。これらの協定によりビクトリア湖の中間点とザンジバル等の北インド洋海岸を結ぶ緯度の北側はイギリス領東アフリカ、南側はドイツ領東アフリカに分割された。このイギリス領東インド地域は一時期スコットランド人の経営する「帝国イギリス東アフリカ会社」（IBEAC：Imperial British East Africa Company）が植民地活動を行っていたが、イギリスは1894年ビクトリア湖以西のウガンダ王国を中心とする複数の王国地域をイギリス政府が直轄するウガンダ保護領とし、ウガンダ保護領以東を東アフリカ保護領（現在のケニア）に行政区分する。ドイツ領東アフリカは、第1次世界大戦後国際連盟によるイギリスの委任統治、第2次大戦後国際連合によるイギリスの委託統治国となるが1961年12月タンガニーカとして独立する。しかしこのタンガニーカは1964年ザンジバルと連合共和国を設立し、国名をタンザニアに変更する。[31]

　イギリス東アフリカ保護領は1904年までザンジバル駐在のイギリス領事館の管轄下にあった。内陸部のウガンダ保護領地域に対する輸送手段としてウガンダ鉄道の建設をイギリス政府は国庫負担で1886年に開始し、1901年ビクトリア湖畔のキムスに達する路線が完成した。この鉄道建設のため3万2,000人以上のインド人労働者が年期契約労働者として雇われ建設に従事し

111

たが、多数のインド人労働者は契約終了後も東アフリカに残り種々様々の小売業や軽工業に従事した。1901年以降東アフリカ弁務官エリオットは東アフリカ保護領を白人の入植地とする政策を打ち出し、1902年ウガンダ保護領の冷涼な高地地域を東アフリカ保護領に組み入れるとともに、王領地令を公布し保護領内の原住民占領地以外のすべての土地を売買可能なイギリス政府の所有地とし、その譲渡・賃貸に関する優遇処置を実施した。その結果32万エーカーの土地が東アフリカ・シンジケートに、17万エーカーがデラメアー卿に、20万エーカーが森林会社に、25万エーカーが東アフリカ土地会社に低価格で譲渡された。その後1913年までに白人入植者数は1,200人に達した。1915年の王領地令は、白人に賃借権が与えられた土地は、総督の許可なしには非白人を経営者あるいは占有者として管理させてはならないと定め、99年の定期賃借権は999年の定期賃借権に変更された。ここに白人が支配するホワイト・ハイランド（White Highland）が成立する。1915年末までに528万ヘクタールの土地が白人に譲渡・占有されており、このうち450万ヘクタールがホワイト・ハイランドの農牧地であり、当時の白人人口5,438人の内約1,000人の白人入植者によって保有されていた。1920年7月イギリス政府はイギリス統治下の東アフリカ保護領をザンジバルのスルタンの権益が残っている海岸地帯以外を「ケニア植民地」としてイギリス政府の直轄植民地とする。この結果イギリス領東アフリカはこれ以降イギリス本国政府の植民地省下でケニア総督府の植民地政府が支配・管理する植民地となる。

　東アフリカの植民地化以前の伝統的農業は、生存に必要なヒエ・ソルガム・イモ・豆類を耕作する自給自足農業であった。その農法は鍬等の簡単な農具を使い、ある土地を一定期間耕作したのち、他の土地へ耕作地を移動する休閑法が取られた。雨量の多い地域では主食用バナナが集落周辺で栽培されていた。このような伝統的農業に植民地政府は輸出用の換金作物の栽培を奨励した。ウガンダの綿花栽培、タンガニーカのサイザル麻、ケニアのコーヒー、紅茶栽培である。コーヒー生産はナイロビ周辺の高地で、白人入植者による農場栽培として発展した。1910年世界市場でコーヒー価格が急騰すると白人

入植者達は、広大な土地に多数のアフリカ人労働者を雇用してコーヒー農園を経営するようになる。

　植民地政府は1918年コーヒー作付登録制度を導入し、コーヒー農園の経営者に高額の登録料を支払うことを義務付けた。コーヒーは1937年までにケニア最大の輸出品に成長したが、アフリカ人にはコーヒーの栽培許可は与えられなかった。アフリカ人がコーヒー栽培許可を得ることが出来るようになるのは1950年代に入ってからである。白人入植者にとって大規模農園を経営するうえで不可欠の条件は安価な労働力を安定的に確保することであった。この目的のためにケニア植民地政府は1906年アフリカ人雇用労働者が契約時に定めた雇用期間終了以前に職を放棄した場合には、刑罰を課す条例を制定した。これはアフリカ人に課せられ家屋税・人頭税を支払うため現金収入を得るためアフリカ人が白人の経営する農場で雇用労働者として継続的に働くことを強制することを目的とした。1918年にはアフリカ人小作人が白人農場経営者に小作料の支払いに代えて年間180日の労働を義務付けた居住者原住民条例が制定された。1920年には原住民登録条例が改正され、16歳以上のアフリカ人男子は登録カードを常時携帯することが義務付けられた。これらの方策によりケニアの出稼ぎ労働者数は1938年には18万人に増大する。[32]

　それとともに植民地政府の所在地、近代的な運輸・通商拠点としてケニアの首都ナイロビが発展する。ナイロビはウガンダ鉄道建設の際に鉄道本社の所在地としてサバンナ原野のなかに造られた町であり、東アフリカ保護領の首都は1905年にモンバサからナイロビに移った。ナイロビは白人居住区・インド人居住区・アフリカ人居住区に区画されて発展し、人口は1911年の1万7千人から1960年には26万人に増大する。ナイロビは現在300万人を越える東アフリカ最大の都市に成長し、南アフリカのヨハネスブルグ近郊のアフリカ人のスラム街スウェト（Soweto）と並ぶ巨大なスラム・キベラ（Kibera）地区（人口80万－100万人）が大きな社会問題となっている。[33]

　第2次大戦中に東アフリカからは28万人以上のアフリカ人兵が徴兵され、中東やインド・ビルマ戦線に従軍した。その多くが自動車運転手・電信技師・

看護兵・事務員・兵站作業員として技術を習得し、アフリカ社会以外の世界を見聞する経験を持った。1947年にはインド・パキスタンが独立し、1955年にはインドネシアのバンドンで「アジア・アフリカ会議」が開催されアフリカ各地で西欧植民地国からの独立の機運が高まった。ケニアでは1950年代以降ホワイト・ハイランドの白人の独占的な大規模農園に対する憤懣が特に復員元軍人のキクユ族の間で高まった。これらキクユ族の農業労働者や貧農はケニア・アフリカ同盟（KAU）の漸進主義に飽きたらず闘争組織を結成し武力闘争を展開する。ケニアの白人人口は第2次大戦後イギリスの復員軍人の入植者が増大し4万人以上の規模に達する。植民地政府は、これらキクユ族の不満分子は呪術的な宣誓によって結束した秘密結社「マウマウ」（Mau Mau）が活動の中心であると考え、「マウマウ」団の結成を禁止し1952年非常事態を宣言する。植民地政府は本国から派遣された派遣部隊を使ってゲリラ戦術を展開し反対勢力を鎮圧し、マウマウ側の死者1万人以上、逮捕者2万人を越えた。[34]

　このような状況下で登場するのがジョモ・ケニヤッタ（Jemo Kenyatta：1890-1978）である。ケニヤッタは1928年民族運動組織キクユ中央協会（KCA）書記長となる。1936－46年渡英期間中、ロシアを訪問しモスクワの革命研究所で訓練をうける。イギリスの各地で種々の職業で労働者として働く傍らロンドン大学で人類学者マリノフスキーの下で人類学を勉強する。1946年ケニアに帰国し、ケニア・アフリカ同盟（KAU）の党首となる。ケニヤッタはマウマウ反乱には直接関与しなかったが、1952年マウマウ反乱の首謀者の嫌疑で投獄され1961年に釈放された。

　1960年1月ガーナ、ナイジェリア、南ローデシア、南アフリカを視察したマクミラン首相は「変革の嵐がアフリカ大陸に吹き荒れている。アフリカに噴出する民族独立運動に我々はもはや抗することは出来ない」という有名な言葉を残す。イギリス政府はアフリカの植民地が独立国として自立するには10－20年以上の国家形成の準備が必要であると考えていたが、ガーナ1957年、ナイジェリア1960年、ウガンダ1962年、ケニア1963年等イギリスの主要な旧

第3章　旧イギリス・アフリカ植民地の経済発展

植民地の独立を許容することとなる。[35]ケニアの独立後ジョモ・ケニヤッタがケニア・アフリカ民族同盟（KANU）の党首となり初代首相（1963-64年）及び大統領（1964-78年）となる。しかしケニヤッタは次第に独裁色を強めキクユ族出身者を要職に就け、後妻と娘が富を蓄積するネポチズムが横行する。ケニヤッタ政権下で象牙の密輸出が横行しケニアの象が7万頭以上屠殺され、象人口が半減したと伝えられている。[36]ケニヤッタは1978年8月病死する。

　ケニヤッタの死後少数部族カレンジン族（Kalenjin）出身のケニヤッタ大統領の下で副大統領であったダニエル・アラプ・モイ（Daniel Arap Moi）が大統領に就任する。モイ大統領は2002年まで24年間大統領の職にあり、実質上一党独裁体制を維持した。モイ大統領は1982年ケニア・アフリカ民族同盟（KANU）以外の政党を非合法化し、反対勢力を弾圧する。1991年複数政党制を容認するが、投票用紙に代わって立候補者に対する「行列による公開投票」を実施する。モイ大統領は少数部族カレンジン族出身者を優遇し、モイ大統領出身地の地縁グループが「カーブネット・シンジケート」（Karbnet Syndicate）を形成し、腐敗が蔓延する。裁判官の買収相場が2万ドルから20万ドル、500ドルで殺人犯、200ドルで強姦犯が罪を逃れることが出来たと報じられている。1980-90年代アフリカの政治体制は一党独裁政権が蔓延し、ケニアの政治体制はその典型的な事例であった。[37]

経済発展の動向

　1963年12月イギリスから独立したケニアはケニヤッタ大統領のケニア・アフリカ民族同盟（KANU）政権下（1963-78年）経済発展は比較的順調であった。この時期ケニアの経済成長率はラテンアメリカのチリに匹敵し中国を凌駕する成長率を記録していた。このケニアの独立当初の順調な経済発展は、①白人が植民地時代に経営した大規模農場のアフリカ人化政策によって形成されたケニア人の自作農農家の形成と発展、②植民地政府が採用した東アフリカ共同体の農作物の需要の拡大、③ケニアの主要輸出品である茶、コーヒ

一、サイザル麻の国際価格の上昇、④ケニヤッタ大統領が取った市場志向の経済発展政策、⑤ケニア中央銀行、財務省、計画省、ナイロビ大学に結集した優秀なテクノクラート達が採用した開発戦略の実施等の理由が挙げられよう。

表2　ケニアとその他の国の経済成長率の比較（％）

	ケニア	中国	韓国	タイ	チリ	インド	モザンビーク
1960－70	4.48	2.79	8.20	8.16	4.11	3.74	5.04
1970－80	8.01	5.30	7.42	6.86	2.86	3.08	－0.96
1980－90	4.07	9.19	8.64	7.85	3.77	5.50	0.15
1990－2003	1.61	9.70	5.74	4.53	5.62	5.82	6.38
1960－2003	4.31	6.91	7.34	6.68	4.19	4.62	2.86

資料：World Bank ; Kenya：Accelerating and Sustaining Inclusive Growth, 2008, pp.81-82

　ケニア独立後イギリス政府が供与した資金援助を原資にして、ケニア政府は白人所有のホワイト・ハイランドの農地を買収しアフリカ人に農地の再分配を行った。その規模は大きく、1971年までに150万エーカーの農地が50万人のアフリカ人の自作農に配分され、更に160万エーカーの農地がアフリカ人農家に売却された。この農地改革の結果1977年までに白人所有の農家はホワイト・ハイランド地域の5％に減少し、アフリカ人の自作農家の食糧作物、換金作物（茶・コーヒー）の生産高は1958－68年の10年間で4.4倍に増大した。[38]

　イギリス政府は東アフリカ地域の植民地行政を効率化するため1922年以降ケニア・ウガンダ・タンガニーカ地域に関税同盟・共通通貨（東アフリカシリング）を導入した。さらにこれら地域の政治統合を促進するため各種の調査委員会が設立され統合を促進する政策提言をしたが原住民の反対によって実現されなかった。しかし1926年より原住民政策・運輸通信・土地・労働問題に関してケニア・ウガンダ・タンガニーカの総督会議が定期的に開催されるようになる。第2次大戦中にはケニアのナイロビに東アフリカ高等弁務官事務所を設けこれらの地域の行政事務を統括させた。戦後1961年にはこの東

第3章 旧イギリス・アフリカ植民地の経済発展

アフリカ高等弁務官事務所は鉄道・港湾・郵便・通信・関税・税徴収・調査等を司る「東アフリカ共同役務機構」に発展する。1967年東アフリカ協力条約が調印され「東アフリカ共同機構」は「東アフリカ共同体」に改組された。しかしケニア・ウガンダ・タンガニーカはそれぞれ独自の国家形成の道を歩み1977年以降「東アフリカ共同体」は事実上解体されることになる[39]。しかしケニア独立当初ケニアの農作物はウガンダ・タンガニーカに無税で輸出された。

ケニアの主要輸出品は茶、コーヒー、サイザル麻であり、これら農作物は主に小規模のアフリカ人自作農農家によって収穫されていたが、ケニア政府は植民地時代に設立された種々の独占的な「販売庁」(Marketing Boards)を保持し生産価格と輸出国際価格の差額を経済レントとして獲得した。ケニヤッタ政権下で1965年設立された中央銀行、財務省・計画省の下に優秀なテクノクラート達がイギリス人専門家の指導によって市場指導型の経済開発政策を立案し実行した[40]。

しかし1978年以降20数年以上のモイ大統領の独裁政権下で、石油ショック及び旱魃、一次産品価格の下落等の外的ショック、腐敗の横行、輸入代替工業化政策による規制の増大、国営企業の放漫経営、財政赤字、インフレ等の要因によってケニア経済は停滞する。1人当たりGDPの伸び率は1980年代の後半から2000年代の前半2.0％以下であり、1991－93年及び1997－2000年の期間はマイナスの成長率を記録した。資本の生産性は1980年から2000年の期間下降傾向にあり、ケニア経済全体の効率性を示す「全要素生産性」(TFP) もマイナスを記録していた。1980年代後半ケニア政府は世銀の構造調整支援の下で種々の経済自由化政策を実施するがその効果は2000年代に入るまで表れなかった[41]。ケニアは2002年に40年の長期間継続したケニヤッタ・モイ大統領下の一党独裁体制が終わり、キバキ (Kibaki) 大統領の「国民虹の連合政権」(NRC：National Rainbow Coalition) の下で複数政党政治体制に移行し、政治不安が次第に解消し民間企業の投資も次第に持ち直し2003年以降経済は持続的な成長を示している。但し2008年は政治暴動の影響で経済

成長率は低下した。しかし依然ケニアの貧困率は高く2005年時点で政府が実施した家計調査によると全人口の47%が貧困線以下の生活をしており、特にナイロビ等の都市部のスラム地域の生活環境は悪化してきている。[42]

表3　最近のケニアの経済の動向

	2003	2004	2005	2006	2007	2008
GDP成長率（%）	2.9	5.1	5.9	6.3	7.1	1.7
インフレ率（%）	9.8	11.6	10.3	16.6	9.8	26.2
貯蓄率（%）	10.1	12.2	13.4	14.9	13.1	14.8
投資率（%）	16.4	17.1	16.9	18.0	19.1	19.2
財政赤字（%）	-2.51	-1.54	0.42	-2.39	-1.18	-3.69
経常収支（US$百万）	146.2	-131.8	-252.3	-510.4	-1034.5	-1978.4
対内債務（%）	26.8	28.3	23.4	23.2	23.6	21.2
対外債務（%）	37.7	36.6	32.2	24.6	23.1	21.6

資料：World Bank, Kenya；Country Brief, 2009
註：GDP成長率及びインフレ率以外は対GDP比率

　世銀はケニアの長期的な経済発展についての一連の開発戦略の報告書の中で、民間主導の国際経済に統合された輸出志向型の開発戦略を盛んに奨励している。しかしケニア経済は基本的には農業国であり、農業経済の長期的な発展を見据えた開発戦略の策定と実行が先ず優先されるべきであろう。[43]

おわりに―イギリスの対アフリカ開発援助政策―

　戦前イギリスの対アフリカ植民地行政はイギリス本国の植民地省が管轄し、内閣の閣僚である植民地相が植民地政策を統括した。海外の植民地の最高責任者は国王によって任命される総督であり、その下に植民地長官（colonial secretary）及び裁判所長官（chief justice）がそれぞれ行政と司法行政を司った。戦前約40の海外の総督職があった。イギリス本国の植民地省は1854年に設立され、戦後イギリスの旧植民地が独立した結果1966年に廃止された。海外のイギリスの植民地で直接植民地行政に従事したのは、インド行政を担うインド高等文官（Indian Civil Service；1858-1947）とインド以外の植民地

の植民地高等文官（Colonial Service；1837-1997）と呼ばれる官僚達である。これら植民地官僚は主にオックスフォード大学・ケンブリッジ大学卒業の中産階級の子弟から選抜して雇用され。特に1858年に創設されたインド高等文官（Indian Civil Service）にはイギリスの優秀な逸材が雇用された。若きケインズも短期間ではあるがロンドンのインド庁で植民地行政事務に従事したことがある。[44]

　西欧列強の海外の植民地統治はその初期の段階では東アジア会社及び各植民地に設立された「特許会社」を通して行われた。しかしこれら「特許会社」は司法、行政、財政、治安維持等の包括的な権限を付与されたが、植民地統治の費用が膨大化し、その多くが破産する。フランスの東インド会社は1769年、オランダの東インド会社は1799年、イギリスの東インド会社はセポイの反乱を契機に1858年に解散した。[45] それ以降西欧列強は植民地省を設立し政府が植民地統治の官僚制度を構築して行うことになる。しかしイギリスの場合アフリカ、アジア地域に多くの植民地を保有しその植民地行政の財政負担が増大し、各植民地総督は植民地統治を効率的に行う必要が生じた。そこで考案されたのが現地社会の伝統的な統治制度を活用する「間接統治」方式である。

　アフリカに駐在したイギリスの植民地高等文官の総数は1939年当時約1,100人の行政官、1,000人前後の警察官と軍人、200人の裁判官と法務官、1,000人の医務官、800人の資源管理担当官、700人の公共事業担当官、500人前後の教育担当官と推計されている。これらのイギリス植民地高等文官がアフリカ植民地の4,300万人のアフリカ人社会を統治していた。[46]

　第2次大戦中イギリスは戦略物資であるゴムと錫の供給基地であった東南アジアのマラヤを日本軍の侵略によって喪失すると、イギリスの対アフリカ植民地政策の大きな課題が食糧物資・鉱物資源・石油資源等の戦略物資を確保するため、および電力・鉄道・港湾等の産業基盤整備のための開発投資に移行していく。イギリス政府は1940年「植民地開発福祉法」を制定してアフリカ植民地の社会・経済基盤整備のための公共投資を積極化する。戦後アト

リー労働党政権はフェビアン社会主義思想の下で1945年同法を改正して植民地社会の開発と福祉を重視する政策に転換する。この政策転換によりイギリス政府の植民地政策は「間接統治」から植民地社会の「自治統治能力開発」にその重点が移行していく。この目的遂行のため新しい職種「開発官」(development officer) という職種が植民地省に設けられた。それとともに労働行政、統計、公共投資、教育、住宅、農業開発等の各種の専門分野の官僚教育が重視されるようになる。[47]

このようなイギリス政府の戦後の植民地政策の変化に対応して、1957年のガーナの独立を契機に1960年代以降独立したアフリカの旧イギリス植民地国は国家行政機構の重要な組織として「計画省」(Planning Commission) を設けるようになる。

イギリスの開発援助機構は戦後幾多の変遷をへて現在の国際開発省 (DFID：Department for International Development,1997年設立) に発展する。先ず最初に技術援助を統括する技術協力省が設立され (1961年)、数年後大臣が統括する海外開発省 (ODM：Ministry of Overseas Department) に格上げされた (1964年)。1970年に海外開発省 (ODM) は組織替えされ外交政策一般を統括する外務省コモンウェルス省の一部を構成する海外開発庁 (ODA：Overseas Development Administration) となる。しかし1974年海外開発庁は再度独立した省になるが、再び1979年外務省の一部に編入させられる。しかし1997年「国際開発省」(DFID：Department for International Development) が独立した省として設立される。この「国際開発省」(DFID) の過去のこのような変遷は、イギリス政府が途上国の開発援助政策を途上国に対するより包括的なイギリス政府の外交政策の一環として捉えるべきか、あるいは外交政策とは切り離して途上国の自立的な発展を支援する開発政策として捉えるかという保守党及び労働党政権下のイギリス政府のイデオロギーの変遷を反映している。[48]

国際開発省 (DFID) の最近 (2005年) の職員総数は2,853人 (イギリスの本部職員1,460人、海外駐在1,393人)、そのうちアフリが駐在が659人 (海外駐在職

員数の47%）である。国際開発省の2004年の純開発援助額は78億8,300万ドル（対GDP比率0.36%）であり、18億8,700万ドル（23%）がサハラ砂漠以南のアフリカ諸国に対する支援となっている。イギリスの政府開発援助の主要な受領国は、主にイギリスの旧植民地であり、援助額の順番に、①インド（4億1,900万ドル）、②バングラデシュ（2億6,700万ドル）、③タンザニア（2億6,500万ドル）、④イラク（2億2,800万ドル）、⑤ガーナ（2億ドル）⑥ザンビア（1億7,400万ドル）、⑦コンゴ民主共和国（1億6,200万ドル）、⑧アフガニスタン（1億6,100万ドル）、⑨マラウイ（1億1,500万ドル）、⑩南アフリカ（1億1,200万ドル）となっている。[49]

イギリス政府は2002年「国際開発法」（International Development Act）を制定し、国際開発省の政策目標を国連の「ミレニアム開発目標」（MDGs）を実現することと定めた。[50] ブレア首相は2005年グレンフィールドで開催されるサミット会議でアフリカ支援問題を議題として取り上げるため2004年アフリカ人代表9名を含む17名の委員によって構成された「アフリカ委員会」を設立し、イギリスの対アフリカ支援政策の検討を依頼した。この委員会は2005年に450頁を越える膨大な「アフリカ委員会の報告書」をブレア首相に提出している。この「ブレア報告書」は、21世紀のアフリカ諸国が直面する課題として、①ガバナンスと能力開発（Capacity-Building）、②平和と安全、③人間開発、④成長と貧困削減、⑤公正な貿易、⑥資金フローの確保のための行動計画を提案している。[51]

以上イギリスの旧植民地である代表的なアフリカの国の経済発展の軌跡を概観してきたが、読者が感じることは、西欧列強は16世紀以降奴隷貿易、金・ダイアモンド等の鉱物資源の掠奪的開発、間接統治による伝統的部族社会の温存、不十分な国家形成の準備、市場経済の確立に必要な制度・社会インフラの未整備等植民地支配者の責任を免れないであろう。われわれはアフリカ社会の経済の停滞性や「国家の崩壊」、開発援助のムダを非難する前に数世紀にわたる西欧列強による「アフリカの資源の掠奪」を直視すべきであろう。

西欧列強は今後数世紀をかけて「白人の責務」（White Man's Burdens）

を全うすべきであろう。それとともにアフリカの経済開発は地球規模の政策課題であり、日本は長期的な視点から対アフリカ開発援助戦略を本格的に論議すべきであろう。

註

1. Dudley, Billy., "Decolonisation and the problems of independence," in *The Cambridge History of Africa, Vol.8,* 1940-1975, 1984, pp.52-94.
2. Thompson, Leonard., *A History of South Africa,* Revised Edition, Yale University Press, 1995. (邦訳) 宮本正興・吉国恒雄・峰陽一訳『南アフリカの歴史』、明石書店、19998年、87-120頁。
3. セシル・ローズの伝記については以下に詳しい。Robert I.Rotberg, *The Founder : Cecil Rhodes and the Pursuit of Power,* Oxford University Press, 1988. この伝記はセシル・ローズの南アフリカにおける彼の人生を詳しく記述しているのでこの論文の中で頻繁に引用する。
4. この時期のイギリスの対南アフリカ植民地政策については、以下の文献に詳しい。前川一郎著『イギリス帝国と南アフリカ：南アフリカ連邦の形成』、ミネルヴァ書房、2006年。
5. ネルソン・マンデラがアフリカ民族会議の指導者として行った人種隔離政策（アパルトハイト）に対する抵抗運動については、ネルソン・マンデラの自叙伝に詳しい説明がある。Nelson Mandela, *Long Walk to Freedom ; The Autobiography of Nelson Mandela, Little,* Brown and Company, 1994.
6. Marks, Shula., "Southern and Central Africa,1886-1910," in *The Cambridge History of Africa, Vol.6,* 1870-1905, 1985, pp.422-492.
7. Robert I.Rotberg, *op.cit.,* pp.288-319.
8. Meredith, Martin., *The State of Africa ; A History of Fifty Years of Independence,* Free Press, 2005, pp.617-646.
9. この記述は以下の文献による。吉国恒雄著『燃えるジンバブエ』、晃洋書房、2008年。Human Rights Watch, *World Report 2009 ; IMF, Article IV Consultation Report,* May 2009 ; Jocelyn Alexander, "Zimbabwe since 1997," in *Turning Points in African Democracy,* ed., by Abdul Raufu Mustaph & Lindsy Whitefield, James Currey, 2009,pp.185-2001.; Robert I, Rotheng, "Mugabe the Alls ; The Tyranny of Unity in Zimbabwe"

in *Foregn Affairs,* July/August 2010,pp.10-18.
10. Dorward, D.C., "British West Africa and Liberia," in *The Cambridge History of Africa,* Vol.7, 1905-1940, 1986, pp.399-459.
11. World Bank, *Sierra Leone : Country Brief,* March 2009. Meredith, Martin., *The State of Africa ; A History of Fifty Years of Independence,* Free Press, 2005, pp.561-573.
12. Meredith, *op.cit.,* pp.546-561, pp.567-568.
13. The World Bank, *Country Brief* 2009.
14. Falola, Toyin and Mathew M.Heaton, *A History of Nigeria,* Cambridge University Press, 2008, pp.61-84.
15. ジョセフ・チェンバリンは19世紀末から20世紀前半イギリスの帝国主義政策を実施したことで有名である。Marshall, R.J., *Cambridge Illustrated History : British Empire,* Cambridge University Press, 1996, pp.62-68.
16. Falola, Toyin and Mathew M.Heaton, *op.cit.,* pp.110-135. ルガード卿の「二重信託論」については、ルガード自身の著作参照のこと。Lord Lugard, *The Dual Mandate in British Tropical Africa,* 1922, with a new introduction by Margery Perham, Frank Cass & Co.Ltd.1965, pp.617-18.
17. ビアフラ戦争については、以下の文献参照のこと。室井義雄著『ビアフラ戦争』、山川出版、2003年。
18. Falola, Toyin and Mathew M.Heaton, *op,cit.,* pp.181-208.
19. 前掲書、209－242頁。
20. Aryeety, Ernest., and Augustin Kwasi Fosu, "Economic growth in Ghana, 1960-2000," in *The Political Economy of Economic Growth in Africa, 1960-2000,* ed., by Stephen A.O'Connell et.al., Cambridge University Press, 2008, pp.289-324.
21. 高根勉著『ガーナのココア生産農民―小農輸出作物生産の社会的側面―』、アジア研究所、1999年、25－38頁。キャロル・オフ著・北村陽子訳『チョコレートの真実』、英治出版、2007年、124－141頁。
22. Tignor, Robert L., *W.Arthur Lewis and the Birth of Development Economics,* Princeton University Press, 2006, pp.144-178.
23. 独立当初のガーナの経済動向については、以下の文献参照のこと。World Bank, *Report on the Gold Coast,* March 1953 ; The Economy of Ghana, June 1960 : *Preliminary Appraisal of the Volta River Hydroelectric*

Project, June 1960.
24. Meredith, Martin., *The State of Africa : A History of Fifty Years of Independence,* op.cit., pp.17-29. pp.141-192.
25. Tsikata, Yvonne M, "Ghana," in *Aid and Reform in Africa,* ed., by Shantayanan Devarajan, David R.Dollar and Torgny Holmgren, World Bank, 2001, pp.57-59 : Lindsay Whitfield, "Ghana since 1993 ; A Successful Democratic Experiment" in *The Turning Point in African Democracy,* ed., by Abdul Raufu Mustapha & Lindsay Whitfield, James Currey, 2009, pp. 50-70.
26. World Bank, *Program Performance Audit Report,* May 1992.
27. ガーナの最近の経済状況及び長期的な展望については、以下を参照のこと。World Bank, *Country Brief, Overviews, Country Assistance Strategy,* 2009 ; Ghana ; Meeting the Challenge of Accelerated Growth, November 2007.
28. 吉田昌夫著『アフリカ現代史Ⅱ:東アフリカ』、山川出版社、1978年、3 – 12頁。Marcia Wright, "East Africa, 1870-1905," in *The Cambridge History of Africa, Vol.6,* ed., by J.D.Fage and Roland Oliver, Cambridge University Press, 1985, pp.539-591.
29. 富永智津子著『ザンジバルの笛』、未来社、2001年。同著「東アフリカ沿岸部・スワヒリの世界」、川田順造編『アフリカ史』、山川出版社、2009年、106 – 151頁。
30. World Bank, *Kenya, Country Brief,* 2009.
31. この東アフリカ地域におけるイギリスとドイツの確執及び、イギリス政府によるウガンダ王国地域の植民地のプロセスについては以下の文献に詳しい。D.A.Low, *Fabrication of Empire ; The British and Uganda Kingdoms,* 1890-1902, Cambridge University Press, 2009, pp.86-149.
32. 吉田昌夫著『アフリカ現代史Ⅱ;東アフリカ』、山川出版、1978年、38 – 119頁。
33. アフリカ都市のスラム化率は非常に高く、スラム地区居住者は72%を越えると推計されている。石弘之著『キリマンジャロの雪が消えていく:アフリカ環境報告』、岩波新書、2009年、67 – 77頁。
34. 最近マウマウ団関係者達がイギリス政府を相手取って補償請求訴訟運動が展開されている。津田みわ著「復権と補償金ビジネスの狭間で―ケニアの元マ

ウマウ闘志による対英請求訴訟」、永原陽子編『植民地責任論―脱植民地化の比較史』、青木書店、2009年、189-248頁。
35. Shipway, Martin., *Decolonization and Its Impacts* ; *A Comparative Approach to the End of the Colonial Empires*, Blackwell,2008, pp.173-198 ; Martin Meredith, *The State of Africa* : *A History of Fifty Years of Independence*, Free Press, 2005, pp.78-92.
36. Meredith, Martin., op.cit., page 267.
37. 小田英郎著『現代アフリカ現代政治』、東京大学出版会、1989年、66-83頁。Martin Meredith, *op.cit.*, pp.383-386. Nic Cheeseman, "Kenya Since 2002," in *Turning Points in African Democracy*, ed. by Abdul Rauf Mustpha and Lindsay Whitfield, James Currey, 2009, pp. 94-113.
38. Meredith, Martin., *op.cit.*, page 265.
39. 吉田昌夫著、前掲書、174-175頁、251-254頁。
40. O'Brien., F.S., and Terry C.I. Ryan, "Kenya," in *Aid&Reform in Africa*, The World Bank, 2001, pp.483-510 ; World Bank Report, *Kenya* : *Community Driven Development* ; *Challenges and Opportunities*, June 2002b, pp.16-18.
41. Mwega, Francis., and Njuguna S.Ndung'u, "Explaining African economic growth performance : the Case of Kenya," in *The Political Economy of Economic Growth in Africa, 1960-2000, Vol 2*, Country Case Studies,ed., by Stephen A.O'Connell et al., Cambridge University Press, 2008, pp.325-368. IMF, *Kenya* ; *Selected Issues and Statistical Appendix*, 2009, pp.11-14.
42. World Bank, *Kenya* : *Poverty and Inequality Assessment*, April 2009, pp.11-79.ケニア政府の統計では貧困線を農村部一日当たり消費支出0.75ドル以下の生活、都市部では1.40ドル以下の生活と定義されている。ナイロビのスラムの生活環境の実態について以下の文献に詳しい。World Bank, *Kenya* : *Inside Informality* : *Poverty, Jobs, Housing and Services in Nairobi's Slums*, May, 2006.
43. ケニアの長期的な開発戦略に関する世銀の報告書については以下を参照のこと。World Bank ; *Kenya* : *A Policy Agenda to Restore Growth*, August, 2003 ; *Kenya* ; *Growth and Competitiveness*, January 2005 ; Kenya ; *Unleashing the Potential for Trade and Growth*, February 2007 ; *Kenya* ; *Accelera*

ting and Sustaining Inclusive Growth, July 2008.
44. 本田毅彦著『インド植民地官僚：大英帝国の超エリートたち』、講談社選書メチエ、2001年参照。D.E.Moggridge, *Maynard Keynes* ; *An Economist's Biography,* Routeledge, 1992, pp.167-174.
45. 東インド会社については以下の文献参照のこと。浅田實著『東インド会社：巨大商業資本の盛衰』、講談社現代新書、1989年。永積昭著『オランダ東インド会社』近藤出版、1971年。羽田正著『東インド会社とアジアの海』、講談社、2007年。
46. 平田雅博著「イギリスの帝国官僚」、平田雅博・小名康之編『世界史の中の帝国と官僚』、山川出版、2009年、9－34頁。
47. 小川浩之著「脱植民地化とイギリス対外政策」、25－68頁、北川勝彦著「イギリス経済史の黄金時代と脱植民地化」、69－110頁、峰陽一著「英領アフリカの脱植民地化とフェビアン植民地局」、227－270頁。David Childs, *Britain Since 1945* : *A Political History,* Routledge, 1979, pp.53-56. A.J.Stockwell, "Power, Authority and Freedom," in P.J.Marshall, ed., *Cambridge Illustrated History* : *British Empire,* Cambridge University Press, 1996, pp.147-184.
48. Department for International Development (DFID), *Website* 参照。
49. OECD, Development Assistance Committee (DAC), *United Kingdom* ; *Peer Review,* 2006, page 6.
50. Department for International Development (DFID), *Development Making It Happen* ; *2008 Annual Report,* page 6.
51. Commission for Africa, *Our Common Interest* : *Report of the Commission for Africa,* March 2005.

第4章 アフリカ経済の構造

はじめに

　この章では、経済の停滞、地理的・自然環境的条件によって多様化した経済、一次産品輸出構造、植民地支配体制の遺産、重債務の負担、多発する紛争と内戦等アフリカ経済の特徴に焦点を当てて、開発の政治経済学の視点からアフリカ経済の構造的問題と課題を論じている。

4.1 アフリカ経済の動向と構造的特徴

(1) 停滞するアフリカ経済

　サハラ砂漠以南のアフリカ（以下ここでは「アフリカ」と呼ぶ）諸国48ケ国の2005年時点の1人当たり平均所得は世銀の推計によると572ドルである。しかし主に白人入植地として発展した南アフリカを除くとアフリカの1人当たり平均所得は380ドルの水準に過ぎない。このアフリカの1人当たりの所得水準は2005年時点のアメリカの1人当たり平均所得水準の4万3,740ドルの1.3％（南アフリカを除いたアフリカでは0.86％）に相当する。アフリカ全体の国内総生産（GDP）の規模は4,252億ドル、これは世界全体のGDP総額の44兆3850億ドルの0.96％の規模に過ぎない。このアフリカ48ケ国の国内総生産（GDP）の規模は人口4,800万人の韓国1ケ国のGDP7,876億ドルの55％にも満たない。アフリカ全体の人口は2005年時点で7億4,370万人であり、世界全体の人口総数64億3,800万人の11.6％を占める。1950年代以降西欧社会の植民地支配から多くのアフリカ諸国は独立する。しかしこれ等アフリカ諸国は、イマヌエル・オーラスティンが指摘するように「西欧先進国がその中

核を占める近代資本主義経済システムの周辺的存在ないしは体制外的存在[1]」に止まる宿命から抜け出せないのであろうか。

　ちなみに西欧先進工業国31ケ国によって構成される所謂「世界の金持ちクラブ」といわれるOECD（経済開発協力機構）諸国の国内総生産（GDP）の総額は約34兆5,200億ドル、世界全体の78％を占める。このOECD加盟国の総人口は11億6,750万人であり、世界人口の18％を占めるにすぎない[2]。

　最近行われたアフリカ経済の共同研究者達の動向分析によると、1960－2000年の期間、調査対象となったアフリカ諸国18ケ国の1人当たり実質GDPの年平均伸び率は0.54％に過ぎなかった。これに対して、東アジア途上国7ケ国の平均の伸び率は4.17％、ラテンアメリカ21ケ国の平均が1.32％、東南アジア4ケ国の平均が2.22％である。東アジア諸国の高い経済成長率の原因は、①1人当たり労働者の資本装備率の増大及び、②経済全体の生産性の伸び率が寄与していると理解される。それに対してアフリカの労働者の資本装備率の過去40年間の年平均伸び率は0.36％に過ぎず、経済全体の生産性の伸び率はゼロとなっている。この結果アフリカの所得格差は対先進国ばかりでなく、他の発展途上国に対しても拡大する一方であった[3]。

表1　アフリカその他の発展途上国の経済成長率（％）：1960－2000

	実質GDP	人口	1人当たりGDP	資本装備率	生産性伸び率
アフリカ	3.25	2.70	0.54	0.36	0.0
ラテンアメリカ	3.49	2.17	1.32	0.41	0.18
東南アジア	4.45	2.23	2.22	1.11	1.11
東アジア	6.21	2.04	4.17	2.11	1.35

資料：Paul Collier et. al, The Political Economy of Economic Growth in Africa, 1960-2000, Vol I, 2008, page18.

　世界各国の経済成長の長期的傾向については最近亡くなったアングス・マジソンの研究をはじめ近年数多くの実証研究が行われてきている[4]。これ等の研究成果として以下のことが観察されている。第1に、西欧諸国は19世紀前半の産業革命以降それまでの長期間停滞状態から離陸して現在まで持続的な

第4章 アフリカ経済の構造

経済発展を遂げることに成功した。その要因としては、①近代資本主義制度の確立、私有財産制度、自由競争市場の形成と法制度の確立、②資本の蓄積と金融市場の形成、③科学技術の進歩と大量生産技術の発達、④石炭・石油・電気等のエネルギー革命、⑤革新的な企業人及び株式会社の台頭、⑥民族国家と市民社会の形成、⑦民主主義的な政治制度の確立、⑧比較的高い貯蓄率と投資率、⑨都市化の進展による大量消費市場の形成、⑩産業基盤と社会インフラの整備、⑪加速する産業の新陳代謝（メタボリズム）（衰退産業の成長産業による代替）、⑫持続的な人材開発による人的資本の蓄積、⑬海外市場の拡大と貿易の自由化、⑭政府の健全な経済成長刺激政策等が考えられよう。アフリカ諸国の経済が長期間停滞した根本的な原因は、西欧先進国の持続的な経済発展を可能にした上記の要因が不十分であったか、あるいは欠如していたためと解釈されよう。

第2に、一定の国の経済システムの成長を生産要素の投入量（インプット）と産出量（アウトプット）の増大という量的な生産関数関係として捉えるR・ソローの経済成長理論に基礎をおく新古典派経済成長理論による膨大な実証研究の成果がある。これらの実証研究によると西欧先進国の経済の持続的発展は、比較的高い投資率と生産性の向上によって可能となり、西欧先進国の経済は一定の高い水準に1人当たり所得が収斂（converge）する傾向を持つ。これに対しアフリカや南アジア等の低所得国ないしは貧困国は低位の水準に止まる「貧困の罠」に陥る傾向を強く持つ。西欧先進国とアフリカ・南アジアを初めとする低開発国の所得格差は拡大する傾向にある。[5] 新古典派経済成長理論に基づく経済成長パターンの計量分析は、最近非常に多用されてきている。アフリカ経済の共同研究グループもこの手法に依拠しているが、しかしこの方法論の欠点は、①発展途上国の植民地体制の負の遺産を無視する傾向がある。②途上国の社会の構造的な特徴の分析が欠けている。③経済の発展段階、即ち前期資本主義経済社会と後期・成熟化した資本主義体制を並列的に取り扱い、経済の発展段階に由来する構造的差違を無視する「歴史主義の貧困」の誤謬を犯す危険性があることである。

129

第3に、D・ノース（Douglass C.North[6]）に代表される制度論の立場をとる経済史家達は一般的に、西欧先進国の経済発展の根本的な原因は、西欧人達がその活力や創造力、達成意欲を自由に発揮することが出来る近代的な資本主義経済制度を確立することが出来たためであると考える。この資本主義制度の根幹はM・ウエーバーが指摘するように、①私有財産制度、②自由競争市場、③利潤を追求する合理的な経済人の形成、④株式会社制度である[7]。これ等制度論者達は、経済システムの機能、その機能を維持する基盤、制度が造成する既得権益と革新勢力との緊張関係、外部環境のショックに対する経済制度ないしは体制の柔軟な対応能力や革新力を重視する。これら制度論者によると、西欧諸国の経済が持続的に発展することを可能にした根本的な要因は、これ等諸国が採用した市場の自由競争原理を尊重した開放的な資本主義経済制度にあるとする。一方アフリカは、劣悪な地理的・自然環境、マラリア等の熱帯病、前近代的な農業技術、低い教育水準等の劣悪な初期条件に加えて、未熟な主権国家の制度設計と統治能力不足がアフリカ経済の長期的な停滞の根本的な原因であると経済史家のD・ランデスは考える[8]。また経済史家S・エンガーマン（Stanley L.Engermann）とK・ソコロフ（Kenneth L. Sokoloff）は直接アフリカの経済の制度的欠陥について言及していないが、ラテンアメリカ経済の停滞の原因を、西欧社会の植民地として発展した南北アメリカ大陸の資源賦存状態と植民地経済体制の差、即ち北アメリカ大陸の個人主義的な経済体制と南アメリカの寡頭経済体制の差に求めている。また最近その研究成果が注目されているダロン・エースモグル（Daron Acemoglu）等は、私有財産制度等の資本主義経済の根幹をなす制度の欠如や未成熟さがアフリカやその他の発展途上国の経済が停滞する根本的な原因であると主張する[9]。

（2）多様なアフリカ経済

　他の地域に比較してアフリカ諸国は長期間マルサス型の停滞経済に陥っていた。マルサス型停滞経済とは、ネルソンが古典的な論文（1956年）で指摘

第4章 アフリカ経済の構造

したように人口増加率が経済成長率を凌駕して1人当たり所得水準が「低位均衡の罠」にはまった状態をいう。即ち何らかの理由で、例えば農業生産技術の向上や灌漑施設や肥料の投入によって、農業の生産高が増大すると、農業を主軸とする国の所得水準が増大し、それに伴って人口が増大する。その結果1人当たり所得水準は元の低位の水準に逆戻りしてしまうという悪循環現象である[10]。しかしアフリカ48ケ国の中にはモーリシャス（Mauritius）やボツワナ（Botswana）のように輸出産業育成政策や鉱物資源（ダイアモンド）の輸出によって高い成長率を遂げた国もある。赤道ギニア（Equatorial Guinea）のように油田の開発と輸出によって急成長を遂げた国もある。従ってIMF・世銀等の国際機関及びアフリカ研究者達はアフリカ諸国の経済発展のパターンを資源賦存状態及び地理的環境及び紛争によって国家機能が弱体・崩壊した国を基準にアフリカ諸国を類型化して分析しようとする（表2・表3の類型別1人当たりGDP及び伸び率参照）。これらの表に示された傾向は、①過去の経済成長は原油輸出国、石油以外の資源保有国、臨海地域に位置する国、内陸部に位置する国によって成長率に差があること、②資源保有国でも成長率に差があること、③内陸部に位置する資源非保有国の経済成長率は一般的に低いこと、④2000年以降多くの国がプラス経済成長を持続していること、しかし⑤低所得国及び脆弱国は1980年代以降一様に経済成長が停滞していることが観察される。ここで「脆弱国」とは、内戦・内乱・部族・民族紛争・国境紛争等によって国家機能が弱体化した国家をさす。しかし同じ状況にある国でも停滞する国とモーリシャスやボツワナのように躍進する国があることが理解される。しかし躍進した国は非常に例外的な事例であると言える。モーリシャスはコートジボワールと同じく沿海地域の地理的な環境を共有しているが、輸出志向の経済政策を採用した結果経済が好転したのに対して、コートジボワールは輸入代替の内向きの経済政策を実施して経済が停滞した。コートジボワールは独立当初カカオ及びコーヒーの輸出及びフランス政府の援助及びフランス企業の投資で順調な経済成長を遂げたが、ウフエ・ボアニー（Houphouet-Boigny）大統領が1993年まで33年間政権を独占し腐

131

敗が蔓延した[11]。同じように鉱物資源が豊富な国でも経済成長に差が生じている。ダイアモンド資源が豊富なボツワナは急速な経済発展を遂げたが、しかし銅鉱石が豊富なザンビアは経済が停滞した。これはボツワナが民主的な経済体制を整え健全な経済政策を実施したのに対し、ザンビアは独裁的な長期政権を握ったカウンダ大統領が、国営企業の支配を通して腐敗した経済政策を実施したためである。

表2　資源賦存状態及び地理的条件による分類

資源豊富国		資源不足国	
石油	石油以外の資源	沿海地域	内陸地域
アンゴラ	ボツワナ	ベナン	ブルキナファソ
カメルーン	コートジボワール	カーボベルデ	ブルンジ
チャド	ギニア	コモロ	中央アフリカ
コンゴ	ナミビア	ガンビア	コンゴ民主共和国
赤道ギニア	サントメ・プリンシペ	ガーナ	エチオピア
ガボン	シエラレオネ	ギニアビサウ	レソト
ナイジェリア	ザンビア	ケニア	マラウイ
		マダガスカル	マリ
		モーリシャス	ニジェール
		モザンビーク	ルワンダ
		セネガル	スワジランド
		セーシェル	ウガンダ
		南アフリカ	ジンバブエ
		タンザニア	
		トーゴ	

資料：IMF, Regional Economic Outlook : Sub-Sahara Africa 09, 2009, page 60

第4章　アフリカ経済の構造

表3　類型別1人当たりGDP（2000年価格）と伸び率

分類	1人当たりGDP		伸び率		
	1997－2002	2008	1980－89	1990－99	2000－05
アフリカ全体	542	684	－0.8	－0.6	2.1
石油輸出国	493	749			
アンゴラ	700	1436	－0.3	－1.7	6.3
カメルーン	649	682	1.1	－2.1	1.8
チャド	197	287	2.7	－0.8	8.9
コンゴ共和国	1,109	1,188	3.5	－2.4	1.7
赤道ギニア	1,465	4,621	－1.6	17.4	21.3
ガボン	4,475	4,162	－1.3	－0.5	－0.6
ナイジェリア	405	634	－1.9	0.4	3.1
中所得国	2,829	3,693			
ボツワナ	3,334	4,824	8.0	3.7	5.6
カーボベルデ	1,187	1,747	4.2	2.8	3.0
レソト	370	430	1.3	2.7	2.6
モーリシャス	3,667	4,875	4.9	4.2	3.2
ナミビア	2,048	2,800	－2.3	0.8	2.8
セーシェル	8,868	9,600	1.2	3.3	－1.4
南アフリカ	2,971	3,766	－0.3	－0.8	2.4
スワジランド	1,534	1,840	3.6	0.6	0.6
低所得国	233	222			
ベナン	374	410	－0.2	1.1	1.0
ブルキナファソ	231	287	1.1	0.9	1.8
エチオピア	125	180	－0.9	－0.1	3.6
ガーナ	269	342	－1.1	1.6	2.6
ケニア	413	484	0.5	－0.6	0.9
マダガスカル	233	257	－2.4	－1.3	0.1
マラウイ	151	182	－2.4	2.0	0.2
マリ	252	311	－1.8	0.9	2.8
モザンビーク	240	382	－0.6	2.4	5.3
ニジェール	161	190	－3.0	－1.4	－0.2
ルワンダ	224	315	－0.3	1.2	2.3
セネガル	448	518	－0.2	0.0	1.9
ウガンダ	252	350	－0.6	3.5	2.1
ザンビア	315	416	－1.8	－2.1	2.7

分類	1人当たりGDP		伸び率		
	1997-2002	2008	1980-89	1990-99	2000-05
脆弱国家	233	222			
ブルンジ	111	113	1.0	-2.8	-1.1
中央アフリカ	242	223	-1.6	-1.1	-1.5
コモロ	374	366	0.1	-0.6	0.3
コンゴ民主共和国	92	101	1.2	-8.2	-0.5
コートジボワール	639	528	-4.4	-0.3	-2.5
エリトリア	222	162	—	6.4	-3.3
ガンビア	312	384	0.3	-0.4	1.2
ギニア	389	382	0.4	1.1	0.7
ギニアビサウ	179	141	0.4	-1.0	-1.8
リベリア	172	134	-6.2	-3.2	-0.7
サントメ・プリンシペ	561	782	—	—	—
シエラレオネ	151	247	-1.2	-5.2	7.9
トーゴ	245	222	-0.9	-0.4	-1.1
ジンバブエ	536	299	1.4	0.6	-6.4

資料：IMF, Regional Economic Outlook:Sub-Sahara Africa 09, page 65; World Bank, Africa Development Indicators 2007, page 26.

　さらにアフリカ諸国は経済の規模の面でも南アフリカがアフリカ全体のGDPの規模の38%を占め他国を圧倒している。人口規模でも格差が大きく、ナイジェリア1億3,000万人、エチオピア7,100万人、コンゴ民主共和国5,800万人、南アフリカ4,700万人、タンザニア3,800万人、スーダン3,600万人、ケニア3,400万人等と人口規模が3,000万人を越える国は7ケ国のみである。平成20年の札幌市の人口は180万人であるが、それ以下の人口規模の国はセーシェル10万人、サントメ・プリンシペ20万人、赤道ギニア50万人、カーボベルデ50万人、コモロ50万人、ジブチ80万人、モーリシャス120万人、ガボン140万人、ガンビア150万人、レソト180万人、ボツワナ180万人等人口規模の小さい国が多数存在する。日本の国土面積は37万8,000平方キロであるが、アフリカ大陸には日本の国土面積より大きな国が多数存在する。スーダンの国土面積は日本の6.3倍、コンゴ民主共和国（旧ザイール）6.0倍、チャド3.3

倍、アンゴラ3.3倍、南アフリカ3.2倍等日本の国土面積より大きい国が多数存在する。日本の国土面積とほぼ同じ規模の面積を持つ国はジンバブエである。

（3）農業の停滞と一次産品輸出依存

　アフリカの経済は第1次・第2次大戦を通して植民地宗主国の工業に鉱物資源の原料を供給し、宗主国の消費市場にココア・コーヒー・砂糖・落花生等の輸出農作物を供給する植民地経済に次第に深化して行った。しかしアフリカ経済に一般的なのは小規模農家によるメイズ・ソルガム・ミレット・根菜類の栽培を伝統的な農耕技術によって行う自給自足農業であった。農地は村落によって占有され、近代的な意味での農地の個人所有制度はほとんど発達していなかった。輸出用の農作物はその多くが白人入植者による大規模プランテーションとして行われ、アフリカの農業は白人入植者達による商業化された農業とアフリカ人による自給自足農業とに二極化されていた。また鉄道、港湾等のインフラ整備も宗主国市場に輸出される一次産品の輸送に必要な範囲で植民地毎に建設され、植民地間を縦断ないしは横断する広域的な交通手段は未発達であった。[12]

　1960年代アフリカ諸国の独立以降もこれ等のアフリカの農業の構造的特徴は基本的には変化せず、灌漑施設も未整備で可耕地の6.6％未満しか灌漑されず、肥料の投入量も極端に低く、穀物生産の労働生産性や土地生産性もアジア諸国の平均の2分の1以下に止まっていた。[13]穀物等の農作物は70％前後が国内で消費され、全体の25％を占める商品作物が旧宗主国を中心にヨーロッパに輸出され、他のアフリカ諸国に輸出される農作物は3％前後に止まっていた。[14]

表4 アフリカの農業経済指標の比較

	アフリカ	アジア	ラテンアメリカ
農業部門の生産額（百万ドル）1997年	62,367	400,105	143,186
農業生産対GDP比率（％）	30	25	10
農業人口対就業人口比率（％）	70	72	29
農作物輸出比率（％）	40	18	30
1人当たり生産指数 (1961-64=100) 1965-69	100	103	102
穀物生産高（kg/ha）	1,230	2,943	2,477
労働生産性（kg）1993-96	133	285	256
土地集約度（ha）1994	5.9	1.3	24.8
肥料投入量（kg/ha）	15	180	75
灌漑普及率（％）1,994	6.6	33.3	9.2

資料：World Bank, Can Africa Claim the 21st Century, 2000, page 172.

　アフリカの主要商品作物の世界輸出市場の占拠率は、1970年代以降1990年にかけて一般的に低下傾向にあるが、依然比較的高い水準を保持している。落花生は40％から5％の水準に低下したが、ココアは59％から40％、コーヒーは28％から14％、ティーは15％から19％、綿花は13％から12％、タバコ8％から12％に変化している。輸出農作物の販売と価格は、特にイギリス植民地のアフリカでは販売公社（Marketing Board）が独占的に行っていたが、戦後独立後もイギリス旧植民地を含みアフリカ諸国は政府機関が独占する以前の慣行を継承していた。[15]

　オックスフォード大学の著名なアフリカ経済研究者ポール・コリアー（Paul Collier）教授は、しばしばこのアフリカ諸国の主要な一次産品輸出に対する依存率の高さがアフリカ経済の停滞の原因になっていると強調している。その理由は、第1に、一次産品輸出によって生じる経済利得（レント）が腐敗及びガバナンスの低下をもたらしたこと、第2に、国際価格の変動ショックがアフリカ経済の脆弱性の原因となり、国際価格の低下はアフリカ経済実質所得の低下をもたらし社会不安・政治不安・紛争の原因となったこと、第3に、過度に一次産品輸出に依存した結果、国が経済・産業の多角化を怠

ることとなり、経済の活力を喪失したためである。[16]

アフリカ諸国の場合、国内の農業の生産性の低さの故に比較的人口規模の大きい国は食糧の安定的な供給量を確保するために輸入に頼ることになる。アメリカのブッシュ政権のバイオ・エネルギー奨励政策によりトウモロコシ・小麦の国際価格が2003年から2008年の期間2倍に増大した。これに連動して国連食糧農業機関（FAO）の穀物価格指数も高騰した。世界食糧危機の発生である。食糧自給率の低いアフリカ諸国は危機的な状況に遭遇した。国連及び世銀は食糧危機緊急対策プログラムを実施する必要に迫られた。

不用意に発案された先進国のバイオ・エネルギー政策が、アフリカ諸国に深刻な影響をもたらした。国連や世銀の緊急食糧支援の主な対象国はこれらアフリカ諸国に集中した。

表5　食糧輸入規模の順位（2005年、百万ドル）

	人口（百万）	食糧輸入額	輸出額	食糧輸入の対輸出比率
ナイジェリア	131.5	2,024	52,575	3.8
南アフリカ	46.9	1,731	6,904	2.7
セネガル	11.7	798	2,221	36.0
アンゴラ	15.9	741	24,121	3.1
ガーナ	22.1	729	3,487	21.0
スーダン	36.2	572	4,973	11.5
コートジボワール	18.2	535	8,097	6.6
カメルーン	16.3	428	3,958	10.8
ケニア	34.3	413	5,126	8.1
ジンバブエ	13.0	371	1,941	19.1

資料：World Bank, Africa Dev elopement Indicators 2007

（4）国家指導型の開発政策の失敗：植民地体制の遺産

1950年代以降ソ連型計画経済、毛沢東及びネール首相の社会主義国家建設戦略がアフリカの指導者の間で開発のパラダイムとして積極的に受け入れられるようになる。民族主義的な立場から「脱植民地主義」を標榜するこれら指導者達は、欧米の資本主義的な経済体制は植民地体制の継続であると認識

し、国家指導型の開発戦略をアフリカ諸国の「国家建設」(Nation-Building)のイデオロギーとして採用した。国によってその発現形態は異なるが、ガーナのンクルマ首相・大統領（Kwame Nkrumah；1957－1966年）、ケニアのケニヤッタ首相・大統領（Jomo Kenyatta；1963－1978年）、タンザニアのニエレレ首相（Julius K.Nyerere；1961－62年）等がアフリカ諸国の独立当初の代表的なカリスマ的な政治指導者である。その他1960年代以降一党独裁体制の下で長期間政権を掌握した政治指導者として、ザンビアのカウンダ大統領（Kenneth David Kaunda；1964－1991年）、コンゴ民主共和国（旧国名ザイール；1971－97年）のモブツ大統領（Mobutsu Sese；1965－97年）、コートジボワールのウフェ＝ボワニ大統領（Felix Houphouet＝Boigny；1960－93年）等が挙げられる。[17] しかしこれ等のカリスマ的な政治指導者達による経済開発の試みの多くは失敗する。1960－70年、1970－79年の1人当たりアフリカ諸国の年平均成長率はそれぞれ1.3％、0.8％の低水準に止まっていた。これ等国家指導型の開発政策の失敗は、基本的にはアフリカ諸国が、近代的な国家形成を達成するに必要な要件を十分に備えておらず国家機能が十分に機能しなかったことに原因がある。

　明治維新以降の日本の経済発展の歴史から考えても、資本主義経済体制の形成と確立には近代国家の形成が不可欠の条件であったと言える。日本の場合少なくとも50年以上の学習期間が必要であった。アフリカ諸国の国家形成の準備がいかに不十分であったかを、イギリスの植民地行政の典型的なモデルであるナイジェリアの植民地体制の形成過程の実態から見てみよう。イギリスのアフリカの植民地体制の特徴である「間接統治」の原型は、ナイジェリアの植民地総督であったフレデリック・ルガード卿（Frederick Lugard；1858－1945年）が制度設計を行ったと言われている。[18] 以下ここでルガード卿が意図した「間接統治」の制度的特徴が何であったかを概観することにする。

第4章 アフリカ経済の構造

表6 ルガード卿の略歴 (1858—1945)

1858年	従軍牧師の息子としてインドに生まれる
1878年	イギリス陸軍士官学校に入学
1879—86年	アフガニスタン・ビルマ戦役に兵站将校として従軍
1888—92年	東アフリカでイギリス東アフリカ会社所属の遠征司令官としてウガンダの領有化に活躍
1894—95年	王立ニジェール会社の遠征部隊の責任者として西アフリカを探索
1897—99年	探索部隊の司令官としてナイジェリア内陸部を探索
1900—06年	北部ナジェリア高等弁務官
1907—12年	香港植民地総督(香港大学を創設)
1912—13年	南北ナイジェリア知事
1914—19年	ナイジェリア総督
1919年	植民地官僚職を退官
1922年	『二重信託論』を出版
1928年	男爵の爵位を授与
1945年	逝去

資料: Margery Perham, Lugard : The Years of Adventure, 1858-98, 1956, pp.715-16

ルガード卿の略歴に見られるように、ルガードの植民地行政官として職責は香港総督を除いてほとんどがアフリカの植民地行政に費やされた。1919年退職後ルガードは自分のアフリカの植民地行政官の経験を基に1922年『二重信託論』を著わした。この著作の中でルガード卿は「間接統治論」を詳細に展開している。[19] ルガードの『二重信託論』(Dual Mandate)の意図することは、熱帯アフリカにおけるイギリスの植民地統治は、①西欧人のアフリカ統治は原住民社会を文明化する責務を体現するという信託と、②他の西欧諸国に対してイギリス帝国主義が卓越した植民地行政を遂行するという、二重の意味でイギリス帝国主義は文明社会の信託を負っているという主張である。特にルガードが強調するのはアフリカの西欧社会による植民地統治は、原住民の悪習を打破し、アラブ商人の奴隷貿易を根絶することによってアフリカ社会に西欧文明の恩恵をもたらすという側面である。[20] この640頁を越えるルガードの大著は出版以降イギリスのアフリカ植民地行政の教科書として植民地官僚に大きな影響を与えた。

しかしルガード卿は、イギリス植民地統治には植民地行政コストを節約するために「間接統治」体制が不可欠であると主張する。この間接統治方式は、現存するアフリカ原住民の部族社会の伝統的な社会構造や権力構造を温存・活用し、部族社会に治安維持・徴税・司法業務その他の末端の統治行政を一義的にまかす方式である。この間接統治によってイギリスの植民地官僚機構は簡素化され少数の植民地官僚が広大なアフリカの植民地を統治することが可能となった。ルガードがナイジェリアで実施したこの「間接統治」制度はイギリスの他のアフリカの植民地にモデルとし適用された。イギリス本国の植民地省は、海外に多数保有する植民地・保護領の財政負担を軽減するため、これ等植民地や保護領が財政的に自立することを奨励し、このルガードの「間接統治」がイギリスの植民地統治の原則となった。

　しかしこのイギリスの間接統治制度は将来に種々の禍根や課題を残すことになる。第1に、アフリカの部族社会構造が温存され統一国家の形成を阻害するという結果である。第2に、社会が部族単位に分断され種族・部族間の紛争・対立構造が残存する。第3に、残存する部族社会の共同体的価値観・帰属意識が近代的な個人主義的・合理的態度の形成を阻害する結果をもたらす。第4に、資本主義制度の根幹である私有財産制度の形成が阻害され、達成意欲がアフリカ人の行動規範として形成されないという欠陥を内包する。第5に、少数の西欧化された都市部の近代的エリートとアフリカの伝統的な社会の権力者との間に亀裂が生じる。第6に、近代的国家形成に不可欠な人材育成がおろそかになる等の問題を内在していた。

　ルガードの著作は、アフリカ植民地統治の行政官が現実的・短期的な問題の対応策に追われ、アフリカ社会が近代国家形成に必要な長期的な開発戦略を遂行するという意識が欠如していたことを示している。更にイギリスは1929年以降の世界恐慌、1930年代以降ヨーロッパに台頭するドイツのナチズム、イタリアのファシズム、1939年以降の第二次世界大戦に対応するのが急でアフリカの近代国家形成に不可欠な人材育成・近代的な制度の構築を怠った。しかし戦後15-20年の短期間にイギリスの旧アフリカ植民地は十分な国

家形成の準備もせずに独立することになる。

しかし国際社会はアフリカ社会が抱えるこれ等の種々の構造的な矛盾を次第に認識するようになる。この端緒となったのがアフリカ社会の構造的問題を鋭く分析した世銀の「バーグ報告書」(1981年) であろう。[21] 世銀は在来アフリカ諸国の開発援助としてアフリカ諸国が経済発展に必要な社会基盤・社会インフラ及びサービスの建設に必要な開発プロジェクト投資を中心に支援してきた。しかし1968年R・マクナマラ (Robert S.McNamara) が第5代世銀総裁となり、1970年にハーバード大学の著名な開発経済学者H・S・チェネリー教授 (Hollis B.Chenery) を総裁の経済顧問 (後に調査担当の副総裁) に任命する。これ以降世銀は斬新な戦略的開発支援政策を実施して行く。1978年より世銀は「世界開発報告書」(World Development Report) を毎年出版し、発展途上国が直面する問題や課題を総合的に分析し、その成果を発表するようになる。「バーグ報告書」はマクナマラ総裁の新開発援助戦略の一環として作成された。

バーグ報告書は、アフリカ経済の発展を阻害する制約条件として、①アフリカ人の専門家・テクノクラート不足、②紛争の多発と政治的不安定性、③植民地体制の制度的遺産、④経済の二重構造、⑤気象と地理的条件、⑥人口の急激な増大を挙げている。バーグ報告書が指摘するように、開発政策を企画・実施する専門家・テクノクラートがアフリカ諸国は独立当初極端に不足していた。例えば多くの国で外国人技術労働者が技術労働者の40％以上を占めていた。ナイジェリアでは3,000人の高級公務員のうちナイジェリア人は700人のみであった。セネガルでは公務員の上級管理職は1,500人のフランス人の専門家によって占められていた。このような状況下ではアフリカ諸国は独自に国家指導型の長期的な開発政策を企画・実施することは不可能に近かった。1958年当時内外の大学で学ぶ大学生は1万人前後に限られ、その60％がガーナ及びナイジェリアに集中していた。アフリカ人が経営する民間企業は非常に限られており、モザンビークの首都のマプート (Maputo) ではアフリカ人の経営する商店は80店舗しか存在しなかった。アフリカ経済は極端

141

に二重構造化され、近代部門は外国人が所有・経営する鉱業・大規模農園に限定されていた。その他は内陸部の伝統的な小規模な自給自足の農業によって占められていた。独立当初存在した鉄道・港湾・電力等の産業インフラは植民地時代に外国企業の活動のために建設されたものであった。植民地時代に設立された制度は、その多くは独立以降も存続していた。農作物価格は統制され、農作物の国内販売および輸出は作物別に設立された販売公社によって行われていた。これら制度は独立以降も存在し、主に外国人の専門家によって管理運営されていた。初等・中校教育は主にキリスト教各派の宣教師が運営する外国のミッション・スクールによって行われ、これ等ミッション・スクールは回教地域には存在せず学校教育の地域間格差が拡大した。人口の増大とともに政治エリート達の出身地域の部族民が優先的に政府機関に雇用され、部族間の亀裂が拡大した。部族間紛争が多発し、政治が極度に不安定化していた。

　この「バーグ報告書」以降世銀はアフリカの経済・社会・政治が抱える構造的な問題に取り組むようになる。

(5) マクロ経済ギャップと重債務負担

　いまここで1つの国を巨大な工場と仮定し、その生産活動を生産要素の投入量と生産量の関数関係と考える。生産量（Y）を労働力（L）と資本（K）の投入量の関数と考えると、$Y=F(L, K)$……①と書ける。この①式を全微分すると、$dY = dY/dL \cdot \triangle L + dY/dK \cdot \triangle K$……②となる。dYは生産量（Y）の増分、dY/dLは労働の限界生産性、△Lは労働の投入量の増分、dY/dKは資本の限界生産性、△Kは資本の投入量の増分を表す。この全微分の式は、生産量の増分は、労働の限界生産性に労働力の増分を掛けた数量と資本の限界生産性に資本の増分を掛けた数量を合計した数量に等しくなることを示している。しかしこの全微分の公式は線形加法の原則が前提とされている。この公式が成立するためには1項の変数と2項の変数が相互に独立であることが仮定される必要がある。しかし、現実の経済では労働の限界生

産性と資本の限界生産性は相互に密接な関係があり相互に独立ではない。この問題を回避するために1人当たり生産量に①式を書き直すと（即ち①式を労働量の投入量（L）で割ると）、$y=f(k)$……③となる。この式のyは1人当たり労働者の生産量、即ち労働生産性、kは1人当たり資本量、即ち資本装備率を表す。このように考えると一国の1人当たり労働者の生産量の成長率の変化と資本投入量の変化とのあいだには正の相関があると考えることを可能にする。すなわち工場の1人当たり労働者の資本装備率が増大すれば、労働者の生産性が増大し、1人当たり生産量が当然増大する。しかし工場の設備の設備投資に必要な資金は国内の金融機関の預金資金、資本市場（株式・債券）から調達した資金、企業の内部留保資金、海外から流入する資金から調達する必要がある。しかしアフリカを含む発展途上国の場合、所得水準が低く国内貯蓄によって動員可能な資金には、限りがある。それに対して政府の産業基盤・社会基盤建設のための開発投資及び肥大化する政府機関の経常支出が増大し、さらに民間セクターの設備投資のための投資資金需要も旺盛である。従って発展途上国の場合、投資額が貯蓄額を凌駕する傾向が強くなる。即ち投資と貯蓄の間にはギャップが生じる。

　政府部門は発展途上国の場合、その多くが財政収入を関税収入等の間接税に依存し、所得水準が低いため所得税・法人税等の直接税からの財政収入には限度がある[22]。これをマクロ経済全体のフレームワークから見てみよう。国内総生産GDPは、支出の面からみると、民間消費（C_p）、民間投資（I_p）、政府支出（G）、輸出（X）、輸入（M）によって構成されている。これを式に表すと、$GDP = C_p + I_p + G + (X-M)$……④と表示される。民間消費（$C_p$）、民間投資（$I_p$）、政府支出（G；政府支出は政府投資$I_g$と政府消費$C_g$によって構成される）は国内需要（内需）を表すので一般にアブゾプション（A）と呼ばれる。従って④式は、$GDP = A + (X-M)$……⑤と書ける。資本・労働の受取と支払の差額（純要素所得）をFPと表すと、国民総生産（GNP）は、$GNP = GDP + FP = A + (X-M+FP)$……⑥と書ける。この⑥式の右辺の第2項（$X-M+FP$）は海外経常余剰または経常収支（CA）と呼ばれてい

る。⑥式の両辺から政府税収入（T）と民間消費（Cp）を引くと、民間貯蓄 Sp＝Ip＋(G＋T)＋CA……⑦となる。⑦式を変換すると、経常収支CA＝(Sp－Ip)＋(T－G)……⑧となる。即ち経常収支のギャップは民間の貯蓄と投資のギャップと政府の財政収支のギャップによって構成されていることを示す。[23]

アフリカを含む発展途上国は農作物を輸出して先進国から工業製品を輸入する構造を持つのが一般的である。従って途上国の交易条件は途上国にとって構造的に不利であり、途上国の経常収支は恒常的に赤字になる傾向がある。それとともに民間部門の貯蓄・投資ギャップもマイナス、政府の財政収支も赤字であるのが一般的である。経常収支の赤字は資本収支によって補われる。資本の流入は、民間企業への直接投資、資本市場への証券投資、金融機関からの借入れ、政府開発援助（ODA）に分解される。しかし、アフリカの場合民間企業の投資環境が劣悪なので、民間企業への海外からの投資は非常に限られる。資本市場も未成熟であるので証券投資も少ない。海外の金融機関はアフリカの公的部門・民間企業に対する長期の融資はリスクが高いので敬遠する。従ってアフリカ諸国が経常収支の赤字を補塡するため期待できるのは、主に政府開発援助（ODA）資金が中心となる。

貯蓄と投資のギャップと貿易収支（経常収支）のギャップに注視して途上国のODA資金需要を分析するアプローチは「2ギャップ理論」と呼ばれ、H・チェネリー（Hollis B.Chenery, 1966年）による古典的な分析がある。[24]これに政府の財政収支のギャップを追加して分析するアプローチは「3ギャップ理論」と呼ばれている。[25]

これらギャップ理論及び「ハロッド・ドーマ理論」を活用して世銀等の国際金融機関はアフリカを含む発展途上国のODA資金需要を推計してきた。しかしこれ等理論の妥当性については批判の的となっている。[26]

下記の表7は代表的なアフリカ諸国の貯蓄・投資ギャップ、貿易収支、ODA資金の流入状況を示している。これ等の国々に流入しているODA資金が如何に政府の財政支出に対して規模が大きいか理解されよう。次の表8は

第4章 アフリカ経済の構造

2008年のアフリカのODA受領国の規模別のトップ10のリストである。ODA資金の対アフリカ諸国への流入が如何に巨大な規模になるか窺い知ることができる。

表7　アフリカの経常収支・貯蓄・投資ギャップ（対GDP比率）とODA（2005年）

国　名	貯蓄率(%)	資本形成(%)	貿易収支(%)	援助総額100万$	1人当たりODA$	対政府財政支出(%)
コンゴ民主共和国	6.1	14.2	−8.2	1,828	31.8	310.3
コートジボワール	10.9	10.3	10.2	119	6.6	9.0
エチオピア	11.8	20.5	−22.1	1,937	27.2	123.7
ガーナ	21.4	29.0	−25.6	1,120	50.6	68.2
ケニア	11.8	16.4	−7.4	768	22.4	23.9
モザンビーク	11.4	21.7	−9.8	1,286	6.5	188.8
ナイジェリア	30.5	21.3	18.3	6,437	48.9	30.8
シエラレオネ	7.6	17.4	−18.3	343	62.1	233.2
タンザニア	10.4	18.2	−7.4	1,505	40.7	6.6
ウガンダ	10.4	21.2	−14.0	1,198	14.1	40.9
ジンバブエ	−0.4	16.8	−16.2	368	28.3	39.8

資料：World Bank, Africa Development Indicators 2007.

表8　アフリカのトップ10のODA受領国及び供与国（2008年）100万$

国別順位	ODA純受領額	供与国順位	供与額
エチオピア	3,327	アメリカ	7,202
スーダン	2,384	EU	6,012
タンザニア	2,331	世　銀	4,053
モザンビーク	1,994	フランス	3,370
ウガンダ	1,657	ドイツ	2,703
コンゴ民主共和国	1,610	イギリス	2,594
ケニア	1,360	アフリカ開発銀行	1,625
エジプト	1,348	日　本	1,571
ガーナ	1,293	オランダ	1,517
ナイジェリア	1,290	グローバル基金	1,372
その他	25,411	その他	11,986
合　計	44,005	合　計	44,005

資料：OECD,DAC, Statistics,2009、Website

アフリカ諸国に対するODA供与国としてはアフリカ旧植民地の宗主国であったイギリスやフランス及び黒人人口を抱えるアメリカが上位を占めている。このように先進国はアフリカ諸国に対して毎年巨額のODA資金を供与してきた。アフリカの最貧国に対しては、国際機関及び二国間政府ODA援助は条件の緩やかな「ソフト・ローン」形態をとる（返済期間40－50年、元金返済猶予期間10年、手数料ないし利子率1.0％）。しかしこの「スフト・ローン」でもアフリカ諸国は、利子の支払いと元本の返済を返済計画に従って行う必要がある。

しかし少数の商品作物の輸出に頼るアフリカ諸国の輸出外貨の獲得額は限られている。特にこれ等商品作物（ココア・油ヤシ・コーヒー・ティー等）の国際価格が下落すると、アフリカ諸国はその債務返済能力に深刻な影響を受ける。このような状況下でアフリカ諸国は、債務の返済のために新規の借入れを行うという悪循環に陥り、債務が膨れ上がる。このようにして累積されたODA資金はアフリカ諸国にとって巨額の累積債務の重圧となる。アフリカ諸国の累積債務残高および債務返済能力指標は下記の表9に示された通りである。

表9　アフリカ諸国の累積債務残高と返済能力（1970－2004）（単位：10億ドル）

	1970	1980	1990	2000	2004
累積債務残高	6.9	60.7	176.9	211.3	218.4
中・長期資金	6.0	46.5	149.7	171.5	182.6
中・長期比率（％）	87.0	76.6	84.6	81.2	83.6
短期資金	—	11.1	20.6	33.1	28.8
IMF	0.1	3.0	6.6	6.7	6.9
債務返済額	—	6.7	10.9	13.4	15.2
債務残高対輸出比率（％）	—	68.9	221.9	180.7	124.5
債務残高対GNI比率（％）	—	23.6	63.4	69.4	49.3
債務返済額対輸出比率（％）	—	7.6	13.7	11.4	8.7

資料：World Bank, Global Development Finance, 2005, Vol.II, Summary

第4章 アフリカ経済の構造

　この様にアフリカ諸国は、貯蓄・投資ギャップ、政府の財政収支ギャップ、及び経常収支ギャップの3重苦に悩まされた。特に原油・鉱物資源及びカカオ・ヤシ油・落花生・ティー等の農作物の一次産品輸出国であるアフリカ諸国は、流入する輸出外貨を担保に旺盛な開発投資資金需要を満たすため、主に海外の公的機関からODA資金の長期資金の借入を行った。一次産品輸出国でないその他のアフリカ諸国は主に旧宗主国からODA融資、世銀（IDA）からのソフト融資（50年の返済期間及び10年の元金返済猶予の条件）、IMFから短期の融資を受け入れ経常収支の赤字を補填しようとした。

　その結果、アフリカ諸国の対外債務残高は、1970年の69億ドルから1990年には1,769億ドルと26倍の規模、2000年には2,113億ドル、30倍の規模に急速に増大して行った。1987年時点の累積債務の内訳は旧宗主を含む先進国政府からのODA融資が50％、世銀・IMF・アフリカ開発銀行等の国際機関からの融資が28％、民間の金融機関からの融資が15％、その他7％の構成であった[27]。

　1980年代前半以降ラテンアメリカ諸国の中所得国の債務を中心に「累積債務の危機」が発生する。ラテンアメリカ諸国の債務危機とアフリカ諸国の債務問題の本質的な差は、前者がラテンアメリカ諸国政府あるいは公的機関が欧米及び日本の民間の金融機関から受け取った協調融資が累積した債務危機であるのに対し、後者はアフリカ政府、特に最貧国政府が先進国政府から受け取ったODA融資の返済に窮した結果生じた債務返済の問題である[28]。アフリカ諸国が公的債務を返済するのが困難になった場合、アフリカ諸国の政府は、西欧諸国政府の債権者団体と「パリクラブ」での債務返済の繰延交渉を通して対応する。この債務の繰延交渉は、西欧諸国政府がIMF融資を条件に、①返済期間の延長、②金利条件を改定する交渉となる[29]。しかし1988年のトロントの首脳会談以降最貧国の債務の減免が、最貧国の持続的な経済発展には不可欠であるとの認識が国際社会で高まってきた。主要先進国政府は1980年代以降首脳会談の合意を得てODAの返済の減免及びODA債権以外の対途上国債権の実質減免を次第に実施するようになる[30]。

世銀・IMFは「重債務最貧国」(HIPCs：Heavily Indebted Countries) が世銀・IMFに対して有する債務の返済を免除する条件として、重債務最貧国が「貧困削減戦略ペーパー」(PRSP：Poverty Reduction Strategy Paper) を策定し、これを実行する具体的は行動計画を提示することを義務づけている。この「重債務最貧国」を対象とする債務減免プログラムは「重債務最貧国イニシアティブ」(HICP Initiative) と呼ばれ世銀・IMFによって1996年に導入された。2009年現在この「重債務最貧国イニシアティブ」プログラムの対象国は35ケ国であるが、このうち29ケ国がアフリカ諸国であり、エチオピア・ウガンダ・セネガル・モザンビーク・ガーナ・シエラレオネ・タンザニア・コンゴ民主共和国・コートジボワール等が含まれている。[31]

この「重債務最貧国」プログラム (HIPC/イニシアティブ) に従ってIMF/世銀及び商業銀行の債務が免除されるために、これらの最貧民国はIMF/世銀が実施する「貧困削減成長ファシリティー」(PRGF：Poverty Reduction and Growth Facility) プログラムに従って、「貧困削減戦略ペーパー」(PRSP) を作成し、一定の手順に従って貧困層を削減する必要がある。この「貧困削減成長ファシリティー」(PRGF) は、IMFが1987年に導入した低所得国に対する低金利・長期 (10年) 融資プログラム「拡大調整ファシリティー」(ESAF：Enhanced Structural Adjustment Facility) を1999年11月にその名称を変更したプログラムである。

4.2 多発する紛争と内戦

ノルウェーのオスロにある「国際平和研究所」(PRIO) の調査によると戦後1946－2008年の期間世界全体で240の軍事紛争が発生し、米ソの冷戦終結後の1989年以降でも128の軍事紛争が発生したとされる。これらの軍事紛争の内93の紛争 (73%) が内戦である。[32] これ等内戦 (Civil War) の多くが民族・部族・種族・宗教・地域間の対立が顕著なアフリカに集中している。オックスフォード大学のポール・コリアー教授が主宰する「アフリカ経済研究セン

ター」(CSAE：Center for the Study of African Economies) の調査によると、アフリカでは種々の形態の30の内戦が発生し、軍部によるクーデターが合計336回発生している（政権奪取事例82回、クーデター未遂事例109回、クーデター計画発覚事例145回）。[33]

これらアフリカの紛争については多数の研究が行われており、多発する紛争がアフリカの経済が停滞する重要な原因の１つであるとしばしば主張されてきた。ポール・コリアー教授は、これらのアフリカの紛争は民族・部族・種族・宗教・地域間の対立に深く根ざしており一度発生した紛争は容易に解決することが困難となり、アフリカ社会は「紛争の罠」に陥る傾向があると主張する。[34]アフリカ社会は、深い亀裂によって分断され、民主的な政治制度が未形成であるため、紛争や利害の対立を平和的交渉によって解決する制度を持たない。指導者達は主に武力によって政治権力を奪取し、利益を独占し、国家権力を私物化し公共財を私的利益追求の道具にする傾向がある。その結果国家の公共的な機能は弱体化・脆弱化し、権力の正統性を喪失し、最悪の場合には「国家は崩壊」する状態に陥ると政治学者ロバート・ベイツ教授（Robert Bates）は主張する。[35]表10はアフリカに発生した代表的な紛争の事例である。

紛争には種々の形態が考えられよう。非組織・衝動的に発生する暴動、騒乱から、政治権力を武力によって奪取しようとする反乱、クーデター、武力蜂起、民族間・種族間の対立が主な原因である民族・種族紛争および人種大量殺戮・人種洗浄、植民地支配の維持及び解放を目的とする植民地戦争・民族解放闘争、主に隣国との領土獲得・保全を目的とする国境紛争等種々の形態の紛争が考えられる。これらの紛争が組織化され主に国内で継続的に行われ、規模が拡大し死傷者が３年間で累計1,000人を越える場合、その紛争は一般的に「内戦」（Civil War）と操作的に定義される。しかし内戦が断続的に行われる場合や、他の紛争が混在する場合、紛争を正確に定義することは必ずしも容易ではない。[36]

内戦は長期化すると、①死傷者の増大、②膨大な避難民・難民の発生、②

149

表10 アフリカの紛争

アンゴラ	1961年2月－75年11月	植民地解放闘争
	1975年11月－91年5月	内戦　ローデシア・南ア軍の介入
	1992年9月－	内戦
ブルンジ	1972年4月－73年12月	内戦　国軍によるフツ大量虐殺
	1988年8月	内戦
	1991年11月－	内戦
チャド	1980年3月－88年8月	内戦
コンゴ共和国	1997年10月	選挙結果をめぐる騒擾
エチオピア	1974年－94年5月	対エリトリア・ソマリア国境紛争
ギニアビサウ	1962年12月－74年12月	植民地解放闘争
リベリア	1989年12月－91年11月	内戦・クーデター未遂と報復虐殺
	1992年10月－96年11月	C・テーラー大統領・反人道行為
モザンビーク	1964年10月－75年11月	植民地解放闘争
	1976年7月－92年10月	内戦
ナイジェリア	1966年1月－75年11月	ビアフラ戦争
	1980年12月－84年8月	クーデター・暴動・騒乱
ルワンダ	1963年3月－64年2月	ツチ難民虐殺
	1990年10月－94年7月	内戦とツチ大量殺戮
シエラレオネ	1991年3月－96年11月	内戦
	1997年5月－92年12月	内戦
ソマリア	1982年4月－88年5月	内戦
	1988年5月－92年12月	内戦
スーダン	1963年10月－72年2月	南部内戦
	1983年7月－	内戦・ダルフール紛争
ウガンダ	1966年5月－66年6月	クーデター
	1980年1月－88年4月	内戦
コンゴ民主共和国	1960年7月－65年9月	コンゴ動乱
（旧ザイール）	1991年9月－96年12月	
	1997年9月－99年9月	
ジンバブエ	1972年12月－79年12月	植民地解放闘争

資料：Paul Collier and Nicholas Sambanis, ed., Understanding Civil War, Vol.I, Africa, The World Bank, 2005, pp.4-5：　武内進一編『現代アフリカの紛争』、アジア経済研究所、2001年、8－11頁。その他の資料から作成。

第4章　アフリカ経済の構造

病院・学校・電力・上下水道・港湾・道路・商業施設等社会・産業インフラ設備の破壊、③農業生産活動の停滞による食糧不足、④製造業の生産活動の停滞や停止等による経済活動の崩壊によって発展途上国は致命的な打撃を蒙る。内戦の破壊活動によって政府・民間企業の投資意欲は減退し、その国の長期的な経済発展の潜在力は縮小してしまう。内戦は発展途上国の発展と相反する事象であり、世銀は内戦がもたらす「負の効果」の研究を積極化する[37]。

　これ等の研究によると、発展途上国が内戦に陥る原因は、①途上国指導者層が貧困状況で富や権力を武力によって争奪しようとする。②政府が腐敗・弱体化し、政治権力が一定の種族・部族によって独占され、正統性を欠く。③失業者や社会の不満分子が充満し容易に組織化され得る。④AK47等の武器や弾薬が容易に闇市場で入手可能である。⑤長期の戦闘に必要な軍資金を外部からの支援や国内に埋蔵されている金・ダイアモンド等の国内資源の売却によって獲得可能である。⑤途上国社会の多くは多数の種族・部族によって分断され、紛争の種を抱えている等種々の直接的原因・間接的誘因が指摘されている[38]。以下ここではアフリカの代表的な内戦のいくつかを取り上げて少し詳しく見てみよう。

（1）モザンビークの内戦

　1989年ソ連邦の崩壊、米ソの冷戦の終結以前は、アフリカの植民地解放闘争は長期化する傾向があった。これはソ連及びキューバがアフリカの社会主義政治勢力を支援し、これに対してアメリカが反対勢力を支援した結果植民地解放闘争が米ソの代理戦争的性格を持ったためである。この典型的事例がモザンビーク及びアンゴラの植民地解放闘争である。モザンビークはインド洋に面し、北はタンザニア、西はマラウイ、ザンビア、ジンバブエ、南は南アフリカに接した旧ポルトガル植民地であった。人口は2007年時点で2,200万人、首都はマプート（Maputo）、国土面積は79万9,400平方キロで日本の面積の約2倍の規模を持つ。2009年現在の1人当たりGDPは454ドルで世銀

151

の基準では最貧国に属す。資源は石炭、ニッケル、ボーキサイト、天然ガス、黒鉛。公用語はポルトガル語、キリスト教53％、イスラム教17.8％。1992年内戦終結後世銀・IMFの支援で経済の構造改革を実施し、経済は回復基調にあり、1994年-2007年の年平均経済成長率8.0％を記録している。[39]

　モザンビークは1884-85年のベルリン会議以後ポルトガル領東アフリカとなる。それ以降開発会社による強制労働と徴税による搾取が行われた。1880年代南アフリカ産出の金を運搬しマプート港から輸出する鉄道が建設され、その見返りに毎年10万人以上のモザンビークの労働者が南アフリカの金鉱山で働くようになり、南アフリカとの経済関係が強化された。1933年ポルトガル本国で制定された「植民地法」によりモザンビークの「同化政策」が実施され、1951年モザンビークはポルトガルの海外州となる。しかしポルトガルの植民地支配に対する抵抗運動が活発化し、1962年に結成されたモザンビーク解放戦線（FRELIMO）が1964年隣国タンザニアを基地に民族解放闘争を展開した。モザンビーク解放戦線（FRELIMO）は1970年以降ソ連・中国の支援を得て武力闘争を拡大した。1974年4月軍事革命によって成立したポルトガル本国の政権は、植民地解放政策を実施し、1975年モザンビークはポルトガルから独立した。[40]

　独立後政権を取得したモザンビーク解放戦線（FRELIMO）は1977年公式にマルクス・レーニン主義を掲げ社会主義建設を政策目標とする。この社会主義政策により労働人口の90％を占める農業の集団生産体制が導入され、旧ポルトガル人所有の大農園は国営農場ないしは共同組合管理となる。製造業も旧ポルトガル人所有のビール・セメント・金属・機械・化学肥料・製糖工場等が国有化された。しかしモザンビーク解放戦線（FRELIMO）政権による社会主義政策、特に農村地域における農業の集団共同生産体制（全国に約2,000の共同体が建設）は伝統的なモザンビークの社会構造や文化を破壊する結果となり、政府に対する不満が全国的に蔓延した。これに乗じてポルトガル人入植者を主体とする反政府組織モザンビーク民族抵抗運動（MNR）が1976年武力闘争を開始する。このモザンビーク民族抵抗運動（MNR）の武

力闘争に対して、白人入植者のローデシア（Rhodesia）イワン・スミス政権は白人社会の利権保護の目的から資金的・軍事的支援を積極的に行う。その結果反政府武力闘争が全国的に展開された。白人入植者政権であるイワン・スミス政権が1979年崩壊し、ローデシアに黒人多数支配体制のジンバブエが成立（1980年）すると、それ以降南アフリカ政府が積極的にモザンビーク民族抵抗運動（MNR）を支援することとなる。南アフリカ政府は「アパルトヘイト政策」（人種隔離政策）を維持するためモザンビークに展開するアフリカ民族会議（ANC）のゲリラ闘争基地を殲滅するためモザンビーク民族抵抗運動（MNR）を支援する必要があった。モザンビークの内戦は国連の仲介で1992年和平協定が締結されるまで16年間継続することとなる。このようにモザンビークの内戦はローデシア及び南アフリカ政府の資金・軍事援助なくしては続行不可能であったのであり、モザンビークが置かれた地政学的な状況を理解する必要がある。[41]

モザンビーク解放戦線（FRELIMO）は1989年マルクス・レーニン主義を放棄し、90年複数政党政治体制を導入した憲法を制定しモザンビーク民族抵抗運動（MNR）との協調体制を確立した。これ以降モザンビーク政府はIMF/世銀の支援のもとで経済構造改革政策を実施し社会主義計画経済体制から市場経済体制への転換を図っている。[42]

（2）アンゴラの内戦

アンゴラは14年間の民族解放闘争の末1975年11月に独立した旧ポルトガル植民地である。アンゴラは、西は大西洋に面し北東はコンゴ民主共和国（旧ザイール）、東はザイール、南はナミビアに接し国土面積は124万平方キロ、日本の約3.3倍の面積を有している。首都はルアンダ（Luanda）、公用語はポルトガル語である。主要部族はオビンブン（37％）、キンブン（25％）、バコンゴ（13％）の3部族で総人口1,600万人の65％を占めている。アンゴラは資源が豊富で、2008年時点で平均1日当たり200万バーレルの原油を産出しナイジェリアに次いでアフリカで2番目の規模の原油輸出国である。アンゴ

は更に世界で第4番目の規模を誇るダイアモンドの産出国で、2006年900万カラットのダイアモンドを産出している。アンゴラの2005年の輸出額は241億ドル、そのうち原油の輸出が226億ドル（全体の92％）、ダイアモンドの輸出額が11億ドル（4.6％）、これら2品目で全体の輸出の96.6％を占める。

　国家の財政収入の80％を原油関連収入（生産分与輸出代金・ロイヤルティー及びボーナス収入・法人税等）によって占められている。この原油輸出によってアンゴラの1人当たり国民所得も比較的高く2,040ドル（2006年）となっている。[43]

　1482年ポルトガル人がコンゴ河口に達し、南部海岸のルアンダ（Luanda）、ベンゲラ（Benguela）に交易所を開設しブラジル向けの奴隷貿易に従事した。1830年の奴隷貿易禁止以降はポルトガル人入植者達が労働力としてアフリカ人を活用した。1984－85年のベルリン会議によってアンゴラはポルトガル領となる。ポルトガルの植民地支配の方針は強制労働政策と同化政策で、内陸の開発は特許会社に委ねられた。ポルトガルのサラザール政権（1932－68年）の期間アンゴラはモザンビークと同じようにポルトガルの海外州となり、ポルトガル人の入植と開発が行われた。ポルトガル人入植者数は1960年代までに20万人の規模に達する。このポルトガルの植民地支配に対する抵抗運動は、医者であるネト（Antonio Agosinho Neto）を指導者とする社会主義を標榜する「アンゴラ解放人運動」（MPLA：1956年結成）、北部のコンゴ部族主義と反共を唱えるH・ロベルト（Holden Roberto）が指導するアンゴラ国民解放戦線（FNLA、1962年結成）、中・南部オビンブンド部族主義と反共を唱えるJ・ザビンビ（Jonas Savimbi）を指導者とするアンゴラ全面国民連合（UNITA、1966年結成）が激しい対立抗争を繰り返した。1974年4月軍事革命によって政権を獲得したポルトガルの新軍事政権は、海外州の独立を認め、75年1月にアルポール協定を結び、75年11月の独立予定日を決定し、分裂した組織の統一と暫定政府の樹立を要請した。しかし独立後の政権の座をめぐってFNLA-UNITA連合軍とMPLAとの間で内戦が起こり、ソ連とキューバが支援するMPLA軍は、ザイール、南アフリカ共和国、アメリカが支援する連合軍を

破り、11月11日独立を宣言した。[44] しかしその後も内戦状態が続き、MPLAはキューバ軍の支援を得て反政府ゲリラと戦い、1976年3月まで内戦はほぼ終結したかに見えたが、1977年7月UNITAの反政府ゲリラ活動が活発化する。MPLA政権はネト大統領の下で社会主義路線を展開する。1979年モスクワで癌腫瘍の治療を受けていたネト大統領が死亡し、ロシアで教育を受けた石油エンジニアの経歴を持つ副首相ドス・サントスが（Jose Eduardo dos Santos）が大統領に就任する。1980年レーガン大統領はUNITA支援政策を発表し、これに呼応して同年9月南アフリカ軍が大挙アンゴラに侵攻した。1988年アメリカの仲介でキューバ軍と南アフリカ軍のアンゴラ撤退交渉が始まり、89年1月から両軍の撤兵が開始され、6月MPLA政権のドス・サントス大統領とサビンビUNITA議長が停戦に合意する。[45]

1990年ソ連邦の崩壊とともに米ソ及びポルトガルが和平交渉を開始し、1991年5月リスボンでPLMAのドス・サントス大統領とUNITAのサビンビ議長が60ページの和平協定に正式に合意し、16年間に及ぶ内戦が終結するかに見えた。ロシアは対MPLA支援に消極的になり、MPLA政府は社会主義政策を放棄しIMF/世銀の支援の下で経済改革を実施する。1992年国連の800人の監視団の下で全国5,820ケ所での投票所で大統領選挙と議会選挙が行われた。選挙の結果、大統領選挙はMPLAのドス・サントス大統領49.7％、サビンビUNITA議長が40.0％、議会選挙はMPLA53.7％、UNITA34.1％の票を獲得した。サビンビUNITA議長は選挙の結果に不満を持ち、1992年10月内戦が再発する。アメリカ政府及び南アフリカ政府はUNITA支援政策を破棄する。サビンビUNITA勢力はザイールのモブツ政権の支援を背景にUNITA軍が支配する地域から産出するダイアモンド資金（年間3－5億ドル）を投入して反政府武力闘争を継続する。しかしMPLA政府軍は攻勢を強め、UNITA軍支配地域は次第に縮小し1994年11月停戦に合意（Lusaka協定）する。しかしUNITA軍は全面的な武装解除に合意せず、国連安全保障理事会は、1997年8月UNITA制裁措置（UNITA指導者の海外渡航禁止）とダイアモンド取引の禁止（1998年6月）処置を実施する。1997年5月ザイールのモブ

ツ政権が崩壊し、モブツ政権の支援を失ったUNITA勢力の反政府武力闘争は次第に縮小し、2002年2月サビンビUNITA議長は政府軍との戦闘中に死亡する。サビンビUNITA議長の死亡によって1975年アンゴラ独立以降27年間継続したアンゴラの内戦はやっと収束することになる。[46]

アンゴラの長期間続いた内戦は東西の軍事援助によって可能となった「米ソの代理戦争」という性質を持つと一般に指摘されてきた。[47]しかし米国・ソ連は「デタント」（緊張緩和）が進み、アメリカはベトナム戦争、ソ連はアフガニスタン軍事介入（1979-88年）の経験から、特にアメリカの議会は海外の紛争の介入に慎重になる。アメリカのアンゴラ内戦の介入は、元国務長官H・キッシンジャーの回顧録によるとCIAが海外の傭兵を通して行った介入に限定された。[48]アンゴラの内戦に最も積極的に介入したのはキューバである。カストロの回顧録によるとキューバ政府はアンゴラ内戦中30万人の兵士と5万人の非戦闘員をMPLAの支援活動に動員したとされる。[49]アンゴラは16年間の植民地解放闘争、27年間の内戦期間中道路・鉄道・電力・学校・病院等の生活インフラが破壊され、370万人の避難民と45万人難民を生み出した。内戦の終結とともに10万人以上のUNITA兵士の武装解除が行われ、IMF/世銀及び先進国の支援によってアンゴラの経済・社会の復興支援が行われている。しかし40年を越える植民地解放闘争及び内戦によってアンゴラの国家機能は麻痺し、崩壊状態にある。NGO団体「Human Rights Watch」の報告書によると、アンゴラ政府の財政収入の80％以上を占める石油関連収入の管理は不適切・不透明であり、1997-2002年の期間の財政収入の内42億ドルが使途不明となっていると指摘されている。[50]さらにアンゴラ社会の腐敗構造は深刻で、「39人のアンゴラ人の保有資産は5,000万ドルで、その他の20人の資産価値の合計は1億ドルであり……その多くが元政府関係者である」と指摘されている。[51]「アンゴラでは4人のうち1人が1日0.75ドル以下、70％が1日2ドル以下の生活を強いられている……国民の平均所得は1,980ドル（2006年）であるが、上位20％の階層が家計支出の45％の支出を占めている……平均寿命は47歳、25％の幼児が5歳未満で死亡……60％の家庭が飲料水の

施設を持たず……27%の学齢児童しか小学校に就学せず……大人の文盲率は70-80%に達する……アンゴラはアフリカで最も不平等で社会福祉水準の低い国の1つである」と最近の世銀の報告書は指摘している。[52] 発展途上国で内戦が長期間継続するとそのマイナスの影響は測り知ることが出来ないほど深刻になる。その犠牲者の大多数は紛争に関係のない女子・子供達である。

（3）ルワンダの大量虐殺（ジェノサイド）

　アフリカ中部の大湖地域にあるルワンダ共和国（Republic of Rwanda）は1962年7月南に隣接するブルンジ（Burundi）とともにベルギーの信託統治から独立した。ルワンダとブルンジは第一次大戦以前ドイツの植民地であり、ドイツ領ルアンダ・ウルンジ（Ruanda-Urundi）と呼ばれていた。国連はルワンダとブルンジが単一の国として独立することを望んだが、ルワンダは共和国、ブルンジは王国として独立することになる。ルワンダは2つの大国、西はザイール（現コンゴ民主共和国）と東はタンザニアに挟まれた内陸の小国であり、面積は2.6万平方キロ（秋田県と福島県2つの県の面積規模）、人口は2007年時点で970万人である。ちなみに秋田県と福島県の人口の合計は330万人であり、ルワンダの人口密度は非常に高いと言えよう。人口の内85%がフツ族、14%がツチ族であり、カトリック教65%、プロテスタント9%であり、公用語はフランス語である。面積・人口規模・民族及び宗教構成はルワンダ・ブルンジともに類似している。この民族構成が後に戦後最悪の人種大量殺戮の原因になるとは、独立当時誰も予想していなかった。ルワンダ独立の10数年後日本銀行の服部正也氏は、IMF派遣の専門家としてルワンダ中央銀行の総裁として6年間中央銀行の確立に奮闘する。帰国後服部氏は『ルワンダ中央銀行総裁日記』を著わすが、ルワンダは順調に経済発展の軌道に乗るかと思えた。[53] しかし1994年4月－6月のフツ族によるツチ族の大量逆殺という戦後最悪の民族紛争が発生し、ルワンダ社会は深刻な状況に陥る。ルワンダの1人当たり国民所得は320ドル（2007年）でありアフリカの最貧国の1つである。1998年－2006年の1人当たりGDPの伸び率は1.5%、人口の

90％前後が自給自足的農業に従事し主要な輸出作物はコーヒーと茶で全輸出の38％を占めている。[54]

バンツー系のフツ族は7－10世紀頃コンゴ盆地より現在の地域に移住・定着して農耕を営んだ。15世紀頃ツチ族が北方から移動して遊牧を営なみ少数部族のツチ族が多数部族のフツ族を支配するルワンダ王国を形成し、ツチ族が支配階層となる。アフリカ会議以降ドイツは東アフリカ地域に植民地勢力を拡大し、ルワンダ王国をドイツの東アフリカの植民地の一部とする。ドイツはツチ族の伝統的な支配構造を温存して「間接統治」方式によって植民地統治を行う。第1次大戦中の1916年ベルギー領コンゴから侵入したベルギー軍はルワンダ王国を占領し、ルワンダは第一次大戦後ベルギーの国際連盟委任統治領となる。第二次大戦後もルワンダはベルギーの国際連合信託統治領となる。ベルギーはドイツが実践したツチ族を利用した間接統治方式を継承し、ツチ族を支配階層として優遇する政策を採用した。[55]この結果ルワンダに少数部族ツチ族と多数部族フツ族との間に支配・服従の社会習慣と心理構造が浸透し、フツ族の不満が深層心理に鬱積する。ベルギー植民地政府はルワンダ人に人種別を明記した身分証明書の携帯を義務付け、植民地時代の唯一の教育機関であったカトリック協会ではツチ族を優遇する人種差別教育がおこなわれた。独立後ルワンダに議会政治が導入されると政治の実権をフツ族が握り、ツチ族に対する積年の恨みがしばしば爆発し、部族間抗争は更に深刻化し熾烈を極める。ルワンダ・ブルンジでフツ族とツチ族の紛争が表11に示されるように多発し、多数が死亡ないしは虐殺される結果をもたらす。

フツ族によるツチ族の大量虐殺は、1994年4月6日フツ族のハビヤリマナ大統領が搭乗した飛行機がミサイルによって撃墜された事件を契機に発生した。大統領護衛部隊・民兵・軍隊が主導して一般大衆が動員され、ツチ族指導者を中心にツチ族が主に山刀によって無差別に殺戮された。4月―7月の4ヶ月間に80万人のツチ族が殺戮されたと推計されている。ルワンダの総人口の約10％の人間が集団的狂気・熱病的憎悪に搔きたてられて暴徒化したフツ族によって殺戮された。[56]このルワンダのジェノサイドは残虐さ及び規模で

表11　ルワンダ・ブルンジにおける部族紛争

	紛争の内容	推定犠牲者
ルワンダ：1963－64年	対ツチ族の政治指導者の抑圧	ツチ族1万－1万3,000人死亡
ブルンジ：1972年	フツ族のクーデター計画ツチ族指導の軍隊による鎮圧	8万－20万のフツ族死亡
ブルンジ：1988年	選挙結果についてのフツ族の憤懣とツチ軍隊によるフツ族市民の虐殺	2万人のフツ族死亡
ルワンダ：1994年	ツチ族軍隊および民兵によるフツ族の大量虐殺（ジェノサイド）	フツ50万人－80万人虐殺

資料：Ravi Bhavnani and David Backer, "Localized Ethnic Conflict and Genocide" *Journal of Conflict Resolution*, Vol.44,No.3.June 2000, pp.283-306.

　カンボジアのポルポト政権下で行われた大量虐殺（1975－79年）に匹敵する。ルワンダのジェノサイドは既に種々の兆候があったのであり、国際社会が未然に防げなかったことが悔やまれる。ルワンダのジェノサイドの原因はベルギーの植民地政府が行った人種差別政策にそのルーツがあるのであり、ベルギー政府の道義的責任は免れられないであろう。特にショッキングなのは、ルワンダのカトリック教会がジェノサイドに直接的・間接的に係わったことである。[57]このルワンダの集団的狂気に恐れ慄いたツチ族・フツ族市民は大挙して隣接するザイール・ウガンダ・タンザニアに難民として流入し多数の死亡者を出した。国連難民高弁務官事務所は緒方貞子女史の指導の下で不眠・不休の救済活動を展開した。難民の規模は200－300万人に達したと推計されている。まさに人類の悲劇であろう。[58]

(4) スーダンの内戦とダルフール紛争
スーダンの内戦

　スーダン共和国（Republic of Sudan）はアフリカ中東部に位置しナイル川の上・中流地域に広がり、北東は紅海に臨み800キロメートルの海岸線を擁し、北はエジプト、西はリビア・チャド・中央アフリカ共和国、南はザイール・ウガンダ・ケニア、東はエチオピアの9ヶ国に隣接する総面積250万平方キロ（日本の約6.6倍）を擁するアフリカ最大の国である。スーダンは1899年イギリスとエジプトの共同統治下に置かれたが、1954年自治政府が発足、1956年独立した。現在の人口は3,920万人（2008年）である。人口は多様であり、19の種族及び600の部族、100以上の言語集団に分類される。39％がアラブ系、61％がアフリカ系黒人で人口の70％が回教徒である。首都は北部地域に位置するハルツーム（Khartoum）であり、南部の主要都市はジューバ（Juba）である。

　イギリス植民地政府は、アラブ系回教徒が集中する遊牧民族が多数をしめるスーダンの北部と、アフリカ系黒人が集中する農耕民が多数を占める南スーダンを政策的に分断する間接統治政策を実施した。その結果、南北の地域的・人種的・部族的・宗教的・言語的伝統が温存され南・北の対立の構造が形成され、スーダンは長期間内戦を経験することになる。イギリス植民地政府は一時期（1920－47年）南部スーダンを将来的には東アフリカの一部を構成する地域として北部地域から隔離する「南部政策」(The Southern Policy) を実施した。この「南部政策」は、①北部地域のアラブ系商人が南部で商売することを禁止しアラブ語が南部地域に流布することを抑制することを目的とし、②北部地域のアラブ系住民の治安を維持するため主に南部の黒人によって構成する「赤道兵団」を結成してアラブ系部族を牽制し、③キリスト教の慣例に従い日曜日を南部地域の休日とし（1917年）北部の回教文化から南部を宗教的に隔絶、④英語を南部の公用語とする（1918年）こと等を通して南北地域の分断を謀った。そしてイギリス植民地政府はスーダンの政治・経

第4章　アフリカ経済の構造

済の中心を北部地域に置き、鉄道を主に北部地域に建設し、灌漑設備等の開発投資は北部地域に集中して行い、南部地域の開発はなおざりにされた。植民地政府の行政は、主に北部地域のアラブ系部族によって構成される官僚によって行われ、北部が南部を支配するという政治的構図が形成された。1954年当時ハルツームにあるスーダンの植民地政府の800名の上級官僚は北部出身者によって占められ、南部出身者は8名だけであった[62]。この結果、北部地域の文化的、宗教的、政治的、経済的支配に対する南部地域の憤懣が爆発し、1955年南部地域の守備隊で反乱が発生する。この南部の守備隊の反乱は「毒蟻闘争」（アンヤンヤ：Anya-Nya）と呼ばれ、反政府ゲリラ闘争をジョセフ・ラグ（Joseph Lagu）将校の指導の下で南部で展開する（1960年―72年）。この「毒蟻」ゲリラの勢力は5,000人の兵力規模に増大し、1967年6月の「アラブ・イスラエル6日戦争」以降はイスラエルの軍事援助を得て南部地域で積極的にゲリラ活動を展開する。この「毒蟻闘争」は1971年「南部スーダン解放運動」（SSLM：Southern Sudan Liberation Movement）へと改称され、反政府ゲリラ闘争を継続する[63]。

　北部部族出身者が指導権を握るスーダン政府は、独立以降一時議会制民主政治体制が実現するが、1969年ジャヤファル・ムハマド・ヌマイリー（Jafar Muhammad Numayri）大佐率いる「自由将校団」によるクーデターが発生し、軍事革命政権が誕生する。ヌマイリー政権は南部スーダンに対する融和政策を取り、1972年「南部スーダン解放運動」（SSLM）と「アッジス・アババ停戦協定」を結び南部の自治権を認め「南部暫定議会」の設立を容認する。これによってスーダンの第1次内戦は終結し、1983年まで南北の対立は沈静化する。しかし1978年南部の広大な地域でアメリカの石油開発多国籍会社シェヴロン（Chevron）が内戦の終結以降10億ドルの石油探査投資を行い、南部の北ナイル州の地域に油田の掘削に成功する。この石油資源の利権の去就が南北間の対立の火に油を注ぐことになる。それと同時にヌマイリー政権（1969-85年）は次第に南部に対する融和政策を放棄してスーダン全土にイスラム法の導入を初めとする種々の「イスラム原理主義」政策を実

161

施する。このヌマイリー政権の「イスラム化政策」に反発し、蓄積した南部地域の憤懣に呼応してジョン・ガラン・デ・マビオル（John Garang de Mabior）陸軍大佐等は1983年スーダン人民解放運動（SPLM：Sudan People's Liberation Movement）及びスーダン人民解放軍（SPLA：Sudan People's Liberation Army）を創設し、反政府ゲリラ闘争を展開する。このようにしてスーダンの第2次内戦が開始され、2005年1月「包括和平合意」（CPA：Comprehensive Peace Agreement）が締結されるまで第2次内戦は20年以上継続する。この間200万人以上の死傷者が犠牲となり、400万人以上の避難民・難民が発生する。[64]

　ジョン・ガラン（1945-2005年）はアメリカのアイオワ大学で農業経済学の博士号を取得後ジョージア州のベニング陸軍基地で軍隊教育を受けている。ジョン・ガランのようにアフリカの多くの指導者が、欧米の大学で高等教育を受けた後ゲリラ指導者や政治家に転じる事例が多くみられる。ナイジェリアの独立初期の段階で発生した「ビアフラ戦争」でビアフラ軍の総司令官となったオジュク中佐（後に将軍）はオックスフォード大学で歴史学を勉強した後イギリスの総合参謀大学で軍隊教育を受けており、知識人兼軍司令官の事例の1人である。[65]ヌマイリー政権の後首相になるサディック・マハディ（Sadiq al-Mahdi）はオックスフォード大学で博士号を取得しているし、サディック・マハディの義兄弟で「国民イスラム戦線」（NIF：National Islamic Front）の創設者となるハッサン・アル・ツラビ（Hassan al-Turabi）はパリのソルボンヌ大学で博士号を取得している。[66]サディック・マハディ政権（1986-89年）はイスラム法（shari'a）を廃止し南部融和政策を採用するが、度重なる旱魃で食糧危機が発生し、エチオピアの支援をえたジョン・ガラン率いるスーダン人民解放軍（SPLA）のゲリラ活動が活発化する。政府の1日200万ドルの内戦費用は財政を圧迫し、累積する対外債務（104億ドル）が重くのし掛り、物価の上昇が庶民の生活を直撃し政治不安が極度に増大した。この機会に乗じて1989年6月アル・バシャー准将（UmarHasan Ahmad al-Bashir）が軍事クーデターを敢行し政権を奪取し、革命委員会を設置し非常事態を宣言し自らが国家元首、革命委員会議長、首相、国防相、軍最高司令官に就任

162

し独裁体制を樹立する。このバシャー政権下でハッサン・アル・ツバキがイスラムの精神的指導者として「イスラム革命」を断行し恐怖政治を実施する。内務警察による不法逮捕・暗殺・拷問・強姦等人道に反する残虐行為が「幽霊屋敷」（Ghost House）で行われ、スーダンは国際テロリストの「カルロス」（Carlos the Jackal；Ilich Raminez Sanchez）やオサマ・ビン・ラディン（Osama bin Ladin）率いるアル・カイダ（al-Qaida）の安全な棲家となる。1995年スーダンに亡命したエジプト人のイスラム過激主義者アル・ザワヒリ（Dr.Ayman al-Zawahiri）によるムバラク（Mubarak）エジプト大統領の暗殺計画が発覚する。アル・カイダがスーダンの活動拠点からナイロビ及びダルエスサラームのアメリカ大使館を爆破した報復措置として、アメリカ海軍はクリントン大統領の命令により1998年8月ハルツームの毒ガス製造の嫌疑のある工場を13機のトマホーク・ミサイルで爆撃する。

　これらバシャー政権のイスラム原理主義活動に対抗してアメリカ政府はジョン・ガラン率いるスーダン人民解放軍（SPLA）を支援する[67]。スーダン南部の広大な原油埋蔵地域の石油探査・掘削事業はアメリカの石油会社シェヴロン（Chevron；1974－92）、カナダの石油会社アラキス（Arakis；1992－98年）等によって開発が進み、スーダン政府は1996年カナダの石油開発会社（SPCC、25％）中国国営石油開発公社（CNPC、40％）、ペトロナス・マレーシア石油会社（30％）、スーダン国営石油会社（SUDAPET 5％）と合弁で「大ナイル石油開発会社」（SNOPC：Greater Nile Operating Petroleum Company）を1996年12月に設立し、石油掘削事業を積極化する。「大ナイル石油開発会社」（GNOPC）は1999年5月油田地域から紅海沿岸のポートスーダンの南マルサ・バシャイヤ（Marsa Bashayir）間の1,550キロのパイプラインの建設を完了する。この結果日産20万バーレル以上の原油の輸出が可能となる。このスーダンの原油埋蔵地域及びパイプライン敷設地域における政府及び反政府軍の軍事的衝突が激化する[68]。スーダン政府は原油輸出による財政収入の増大から280台の戦車及び装甲車・攻撃用ヘリコプターを含む軍事費を飛躍的に増大するが決定的な勝利を収めることが出来ず、エチオピア・ウガンダ・

アメリカ・イギリス・ノルウェーの仲介により2002年7月「マチャコス会議」（Machakos Conference）によってジョン・ガランのスーダン人民解放軍（SPLA）との休戦協定に合意する。その後30ケ月の交渉の結果南部スーダンの自治権を認める「包括的和平合意」（CPA：Comprehensive Peace Agreement）を2005年に締結し、ジョン・ガランがスーダン政府の副大統領に就任する。これによって25年続いた第2次内戦は終焉する。しかしジョン・ガランは3週間後ヘリコプターの墜落事故によって波乱万丈の人生を終えることになる。[69]

ダルフール（Darfur）紛争

　ハルツーム政府と南部のスーダン人民解放軍（SPLA）が和平交渉を行っている最中にスーダン西部に位置するダルフール地域で2003年以降別の部族間紛争が発生した。ダルフール（Darfur）地域は西にチャド・中央アフリカ共和国・リビアに国境を接する面積25万平方キロ（日本の本州の面積に匹敵）の人口約600万人を擁する地域である。このダルフール地域はアラブ地域への黒人奴隷の交易のルートであり、古くからアラブ化し回教文化が浸透した。またこの地域はファー（Fur)、ザガワ（Zaghawa）、マサーリット（Masaalit）部族等多数の部族によって構成される部族社会であった。ダルフールの名称はアラブ語で「ファー（Fur）部族の居住地域（Dar）」から由来する。各部族は地域毎に首長が支配する村落集団を形成し、土地は村落の共同所有とされ、各村落の構成員は部族に対する強力な帰属意識を持っていた。地域社会は遊牧民族であるアラブ系の住民とアフリカ黒人系の農耕民族に区分され、地域社会の権力はアラブ系部族のエリートが握っていた。ダルフール地域は北・西・南ダルフール州に行政区分され、それぞれの州は、1956年の独立以来スーダン政府が任命するアラブ系知事よって統治されていた。ダルフール地域では度重なる旱魃及び砂漠化の影響で農耕・牧畜適地が次第に減少し、農耕に従事する黒人部族とアラブ系牧畜部族との間の対立・抗争が近年激化してきていた。[70] アラブ系部族によって構成されるエリートによる支配に対する鬱積を募ったアフリカ系黒人部族は2003年「スーダン解放運動・軍」

(SLM / A : Sudan Liberation Movement / Army) 及び「正義・平等運動」(JEM : Justice and Equality Movement) を組織化し、スーダン政府施設・要員に対するゲリラ闘争を開始する。これに対し南部の広範囲の地域で「スーダン人民解放軍」(SPLA) との戦闘を展開していたスーダン政府は、陸軍部隊の要員不足からダルフール地域のアラブ系部族の住民を「民兵」(ジャンジャウィード : Janjaweed) として組織化して武器・弾薬・兵站や輸送手段を供給して訓練する。これらアラブ系の民兵組織（ジャンジャウィード）は、アフリカ系黒人部落及び住民を無差別に攻撃・掠奪・婦女子に対する暴行・強姦等の残虐行為を行う。この結果婦女子・子供・幼児を含む数万人の黒人系住民が虐殺され、200万人以上のダルフールの黒人が難民化し、国際社会のダルフール紛争に対する関心が高まる。[71] アメリカの国務省は、このダルフール地域の黒人系部族に対するアラブ系部族の民兵組織（ジャンジャウィード）による残虐行為について実態調査を行い、「民兵組織による黒人部族の残虐行為はジェノサイド（大量虐殺）である」とパウエル国務長官はスーダン政府を非難する。[72] しかし安全保障理事会の決議に基づいて組織された「ダルフールに関する国際調査委員会」の調査報告書は、「スーダン政府はダルフールにおいて人道に反する罪を犯しているが、ジェノサイド（大量虐殺）の意図を持って残虐行為を行っていない」と結論づけている。[73]

註

1. Wallerstin, Immanuel., Africa ; *The Politics of Independence and Unity*, University of Nebraska Press, 2005, Introduction, v-xvi.
2. これ等の数値は、World Bank, Africa : *Development Indicators*, 2007 ; World Development Report 2007 ; OECD Website に記載された数値である。
3. アフリカ経済の長期的発展の共同研究（AERC : the African Economic Research Consortium）は、オックスフォード大学のポール・コリヤー教授（Paul Collier）等が中心となって行われ、その研究成果に以下の文献にまとめられている。この研究は、しばしば言及するので以下「アフリカ経済の共同研究

（AERC)」と略称する。

The Political Economy of Economic Growth in Africa, 1960-2000 Vol.I., ed., by Paul Collier, Nenno J.Ndulu, Stephen A.OConell, Robert H.Bates, Chukwuma C.Soludo, Cambridge University Press, 2008.

The Political Economy of Economic Growth in Africa, 1960-2000, Vol.2, Country Case Studies, ed., by Benno J.Ndulu, Stephen A.OConnell, Jean-Paul Azam, Robert H.Bates, Augustin K.Fosu, Jan Willem Gunning and Dominique Njinkeu, Cambridge University Press, 2008.

4. 日本の文献としては、以下が参考となる。秋山裕著『経済発展論入門』、東洋経済新報社、1999年。荒憲二郎著『経済成長論』、岩波書店、1969年。鳥居泰彦著『経済発展論』、東洋経済新報社、昭和54年。安場保吉著『経済成長論』、筑摩書房。新古典派経済成長理論の解説書としては、以下の文献が入門的な良書がある。Charles I.Johns, *Introduction To Economic Growth*, W.W. Norton&Company, 1998；David N.Weil, *Economic Growth*, Addison Wesley, 2nd Ed., 2009.

5. Pritchett, Lant., "Divergence, Big Time," and Charles I.Jones, "On the Evolution of the World Income Distribution," in *Journal of Economic Perspectives*, Vol.11, No.3, Summer 1997, pp. 3-7 and pp.19-36；N.Gregory Mankew, David Romer and David N.Weil, "A Contribution to the Empirics of Economic Growth," *The Quarterly Journal of Economics*, May 1992, pp. 407-437；Robert J.Barro and Xavier Sala-i-Martin, *Economic Growth*, McGraw-Hill, 1995.

6. ダグラス・ノース（Douglass C.North）の代表的な著作には以下がある。Lance E.Davies and Douglass C.North, *Institutional Change and American Economic Growth*, Cambridge University Press, 1971；Douglass C.North and Robert Paul Thomas, *The Rise of Western World：A New Economic History*, Cambridge University Press, 1973；Douglass C.North, *Structure and Change in Economic Histroy*, W.W. Norton & Company, 1981 and *Insitutions, Insitutional Change and Economic Performance*, Cambridge University Press, 1991.

7. M・ウエーバーの資本主義制度の定義については、M・ウエーバー著・黒正巌・青山秀夫訳『一般社会経済史要綱』、岩波書店、1955年、下巻、119－122頁。

8. Landes, David S., *The Wealth and Poverty of Nations ; Why Some are So Rich and Some So Poor*. W.W.Norton&Company, 1999, pp.499-507.
9. Engerman, Stanley., and Kenneth L.Sokoloff, "Factor Endowments, Institutions, and Different Paths of Growth Among New World Economics : A View from Economic Historians of the United States," in Stephen Haber ed., *How Latin America Fell Behind*, Stanford University Press, 1997, pp.260-303 ; and "Colonialism, Inequality, and Long-Run Paths of Development," in Abhijit Vinayak Banerjee et al.,ed., *Understanding Poverty*, Oxford University Press, 2006, pp.37-61. Daron Acemoglu, *Introduction to Modern Economic Growth*, Princeton University Press, 2009, pp.109-143.
10. Nelson, Richard, R., "A Theory of the Low Level Equilibrium Trap in Underdeveloped Economies," *The American Economic Review*, Vol.46, No.5., pp.894-908
11. Meredith, Martin., *The State of Africa : A History of Fifty Years Independence*, Free Press, 2005, pp.285-292.
12. Adedeji, Adebayo., "The economic evolution of developing Africa," in *The Cambridge History of Africa*, Vol.8. 1940-1975, ed., by J.D.Fage and Roland Oliver, 1984, pp.192-250.
13. 平野克己著『図説アフリカ経済』、日本評論社、2002年、30-56頁。
14. UN, Economic&Social Affairs, *Trends in Sustainable Development : Africa Report*, 2008-09, pp.25-30.
15. World Bank, *Can Africa Claim the 21st Century?* 2000, pp.170-207. 平野克己著『図説アフリカ経済』、日本評論社、2002年、30-57頁。北川勝彦・高橋基樹著『アフリカ経済論』、ミネルヴァ書房、2004年、145-166頁。
16. Paul Collier, "Primary Commodity Dependence and Africa's Future," in *Annual World Bank Conference on Development Economics*, 2003, pp.139-161 ; David Bevan, Paul Collier and Jan Willem Gunning, Anatomy of a Temporary Trade Shock : The Kenyan Coffee Boom of 1976-9, in *Journal of African Economies*, Vol.I, No.2., pp.271-305.
17. Ndulu, Benno J., "The evolution of global development paradigms and their influence on African economic growth," in *The Political Economy of Economic Growth in Africa, 1960-2000, AERC*, Vol.1, 2008, pp.315-347. 佐藤章編『統治者と国家』、アジア経済研究所、2007年、360-408頁。

18. フレデリック・ルガード卿のアフリカ植民地行政官としての体験は上下2巻の伝記に詳しく説明されている。
    Margery Perham, Lugard ; *The Years of Adventure 1858-1898*, Collins, 1956.
    Margery Perham, Lugard ; *The Years of Authority 1898-1945*, Collins, 1960.
    ルガード卿は生涯日々の行政上の体験を日記に記しており、これらを基にオックスフォード大学のアフリカ研究者が書いた非常に詳細な伝記である。
19. Lugard, Frederick., *The Dual Mandate in British Tropical Africa*, Frank Cass, 1922.
20. Lugard, ibid., pp.617-619.
21. World Bank, *Accelerated Development in Sub-Sahara Africa* ; *An Agenda for Action*, 1981. この報告書は研究チームのリーダーであるエリオット・バーグ（Elliot Berg）の名前から「バーグ報告書」と呼ばれるようになる。
22. 途上国の税制度については、以下を参照されたい。VitoTanzi, *Public Finance in Developing Countries*, Edward Elgar, 1991 ; Richard M.Bird, *Tax Policy and Economic Development*, The Johns Hopkins University Press, 1992 ; Richard M.Bird and Oliver Oldman, *Readings on Taxation in Developing Countries*, The Johns Hopkins University Press, 1964.
23. 高木信二著『入門国際金融』、日本評論社、第3版、2008年、2－7頁。
24. Hollis B.Chenery and Alan M.Strout, "Foreign Assistance and Economic Development," in *The American Economic Review*, September 1966, pp.679-733.
25. Bacha, Edmar L., "A Three Gap Model of Foreign Transfers and the GDP Growth in the Developing Countries," in *Journal of Development Economics*, Vol.32, 1990, pp.279-296 ; Lance Taylor, "A Three-Gap Analysis of Foreign Resource Flows and Developing Country Growth," in *The Rocky Road to Reform* ; *Adjustment, Income Distribution, and Growth in the Developing Country*, ed., by Lance Taylor, The MIT Press, 1993, pp.9-37 ; Pierre-Richard Agenor, *The Economics of Adjustment and Growth*, Academic Press, 2000, pp.372-376.
26. Easterly, William., "The Ghost of financing gap : testing the growth model used in the international financial institutions," *Journal of Development*

Economics, Vol.60, 1999, pp.423-438.
27. Greene, Joshua., "External Debt Problem of Sub-Sahara Africa," in *Analytical Issues in Debt*, ed. ,by Jacob A.Frenkel, Michael P.Dooley, and Peter Wickham, IMF, 1989, pp.38-74.
28. Cline, William R., *International Debt Reexamined*, Institute for International Economics, 1995, pp.367-401.
29. 「パリクラブ」でのアフリカ政府を含む発展途上国政府と先進国の債権者団体の債務の繰延交渉の舞台裏については、日本の民間の金融機関の出向者による解説がる。松井健一郎著『パリクラブ』、財経詳報社、平成8年。
30. 有吉章編『図説：国際金融』、財経詳報社、2003年、292-307頁。
31. IMF, *WebSite*, HIPC.
32. Harbom, Lotta, and Peter Wallensteen, "Armed Conflicts, 1946-2008," in *Journal of Peace Research*, Vol.46, No.4, 2009, pp.577-587.
33. Collier, Paul., *Wars, Guns and Votes : Democracy in Dangerous Places*, The Bodley Head, London, 2009, page 8 and page 146.
34. Collier, Paul., *The Bottom Billion ; Why the Poorest Countries Are Failing ans What Can be Done About It ?* Oxford University Press, 2007, pp. 17-37.
35. Bates, Robert H., *When Things Fell Apart*, Cambridge University Press, 2008.
36. Sambanis, Nicholas., "What is Civil War ? Conceptual and Empirical Complexities of an Operational Definition," in *Journal of Conflict Resolution*, Vol.48, No.6. December 2004. pp.814-858.
37. Collier, Paul., V.L.Elliott, Havard Hegre, Anke Hoeffler, Marta Reynal-Querol, Nicholas Sambis, *Breaking Conflict Trap ; Civil War and Development Policy*, The World Bank, 2003 ; *Understanding Civil War ; Evidence and Analysis*, Vol. I Africa and Vol.II., Europe, Central Asia, and Other Regions, ed., by Paul Collier and Nicholas Sambanis, 2005.
38. 世銀の研究以外ではアフリカの紛争や内戦に関して下記の文献が参考になる。*Post-Conflict Economies in Africa*, ed., by Augustin Kwasi Fosu and Paul Collier, Palgrave Macmillan, 2005 ; Paul Collier and Anke Hoffler, "On the Incidence of Civil War in Africa," in *Journal of Conflict Resolution*, Vol.46, No1., 2002, pp.13-28 ; DFID, The Causes of Conflict in Sub-Saharan Africa, 2001 ; Sabine C.Carey, "Rebellion in Africa : Disaggregating the Effect

of Political Regimes," in *Journal of Peace Research*, Vol.44. No.1, 2007, pp.47-66 ; Kwabena-Brempong and Marva E.Corley, "Civil Wars and Economic Growth in Sub-Saharan Africa," in *Journal of African Economies*, Vol. 14, 2005, pp.270-311 ; Ravi Bhavnani and David Backer, "Localized Ethnic Conflict and Genocide," in *Journal of Conflict Resolution*, Vo.44, No.3, June 2000, pp. 283-306 ; Ravi Bhavnani, "Ethnic Norms and Interethnic Violence : Accounting for Mass Participation in the Rwandan Genocide," in *Journal of Peace Research*, Vol.43, No.6, 2006, pp.651-669 ; Jose G.Montalvo and Marta Reynal-Querol, "Ethnic Polarization, Potential Conflict, and Civil War," in *American Economic Review*, Vol.95, No.3, June 2005, pp. 796-816 ; James D.Fearon and David D.Latin, "Ethnicity, Insurgency, and Civil War," in *American Political Science Review*, Vol.97, No.1, February 2003, pp.75-90 ; Ravi Bhavnani and Dan Miodownik, "Ethnici Polarization, Ethnic Salience, and Civil War," in *Journal of Conflict Resolution*, Vol.53, No.1, February 2009, pp.30-49. これ等研究のは、アフリカの多民族性・多人種性・多部族性等による社会の「分断化」(Frangmentation) は必ずしも紛争や内戦の直接的な要因とならず、これ等民族・人種・部族の「分極化」(Polarization) が必要要件となると指摘している。更に紛争や内戦が起動するためには、武器の調達を可能にする資金源の存在、政府の弱体化が不可欠の条件であると主張する。

39. World Band, Country Brief, February 2010. Web site.
40. モザンビーク解放戦線 (FRELIMO) による独立闘争については、以下に詳しい分析がなされている。船田クラーセン・さやか著『モザンビーク解放闘争史』、御茶の水書房、2007年。
41. モザンビークの内戦に関しては、以下の論文に詳しい分析がなされている。
   Jeremy M.Weinstein and Laudemiro Francisco, "The Civil War in Mozambique : The Balance Between and Internal and External Influences," in *Understanding Civil War*, Vol. Africa, ed., by Paul Collier and Nicholas Sambanis, 2005, pp.157-191.
42. モザンビークの市場経済体制の転換にかんしては、以下に詳しい分析がある。
   M.Ann Pitcher, *Transforming Mozambique : The Politics of Privatization, 1975-2000*, Cambridge University Press, 2002. 尚モザンビークの長期的な経済発展動向については、Clara de Sousa and Jose Sulemane, "Mozambique's

Growth Performance, 1960-1997, in CD-ROM, *The Political Economy of Economic Growth in Africa*, 1960-2000, Vol.2, Country Case Studies, ed., by Benno J.Ndulu et al, 2008.
43. IMF, Angola：*Selected Issues and Statistical Appendix*, October 2007, page 45, 47, 56 and 64.
44. Davidson, Basil., "Portuguese speaking Africa," in *The Cambridge History of Africa*, Vol.8：1940-1975. ed., by J.D.Fage and Roland Oliver, 1984, pp.755-806.
45. 林晃史著「アンゴラ」、川田順造等編『アフリカを知る辞典』、平凡社、新訂増補版、1999年、28－29頁。金七紀男著『ポルトガル史』、増補版、彩流社、2003年、238－240頁。250－266頁。星昭・林晃史著『アフリカ現代史　Ｉ：総説・南部アフリカ』、山川出版社、1992年、262－266頁。
46. アンゴラ内戦の説明は主に以下の文献の記述による。Meredith, Martin., *The State of Africa：A History of Fifty Years of Independence*, Free Press, 2005, pp.134-137, pp.309-319, pp.434-435, pp.600-616.
47. 小田英郎著『アフリカ現代政治』、東京大学出版会、1989年、186－189頁。
48. Kissinger, Henry., *Years of Renewal*, Simon & Schuster, 1999, pp.791-833.
49. Ramonet, Ignachio., ed., *Fidel Castro*, Penguin Books, 2006, pp.308-334.
50. Human Rights Watch, *Some Transparency, No Accountability*, January 2004. pp. 33-46. この報告書はIMFの「Staff Report for the 2002 Article Ⅳ Consultation」の資料に基づいて書かれているが、現在このIMFのレポートは外部から閲覧することが出来なくなっている。
51. Meredith, Martin., *ibid.,* page 616.
52. 最近の政治学者達による実証研究によると、多数の民族や人種によって分断化（fragmentation）された国よりも、民族・人種が二極化（polarization）した国の方が紛争の発生する確率が高い。Fearon, James D., and David D.Laitin, "Ethnicity, Insurgency, and Civil Wars," in *American Political Science Review*, Vol.97, No.1, February 2003, pp.75-90.
53. 服部正也著『ルワンダ中央銀行総裁日記』、中公新書、1972年。
54. World Bank, *Country Assistance Strategy for the Republic of Rwanda*, August, 2008, pp.89-90.
55. 武内進一著『現代アフリカの紛争と国家』、明石書店、2009年、107－158頁。
56. このフツ族によるツチ族の大量虐殺（ジェノサイド）ないしは民族浄化につ

いては以下の文献に詳しい解説・分析がなされている。

Human Rights Watch, *Leave None to Tell the Story : Genocide in Rwanda*, 2008, Website of Human Rights Watch ; Philip Geourevitch, *We wish to inform you that tomorrow we will be killed with our families ; Stories From Rwanda*, Farrar, Strauss&Giroux, 1998 ;（邦訳）フィリップ・ゴーレイヴィッチ著『ジェノサイドの丘』、上・下巻、Wave 出版、2003年 ; 武内進一著、前掲書。

57. Longman, Timothy., *Christianity And Genocide in Rwanda*, Cambridge University Press, 2010.
58. 緒方貞子著『紛争と難民：緒方貞子の回想』、集英社、2006年、203－320頁。
59. Collins, Robert O., *A History of Modern Sudan*, Cambridge University Press, 2008, pp.33-68.
60. Human Rights Watch, *Sudan, Oil, and Human Rights*, 2003, pp.43-44.
61. Gadir Ali, Ali Abdel, Ibrahim A.Elbadawi, and Atta El-Batahani, "Sudan's Civil War ; Why Has It Prevailed for So Long ?" in *Understanding Civil War*, ed., by Paul Collier and Nicholas Sambanis, The World Bank, 2005, pp.195-197.
62. Meredith, Martin., ibid., pp.344-45.
63. Collins, Robert O., *A History of Modern Sudan*, Cambridge University Press, 2008, pp.79-87, pp. 103-5 and pp.104-105.
64. スーダンの内戦及びSPLM/SPLAの指導者ジョン・ガランについては、以下の文献に説明がある。篠田秀朗著「スーダンという国家の再構築：重層的紛争展開地域における平和構築活動」、武内進一編『戦争と平和の間』、アジア経済研究所、2008年、59－89頁。栗本英世著「ジョン・ガランにおける（個人支配）の研究」、佐藤章編『統治者と国家：アフリカの個人支配再考』、アジア経済研究所、2007年、105－221頁。
65. 室井義雄著『ビアフラ戦争』、山川出版、2003年、130-31頁。
64. Meredith, Martin., *ibid.*, page 356 ;
66. Collins, Robert O., *A History of Modern Sudan*, Cambridge University Press, 2008, pp.157-184. スーダンの内戦についてはこの文献に詳しい記述がある。日本語の文献では、富田正史著『スーダン：もう１つのテロ支援国家』、第三書館、2002年、にスーダンの内戦についての詳しい説明がある。
67. Collins, Robert O., *ibid.*, pp.185-217.

68. スーダンの石油開発地域に関する内戦の模様は以下の文献に詳しい。
   Human Rights Watch, *Sudan, Oil, and Human Rights*, 2003.
69. Collins, Robert O., *ibid.,* page 271.
70. Daly, M.W., *Darfur's Sorrow : A History of Destruction and Genocide*, Cambridge University Press, 2007, pp.248-316.
71. Human Rights Watch, *Targeting the Fur : Mass Killing in Darfur*, January 2005.
72. Hagan, John., and Wenona Rymond-Richmond, *Darfur and the Crime of Genocide*, Cambridge University Press, 2009. Page 220.
73. United Nations, *Report of the International Commission of Inquiry on Darfur to the United Nations Secretary-General*, 25 January 2005, pp.124-132.

第Ⅱ部　国際協力の課題

第5章　開発と貧困

はじめに

　最近国際社会の途上国の貧困問題への関心が高まり、貧困問題の理論的および実証的な研究が盛んに行われるようになった。それとともにIMF・世銀は途上国の貧困問題を支援するため新しい支援政策を1990年代の後半以降実施してきている。ここでは途上国が抱える貧困問題の研究に関するいくつかの問題点を解説し、日本のODA政策のあり方を模索する。

5.1　拡大する世界の所得格差

　世界銀行（以下世銀と略称）は最近の『世界開発指標』(2010年)の中で、戦後の世界が50年以上持続的発展を遂げたにも拘らず先進国と途上国の貧富の格差が拡大する方向にあると指摘している。この報告書によると世界全体の総人口67億人の47パーセントを占める25億人は2008年現在1日当たりGNP2ドル以下の生活水準を強いられ、世界全体の約4分の1を占める13億人は、1人1日当たりGNPが1.25ドル以下の貧困の水準にある。アメリカの年平均所得は低所得国の平均所得の91倍に相当し、この所得格差は過去40年間に拡大したと世銀の報告書は指摘している。[1] この世界の貧困の現状には地域差が認められ、東アジアの1日当たり1.25ドル以下の最貧困層に属する人口は1981−2005年の20数年前後の期間に10.2億人から3.2億人に減少したが、中南米、南アジア及びサハラ砂漠以南のアフリカ地域の最貧困層人口は増大の傾向にある。表1に示されている様に世界の最貧困層人口は特に南アジア及びサハラ砂漠以南のアフリカ地域に集中している。

第5章 開発と貧困

表1（1）　世界の最貧困人口（1日1.25ドル以下　2005年購買力評価）（百万人）

	1981	1987	1993	1999	2005
東アジア・太平洋	1,072	822	845	635	316
（中国）	(835)	(586)	(633)	(447)	(208)
ヨーロッパ・中央アジア	7	5	20	24	17
中南米	47	57	47	55	45
中近東・北アフリカ	14	12	10	12	11
南アジア	548	569	559	589	596
（インド）	(420)	(428)	(444)	(447)	(456)
サハラ砂漠以南のアフリカ	211	258	317	383	388
合　計	1,900	1,723	1,799	1,698	1,374

最貧困人口（1日1.25ドル以下）の人口比率（％）

	1981	1987	1993	1999	2005
東アジア・太平洋	77.7	54.2	50.8	35.5	16.8
（中国）	(84.0)	(54.0)	(53.7)	(35.6)	(15.9)
ヨーロッパ・中央アジア	1.7	1.1	4.3	5.1	3.7
中南米	12.9	13.7	10.1	10.9	8.2
中近東・北アフリカ	7.9	5.7	4.1	4.2	3.6
南アジア	59.4	54.2	46.9	44.1	40.3
（インド）	(59.8)	(53.6)	(49.4)	(44.8)	(41.6)
サハラ砂漠以南のアフリカ	53.4	54.5	56.9	58.4	50.9
全　体	51.9	41.9	39.2	33.7	25.2

表1（2）　世界の貧困人口（1日2.0ドル以下　2005年購買力評価）（百万人）

	1981	1987	1993	1999	2005
東アジア・太平洋	1,278	1,238	1,262	1,105	729
（中国）	(972)	(907)	(926)	(770)	(474)
ヨーロッパ・中央アジア	35	25	49	68	42
中南米	90	103	96	111	94
中近東・北アフリカ	46	47	48	52	51
南アジア	799	881	950	1,031	1,092
（インド）	(609)	(669)	(735)	(783)	(828)
サハラ砂漠以南のアフリカ	294	351	423	509	556
合　計	2,542	2,646	2,828	2,875	2,564

貧困人口（1日2.0ドル以下）の人口比率（％）

	1981	1987	1993	1999	2005
東アジア・太平洋	92.6	81.6	75.8	61.8	38.7
（中国）	(97.8)	(83.7)	(78.6)	(61.4)	(36.3)
ヨーロッパ・中央アジア	8.3	5.6	10.3	14.3	8.9
中南米	24.6	24.9	20.7	21.8	17.1
中近東・北アフリカ	26.7	22.7	19.8	19.0	16.9
南アジア	86.5	83.9	79.7	77.2	73.9
（インド）	(86.6)	(83.8)	(81.7)	(78.4)	(75.6)
サハラ砂漠以南のアフリカ	73.8	74.0	75.9	77.6	72.9
全体	69.4	64.3	61.6	57.1	47.0

資料：World Bank, World Development Indicators 2010, page 92.

　2008年現在の世界全体の国民所得規模は約58兆ドルと推計され、このうち高所得国（1人当たり国民所得が1万1,906ドル以上の国）の国民所得総計は42.4兆であり、これら高所得国が世界全体の国民所得の73パーセントを占めている。また世界全体の総人口は67億人と推計さているが、このうち高所得国の人口は11億人に過ぎず、これは世界の人口の16パーセント以下を占めるに過ぎない。この様に世界人口の16パーセントを占めるに過ぎない高所得国が世界全体の国民所得の73パーセントを占める結果となっている。これに反して世銀の統計で1人当たり国民所得が975ドル以下の国と定義されている低所得国の人口総数は9.8億人であり、この低所得国は世界総人口の14.6パーセントを占めている。しかし低所得国全体の国民所得の総額は0.5兆ドルに過ぎない。つまり世界全体の14.6パーセントの人口を占める低所得国が世界全体の国民所得の0.9パーセントを占めるに過ぎないのである。なお世銀のこの統計では、1人当たり所得976〜3,855ドルの階層は低位中所得国と分類されている。この階層の平均所得は2,073ドル（1日当たり5.7ドル）、総国民所得は7.7兆ドル（世界全体の13.2パーセント）、この階層に所属する人口は37億人（全体の55.3パーセント）となっている。

　アメリカの政治学者ロバート・ギルピンが指摘するように、戦後の世界の

表2　世界の所得分布（2008年）

	総国民所得 （GNP） （10億ドル）	構成比 （％）	人　口 （百万人）	構成比 （％）	1人当たり 国民所得 （ドル）	順　位
アメリカ	14,573	25.1	304	4.5	47,930	15
日　本	4,869	8.4	128	1.9	38,130	31
ドイツ	3,507	6.1	82	1.2	42,710	23
イギリス	2,827	4.9	61	0.9	46,040	18
フランス	2,696	4.6	62	0.9	42,000	25
イタリア	2,122	3.7	60	0.9	35,460	32
カナダ	1,454	2.5	33	0.5	43,640	22
G7合計	32,048	56.9	648	9.7		
世界全体	57,961	100.0	6,697	100.0	8,654	－
高所得国[a]	42,415	73.2	1,069	16.0	39,687	－
中所得国[b]	15,123	26.1	4,652	69.5	3,251	－
低位中所得国[c]	7,675	13.2	3.703	55.3	2,073	－
低所得国[d]	511	0.9	976	14.6	523	－
中　国	3,888	6.7	1,327	19.8	2,940	127

注：a　高所得国、1人当たり所得11,906ドル以上
　　b　中所得国、1人当たり所得976〜11,905ドル
　　c　低位中所得国、1人当たり所得976〜3,855ドル
　　d　低所得国、1人当たり所得975ドル以下
資料：World Bank, World Development Indicators 2010, pp.32-35

経済秩序はブレトン・ウッズ体制によって支えられてきた。このブレトン・ウッズ体制で支配的な影響力を行使してきたのはアメリカ、イギリス、フランス、ドイツ、日本、イタリア及びカナダの先進7ケ国である。これら先進7ケ国は首脳会議、蔵相会議、国際通貨金融委員会（IMFC：旧暫定委員会）、開発委員会及び2国間の政策協調の場を通して発展途上国に対する開発支援政策に関して絶大な権限や影響力を持ってきた。この先進7ケ国の人口の合計は6億5千万人であり、世界全体の9.7パーセントを占めるに過ぎない。しかし先進7ケ国の国民所得の総額は32兆ドルであり、世界全体の国民所得の57パーセントを占める。この様に世界は少数の富める国と多数の貧困国に区分され、所得格差が拡大している現状が理解されよう。

何故世界にこのような貧富の格差が存在するのであろうか。アメリカの代表的な歴史学者D・ランデスは「世界の諸国の貧富の格差は、これらの国々の自然環境条件、文化的価値、社会システム、エリートの資質、技術革新と生産性の増大、貯蓄と投資意欲等種々の条件に依存するが、近代資本主義社会を先導してきたのは西欧社会であるという歴史的事実は否定し得ない」と指摘している。[3] ランデスによれば20世紀後半の日本を含む東アジアの驚異的な経済発展は、後発発展国であるこれらの国が政府指導型の経済政策によって西欧社会の水準にキャッチアップしようとした結果に過ぎないのである。

5.2　貧困の研究の推移

　資本主義社会の発展のプロセスで不可避的に発生する貧困現象については、18世紀末イギリスの社会で産業革命が進行し都市部に形成された工場労働者の悲惨な貧困状態を目の当りにしたトーマス・マルサス（Thomas Malthus；1766-1834）が『人口論』（1798年）の中で、「人口は幾何級数的に増大するが、食料は算術級数的にしか増大せず、貧困層の出現は社会の進歩に不可避的な現象である」と観察していた。[4] マルサスは当時知識階級に勃興した啓蒙思想家達の産業革命がもたらす進歩に対する楽観主義に警告を発したのである。

　資本主義経済が急速に発展した19世紀イギリス社会には少数の富裕な資本家階級に富と権力が集中した。労働者階級は自己の労働力以外何も所有しない無産階級化し、資本家による搾取の対象となり、労働者は人間性を喪失し、物象化された市場メカニズムの中に「疎外」される運命にあるとカール・マルクスは主張した。マルクスは労働者が貧困にあえぐ人間疎外の状況から脱出するためには、私有財産制度を前提とする資本主義経済体制そのものを階級闘争によって革命的に改革する必要があると主張した。[5]

　20世紀初頭イギリスの都市労働者階級の貧困の実証的な研究がS・ロントリー（Seebohn Rowntree）によって行われている。ロントリーはヨーク市

の労働者階級の生活を収入と支出を基準に社会調査を実施し、貧困の実態を実証的に研究した。このロントリーの研究は「貧困を生活に必要最小限度の収入・支出水準以下の生活」と定義し、「絶対的貧困」の概念を用いた古典的な研究といわれている。[6]

日本の資本主義発達の初期における貧困の古典的な研究は、横山源之助の『日本の下層社会』(明治32年) であろう。横山源之助はこの著の中で,「いかなる時代いかなる社会においても、貧民なきはあらじ。あたかも社会の進歩につれて貧民の数増加しゆくがごとく…いたるところ生活の窮迫を訴える声聞こゆ…富者の贅沢日に増長し、そして年１年貧民の増加する傾向」にあると観察し、日本の下層社会の生活の実態を記録した。[7]日本の工業化は第一次大戦まで軽工業、特に繊維産業を中心に展開した。労働集約的な繊維産業,特に綿紡績工場の労働者の供給源となったのは貧農の女子達であった。女工達は過酷な労働条件の下で、「籠の鳥より監獄よりも寄宿住まいは尚辛い」といわれた劣悪な生活環境のもとで12時間の労働を強いられた。日本の繊維産業のこれら女工達の悲惨な生活の実態は、細井和喜蔵著『女工哀史』(大正14年) に詳しく紹介されている。[8]

講座派の日本資本主義理論によると、日本の資本主義の戦前までの歴史的発展プロセスの中で顕在化した労働者の貧困は、徳川時代の封建的な半農奴的社会に基底をもつ構造的な社会病理現象であった。山田盛太郎は,「英国資本主義は自由競争の祖国として現れ、独米資本主義は集中独占の本場として現れ、露日資本主義は軍事的農奴制的・半農奴制的の典型として現れ、いずれもそれぞれ、世界史的意義を劃している。日本資本主義の軍事的半農奴制的性質は、それの初発、資本関係創出過程の中から規定される。…維新政府の軍事装備は、日本資本主義生誕にとっては、二重の意味で必要であった。すなわち第１に, 国内的に旧徳川封建制隷役機構の変革によって零細耕作農奴から転換されたところの半隷奴的零細耕作農民、半隷奴的賃金労働者、これらの労役者層の抵抗を鎮静するために軍事装備が所要であり, また第２に、国外的に先進資本主義諸国の侵略から自己を防衛するとともに同時に、中国

181

朝鮮での市場獲得、鉄確保を強行するために軍事設備が所要であり、以上の二重の意味でそれは１個の至上命令であった。…日本資本主義は、膨大なる半農奴制的零細耕作の地盤の上に巨大な軍事機構・財閥産業の体制を公権力によって必然的に規定され、また自己の再生産過程を軌道つけた。すなわち、この場合、軍事的半農奴制的体制は日本資本主義の原型を構成し、いわゆる農奴制度の野蛮的至酷の上に過度労働の文明的至酷を累加する場合の一典型を形成する」と考えた。このように講座派の理論家山田盛太郎によると、貧困は日本資本主義社会の構造的問題であると認識された。[9]

マルクス経済理論を信奉するかどうかは別にして、山田盛太郎が指摘するように１国の経済体制と無関係に、社会の底辺層の貧困現象だけを独立に取り上げてその貧困の実態を分析することは貧困の本質を理解することにはならないであろう。貧困問題は先進国のアメリカや西欧、日本社会が資本主義の発展のプロセスの過程で不可避的に発生した社会的問題であり、途上国に限って発生する社会現象ではない。しかし先進国の多くは貧困という社会問題を労同組合運動による産業民主化の実現の過程で、政府による社会福祉政策の実施によって解決してきた。[10]

アメリカでは1960年代のケネディー大統領以降貧困層対策が１つの大きな政策課題であった。特に民主党政権は貧困層に対して最低の所得保証を食料スタンプ等の提供によって如何に確保するか、あるいは適切な医療保険サービスを如何に提供するかが大きな政策課題であった。[11]日本では資本主義論争のなかで「労農派」といわれる経済学者達は、労働者階級の貧困を含む社会問題を社会主義イデオロギーの形成過程で労働組合運動を通して克服しようとした。[12]

日本の労働者は日清戦争以降次第に労働争議を通して社会意識を形成するようになり、種々の「職工組合」が組織化されていく。明治44年（1911年）には工場法が制定され12歳以下の少年労働の禁止、女子の深夜労働の禁止、労働設備の改善等を規定した。翌年明治45年（1912年）には友愛会が設立され、この労働組合組織は昭和７年（1932年）に日本労働総同盟に発展してい

く。しかし日本の労働組合運動は昭和期の軍国主義体制のもとで抑圧されていく。日本の産業社会の民主化が進展するのは占領下に労働三立法、労働組合法（1945年9月公布）、労働関係調整法（1946年9月公布）、労働基準法（1947年4月公布）が制定されてからである[13]。

5.3 経済発展と所得の不平等

　戦後世界の経済の発展と所得の配分を実証的に研究する過程で国民の貧困問題を取り上げたのは、ロシアからアメリカに移住し経済の発展プロセスの研究を行ったサイモン・クズネッツ（Simon Kuznets ; 1901-85）である。クズネッツは経済発展と所得の配分パターンには一定の規則性があり、後に「クズネッツの逆U字型曲線」の仮説といわれる命題を提示した。クズネッツは経済発展の段階に応じて所得配分の平等化が進展すると主張した。その理由は、①経済発展に伴って産業構造が農業から工業に移行し、土地その他資産保有の平等化が進むこと、②産業のメタボリズムが活発化し、人々の所得階層の垂直移動が可能となること、③政治体制が民主化し社会福祉政策が実施され、所得の平等化が進展するため等の理由からである[14]。しかし1国の資本主義経済体制が発展する初期の段階で、所得や資産が少数の富裕階級に集中する傾向があることをクズネッツは観察した。この現象は所得の不平等度を示す指標を縦軸に、1人当たり所得を横軸にとった国々の相関図を描くと丁度ローマ字のU字型の曲線の逆になるので、この曲線をクズネッツの「逆U字型曲線」と呼ばれるようになった。

　このクズネッツの「逆U字型曲線」は、所得階層と家計の累積度数分布図によって描かれるローレンツ曲線を使用して実証的な分析が行われる。ローレンツ曲線は、特に所得の不平等度、集中度を観察するために度数分布から作られる曲線である。一国の世帯の所得の不平等度を分析する場合、横軸に低所得からの世帯数の累積相対度数、縦軸に所得の累積相対度数を目盛り、対応する点を順次結んで描かれる曲線がローレンツ曲線とよばれる。例えば

表3　世帯数の累積相対度数と階級収入の累積比

階　級	1	2	3	4	5	6	7	8	9	10	11
	%	%	%	%	%	%	%	%	%	%	%
相対度数	2.9	7.4	13.3	13.5	12.4	10.6	9.1	7.5	5.6	13.4	4.4
累積相対度数	2.9	10.3	23.6	37.1	49.5	60.0	69.1	76.6	82.2	95.6	100.0
階級収入比	0.6	2.7	6.6	8.6	9.6	9.7	9.6	9.0	7.5	23.5	12.7
階級収入累積比	0.6	3.3	9.8	18.4	28.0	37.7	47.3	56.3	63.8	87.3	100.0

図1：所得分布のローレンツ曲線

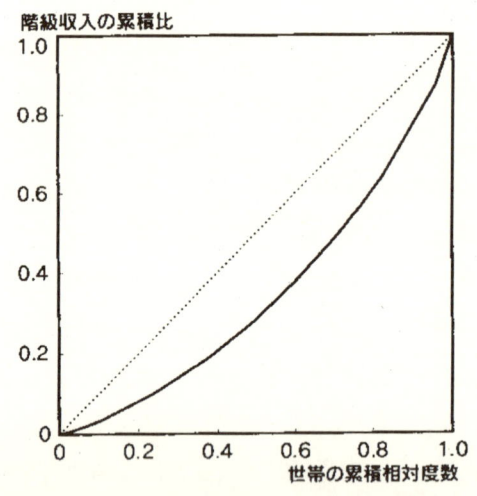

資料：田中勝人著『経済統計』岩波書店　2002年　48頁

　表3のように世帯数の累積相対度数と階層収入の累積比のデータが与えられたとする。この階級別の点を順次結んでいくと図1のようなローレンツ曲線が描かれる。

　若し総ての世帯が同一の収入であればローレンツ曲線は45度線と一致する。この場合45度線は完全平等線と呼ばれる。ローレンツ曲線が完全平等線から乖離するにつれて，所得の集中，独占，不平等の度合いが大きくなる。この乖離の程度を測る特性値として考案されたのがジニ係数である。ジニ係数は種々の定義があるが，以下の定義式は直感的に理解しやすい。[15]

第5章　開発と貧困

表4　所得配分とジニ係数（1981－1992）

	下位40パーセントの人口の所得(%)	上位20パーセントの人口の所得(%)	ジニ係数
低所得国			
タンザニア	8.1	62.7	0.527
バングラデシュ	22.9	38.6	0.280
インド	21.3	41.3	0.311
ケニア	10.1	61.8	0.551
パキスタン	21.3	39.7	0.301
ガーナ	18.3	44.1	0.358
中国	17.4	41.8	0.351
スリランカ	23.0	39.3	0.294
インドネシア	20.8	42.3	0.322
中所得国			
ボリビア	15.3	48.2	0.411
フィリピン	16.6	47.8	0.377
ペルー	14.1	51.4	0.443
コロンビア	11.2	55.8	0.474
タイ	15.3	50.7	0.426
ポーランド	23.0	36.1	0.229
ブラジル	7.0	67.5	0.610
マレーシア	12.9	53.7	0.473
ハンガリー	25.7	34.4	0.227
メキシコ	11.9	55.9	0.493
韓国	19.7	42.2	0.331
高所得国			
シンガポール	15.0	48.9	0.422
オーストラリア	15.5	42.2	0.374
イギリス	14.6	44.3	0.393
カナダ	16.5	40.2	0.343
フランス	17.4	41.9	0.354
ドイツ	18.8	40.3	0.329
アメリカ	15.7	41.9	0.369
日本	21.9	37.5	0.282

資料：Malcolm Gillis, Dwight H. Perkins, Michael Roemer and Donald R. Snodgrass, Economics of Development, 4th edition, 1996, page 73.

$$G = \frac{\int_0^{100}[P-f(P)]dP}{\frac{1}{2}(100)^2}$$

　この所得の不平等度を示すジニ係数値は数多くの経済学者達によって推計されている。表4はその代表的な例である。

　このようにして推計されたジニ係数を縦軸に、1人当たりGNPを横軸に取った国別の散布図を描くと丁度逆U字型の曲線が描けるので、この曲線を「クズネッツの逆U字型曲線」といわれる理由である。日本に関してもジニ係数が推計されており、速水佑次郎がその著書の中で紹介している逆U字型曲線である。但しジニ係数は必ずしも所得分布の不平等度を表わさない場合があることに注意する必要がある。[16]

5.4　ネルソンの「低位均衡の罠」

　このようにクズネッツは経済成長と所得配分との間に規則的な関係があることを分析したが、クズネッツにとって何故貧困が資本主義の発展の過程で必然的に発生するのかという問題は主な関心事ではなかった。しかし第2次大戦後多数の植民地国が独立するにつれて、これら途上国の貧困問題に経済学者達が関心を持つようになる。1950年代以降途上国の貧困問題について数多くの理論的な分析が行われるようになる。その1つの代表的な理論がR・ネルソン（Richard R.Nelson）が展開した「低位均衡の罠」理論である。ネルソンは途上国が直面する病癖は「低所得水準から脱却し得ない罠にはまっている」現象であると指摘した。即ち途上国の1人当たり所得が生存水準を超えて少しでも改善すると、その国の人口増加率が所得の伸び率より高くなり、その結果1人当たり所得水準は元の水準に逆戻りしてしまい貧困の状態から永遠に脱却することが出来ない状況を理論的に説明した。[17]

　西欧経済の発展のプロセスを概観してみると、現在西欧先進国と呼ばれる国々の経済も長期間停滞した時期があり、1人当たり所得水準も低位の均衡

の罠にはまった状態を経験している。西欧の経済が急速に発展するのは19世紀の後半イギリスに始まった産業革命の結果、これらの国々の資本主義経済システムが大躍進を遂げてからである。[18]この産業革命による経済システムの大改革を、W・ロストフ（W.W.Rostow）は、「停滞した経済システムが持続的な成長軌道に乗る離陸」と概念化している。伝統的な停滞経済が近代的な経済に離陸する条件として、ロストフは下記の事項に注目している。①経済・社会システム全体が20－30年の短期間に大変革を遂げて、自立的・持続的な成長軌道に乗ること。②投資率が急激に上昇し、生産性の増大を可能にする生産技術・システムの革新・改革が行われること。③このような変革を可能にする変革者・指導者・カリスマ的リーダーが現れ変革の潜在的エネルギーを結集すること。④その結果経済体制そのものの変革が可能となる。[19]

5.5 「貧困の悪循環」と「均衡成長理論」論争

1950－1960年代途上国の長期的な開発戦略論が盛んに論じられた。その当時盛んに論じられた戦略論の1つにフィンランド人の経済学者R・ヌルクセ（Ragnar Nurkse）が論じた「均衡成長理論」がある。R・ヌルクセは「途上国は貧困の悪循環に陥っており、貧困であるがため貧困であるという悪循環から脱却できずにいる」と主張した。途上国が持続的な経済成長を遂げるためには、初期の段階で資本の投下と蓄積が不可欠であるが、資本の需要と供給の両側面で途上国は必要とする生産設備に対する資本投下が出来ずにいる。資本の供給には貯蓄が不可欠であるが、途上国の実質所得は低く貯蓄余力に乏しい。その結果資本投下が不足し、生産性を向上することが出来ず、所得が低位の水準に止まるという悪循環から脱却できない。一方資本の需要は企業の投資意欲によって左右される。しかし貧困国の企業は市場の規模も小さく、消費者の購買力も乏しいため生産設備を拡大するための投資意欲に欠ける。この資本の供給・需要の両側面から貧困国は「貧困の悪循環」から脱出できずにいるとR・ヌルクセは主張した。[20]

R・ヌルクセの主張は、このような「貧困の悪循環」から途上国経済が脱却するためには途上国政府が長期的な産業開発政策を展開し、経済の発展に不可欠な基幹産業および産業基盤の開発を同時並行的に行い、主要な産業部門を均衡的に発展させる「均衡成長」戦略を取る必要があるいう内容の主張である。当然このような「均衡成長」には政府が市場に積極的に介入し、基幹産業分野に限られた投資資金を優先的に投下し、これら産業分野の発展を促進する政策をとる必要がある。

　このヌルクセの均衡成長理論と同じ主張が既にアダム・スミスが指摘していた。アダム・スミスは「経済発展は市場の見えざる手による競争原理により刺激を受け、分業経済体制を確立」することによって経済社会は生産性を向上することが出来ると論じた。社会が分業体制を確立するには、関連する産業を同時並行的に発展させる必要がある。同じような主張を戦後A・ヤング（Allyn Young）やT・シトフスキー（Tibor Scitovsky）が行っている。彼等は近代的な産業が発展するためには「内部的・外部的な規模の効果」や「技術的・産業的な外部効果」を持つ産業政策を展開する必要があり、この為には各産業分野が均衡して成長する必要があると説いた。[21]

　この均衡経済成長理論はR・ヌルクセばかりでなく、ローゼンシュタイン・ロダン（Rosenstein-Rodan）やA・ルイス（Arthur Lewis）も主張していた。この理論を基礎とする開発政策理論は政府の積極的な産業政策による市場介入を認める「ビッグ・プッシュ」（Big Push）理論と一般に呼ばれ数多くの開発経済学者によって支持された。[22]

　この均衡成長理論に反対する急先鋒となったのはP・ストリートン（Paul Streeton）とA・O・ヒルシュマン（Albert O.Hirschman）の2人の経済学者である。ストリートンとヒルシュマンは、①資源が極端に不足する途上国で必要とする基幹産業を同時に発展させるのは非現実的であること。②均衡成長理論は政府主導型の官僚的な経済体制を形成する危険があること。③長期的経済発展は市場原理に基礎をおく発展が望ましいこと。④途上国の限られた資源を有効に活用するためには、前方・後方産業関連効果の高い主要産

業の発展を戦略的に支援する産業政策の方が望ましいと主張した。[23]

5.6 アフリカ経済の停滞と「貧困の罠」

ここで2005年時点で51パーセントが1日1.25ドル以下、73パーセントの住民が2ドル以下の生活を強いられているアフリカの経済の停滞と貧困の問題をみてみよう。

(1) アフリカ経済停滞の複合的要因

アフリカ経済が停滞した要因として地理的・自然環境要因・植民地支配の負の遺産・多発する紛争・国家の機能不全・ガバナンス、民族紛争、貧困の負の連鎖等複数の制約条件や要因が複合的に作用してアフリカ経済の発展を阻害したという議論が最近盛んに行われてきた。これ等の議論が指摘する要因は内生的要因、外生的要因、歴史的要因、環境的要因、人為的要因、所与の要因、制御可能・不能等の種々の要因に分類が可能であろう。しかし多くの論者は、これ等アフリカ経済の発展を阻害する停滞要因の多くは、アフリカ政府が短期的には取り除くことが困難な或いは不可能な要因であり、アフリカ諸国経済は必然的に停滞する「罠」ないしは「呪術」に嵌っているという悲観論を展開している。その代表的な論者がオックスフォード大学のアフリカ経済の研究者、ポール・コリヤー教授であろう。[24] コリヤー教授は、アフリカ経済停滞の主要な要因は、①不十分な社会資本（複数の部族・種族による社会の分断化と市民社会の規範の未成熟と不十分な産業・社会インフラ等）、②閉鎖的な経済体質（貿易の規制、為替管理、販売公社による独占等）、③脆弱な国家機能（政府のガバナンスの欠如、腐敗・政府・官僚の能力不足等）、④自然・地理的悪条件（熱帯気候、熱帯病、内陸部地域の高取引コスト、土壌の低肥沃度、低人口密度等）、⑤金融機関・市場の未成熟、⑥ODA支援に対する高い依存度等であり、これらの要因が複合的に作用してアフリカ諸国の農業及び製造業の発展を阻害していると主張する。[25] J・サックス（Jeffrey D.Sachs）やW・

イースタリー（William Eastery）等も焦点は異なるがそれぞれ複合的な要因を掲げ計量分析を試みている。[26] 世銀のエコノミスト達も最近経済的要因以外の要因である制度的制約条件、地理的要因、人口増大と若年層中心の人口構成、資源の罠、政治の不安定性、エイズ等の伝染病の要因に注目している。[27] このように最近経済学者達が経済外的要因に注目するようになったのは、進化生物学者のJ・ダイアモンド（Jared Diamond）の分析に見られるように人間社会の発展の歴史を地球規模的に超・長期間のスケールで分析する成果が注目されるようになった機運と無縁ではないであろう。[28]

（2）J・サックスの「アフリカの貧困の罠」

　途上国の「貧困の罠」とは途上国が貧困であるが故に、低貯蓄・低投資が途上国経済を持続的に低位の水準に止め、貧困が貧困を再生産する悪循環から抜け出せない状態を一般的に指す。この途上国の「貧困の罠」についてはR・ネルソン（Richard R.Nelson）の1956年の論文以来開発経済学者の関心の的となってきたことは既に述べた。[29] ここでは直接アフリカの「貧困の罠」を議論しているJ・サックス等の見解を紹介する。[30]

　サックス教授等は2001年のアフリカ諸国の1人当たり国民所得は271ドルに過ぎず、1980－2000年の期間の1人当たり所得の平均伸び率はマイナス1.1％であったと推計している。この理由は人口の増大を凌駕する高い貯蓄率を達成出来なかったことによる「貧困の罠」にアフリカ諸国が陥ったためであると指摘する。アフリカ諸国がこの「貧困の罠」から脱出するためには、低い貯蓄率を補塡するため、先進国はODA援助を増大する「ビッグ・プッシュ」が必要であると主張する。サックス教授等はこの主張を理論的に論証するために新古典派成長理論を援用する。[31]

　1人当たり算出量qは、全要素生産性をA、資本・労働比率（労働装備率）をkとすると、生産関数は、q＝Af（k）となる。国民の貯蓄率をs、資本の減耗率をd、人口増加率をnとすると、資本増加率dk/dtは次の式のようになる。

図2：貧困の罠

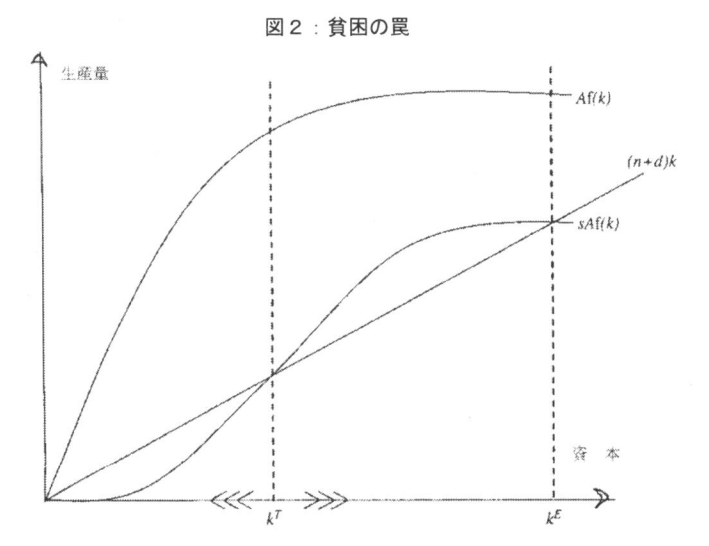

資料：Jeffrey D.Sachs et al., Ending Africa's Poverty Trap, Brookings Papers on Economic Activities, 2004, pages 126, 129.

$$dk/dt = sAf(k) - (n+d) \cdots\cdots ①$$

この①式は１人当たり資本の増加率がプラスになるためには貯蓄率から人口及び資本の減耗率の合計を引いた値がプラスになる必要があることを示している。①式のsAf（k）の項は資本の深化度を示し、(n+d)の項は「資本の拡大度」と呼ばれている。１国の経済は、１人当たり貯蓄率の数値が「資本拡大度」を凌駕する時にプラスになる。図２は１人当たり資本の転換点（k）の左側は人口の増加率と資本の減耗率の方が貯蓄率よりも高く、従って経済成長率は低位の水準に押し戻されてしまう。同じくアフリカ諸国の人口が急激に増大すると、経済成長は低位の水準に押し戻されてしまう。

サックス教授等は１人当たりの低所得が低貯蓄・低投資を招き、それらが更に低所得を招く「貧困の罠」の悪循環を引き起こすのは、アフリカ社会の構造的な欠陥にその原因があると主張する。これ等の構造的な欠陥として、①高い輸送コストと小規模な市場、②農業部門の低生産力、③熱帯病等の伝染病の影響、④旧植民地体制の地政学的要因、⑤工業技術の普及の欠如等を

主要な構造的欠陥として掲げている。[32]

　そしてこれらアフリカ諸国が「貧困の罠」から脱出するためには、先進国が政府開発援助（a）を増大させ、$(s+a) > (n+d)$ となり、1人当たり資本装備率が転換点（k）の水準を越えるように誘導する必要があると主張する。これらサックス等が主張する「ビッグ・プッシュ」理論は、先進国は2015年までに国連の「ミレニアム開発目標」（MDGs）を達成するためにアフリカ諸国に対する政府開発援助を拡大すべきであると解く。[33]

　このサックス教授の「ビッグ・プッシュ」理論は、サックス教授がコフィー・アナン（Kofi Annan）国連事務総長の顧問の立場から展開しているところから、国連貿易開発会議（UNCTAD）によって支持されている。またアフリカに多数の旧植民地を抱えるイギリス政府はサックス教授の「ビッグ・プッシュ」理論を支持し、先進国による対アフリカ支援の拡大を主張している。[34]サックス教授は、アフリカ地域ばかりでなくその他の地域の貧困解消のために、この「ビッグ・プッシュ」的な先進国の政府開発援助の拡大が国連の「ミレニアム開発目標」（MDGs）達成のために不可欠であると主張する。[35]

（3）「ビッグ・プッシュ」理論批判

　しかし多くの開発経済学者や開発援助業務に従事する実務家はサックスの「ビッグ・プッシュ」理論に懐疑的である。その代表的な論者はW・イースタリー（William Easterly）である。イースタリーの論拠は以下に要約されよう。[36]第1に、この「ビッグ・プッシュ」的な開発援助は1950年代・60年代、開発経済学者の多くが主張した開発戦略であり、途上国政府は先進国の支援を得て膨大な開発投資を行ってきた。しかし期待された効果を上げていない。第2に、発展途上国の構造的欠陥は国家形成が未成熟であることであり、近代国家としての機能・能力を発揮する政治制度・経済制度が確立していないことである。このためガバナンスの欠如、政治家・官僚の腐敗・癒着、レント・シーキングが横行し先進国が供与した多額の開発援助資金が海外に流出し、エリートが私腹を肥やし多くの開発援助が無駄となっている。第3に、

途上国には財政資金・人材が不足しており、多額の開発援助資金を「吸収」（absorb）して実行する組織的・社会的能力を欠いている。それ故多数の開発援助プログラムやプロジェクトを同時に短期間に実施するのは不可能に近い。第4に、一定の開発戦略に従って世銀・IMF・先進国政府が多額の開発援助資金をアフリカ諸国に供与する場合、当該政府自身は開発プログラム・プロジェクトを効率的に実行する意欲を欠き、無駄が多くなる。第5に、過去30年前後欧米社会はアフリカに開発援助を供与してきたがアフリカ経済は成長軌道に乗ることに失敗している。従ってアフリカ社会が必要とすることは、「健全なマクロ経済政策を実施する一方、近代的な政治・経済制度を確立し、地道に開発プロジェクトを実施し、農業・製造業等の基幹産業の発展を民間企業が中心になって実施し、国全体の経済を持続的に成長させる」政策を実施させることである。筆者もこの懐疑論に同感である。

5.7　世銀の開発支援政策の転換

ケネディ大統領およびジョンソン大統領の民主党政権下で指導的な役割を演じたR・マクナマラ（Robert McNamara）が1968年9月世銀の第5代総裁に就任した。世銀はこのマクナマラ総裁の期間（1968年9月－1981年6月）に質および量共に大きな変革を遂げた。それまで世銀の開発援助は開発プロジェクト融資を電力・道路建設等の経済インフラを中心に行ってきた。これらプロジェクトが途上国の経済成長に不可欠と考えられたからである。1960年代（1961－69年）の融資総額94.4億ドルのうち、33パーセントが輸送部門、29パーセントが電力部門に向けられ、農業部門は12パーセント、教育部門は2パーセントに過ぎなかった。[37]

しかしマクナマラ総裁は1973年9月ケニアのナイロビで開かれた世銀総会で演説を行い、世銀の活動の目標の1つに「貧困の撲滅」を掲げた。この演説はマクナマラ総裁のナイロビ宣言と一般に呼ばれるようになる。それ以降世銀の開発支援活動の中で農村の貧困を削減することを目的とする農業開発

プロジェクトや、都市部の貧困の解消を目的とする社会開発プロジェクトの比重が増すことになる。またこの時期に途上国のシビル・ミニマムを達成することを目的としたBHNs（Basic Human Needs）アプローチが注目されるようになる。

このBHNsアプローチはオックスフォード大学の国際開発センターのP・ストリートン（Paul Streeten）やF・スチュワート（Frances Stewart）教授等が主張したアプローチでもあった。[38] 世銀はまたマクナマラ総裁下で戦略志向性を強化し、各国別の経済報告書を作成し、「世界開発報告書」（World Development Report）を1978年から毎年発表して開発支援政策を明示するようになる。

この時期ハーバード大学の経済学者H・チェネリー（Hollis B.Chenery）が世銀の調査担当の副総裁に就任し、途上国の所得の不平等分配や貧困問題に関する研究を行うようになる。その成果が『成長と分配』（Redistribution With Growth）という研究レポートとして発表された。この研究書の中でH・チェネリー等は、世銀は所得の公平な分配効果があり貧困層を受益者とする開発プロジェクトを重視した支援政策を採用すべきであると主張した。このアプローチは「RWGアプローチ」と一般に言われるようになる。[39] それと平行して途上国の貧困の実態研究に対する関心が次第に高まっていった。[40]

このような見地から世銀はプロジェクトの費用・便益分析を行う場合、所得の配分効果や所得階層別の受益者の限界便益・限界費用を加味した方法論を検討するようになる。開発プロジェクトの経済効果は、プロジェクトの費用の負担者と便益を享受する者が別々の所得階層に所属すれば当然限界費用と限界便益が異なり、所得階層別にプロジェクトの費用と便益を区別して評価する必要があるからである。このような理由から所得階層別にウエイトを付したシャドウ・プライスの理論が世銀の2人のエコノミストによって発表された。[41] この所得階層別のウエイトを加味したプロジェクトの費用・便益分析はプロジェクトの「社会評価」といわれるようになるが、所得階層別の費用と便益の評価は恣意的な前提を設定する必要があるという制約がある。こ

のためこの方法論は開発プロジェクトの経済・社会評価の方法論としては定着しなかった。

しかし1980年代以降世銀は、累積債務の危機を克服する緊急課題に直面し、中所得途上国の「構造調整支援政策」に対する関心が中心となり、途上国の貧困問題に対する関心が薄れることとなる。世銀・IMFが1980年代に行った「構造調整支援政策」に関してはすでに数多くの良書が出版されており、その内容の詳細の解説は避けることにする。この途上国に対する「構造調整政策」は、IMFはマクロ経済の側面から、世銀はミクロ経済の側面から、途上国の経済の構造調整を支援しこれらの国々の経済体制が市場指向型の自由主義経済に移行することを目的とするものであった。J・ウイリアムソン（John Williamson）は世銀・IMFに共通する経済自由化政策を「ワシントン・コンセンサス」と呼ぶ。この経済自由化政策の具体的内容は、①健全な財政政策、②福祉型の財政支出、③税制改革、④金融の自由化、⑤為替レート政策、⑥貿易の自由化、⑦海外直接投資の促進、⑧民営化、⑨規制緩和、⑩所有権制度の確立等を内容とする政策である。[42]

世銀・IMFは「構造調整政策」を途上国で実施するため、途上国の官僚やテクノクラートと暗黙の同盟関係を形成し、上から途上国の経済の構造改革を推し進めようとした。その結果「構造調整政策」は過度の負担を途上国の貧困層や社会的弱者に強いることとなると批判されるようになる。世銀・IMFに批判的な経済学者や知識人達は、途上国経済の構造調整の必要性を認めつつも、社会の貧困層や社会的弱者に目を向けた「顔の見える構造調整」（Adjustment with a Human Face）が必要であると主張した。[43]

このような状況を背景にして途上国の貧困層や社会的弱者を直接支援の対象（ターゲット）とする開発支援の必要性が認識されるようになる。1990年代に入り世銀は、途上国の貧困層や社会的弱者を目標とする贈与性の高い「社会基金」（Social Funds）プログラムを設け、これら社会的弱者が必要とする社会サービスや医療サービスを提供するようになる。さらに所得の公平な配分を促進し、貧困層の福祉水準を高めることを主な目的とする開発プロ

ジェクトを優先的に支援しようとするようになる。1990年に世銀は途上国の貧困問題に関する「世界開発報告書」(World Development Report) を発表する。[44]

1997年に発生したアジアの通貨・金融危機に際しては、IMF・世銀がこれらの国々に供与した「構造調整支援融資」が、これらの国々の社会的弱者や貧困層に過大な負担となることを防ぐため「社会的安全弁」(Social Safety Net) プログラムを、「構造調整支援融資」プログラムと同時並行的に途上国に供与した。この「社会的安全弁」プログラムにはアジア開発銀行(以下アジ銀)も協力することとなる。

5.8 貧困の定義

このような背景の下に1970年代の後半以降途上国の貧困に関する理論的及び実証的な研究が盛んに行われるようになる。国際社会が途上国の貧困問題に関心を持ち、途上国の貧困問題を解決しようとするとき、当然政策を立案し、その効果を分析するために「貧困とは何か」を厳密に定義し、量的に測定する必要がある。しかし一見簡単に見える常識的な概念も複雑な問題を含んでいる。常識的には「貧困とは一定の社会で必要最小限度の生活水準を維持するに必要な収入や能力を持っていない人間の状態」と定義されよう。[45] この常識的な定義から理解されるように、貧困には人間の生存に必要最小限度の基準を満たさない状態という「絶対的な基準」と一定の社会が認める最小限度の生活水準という「相対的な基準」が考えられる。前者を「絶対的貧困」と言い、後者を「相対的貧困」と言う。

(1)「絶対的貧困」と「相対的貧困」

「絶対的貧困」は具体的には「人間として必要最小限の生活を維持するに必要な食料、衣服、医療、住居を享受する能力を持たない者」と一般的には理解されよう。この状況を測定する基準としてしばしば、「人間の生存に必

要最小限のカロリー摂取基準以下」或いは「人間の生活に必要な最小限の収入や支出水準以下」という基準が使用される。この基準は20世紀初頭B・S・ローントリー（Benjamin Seebohm Rowntree）がイギリスのヨーク市の貧困を研究するときに最初に用いた基準であり、世銀が「世界開発報告書」（1990年）に用いた「最低水準の生活を維持できない状態」のことである。世銀はこの最低水準の生活水準を「1日1ドルないしは2ドル以下の生活」と定義している。[46] 同じようにインドの経済学者達が、インドの貧困問題を論じる場合もこの絶対的基準を使用している。[47] この基準に従って途上国の貧困を分析する場合、各国の世帯の消費支出を詳細に分析する必要がある。世銀はこのため途上国の家計調査の方法によって貧困を測定するガイドラインを作成している。[48]

　この「絶対的貧困」の概念の問題点は、①必要最小限度の生活水準は、個々人の食生活その他の生活習慣、都市部・農村部の生活状況、ライフ・サイクルの段階によって異なること、②「絶対的貧困」水準を国際比較する場合当然同一の基準で比較する必要があり、購買力平価（PPP）によって換算しドル表示で比較することになるが、途上国の消費者の財・サービスのバスケットの内容と質は当然異なる。③各国の家計消費支出のサーベイ調査をする必要があるが、その精度はまちまちである。④「人間の必要最小限の生活水準」という判断は社会的判断であり、この判断は社会によって異なる等の問題を孕んでいる。[49] 現実には「絶対的貧困」はありえず、貧困は一定の社会に相対的な現象であると考えられよう。

　「相対的貧困」とは一定の国の平均的な生活水準を基準にして、この基準よりも非常に劣る生活水準に貧困線（Poverty Line）を設定し、この線より以下を貧困と定義する方法である。この「相対的貧困」は先進国特にヨーロッパ及びアメリカで頻繁に使用される基準である。これら先進国の場合、1人当たり所得水準は高く、これらの国で貧困と社会的に判断される生活水準は途上国で考えられる絶対的貧困水準より高くなる。アメリカの場合、貧困はメディアン国民1人当たり所得の40パーセントの水準以下を貧困と定義さ

れている。この定義による貧困は1人当たり収入が1998年8,316ドル以下、4人家族の平均家計収入が16,660ドル以下の生活水準を貧困生活者とされる。[50] この相対的基準によって定義された先進国の相対的貧困層の全体に占める人口比率は、アメリカ（10.7%）、イタリア（8.9%）、オーストラリア（7.0%）、日本（6.9%）、カナダ（6.6%）、イギリス（5.7%）、スウェーデン（4.6%）、ドイツ（4.2%）、フランス（3.2%）、ルクセンブルク（1.3%）等となっている。[51]

しかしこの相対的貧困基準に従って一定の国の貧困度を測定する場合、その国の所得分布によって貧困度の測定基準が異なってくるという方法論上の問題が生ずる。この問題を解決するため計量経済学者が種々の概念を考案している。その1つが「FTG」測定という基準であるが、この規準の計量経済学的な内容の解説は後で行うこととする。[52] この相対的貧困基準に従って途上国の貧困を分析する場合、当然途上国の所得の分布との関係で貧困を分析する必要があり、この問題についての開発経済学者による実証的な研究が盛んに行われるようになった。[53]

（2）貧困の多次元性とA・センの貧困の概念

貧困は一定の社会において望ましいと判断される生活水準ないしは福祉水準を享受出来ない状況であると考えると、所得水準や消費水準だけの統計的基準で貧困を測定し得るものではない。貧困は人間の低位の福祉水準を示す多次元的な問題であり、他の側面からアプローチすることが必要となってくる。従って貧困を、①資産の保有状況、②医療サービス等の社会指標、③人的資本による自己開発能力等種々の測定方法が研究されている。[54] このような見地から国連開発計画（UNDP）は、人間の福祉を人間の能力開発の望ましい水準と把握し、「能力開発指標」を作成している。さらに国連開発計画（UNDP）はこのようなアプローチから「貧困指標」（Human Poverty Index）を作成し、①40歳以下で死亡する人口比率、②成人の文盲率、③医療サービス、上水道普及率、5歳以下の栄養失調児の比率等によって構成される複合指標によって、国別の貧困度を測定しようとしている。[55] このUNDPの試み

は、在来経済指標のみによって途上国の福祉水準を評価してきた一般的な傾向に反省を促すものである。しかし1970年代先進国の間で話題となった「社会指標」(Social Indicators)と同じく、現在までのところ開発政策に直結する具体的な成果をもたらしていない。

　貧困の多次元的な性質を学際的に分析しようとする試みが、バングラデシュ出身のケンブリッジ大学の経済学者P・ダスグプタ（Partha Dasguputa）によって行われている。この分析は在来社会科学の各分野が相互に独立して研究を行い、社会現象を分断して観察する傾向があったことの反省から、人間の「福祉と窮乏」（Wellbeing and Destitution）を学際的に分析しようとする試みである。しかしこの膨大な研究には残念ながら貧困解決のために必要な実践的な政策的処方箋の示唆がない[56]。

　貧困に関する政策的示唆に富む分析が、ノーベル経済学賞を受賞したA・セン（Amartya Sen）によってなされている。A・センは「貧困は人間としての権威や人間性を実現する機会と自由を剥奪され、人間が自己開発の能力を喪失した状態であり…開発とは人間の能力開発を意味する」と主張する。A・センは人間が生来自己の人間としての権威を実現する権利（Entitlements）を保有すると考える。この権利が略奪された極限状況が「飢餓」である。従がってA・センは途上国の飢餓の研究に強い関心を持っている[57]。

　このA・センの人間の貧困に関する研究は、在来貧困を統計的な概念と把握する傾向を持っていた経済学者の研究に多大な影響を与えてきている。世銀も最近の貧困を扱った「世界開発報告書」の中で、途上国の貧困問題を単に「一定の所得・消費水準以下の生活」と理解せず、①健康や教育、②貧困者のリスクに対する脆弱性、③貧困者の無力感等多次元的な問題として捉えている[58]。

　しかし貧困の多次元的な性格を指標化し、貧困対策の数量的基準とするのは困難であるので、世銀は貧困の概念を操作的に定義して、「1日1人当たり収入・支出が1ドルないし2ドル以下の生活者」を貧困者である定義している。世銀のこのようなアプローチは妥当な方法論であると考えられよう。

199

5.9 貧困の測定

国際社会で途上国の貧困問題に対する関心が高まるにつれて、貧困に関する理論的及び実証的研究が1970年代の後半以降盛んに行われるようになった。途上国政府や国際機関及び先進国の開発援助機関が、途上国の貧困削減政策を実施する場合、当該支援政策がどのような量的な「貧困削減効果」を持つかを測定する必要が生じる。在来貧困の測定は、絶対的あるいは相対的規準に従って一定の水準の「貧困線」（Poverty Line）を定め、この貧困線以下の家計ないしは人口を貧困層として、貧困の「頭数」（Head-Count）を計測してその国の貧困層を測定する方法がとられた。

このように一定の基準に従って定義された貧困層の頭数を勘定してその国の総人口との比率を計算して、貧困を測定することが理論的に間違っていることを1976年に発表した論文の中でA・センが指摘した。[59] A・センはこの論文の中で、貧困を貧困線以下の人口の頭数を勘定して測定する方法は、貧困線以下の貧困層の、①所得の実態、②所得分布を無視しており妥当でないと主張した。具体的には、途上国の2時点間の貧困度の変化を測定する場合、在来の頭数法では貧困線以下の人口がこの期間減少している場合、貧困度は減少していると判断されることになる。しかしこの期間、①貧困層人口の平均所得水準あるいは消費水準が下っている場合、②飢餓状態の最貧層人口が増加している場合には、この途上国の貧困度は逆に悪化していると結論すべきである。

このA・センの指摘以降、貧困線以下の人口の貧困の「深度」（Depth）や「深刻度」（Severity）を加味した貧困を測定する方法論の問題が論議され数多くの研究論文が発表されている。途上国の貧困度の測定方法の現状や政策の課題に関しては、世銀のエコノミストのM・ラバリオン（Martin Ravallion）が詳細な解説を行っており非常に参考になる。[60] 以下ここでは断片的ではあるが貧困を測定する場合留意すべき方法論上の問題点の幾つかを簡単に紹介す

第5章　開発と貧困

ることにする。詳細な内容はM・ラバリオンの論文を参照されたい。

（1）FGT測定規準

　A・センの指摘を受けて、①貧困の深度、②貧困の深刻度を測定する方法論を展開したのは3人の理論経済学者達であり、この測定規準をこれら経済学者、J.Foster、J.Greer、E.Thorbeckeの頭文字をとってFGT測定規準と呼ばれるようになる。[61] これら経済学者達は、「貧困線以下の貧困層は、複数の貧困集団に更に区分され、それぞれの貧困集団の貧困の深度及び深刻度はそれぞれ異なり、貧困線からの乖離距離が大きければ大きいほどその貧困集団の貧困の深度が深く深刻度が大きい」と考え、貧困の「深度」と「深刻度」を表す指標を提案した。かれらは貧困線以下の貧困層人口の平均所得が貧困線と定められた所得水準から乖離する距離を「貧困の深度」と定義つけ、この乖離度を「貧困ギャップ」（Poverty Gap）と定義する。また貧困の「深刻度」は貧困線から貧困者の所得が乖離すればするほど深刻になると考え、「貧困ギャップ数値の2乗値」を貧困の深刻度と定義する。この貧困の「深度」と「深刻度」は下記の式によって定義される。

$$P(a) = \frac{1}{n} \sum_{i=1}^{q} \left(\frac{gi}{z}\right)^a$$

　　　z：貧困線と定義された所得水準
　　　$gi = z - yi$　家計の貧困線からの乖離
　　　q：貧困線以下の世帯数
　　　n：全世帯数
　　　a：係数値

　前記の式（P）は、係数（a）が0のとき、頭数の貧困層の対全人口比率を示し、係数（a）が1のとき、P式は貧困の「深度」を表す貧困線以下の人口の平均所得が貧困線からの乖離を示す式となる。このP（1）式は「貧困ギャップ」を表す式と呼ばれる。係数（a）が2のとき、P式は貧困の「深刻度」を表し、貧困線から貧困人口が乖離すればするほど、貧困度のウ

エイトが大きくなる。このP（2）は「貧困ギャップ2乗値」とよばれている。

　A・センの貧困の測定に関する理論的命題は、そのままでは具体的な貧困測定の尺度になり得なかったが、FGT測定規準はより実践的な貧困の深度や深刻度を測定する機会を提供しており、このFGT測定基準は途上国ばかりでなく先進国の貧困を測定する道具としてしばしば活用されることになる。

　途上国の貧困を測定する規準としてFGT規準が使用された例としては、バングラデシュ政府の統計局が行った「家計支出調査」の貧困分析があげられよう。バングラデシュではFGT規準が1995年度の「家計支出調査」から使用されている。[62] 世銀もバングラデシュの貧困の測定方法の1つとしてFGT測定規準を使用している。[63]

　先進国の貧困の分析にもFGT規準に準じた理論に従って貧困の深度や深刻度を分析した例が頻繁に見出される。しかしFGT規準あるいはそれに準じた理論モデルは理論的には精緻な内容を持ち、貧困の測定規準としては妥当な規準であっても、政府の対貧困政策の効果を分析する道具としては直感的な理解を困難にしている。従って一般的な貧困分析の報告書の中ではFGT規準はあまり使用されておらず、世銀が貧困問題を扱った「世界開発報告書」のなかでも言及されていない。[64]

（2）カロリー摂取量規準

　FGT測定規準は貧困の測定規準としては理論的には望ましい規準であろう。但しこの規準を途上国の貧困問題に適用するためには詳細な家計支出調査を実施する必要がある。しかし多くのサハラ沙漠以南のアフリカの最貧国でこのような家計支出調査を実施するのは困難であろう。これら最貧国が直面する問題は、飢餓状態にある多数の最貧層を救済することであり、これら最貧層が日常の生存に最小限度必要とする食糧を供給することが先ず緊急の課題となる。また途上国では食糧の消費と供給に関するデーターは比較的容易に入手可能である。このような状況から人間の生存に必要なカロリー及び

栄養摂取量を規準に貧困を測定することは非常に現実的な方法となる。

従ってバングラデシュを含む多数の途上国がカロリー摂取量を規準に貧困を測定してきた。[65]FGT測定規準の考案者である経済学者も、カロリー摂取規準による貧困の測定の方法論を展開しており注目に値する。[66]

（3）絶対的貧困の測定

しかし貧困の多次元的な性質から考えると、カロリー摂取量だけから途上国の貧困度を測定するのは問題であろう。このアプローチの問題点は、①一定水準のカロリーを摂取するに必要な食糧の消費には多数の選択肢があり、どのような食糧の組み合わせが望ましいか一義的には決められないこと、②国、地域、職業、宗教、年齢、性別等により食生活の内容及び必要とするカロリー摂取量が異なり、貧困の測定を絶対的規準によって測定するのが困難であること、③カロリー摂取量ばかりでタンパク質、ビタミン、炭水化物、カルシウム等の各種の栄養要素の摂取を考慮する必要がある等の問題がある。

従ってカロリー摂取規準以外で貧困を量的に測定する規準が必要になる。そこで代替案として提案されたのが「ベイシック・ニーズ費用」（CBN：Cost of Basic Need）規準である。この規準は人間の生存に最低必要とされるカロリー摂取を満たす食糧費支出を貧困線と定義し、この貧困線以下の貧困人口が支出する食糧以外の生活必需支出を回帰式によって推計し、この両者を加えた家計消費支出を「ベイシック・ニーズ費用」規準によって定める絶対的貧困水準と定義する方法である。この「ベイシック・ニーズ費用」規準の貧困の測定は、世銀のエコノミストが、世界の代表的な貧困国であるインド、バングラデシュ、インドネシアを含む80ケ国以上の途上国の家計支出調査報告書を分析した結果提案された。この結果現在世銀等で世界の「絶対的貧困」規準として使用されているのはこの「ベイシック・ニーズ費用」（CBN）規準に従った「1人当たり1日1ドルの消費支出」を貧困線とする方法である。[67]

(4) 経済成長の貧困削減効果

　絶対的貧困は以上のように一定の所得ないしは消費水準を規準にして測定される。従って1つの国の絶対的貧困が頭数勘定で一定の期間に減少するかどうかは、①その国の所得ないしは消費の伸び率、②所得分布の状況、③貧困層の地域、産業、教育水準等の特徴（プロフィール）等の要因によって異なってくる。しかし貧困の要因分析の国際比較は、①各国の生活様式の差、②購買力平価（PPP）規準による単一の通貨単位での比較、③家計調査の精度と国民所得統計との乖離等種々の方法論上の制約があり容易ではない。この貧困の国際比較の難しさは途上国ばかりでなく、ルクセンブルク所得研究（LSI：Luxembourg Income Study）の一貫として時系列・クロスセクション・データがデータ・バンク化している先進国の貧困分析についても指摘されている。[68]

　しかし最近貧困の要因、特に経済成長と所得不平等度という要因が社会の貧困にどのような影響を与えるかという問題に対する実証研究が盛んに行われている。N・カクワニ（Nanak Kakwani）はアフリカのコートジボワールの貧困と経済成長及び所得不平等度の実証研究を行っており、所得不平等度が一定の条件では貧困度は所得の上昇率よりは早い速度で減少するという調査結果を得ている。[69] しかしM・ラバリオン（Martin Ravallion）等が行ったインドやブラジルの貧困の実証研究によると、経済成長や所得上昇は必ずしも一律に国や地域の貧困度を削減するのではなく、①所得の不平等度、②産業別の成長率、③初期値の状況、④資産保有の不平等度、④人的資本の形成度等によって異なってくるという結果が観察されている。このような実証的な研究結果から最近、所得の上昇が貧困の減少率に与える計量的な指標として「貧困弾性値」の測定が行われるようになってきている。[70]

　一方中南米諸国の1人当たり国民所得は1980年代の累積債務危機と構造調整政策の緊縮政策の結果11パーセント減少し、これら諸国の絶対的貧困層比率は26.5パーセントから31パーセントに上昇したという調査結果がある。特に貧困度の増大はブラジルの都市部に顕著に観察され、都市部の貧困度比率

は1980－89年の期間24パーセントから33パーセントとに上昇した。特にペルーの貧困度の悪化現象が顕著で、都市部で31パーセントから50パーセント、農村部では46パーセントから73パーセントの水準に極端に悪化している。しかしこれらの実証研究の結果によると、中南米諸国のマクロ経済が一様に悪化したにも関わらず、これら諸国の貧困度の悪化状況には大きな差が認められる[71]。

これらの研究結果は、途上国の貧困対策として国、地域、産業、年齢、教育水準等貧困層の属性に応じた個別の貧困政策が必要であることを示唆している。

5.10 貧困救済の新・ワシントン・コンセンサス

ワシントンにある国際経済研究所のJ・ウイリアムソン（John Williamson）が1994年に「ワシントン・コンセンサス」という名称をIMF・世銀及びアメリカ政府の主流的アプローチの呼称として使用したとき、貧困救済という国際社会の政策課題はこの「ワシントン・コンセンサス」の中には含まれていなかった。しかし近年貧困救済と言う問題が、主要先進国やIMF・世銀の共通の大きな政策課題として認識されてきている。

1996年5月に経済協力開発機構（OECD）の開発援助委員会（DAC）は「21世紀の課題」（Shaping the 21st Century）という報告書を発表し、国際社会は、①最貧困人口を2015年までに半分に削減すること、②2015年までに小学校教育を全人口に普及させること、③女性の平等な社会的地位の達成のため2005年までに小・中学校における差別を撤廃すること、④5歳以下の幼児の死亡率を3分の2、母親の死亡率を4分の3の水準に2015年までに減少させること、⑤2015年までに総ての人間に医療サービスを提供すること、⑥環境と共存する持続的な開発政策を実行すること等の課題を提示し、これら6つの開発目標を達成するためにOECD加盟国はグローバル・パートナーシップを形成すべきだという提言を行った。

この提言をうけて2000年9月国連総会は149ケ国の国家元首の支持をえてミレニアム開発目標（Millennium Development Goals）を採択した。このミレニアム開発目標はOECDの6つの開発目標に新たに、①HIV/AIDS、マラリアその他の伝染病の撲滅、②国際社会のグローバル・パートナーシップの形成の2つの目標が付け加えられた。[72]

　一方世銀・IMFは1996年「重債務最貧国」（HIPC：Heavily Indebted Poor Countries）の債務を削減する新戦略（Initiatives）を発表した。この新戦略は一定の条件の下で「重債務最貧国」（HIPC）の債務返済を容易にするためにIMF・世銀が贈与性の高いソフト・ローンを供与することを目的とする。一定の条件とはこれら最貧国が自国の貧困層を削減する戦略を立案し実行することである。IMF・世銀は1999年9月これらの途上国が、①総合開発計画（CDF：Comprehensive Development Framework）、②貧困削減戦略計画書（PRSP：Poverty Reduction Strategy Paper）を自主的に作成することを義務づけた。この目的を実行するためIMFは「拡大構造調整融資」（ESAF：Enhanced Structural Adjustment Facility）に換えて「貧困削減成長融資」（PRGF：Poverty Reduction and Growth Facility）という融資枠を新たに設定した。[73]2001年3月現在このIMFの「貧困削減成長融資」（PRGF）の対象国は1人当たりGDPが885ドル以下の77ケ国、そのほとんどの国がサハラ砂漠以南のアフリカ諸国である。アジアでは、バングラデシュ、ブータン、カンボジア、インド、キリバス、キルギス共和国、ラオス、モルディブ、モンゴル共和国、ミャンマー、ネパール、パキスタン、スリランカ、ベトナムの15ケ国が含まれている。[74]

　貧困国が自主的に作成する「貧困削減戦略計画書」（PRSP）に関してはIMF・世銀が共同でその作成を支援し、その内容は①個々の国別の特殊性を反映した内容であること、②数量的な目標を設定すること、③貧困の多次元性を網羅した内容であること、④目標実現の優先順位を明確化すること、⑤内外の関係機関のパートナーシップを織り込むこと、⑥長期的な計画であること等が要求されている。[75]

しかし留意する必要があるのは、IMF・世銀が貧困削減に関心を持つのは主に「重債務最貧国」(HIPC)が抱える債務の減免の条件として貧困削減を支援することであり、途上国全体が抱える貧困問題を支援することではない。アジア開発銀行も近年アジア諸国の貧困削減を大きな開発支援政策の課題として捉えているが、アジ銀独自のアプローチを開発してはいない。同じことが日本政府のODA政策についても言えよう[76]。

おわりに

以上途上国の貧困問題に関して主に世銀が最近まで行ってきた対途上国支援を中心に解説してきた。しかしハーバード大学のJ・サックス教授や前世銀副総裁を勤めたノーベル経済賞受賞の経済学者のJ・スティグリッツ教授等は、「IMF・世銀の途上国の貧困対策は官僚的で、IMF・世銀体制の下で途上国の貧困はさらに悪化しており、ブレトン・ウッズ体制は改革されるべきである」と主張している[77]。これら経済学者の主張を我々は真剣に受け止め、IMF・世銀の対貧困支援政策以外に代替案があるのか熟考する必要があろう。

残念ながら途上国出身の開発経済学者を除いては、途上国の貧困問題は最近まで日欧米の開発経済学者達の大きな関心領域ではなかった。日本の開発経済学者としては速水佑次郎教授が、途上国の貧困問題を中心的な研究課題として取り上げており注目に値する[78]。21世紀の日本のODA戦略を考える場合、途上国の貧困の削減ないしは解消という政策課題を日本政府がどのように支援していくべきかより包括的に考える必要がある。残念ながら過去世界最大のODAの供与国であった日本の援助機関が行ってきた途上国の貧困問題に関する研究と支援政策は充分なものとはいえない。日本の開発経済学者にとっても大きな研究課題となろう。

補　論　貧困の測定

　ある社会の貧困度を測定するとき、一定の貧困線（例、1人当たり所得360ドル）以下の人口の頭数を数えるだけでは不充分であることは、以下の例から理解することが出来る。

　仮にA国、B国の人口の50％が貧困線以下（1人当たり年所得360ドル）とするとき、A国の貧困者の平均所得が300ドルで、B国の貧困者の平均所得が350ドルであったとすると、貧困線以下の人口の頭数ではA国、B国で等しくてもA国の貧困度はB国の貧困度よりも深刻であることが理解されよう。このA国、B国の貧困度の深刻さの差を図に示すと図3のようになる。

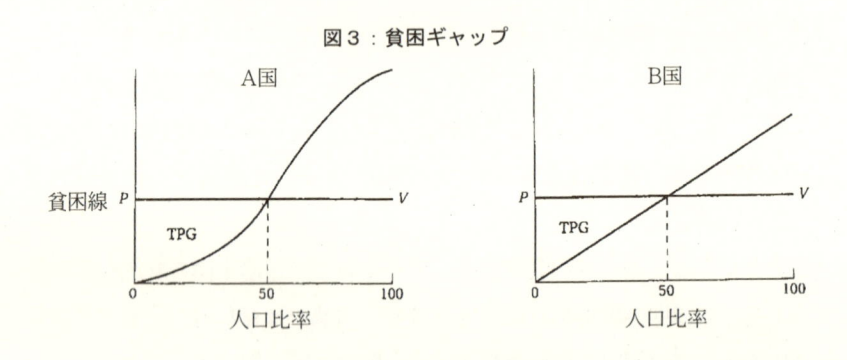

図3：貧困ギャップ

　ここでA国及びB国の貧困線（PV）以下の人口50％の所得を貧困線の水準に押し上げるためには、それぞれ貧困線以下の面積分の所得を補償する必要がある。この面積を「貧困ギャップ総額」（TPG：Total Poverty Gap）という。この「貧困ギャップ総額」（TPG）は明らかにB国よりA国が大きい。この「貧困ギャップ総額」（TPG）は、貧困線の所得（Yp）と貧困線以下の人口の所得（Yi）との差額を合計することによって求められる。

$$TPG = \sum_{i=1}^{H}(Yp-Yi) \quad ①$$

1人当たりの平均的貧困ギャップ（APG：Average Poverty Gap）は「貧困ギャップ総額」（TPG）を全体の人口（N）で割って求められる。

　　APG＝TPG/N　　②

貧困ギャップの規模を貧困線の高低によって規準化するためには「平均的貧困ギャップ」（APG）をそれぞれの貧困線（Yp）で割ることによって求められる。「規準化された貧困ギャップ」（NPG：Normalized Poverty Gap）は③式によって求められる。

　　NPG＝APG/Yp　　③

「貧困ギャップ総額」（TPG）を貧困線以下の貧困者の頭数（H）で割ると「平均貧困ギャップ」（AIS：Average Income Shortfall）が求められる。

　　AIS＝TPG/H　　④

貧困の「FGT測定指標」（FGT：Foster-Green-Thorbele index）は以下の様に定義される。

$$P\alpha = \frac{1}{N}\sum_{i=1}^{H}\left(\frac{Yp-Yi}{Yp}\right)^{a} \quad ⑤$$

ここで$P\alpha$：貧困指標、N：その国の全人口、H：貧困線以下の貧困者の頭数、Yp：貧困線の所得水準、Yi：i番目の貧困線以下の貧困者の所得水準を示す。この「FGT測定指標」は$\alpha=0$のとき、$\frac{T}{N}$となり、貧困者の頭数を示し、$\alpha=1$のとき「規準化された貧困ギャップ」（NPG）と同じ指標となる。$\alpha=2$のときこの指標は貧困の「深刻度」を表わし、Yiの値がYpから乖離すればするほど貧困の「深刻度」は増大する。その反対に貧困線（Yp）から乖離した貧困者Yiの所得水準が貧困線から乖離すればするほど、この貧困者の所得の上昇は貧困ギャップの改善をもたらす。[79]

しかしこれ等貧困測定の各指標の国際比較は、①発展途上国の家計調査の精度、②消費財・サービス項目のバスケットの内容や種類の差、③購買力平価（PPP）を算出する規準となる消費者物価指標の作成等種々の統計学的な問題を抱えている。[80]

註

1. *World Development Indicators* 2010, pp.89-93.
2. Gilpin, Robert G., *The Political Economy of International Relations*, Princeton University Press, 1987, pp.341-363.
3. Landes, David S., *The Wealth and Poverty of Nations : Why Some are So Rich and Some So Poor*. W.W. Norton&Company, 1998, pp.465-531
4. Malthus, Thomas Robert., *An Essay on the Principle of Population* : As It Affects the Future Improvement of Society, 1798, London.
5. Marx, Karl und Friedrich Engels, *Das Kommunistische Manifest 1848* ; 大内兵衛・向坂逸郎訳『共産党宣言』岩波書店。マルクスの『人間疎外論』については、以下の文献参照のこと。
Erich Fromm, Marx's Concept of Man, New York, 1961.
6. Rowntree, B.Seebohm., *Poverty : a Study of Town Life*, 1901 ; *Povery and the Welfare State*, London 1951 and *Poverty and Progress : A Second Social Survey of York*, London, 1941.
7. 横山源之助著『日本の下層社会』（明治32年）岩波文庫版、1949年、374頁。
8. 細井和喜蔵著『女工哀史』（大正14年）岩波文庫版、1954年。
9. 山田盛太郎著『日本資本主義分析』（昭和9年）岩波文庫版、1977年、23頁、213-214頁。
10. 西欧社会における産業民主化の問題については、以下の文献に鋭い分析がなされている。
Dahrendorf, Ralph., *Class and Class Conflict in Industrial Society*, Stanford University Press, 1959.
11. Danziger, Sheldon H., and Robert H.Haveman, *Understanding Poverty*, Harvard University Press, 2001, pp.1-24.
12. 日本の資本主義の発展のプロセスの理論的解釈について「講座派」と「労農派」の論争に関しては、テッサ・モーリス鈴木著　藤井隆至訳『日本の経済思想』A History of Japanese Economic Thought 岩波書店、1991年、132-145頁に説明がある。
13. 日本の資本主義の発展と労働組合運動については、以下を参照のこと。楫西光速、加藤俊彦、大島清、大内力著『日本における資本主義の発達』東京大学出版会、1958年、84-103頁、203-228頁、282-291頁、416-427頁、535-

第 5 章　開発と貧困

554頁。
14. Kuznets, Simon., "Economic Growth and Income Inequality," in *The American Economic Review*, March 1955, pp.1-28. その他のクズネッツの文献参照のこと。Simon Kuznets, *Six Lectures on Economic Growth*, The Free Press of Glencoe, 1959 ; *Economic Growth and Structure*, W.W. Norton, 1965 and *Modern Economic Growth* ; Rae, Structure and Spread, Yale University Press, 1966.
15. 鳥居康彦著『経済発展理論』東洋経済新報社、1979年、138頁。
16. Gillis, Malcolm., Dwight H.Perkins, Michael Roemer and Donald R.Snodgrass, *Economics of Development*, 4th Ed., W.W.Norton, 1966, pp.70-90.
17. Nelson, Richard R., "A Theory of the Low-Level Equilibrium Trap in Underdeveloped Economies," *The American Economic Review*, Vol 46, 1956, pp.894-908.
18. 途上国が経験するこのネルソンの「低位均衡の罠」という現象を速水佑次郎が巧みに図によって説明しているのでここで速水佑次郎の説明を借用しておこう（図4）。
　まず最上段の図は、人口成長率（N/N）と1人当たり所得（Y/N）との関係を描いた図である。M点は生存所得水準である。中段の図は貯蓄率と1人当たり所得の関係を描いている。この中段の貯蓄率を限界資本係数（c）で除すと、ハロッド・ドーマ理論に従い経済成長率が求められる。上段と中段の図を一緒に描いたのが下段の図である。下段のm点は所得と人口の安定的な均衡点となる。1人当たり所得（Y/N）がm点以下の場合、人口の減少が所得の縮小を上回るから1人当たり所得は増加しm点の均衡点に引き戻される。他方何らかの力（豊作や海外援助）によって1人当たり所得がn点まで増加しても、人口増率が所得の増加率を上回るから1人当たり所得は減少しm点に引き戻されてしまう。したがってm点にある経済は多少の努力をして投資をふやし、所得の増加を実現しても元のm点に戻され、長期的には生存ぎりぎりの低位の所得水準から脱することが出来ない。この状態は「低位所得均衡の罠」と呼ぶにふさわしい低所得と停滞の悪循環を表している。
　このような「低位所得の均衡の罠」から脱却するためには「最小臨海努力」（critical minimum push）が必要であり、政府主導型の高貯蓄・高成長政策が必要になる。速水佑次郎著『開発経済論』新版、創文社、2000年、136－139頁。

図4:ネルソンの「低位均衡の罠」

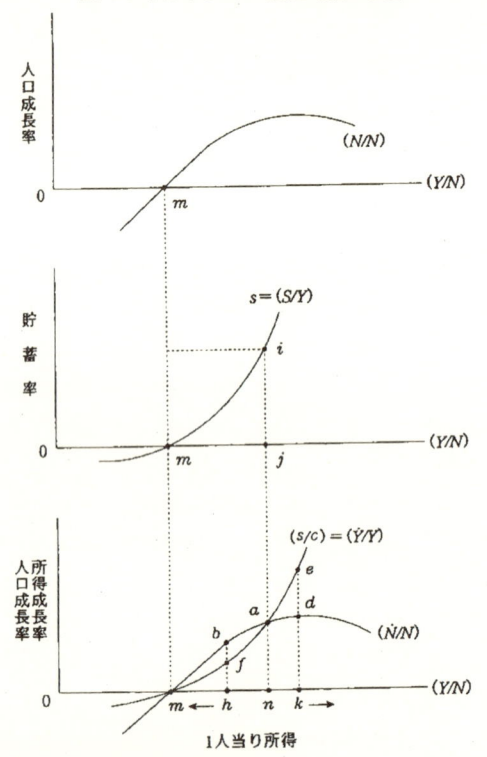

資料:速水佑次郎著『開発経済学』新版 2000年 136頁

19. 河野健二著『西洋経済史』岩波全書、1980年;大塚久雄編著『西洋経済史』筑摩書房参照のこと。日本における西欧経済史の研究は大塚久雄教授等が中心になって行われてきた。大塚久雄教授の研究業績は『大塚久雄著作集』岩波書店に収められている。しかし最近所謂『大塚史学』と言われる歴史理論に対する批判が行われてきている。馬場哲・小野塚知二編『西欧経済史学』東京大学出版会 2001年 参照のこと。西欧社会の産業革命以降の経済発展の長期的軌跡の実証分析については、最近亡くなったA・マジソンによる労作がある。Angus Maddison, *The World Economy : Historical Statistics*, Development Center Studies, OECD, 2003. を参照のこと。

Rostow, W.W., "The Take-Off Into Self-Sustained Growth," *Economic Journal*, March 1956, pp.25-48. ロストフの「離陸」の概念は以下の文献に

さらに詳細に論じられている。
W.W.Rostow, *The Stages of Economic Growth*, Cambridge University Press, 1960
20. Nurkse, Ragnar., *Problems of Capital Formation in Underdeveloped Countries*, Oxford,Basil Blackwell, 1960,pp.4-31.
21. Young, Allyn A., "Increasing Returns and Economic Preogress" in *Economic Journal*, September, 1928, pp.527-542 ; Tibor Scitovsky, "Two Concepts of External Economies," in *Journal of Political Economy*, 1954, pp143-151.
22. 均衡成長理論を肯定する見解は以下の論文に紹介されている。
M.Fleming, "External Economies and the Doctrine of Balanced Growth," *The Economic Journal*, June 1955, pp.239-256 : K.Nath, "The Thoery of Balanced Growth," in *Oxford Economic Papers*, 1962, pp.138-153 ; Jose Maria Dagnino-Pastore, "Balanced Growth : An Interpretation," in *Oxford Economic Papers*, 1963, pp.164-176 ; G.O.Birewag, " Balanced Growth and Technological Progress", *Oxford Economic Papers*, 1964, pp55-69 ; Ashok Mathur, "Balanced vs. Unbalanced Growth-A Reconciliatory View", *Oxford Economic Papers*, 1966, pp.138-157.
23. Streeten, Paul., "Unbalanced Growth," *Oxford Economic Papers*, 1959, pp.1167-190 ; Albert O.Hirschman, *The Strategy of Economic Development*, Yale University Press, 1958, pp.50-75.
24. Collier, Paul., and Jan Willem Gunning, "Explaining African Economic Performance," in Journal of Economic Literature, March 1999, pp.64-111 ; Paul Collier and Jan Willem Gunning, "Why Has Africa Grown Slowly ? " in *Journal of Economic Perspectives*, Vol.13, Number 3, Summer 1999, pp.3-22 ; Paul Collier, *The Bottom Billion ; Why the Poorest Countries Are Failing and What Can Be Done About It*, Oxford University Press, 2007.
25. Collier, Paul., and Jan Willem Gunning, "Explaining African Economic Performance," in *Journal of Economic Literature*, March 1999, pp.64-111.
26. Sachs, Jeffrey D., and Andrew M.Warnar, "Sources of Slow Growth in African Economies," in *Journal of African Economies*, Vol.6, No.3.1997, pp.335-76 ; William Easterly and Ross Levine, "Tropics, germs and crops :

how endowments influence economic deveropment," in *Journal of Monetary Economics*, Vol.50, 2003,pp.3-39 ; Steven A.Block, "Does Africa grow differenly?" in *Journal of Developmental Economics*, Vol.65, 2001, pp.443-467 ; Sambit Bhattacharyya, "Root Causes of African Underdevelopment," in *Journal of African Economies*, Vol.18, No.5, April 2009,pp. 45-780.

27. World Bank, Challenges of African Growth ; Opportunities, Constraints and Strategic Directions, by Benno Ndulu, 2007, pp.376-401.
28. Diamond, Jared., *Guns, Germs and Steel* ; *The Fates of Human Societies*, W.W.Norton&Company, 1997, pp.376-401.
29. Nelson, Richard R., "A Theory of The Low-Level Equilibrium Trap in Underdeveloped Economies," in *The American Economic Review*, Vol.46, No.5, pp.894-908. 最近の文献としては以下を参照されたい。Sammel Bowles, Steven N.Durlauf and Karla Hoff, *Poverty Traps*, Princeton University Press, 2006 ; Costas Azariadis and John Stachurski, "Poverty Traps" in *Handbook of Economics Growth*, Vol. I A, ed., by Philippe Aghion and Steven N.Durlauf, 2005, pp.296-383 ; Aart Kraay and Claudio Raddatz, "Poverty traps, aid, and growth," in *Journal of Development Economics*, Vol.82, 2007, pp.315-347.
30. Jeffrey D.Sachs, et al., *Ending Africa's Poverty Trap*, Brookings Papers on Economic Activities, 2004, pp.117-216.
31. 新古典派成長理論の入門的な解説書としては、次の文献が理解しやすい。Charles I.Jones, *Introduction to Economic Growth*. W.W.Norton&Company, 1998.
32. Sachs, D.Jeffry., ibid., pp.130-140.
33. Sachs, D.Jeffry., ibid., pp.144-167.
34. UNCTAD, *Economic Development in Africa* : *Doubling Aid* ; *Making the "Big Push" work*, 2006, UK Government, *Our Common Interest* ; *Report of The Commission For Africa* (Tony Blair Commission) March 2005, pp.301-339.
35. Sachs, Jeffrey., *The End of Poverty* ; *How We Can Make It Happen in Our Lifetime*, Penguin Books, 2005, pp.5-89.
36. Easterly, William., "The Big Push Deja Vu : A Review of Jeffry Sachs's The End of Poverty* Economic Possibilities of Our Times," in *Journal of*

Economic Literature, March 2006, pp.96-105 ; William Easterly, *The White Man's Burden* : *Why The West's Efforts to Aid The Rest Have Done So Much Ill and So Little Good*, The Penguin Press, 2006 and "Can the West Save Africa？" in *Journal of Economic Literature*, 2009, Vol.47, No.2, pp.373-447.
37. Lewis, John P., Devesh Kapur, and Riochard Webb, *The World Bank*; *Its First Half Century*, Brookings Institution Press, 1997, page 141.
38. Hund, Diana., *Economic Theories of Development*, Harvester, 1989, pp.259-291.
39. Chenery, Hollis., Montek S.Ahluwalia, C.L.G.Bell, John H.Duloy and Richard Jolly, *Redistribution With Growth*, Oxford University Press, 1974, pp.38-51.
40. Ahluwalia, Montek S., "Inequality, Poverty and Development," *Journal of Development Economics*, 1976, 307-342 ; Chenery, Hollis., Montek S.Ahluwalia, and Nicholas G. Carter, "Growth and Poverty in Developing Countries," in *Journal of Development Economics*, 1979. pp.299-341.
41. Squie, Lyn and Herman G.van der Tak, *Economic Analysis of Projects*, The Johns Hopkins University Press, 1975, pp.99-117.
42. Williamson, John ed., *The Political Economy of Policy Reform*, Institute for International Economics, 1994, pp.11-34.
43. Jolly, Richard., Frances Stewart, and Giovanni Andrea Cornia, *Adjustment with a Human Face*, Clarendon Press, 1987 ; Frances Stewart, *Adjustment and Poverty* ; Options and Choices, 1995, pp.194-214.
44. World Bank, *World Development Report 1990* ; *Poverty*, Oxford University Press.
45. Kanbur, Ravi., and Lyn Squire, " The Evolution of Thinking about Poverty : Exploring the Interactions, Geral M. Meier and Joseph E. Stiglitz, *Frontiers of Development Economics*, Oxford University Press, 2001, page 185.
46. World Bank, *World Development Report* 1990 ; Poverty, 25-38.
47. Dandekar, V.M., "On Measurement of Poverty," in *Poverty and Income Distribution*, ed.,by K.S. Krishaswamy, Oxford University Pess, 1990, pp.61-88.
48. World Bank, *Poverty Reduction* : Handbook, 1993, pp.237-252.

49. Ravallion, Martin., and Benu Bidani, "How Robust is Poverty Profile?" in *The World Bank Economic Review*, January 1994, pp.75-102.
50. Burtless, Gary., and Timothy M.Smeeding, "The Level, Trend, and Composition of Poverty," in *Understanding Poverty*, ed., by Sheldon H.Danziger and G.Robert H. Haveman, Harvard University Press, 2001, pp.27-68.
51. Smeeding, Timothy M., Lee Rainwater and Gary Burtless, "U.S. Poverty in a Cross-national Context," ibid., pp.162-189.
52. 計量経済学的な相対的貧困の測定の問題については以下の論文参照のこと。
    Foster, J.E., J.Greer and E.Thorbeck, "A Class of Decomposable Poverty Measures," *Econometrica*, 1984, pp. 761-66 ; A.B.Atkinson, "On the Measurement of Poverty," in *Econometrica*, July 1987, pp.749-764.
53. Kakwani, Nanak C., *Income Inequality and Poverty : Methods of Estimation and Policy Applications*, Oxford University Press, 1980 ; R.M. Sundrum, *Income Distribution in Less Developed Countries*, Routledge, 1990.
54. McCulloch, Neil., L. Alan Winters and Xavier Cirera, *Trade Liberalization and Poverty* ; A Handbook, Center for Economic Policy Research, pp.37-63.
55. United Nations Development Programme (UNDP), *Human Development Report 1998*, Oxford University Press, pp.146-147.
56. Dasgupta, Partha., *An Inquiry Into Wellbeing and Destitution*, Clarendon Press, 1993.
57. Sen, Amartya., *Poverty and Famines : An Essay on Entitlement and Deprivation*, Clarendon Press, 1981, pp.9-38 ; *Development As Freedom*, Anchor Books, 1999, pp.87-110.
58. World Bank, *World Bank Development Report 2000/2001* : Attacking Poverty, Oxford University Press, 2001, pp.15-29.
59. Sen, Amartya., " Poverty : An Ordinal Approach to Measurement," in *Econometrica*, Vol. 44, March 1976, pp.219-231.
60. Ravallion, Martin and Michael Liptton, "Poverty and Policy" in *Handbook of Development Economics*, Vol.III, 1995, pp.2551-2657.
61. Foster, James., Joel Greer and Erik Thorbecke, "A Class of Decomposable Poverty Measures," in *Econometrica*, Vol.52, May 1984, pp.761-766.
62. Bangladesh Bureau of Statistics, *Household Expenditure Survey* 1995-96,

April 1998, pp.115-118.
63. World Bank and ADB, *Bangladesh : Progress in Poverty Reduction*, Background Paper, Bangladesh Development Forum, Paris, March 13-15, 2002, pp.2-8.
64. FDT規準に準じた貧困の測定指標として、SST (Sen-Schorrocks-Thon) 指標が最近開発され、このSST指標を使用してカナダの貧困分析を行った事例が紹介されている。John Myles and Garnett Picot, "Poverty Indices and Policy Analysis," in *Review of Income and Wealth*, June 2000, pp.161-179. SST貧困指標に関しては以下の論文を参照されたい。
A.F.Schorrocks, "Revisiting the Sen Poverty Index," in *Econometrica*, 63, 1995, pp.1225-30 ; D.Thon, "On Measuring Poverty," in *Review of Income and Wealth*, 25, 1979, pp.429-40 and "A Poverty Measure," in *The Indian Economic Journal*, 30, 1983, pp.55-70.
65. Bangladesh Bureau of Statistics, *Preliminary Report of Household Income & Expenditure*, December 2001, pp.19-30.
66. Greer, Joel., and Erik Thorbecke, "A Methodology for Measuring Food Poverty Applied to Kenya," in *Journal of Development Economics*, 24, 1986, pp.59-74.
67. Ravallion, Martin., Gustav Datt and Dominique van de Walle, "Quantifying Absolute Poverty in the Developing World," in *Review of Income and Wealth*, December 1991, pp. 345-361 ; Martin Ravallion and Benu Bidani, "How Robust Is a Poverty Profile?" in *The World Bank Economic Review*, January 1994,pp.75-102.
68. Ravallion, Martin., Gaurav Datt and Shaohua Chen, "Is Poverty Increasing in the Developing World?" in *Review of Income and Wealth*, December 1994, pp.359-376 ; McKinley L.Blackburn, "The Sensitivity of International Poverty Comparison," in *Review of Income and Wealth*, December 1998, pp.449-472.
69. Kakwani, Nanak., "Poverty and Economic Growth With Application to Cote Divoire," in *Review of Income and Wealth*, June 1993, pp.121-139.
70. Datt Gaurav., and Martin Ravallion, "Growth and redistribution components of changes in poverty measures," in *Journal of Development Economics*, 38, 1992, pp.275-295 ; and "Why has economic growth been more pro-poor

in some states of India than others?" in *Journal of Development Economics*, 68, 2002, pp.381-400.
71. Psacharopoulos, George., Samuel Morley, Ariel Fiszbein, Haeduck Lee and William C. Wood., "Poverty and Income Inequality in Lain America," in *Review of Income and Wealth*, September 1995 and Alain de Janvry and Elisabeth Sadoulet, "Growth, Poverty, and Inequalty in Latin America : A Causal Analysis : 1970-94," in *Review of Income and Wealth*, September 2000, pp.267-287.
72. World Bank, *Millennium Development Goals* 2002.
73. IMF, *The IMF's Poverty Reduction and Growth Facility (PRGF)*, March 2001
74. World Bank, *Overview of Poverty Reduction Strategies*, October 25, 2001 ; *IMF/World Bank Comprehensive Review of the Poverty Reduction Strategy Papers (PRSP) Approach*, April 4, 2002.
75. IMF, *Debt Relief for Poverty Reduction : The Role of the Enhanced HIPC Initiative*, August 2, 2001.
76. Asian Development Bank, *Annual Report 2001* ; 外務省編『政府開発援助（ODA）白書』、2001年版参照のこと。
77. Sachs, Jeffrey., "A New Global Consensus on Helping the Poorest of the Poor," in *Annual World Bank Conference on Development Economics 2000, 2001*, pp.39-47 ; Joseph E.Stiglitz, *Globalization and its Discontents*, W.W.Norton, 2002.
78. Meier, Gerald., *Leading Issues in Economic Development*, 6th Ed., Oxford University Press, 1995 : Michael P.Todaro, *Economic Development*, 7th Ed., Addison & Wesley, 2000 ; 原陽之介『開発経済論』岩波書店、1996年 ; 速水佑次郎著『開発経済学』新版 創文社、2000年。
79. Todaro, Michael P., and Stephen C.Smith, *Economic Development*, 9th ed., Peason, Addison Wesley, 2006, pp.204-207.
80. Deaton, Angus, "Price Index, Inequality, and the Measurement of World Poverty," *The American Economic Review*, March 2010, pp.5-34.

第6章　バングラデシュの貧困とミクロ開発金融

はじめに

　世界の最貧国の一つに数えられるバングラデシュのチタゴン市にあるチタゴン大学の経済学部のユヌス教授は、1976年に498ドルで学生達と一緒に農村地域の貧困層を対象にミクロ開発プロジェクトを始めた。このミクロ開発金融プロジェクトは2000年には融資規模2億7,000万ドル、230万人の主に女性の貧困層をカバーする大規模なグラミン銀行に成長した。途上国の貧困対策として出発したミクロ開発金融プログラムは、在来近代的な金融機関の対象外とされた貧困層を融資の対象とする革命的なプログラムである。バングラデシュから始まったミクロ開発金融プログラムは、その後世界中の途上国の貧困対策として使用されるようになり、1997年2月にはワシントンでミクロ開発金融サミット会議が開催された。

　ここではグラミン銀行の背景を理解するため、バングラデシュの経済の特徴と課題を概観し、バングラデシュの貧困の現状と政府の対策、世銀やアジ銀の対貧困支援政策の内容を解説する。それから途上国で普及してきているミクロ開発金融の一般的な形態を紹介している。最後にグラミン銀行を中心に、バングラデシュで形成されたミクロ開発金融プログラムの内容と課題を解説する。

6.1　バングラデシュの経済と課題

(1) バングラデシュの経済

　1947年イギリスの植民地支配から開放され、ヒンズー教国家インドと回教国家パキスタンは分離独立した。この際東ベンガル地方は東パキスタン州となった。しかし政治・経済・軍の実権は西パキスタンが握り、東西パキスタンの経済発展格差は拡大する結果となった。ベンガル地域は独自の伝統的な文化及び言語を有しており、東パキスタンのエリート階層は次第に東パキスタンの独立を希求するようになる。1970年の総選挙で東パキスタンの自治権の拡大を要求するアワミ連盟が第1党となったがパキスタン政府はアワミ連盟の党首ムジブル・ラーマン党首を逮捕弾圧した。アワミ連盟は1971年3月独立を宣言し内戦に突入した。同年12月インドが介入し印パ戦争に発展し、パキスタン軍は降伏し東パキスタンはバングラデシュ人民共和国として独立した。[1] ラーマン党首が1972年1月初代首相に就任し、1975年憲法を改正し大統領となるが、同年8月青年将校等のクーデターが発生し暗殺された。その後1991年2月の総選挙でバングラデシュ民族主義党（BNP）が勝利しカレダ・ジア党首が同国初の女性首相に就任するまで、エルシャド陸軍参謀長等の軍部出身者がクーデターにより政権を奪取し、政治は極度に不安定化した。

　バングラデシュはインド大陸南東部のベンガル・デルタ地帯に位置し5月－10月の雨期にはガンジス河その他の主要な河川がしばしば満水となり、周辺地域が洪水の被害を頻繁に蒙った。インド洋に毎年発生するサイクロンによっても農作物が被害を受け、住居が破壊され多数の人命が犠牲になることが度々発生した。1981年－1998年の18年間に大型のサイクロンが19回ほぼ毎年バングラデシュを襲い、各地に大きな被害をもたらした。[2] バングラデシュの土壌はガンジス川その他の河川がもたらす堆積層であり肥沃度が高く農業に適しており、麻縄や麻袋の原料となるジュートがデルタ地帯に群生する。しかし天然ガス以外経済発展に必要な森林資源・鉱物資源に乏しく資源立地型

第6章 バングラデシュの貧困とミクロ開発金融

の工業開発の可能性が非常に限られた国である。例えば経済基盤や産業インフラの建設に不可欠のセメントの原料は石灰石であるが、バングラデシュには石灰石は産出されない。従ってセメントの生産のために必要な石灰石はインド国境を超えてベルトコンベヤーで国境地域に設立されたセメント工場に移送するか、セメント生産の中間財であるクリンカーを海外から輸入して最終生産財のセメントに転換する以外方法はない。

バングラデシュの人口は独立当初7,300万人であったが、1970－90年代年率2パーセント以上の増加率で増大し、1999年時点総人口は1億2,800万人の水準に達した。経済の発展水準を示す1人当たりのGDPは、1974年124ドルから1999年370ドルに増加したが、この水準はサハラ沙漠以南のアフリカのガーナ（390ドル）、ケニア（390ドル）、ナイジェリア（310ドル）に相当するにすぎない。このようにバングラデシュは資源に乏しく過剰人口を抱える典型的な南アジアの最貧国の1つに数えられる。労働力は独立当初70パーセント以上が農業に従事し、この傾向は1990年代になっても大きな変化はない。

バングラデシュは農業部門に過剰人口を抱え、A・ルイスやG・ラニス等が主張する経済発展の2部門理論に従えば、過剰な労働力が農業部門から近代的な工業部門に流入し、生存賃金を越えた余剰レントが工業部門の資本蓄積を促し、経済発展の機動力となるはずであった。[3] しかしR・ルイスやG・ラニスが描く途上国の2部門経済発展の軌道には乗ることが出来ず、バングラデシュはネルソンの「低位均衡の罠」やヌルクセの「貧困の悪循環」が描く典型的な貧困国であった。バングラデシュの近代的な製造業部門の付加価値が農業部門の付加価値の水準に達するのは1990年の後半になってからである。

バングラデシュの経済発展プロセスの1つの特徴は、旧イギリス植民地である途上国に共通した計画省指導の「5ケ年経済計画」に従った開発投資予算が国の財政政策の根幹をなすことである。計画省は各産業セクター別に組織され、それぞれ欧米で教育を受けたテクノクラートが計画の立案と調整に当った。[4] しかし5ケ年計画の開発投資が必要とする資本財の海外からの輸入

221

表1：就業構造（％）

	1973	1975	1980	1985	1990	1995
農　業	73.9	72.0	68.7	57.8	66.4	63.2
製造業	6.8	8.1	7.9	9.3	11.8	7.4

資料：アジ銀：Key Economic Indicators

表2：GDP構成比率（％）

	1973	1975	1980	1985	1990	1995	1999
農　業	58.0	62.5	50.3	41.5	28.3	24.8	26.2
製造業	6.4	6.7	9.9	9.9	15.5	17.8	25.2

資料：アジ銀：Key Economic Indicators

表3：5ケ年経済計画の目標成長率と達成成長率

	目　標	実　績
第1次5ケ年計画（1973－78）	5.5	4.0
2ケ年暫定計画　（1978－80）	5.6	3.5
第2次5ケ年計画（1980－85）	5.4	3.8
第3次5ケ年計画（1985－90）	5.4	3.8
第4次5ケ年計画（1990－95）	5.0	4.2

資料：Planning Commission, The Fifth Five Year Plan (1997-2002), page 13

　資金は、外貨不足のため先進国及び国際機関の開発援助資金に頼ることとなる。バングラデシュ政府は独立以降5次の5ケ年計画を実施したが、過去目標とされた経済成長率を達成することはなかった。

　バングラデシュはジュート関連製品以外国際競争力のある輸出製品を欠き、経済発展のためには先進国から資本財や石油関連製品を輸入する必要があった。そのため貿易収支は恒常的に赤字であった。しかしこのバングラデシュの輸出入構造は1990年代に急激に変化してきている。既製服・ニット製品を中心とする繊維製品が1990年代後半輸出の70パーセント以上を占めるようになり、輸入製品もこれら繊維製品を加工するために必要な原材料の輸入が急増してきている。バングラデシュは東南アジア諸国が1960－80年代に経験した貿易構造の多角化を1990年代に入って経験し始めたと言えよう。

第6章　バングラデシュの貧困とミクロ開発金融

表4：貿易収支（百万ドル）

	1973	1975	1980	1985	1990	1995	1998
輸　出	369	285	751	971	1,486	3,473	4,172
輸　入	631	725	2,126	2,358	3,379	5,834	7,524
貿易収支	-262	-440	-1,375	-1,387	-1,893	-2,361	-2,352

資料：アジ銀：Key Economic Indicators

表5：輸出動向（百万ドル、%）

	1997/98	1998/99	1999/2000	2000/2001
ジュート	108　(2.0)	72　(1.4)	72　(1.3)	67　(1.0)
ジュート製品	279　(5.4)	302　(5.7)	263　(4.6)	229　(3.5)
茶	48　(0.9)	39　(0.7)	18　(0.3)	22　(0.3)
皮・革製品	190　(3.7)	168　(3.2)	195　(3.4)	254　(3.9)
冷凍エビ・魚	294　(5.7)	274　(5.2)	344　(6.0)	363　(5.6)
アパレル	2,843　(55.1)	2,985　(56.2)	3,083　(53.6)	3,364　(52.0)
ニット製品	940　(18.2)	1,035　(19.5)	1,270　(22.1)	1,496　(23.1)
石油製品	11　(0.2)	5　(0.1)	11　(0.2)	10　(0.2)
化学製品	59　(1.1)	59　(1.1)	60　(1.0)	68　(1.1)
農作物	0	22　(0.4)	18　(0.3)	13　(0.2)
その他	390　(7.6)	352　(6.6)	420　(7.3)	594　(9.1)
合　計	5,161　(100)	5,313　(100)	5,752　(100)	6,467　(100)

資料：IMF：Bangladesh：Selected Issues and Statistical Appendix, June 2002, Page 88

　バングラデシュの貿易収支の赤字は、ODA無償資金の受け取りと海外出稼ぎ労働者の送金によってほぼ補填されている。回教徒であるバングラデシュの労働者の80パーセント前後が主にサウジアラビアやクウェート等の石油産出中近東で出稼ぎ労働者として働き、バングラデシュに毎年15億ドル以上の送金を行い外貨獲得の大きな源泉となっている。しかし経常収支と表裏一体をなす資本収支は、毎年10億ドル以上のODA資金の流入がある一方、ODA借款の返済と貿易金融（延払い輸入等）の返済によって資金流入が相殺される傾向にある（表7参照）。

　以上のようにバングラデシュは貿易赤字を出稼ぎ労働者の送金およびODA資金の流入によって補填しているが、累積対外債務は他の途上国に比

表6：最近の輸入動向（百万ドル、％）

	1997/98	1998/99	1999/2000	2000/2001
食料	369 (4.9)	999 (12.4)	381 (4.5)	380 (4.1)
食料油	216 (2.9)	287 (3.6)	256 (3.0)	230 (2.5)
油種子	93 (1.2)	100 (1.2)	90 (1.1)	70 (0.7)
石油製品	295 (3.9)	270 (3.4)	406 (4.8)	575 (6.1)
原油	140 (1.9)	118 (1.5)	232 (2.7)	273 (2.9)
綿	207 (2.8)	233 (2.9)	277 (3.3)	375 (4.0)
製糸	48 (0.6)	39 (0.5)	43 (0.5)	42 (0.4)
布地	327 (4.3)	283 (3.5)	300 (3.6)	325 (3.5)
肥料	108 (1.4)	120 (1.5)	140 (1.7)	132 (1.4)
セメント	152 (2.0)	105 (1.3)	80 (0.9)	46 (0.5)
繊維製品	1,264 (16.8)	1,109 (13.8)	1,153 (13.7)	1,320 (14.1)
資本財	2,072 (27.6)	1,969 (24.6)	2,133 (25.4)	2,400 (25.6)
その他	2,229 (29.6)	2,376 (29.7)	2,912 (34.6)	3,196 (34.1)
合計	7,520 (100)	8,006 (100)	8,403 (100)	9,363 (100)

資料：IMF：Bangladesh：Selected Issues and Statistical Appendix, June 2002, Page 89

表7：最近の国際収支の動向（百万ドル）

	1997/98	1998/99	1999/2000	2000/2001
貿易収支	−2,352	−3,018	−2,804	−3,047
移転収支	2,017	2,235	2,670	2,296
公的部門	267	260	443	196
海外送金	1,750	1,975	2,227	2,100
経常収支	−253	−849	−417	−1,116
資本収支	272	539	527	536
ODA受取	1,052	1,215	1,132	1,174
ODA返済	−308	−341	−396	−414
海外投資	252	671	487	419
貿易金融	−674	−975	−800	−648
総合収支	127	−227	278	−429
経常収支GDP比率（％）	−0.6	−1.9	−0.9	−2.8

資料：IMF：Bangladesh；Selected Issues and Statistical Appendix, June 2002, page 87

第6章 バングラデシュの貧困とミクロ開発金融

表8：バングラデシュの対外債務（百万ドル）

	1997/98	1998/99	1999/2000	2000/2001
累積対外債務総額	14,033	15,145	16,188	16,729
中長期債務	13,418	14,354	15,727	16,227
債務返済額	－623	－612	－651	－670
累積債務対GDP比率	31.8	32.5	34.4	35.3
債務返済対GDP比率	1.4	1.5	2.1	1.1
債務返済対経常受取り比率	7.8	7.8	8.4	7.5

資料：IMF：Bangladesh：Selected Issues and Statistical Appendix, June 2002, page 95

較してそれほど高くない。2000年会計年度の累積対外債務は167億ドルであるが、その債務の97パーセントがODAを中心とする中長期債務であり、累積債務の対GDP比率および債務返済比率も低く、累積債務はバングラデシュのマクロ経済運営上大きな負担とはなっていない。従ってバングラデシュはIMF/世銀の「重債務最貧国」(HIPC) の範疇には入っていない（表8参照）。2000年度のODA資金の流入額は13億7,000万ドルであるが、この52パーセントを2国間援助が占めている。この2国間援助のうち日本のODAが45パーセントを占め、日本が対バングラデシュODA2国間援助の最大の援助国となっている。国際機関からの援助額の80パーセントが世銀・アジ銀の両国際機関が占め、対バングラデシュODA支援の中でのこれら機関の影響力の大きさを窺い知ることが出来る。しかし日本の対バングラデシュのODA総額は世銀やアジ銀に匹敵するほど規模が大きく、日本政府が対バングラデシュODA政策の中で積極的な役割を演じることが期待される（表9参照）。

バングラデシュの財政収支は貿易収支と同じく赤字体質である。財政赤字幅は対GDP比率で5パーセントを前後している。この対GDP比率5パーセント前後の財政収支の赤字は他の途上国に比較して高い水準にある。財政支出は経常支出と開発プログラム支出に区分され、開発プログラム予算は毎年40-50パーセントを占めている。開発プログラム予算の分野別配分は農業セクターが最も大きく20パーセント前後を占め、運輸分野及びエネルギー分野

表9：対バングラデシュODA資金の流入（百万ドル）

	1997/98	1998/99	1999/2000	2000/2001
2国間援助総額	490	638	785	706
日　本	172	235	390	316
ドイツ	49	37	21	43
イギリス	35	52	61	53
アメリカ	26	69	92	39
スウェーデン	27	22	20	16
オランダ	21	43	28	19
カナダ	15	27	28	19
デンマーク	19	33	29	5
フランス	31	11	1	6
国際機関援助総額	762	898	790	663
アジア開発銀行	240	218	283	236
世銀（IDA）	332	477	354	299
ODA資金総額	1,252	1,536	1,575	1,369

資料：IMF：Bangladesh：Selected Issues and Statistical Appendix, June 2002, page 94

　に次いで教育分野の予算配分率が高い。バングラデシュの財政支出で問題となっているのは、開発プログラム予算のODA資金依存率が高く、開発予算の35－40パーセントをODA資金に依存していることである（表10参照）。開発プログラム予算のODA依存率が高いことは、①開発政策及びプログラムに対する自主性を喪失する傾向があること、②開発プログラムの内容の資本集約度が高くなる傾向が生ずる可能性があること、③開発投資の規模が巨大化し海外技術に対する依存度が増大すること、④開発投資の貧困の削減効果が軽視されること、⑤開発費用が高くなる傾向があること等の問題点が指摘されている。[5]

　以上概観してきたように1990年代に入りバングラデシュの経済は比較的安定した成長軌道に乗っているようにみえる。物価上昇率も10パーセント以下に抑えられ、経常収支、財政収支の赤字幅も極端に大きくなく、バングラデシュのマクロ経済は安定してきている。バングラデシュ政府の第5次5ケ年

第6章 バングラデシュの貧困とミクロ開発金融

表10：財政収支（10億タカ（taka）、%）

	1997/98	1998/99	1999/2000
歳　入	185.5	188.9	203.7
歳　出	267.0	300.8	341.9
経常支出	143.2	166.1	184.2
開発プログラム	113.0	123.2	152.0
農　業（%）	20.8	22.0	23.8
エネルギー（%）	15.4	16.8	17.6
運　輸（%）	18.5	17.9	17.4
教　育（%）	12.2	13.5	12.8
医　療（%）	9.6	8.2	8.1
開発予算（10億タカ）			
国内予算	70.9	79.1	97.3
海外ODA	51.1	46.0	57.4
財政収支	−81.5	−111.9	−138.2
対GDP比率	−4.1	−5.1	−5.8

資料：IMF：Bangladesh：Selected Issues and Statistical Appendix, June 2002, page 62

表11：GDP成長率と分野別成長率（実質、%）

	1996/97	1997/98	1998/99	1999/2000
農・林業	5.6	1.6	3.2	6.9
漁　業	7.6	9.0	10.0	8.9
製造業	5.1	8.5	3.2	4.8
電気・ガス	1.9	2.0	6.0	6.8
建　設	8.6	9.5	8.9	8.5
卸・小売業	5.5	6.0	6.5	7.3
運輸・通信	5.5	5.7	5.9	6.1
GDP	5.4	5.2	4.9	5.9

資料：IMF：Bangladesh：Selected Issues and Statistical Appendix, June 2002, page 51

　計画（1997−2002）は実質経済成長率の7パーセントの目標は達成できないにしても、年平均5パーセントの経済成長率を達成することは確実であろう。
　しかしIMF/世銀はバングラデシュが2020年までに現在の貧困層人口を半

表12:農業の成長率の国際比較

	1970-80	1980-90	1990-97
バングラデシュ	1.9	2.7	1.7
中　国	3.2	5.9	4.4
インド	1.8	3.1	3.0
インドネシア	4.1	3.4	2.8
韓　国	2.7	2.8	2.1
マレーシア	5.0	3.8	1.9
パキスタン	2.3	4.3	3.8
タ　イ	4.4	4.0	3.6

資料:World Bank, Bangladesh:A Proposed Rural Development Strategy, 2000, page11

　減するためには5パーセント代の成長率では不十分で、今後20年間6－8パーセント代の持続的成長が必要であると推計している。[6] 特にバングラデシュの労働力の60パーセント以上が農業に従事しており、農業分野の生産を拡大し雇用機会を創出する必要があると強調している。バングラデシュは1990年代に食糧の自給率を達成したが、農業分野の成長率は他の発展途上国に比較して低く、農業生産の向上が不可欠であると考える(表12参照)。

(2) バングラデシュ経済の課題

　バングラデシュ経済は長期的に解決しなければならない種々の構造的課題を抱えている。これらの課題とは、①貧困層の削減、②政治体制及び経済システムのガバナンスの問題、③輸出指向型の民間企業の育成、④未だ存在する多数の非効率的な国営企業の問題、⑤脆弱な金融システム等が、バングラデシュ経済が抱える構造的な問題として指摘されている。貧困問題に関しては次節で詳説するので、ここではそれ以外の課題について簡単に見てみる。

　第1に政治体制のガバナンスの問題が指摘されよう。バングラデシュは1971年にパキスタンから独立して以降政治体制の民主化が確立せず、政治情勢が極度に不安定化した。暗殺事件や軍部のクーデターが頻繁に発生し、

第6章 バングラデシュの貧困とミクロ開発金融

　1992年以降民政に移行した後も2大政党であるアワミ連盟とバングラデシュ民族主義党との政治的対立が議会外の大衆の暴動にまで発展する傾向があった。官僚と国営企業、国営銀行及び民間企業との癒着や腐敗、ODA資金の不透明な管理等の問題が中央政府にとどまらず地方行政制度にまで浸透し、バングラデシュの政治経済システムのガバナンス問題が、バングラデシュの経済発展の大きな障害となっている。世銀は従ってバングラデシュ政府が政治体制のガバナンスの問題を即急に解決することを迫っている。[7] この政治体制のガバナンスの問題は途上国全体に共通した課題であるが、先進国の政治システムの発展プロセスから考えて短期間に解決できる問題ではないであろう。しかしバングラデシュ政府は、行政監査官（Ombudsman）制度の確立、腐敗防止委員会の設立、司法部の独立性の維持、監査・会計制度の確立、行政府の資機材調達の透明性の確保等の対策を講じようとしている。[8]

　第2の課題は、輸出志向型の労働集約的な民間企業を如何に育成することが出来るかという問題であろう。1970－80年代の国営企業の民営化政策の結果、1990年代に入り製造業の付加価値の75パーセント以上を民間企業が担っている。特にアパレル産業が驚異的な発展を遂げ、アパレル産業の輸出額は1981年の300万ドルから10年後の1991年には7億3,900万ドルと246倍の成長を遂げ、2000年には33億6,400万ドルと1991年の輸出水準の4.5倍の成長をとげ、全輸出額の50パーセントを占めるに至っている。2000年時点でアパレル産業とニット産業の輸出額は全輸出額の77パーセントを占め、この労働集約的な繊維産業がバングラデシュの代表的な輸出産業に成長した。[9] 繊維産業の発展は今後も期待出来るが、問題は繊維産業以外に製造業の多角化をどのように実現するかということである。バングラデシュの労働市場は近代的な企業による雇用規模が小さく、労働市場の10パーセント代を占めるに過ぎず、85パーセント以上が未組織労働市場での雇用となっている。特に製造業での雇用者数が10パーセント以下となっており、雇用吸収効果の高い労働集約的な輸出指向型の製造業の育成が緊急の課題となる。

　第3の課題は、未だ数多く存在する非採算的な国営企業を含めいかに合理

表13：バングラデシュの労働市場

	1990/91	1995/96	1999/2000
全人口（百万人）	112	122	131
労働力人口（百万人）	51	56	58
男　性	31	35	36
女　性	20	21	22
雇用形態（％）			
組織市場（フォーマル）	11.7	12.4	13.1
非組織市場（ノン・フォーマル）	87.9	87.6	86.9
家族雇用	47.2	40.1	37.0
日雇い	13.9	17.9	17.6
自営業	26.8	29.6	32.3
産業別（％）			
農林漁業	66.4	63.2	62.5
製造業	11.8	7.5	7.6
流通サービス	8.5	11.2	12.0

資料：IMF, Bangladesh ; Selected Issues and Statistical Appendix, June 2002, page 61

化するかという問題である。1971年バングラデシュがパキスタンから独立した時、数多くの西パキスタン人所有の企業が没収され国有化された。しかしその後1972－81年の期間に345の比較的小規模の企業が民営化され、さらに1981－85年の期間に222の国営企業が民営化された。[10]政府の民営化政策にも関わらず未だ200以上の国営企業が存在する。政府は1993年これら国営企業の民営化を促進するため「民営化促進庁」（Privatization Board）を設立し、非採算的な国営企業の民営化政策を実行しようとした。しかし①国営企業経営者及び労働者の反対、②これら国営企業の累積債務の処理、③これら国営企業が雇用する25万人以上の労働者に対する雇用機会の確保、④独占企業に対する規制政策の欠如等の障害に遭遇し、これら国営企業の民営化は進展していない。政府は2000年に「民営化法」を制定し、民営化促進庁に変えて「民営化委員会」（Privatization Commission）を設立し、国営企業の民営化に拍車をかけようとしている。これら国営企業が抱える2000年度の経常収支

第6章　バングラデシュの貧困とミクロ開発金融

の赤字額は332億タカに達し、この額はGDPの1パーセントに相当する。これら国営企業は、政府の開発予算の30パーセント、ODA資金の50パーセント前後を占め、政府の大きな財政負担となっている。経常収支赤字総額の97パーセントは大規模国営企業の石油開発公社、電力公社、ジュート製造会社等の9社による損失である。今後これら大規模な国営企業の民営化をどのように促進するか大きな課題となろう[11]。

　第4の問題は、バングラデシュの脆弱な金融システムをどのように健全化するかという問題である。アジ銀の報告書は「バングラデシュの金融システム、特に銀行は危機的な状況にある」と指摘している[12]。2001年12月現在、バングラデシュの金融システムは、①中央銀行であるバングラデシュ銀行、②商業銀行51行、③協同組合銀行3行、④リーシング及び金融会社23社、及び⑤株式及び債券市場によって構成されている[13]。商業銀行51行は更に民間商業銀行30行、主に海外取引を専門とする外国の商業銀行12行、国営商業銀行4行、及び政府開発金融機関（DFIs）5行に区分される。国内の融資業務に関しては国営商業銀行が50－60パーセント、民間商業銀行が30－40パーセントのシェアを持っている。

　しかしバングラデシュの銀行は、①資産管理、特にリスク管理体制の弱体、②官僚の天下り人事体制、③国営金融機関による国営企業の大規模プロジェクトに対する融資という政策金融志向性、③銀行経営のガバナンスの欠如（近親者・縁故融資等）、④官僚、政治家との癒着構造、⑤借金は借り得という文化、⑥不良債権の回収が困難、⑦銀行経営システムの非効率性、⑧中央銀行の銀行システムの監視体制の未確立等種々の弊害を抱えている。

　商業銀行、特に国営商業銀行及び国営開発金融機関は多額の不良債権を抱え、自己資本比率も低く、事実上破産状態にある。国営企業や民間の大企業が計画する大規模な設備投資資金を供給することを目的とする国営金融機関の経営は1980年代から問題化してきており、問題の根っこは深く長年の非健全的な経営の結果、これらの国営開発金融機関の財務内容は危機的な状況にある[14]。

表14：銀行の融資シェアーと不良債権（%）

	1997	1998	1999	2000	2001
融資残高シェアー					
国営商業銀行	61.5	60.7	58.4	55.0	51.5
民間商業銀行	31.9	32.4	34.6	38.0	41.9
外国銀行	6.6	6.9	7.0	6.9	6.6
不良債権比率					
国営商業銀行	36.6	40.4	45.6	38.6	37.0
民間商業銀行	31.4	32.7	27.1	22.0	17.0
開発金融機関	65.7	66.7	65.0	62.6	61.8

資料：IMF, Bangladesh ; Selected Issues and Statistical Appendix, June 2002, page 82

　農業開発に必要不可欠な農村金融業務は、農村の資金需要の55パーセント前後を国営開発金融機関、25パーセント前後を国営商業銀行が供給しており、他の途上国のように特殊農村金融機関による融資額の比率は非常に低い。[15] このようにバングラデシュの銀行組織は構造的な問題を抱えており、農村部の零細農家や都市部の零細自営業者に対する融資が不十分となり、後述するようにNGOによるミクロ開発金融が農村地域で非常に重要な役割を演じる必要となることが理解されよう。

6.2　バングラデシュの貧困と対策

（1）バングラデシュの貧困

　バングラデシュの貧困に関する統計は1973年以降統計局が定期的におこなう「家計支出調査」（HES：Household Expenditure Survey）によって集計されている。この家計支出調査報告書による貧困統計は1991年まで「生活に必要な最小限度のカロリー摂取量」を基準として集計されてきたが、1995年以降はこのカロリー摂取量基準に加えて「必要最小限度の支出」基準も追加して集計され、1995年以降はこれら異なった2つの基準によって集計されてい

る。前者のカロリー基準をDCI（Direct Calorie Intake）基準といい、この定義に従って1人1日のカロリー摂取量が2,122カロリー以下を「絶対的貧困層」(Absolute Poverty)、1,805カロリー以下の摂取量を「極貧困層」(Hard Core Poverty)と定義している。1995年度から導入された貧困の「必要最小限度の支出」基準は、「ベイシック・ニーズ費用」(CBN：Cost of Basic Need)と呼ばれ、人間が必要最小限度必要とするカロリー摂取量及び食糧以外の家計支出も含めて、人々の生活の貧困度を定義する。現在バングラデシュ政府は後者の「ベイシック・ニーズ費用」(CBN)規準に従って公式の貧困統計を発表している。その理由は、カロリー摂取量を規準とする貧困の分析は、①貧困度を栄養失調と混同する傾向があること、②カロリー摂取量は、人々の食習慣、年齢別・職業別のエネルギー必要量等によって異なり必ずしも人間の貧困度を表さないという世銀のエコノミストの批判に答えるためである。[16] 1995年度以降バングラデシュの統計局は世銀の協力を得て、家計支出統計調査による貧困統計を集計している。

この「ベイシック・ニーズ費用」(CBN)規準による貧困の定義は、①1人当たり1日のカロリー摂取量2,122キロカロリーを摂取するに必要な米、小麦他11品目の食糧支出額、②この水準のカロリー摂取者が支出する食糧以外の生活に必要な支出額をまず1991年度を規準に都市部、農村部について推計し、それ以降は都市部、農村別の物価指数によって修正して実質ベースの1人当たり1日の「ベイシック・ニーズ費用」を計算している。[17]

これらの貧困規準は、この基準以下の家計に所属する人口の頭数（Head Counts）を数えて貧困層人口を測定する方法であるが、この方法は貧困の「深度」(Depth)や「深刻度」(Severity)を測定することが出来ないという欠点がある。一定の国の貧困度は、①基準以下の家計の支出の平均が貧困基準値からどのくらい乖離しているか（貧困の深度）、②貧困規準以下の家計支出の分布が基準値よりも乖離していればいるほど、その国の貧困度は極貧に接近している（深刻度）のであり、これらを加味して貧困を分析する必要がある。これらの貧困の深度及び深刻度規準は、これらの規準を提案した計量

233

経済学者の頭文字をとってFGT規準といわれている。[18]前者の貧困の深度を測定する規準を「貧困ギャップ」（Poverty Gap）といい、後者の貧困の深刻度を測定する規準を「2乗化貧困ギャップ」（Squared Poverty Gap）という。これらの貧困の指標も1995年度から推計されるようになった。

　これらの貧困指標を使用したバングラデシュの最近の貧困の分析は、2000年度の「家計支出調査」によって行われており、ここではその結果を、①カロリー摂取量規準の貧困、②ベイシック・ニーズ費用規準の貧困に区分して掲載しておく。ベイシック・ニーズ費用規準の「貧困上位線」と「貧困下位線」はそれぞれカロリー摂取量規準の「絶対的貧困」と「極貧困」に相当する。これらの数値から観察することが出来るのは、カロリー摂取規準の絶対的貧困規準およびベイシック・ニーズ費用規準の「上位貧困線」の貧困層人口の比率は1980年代の後半以降減少傾向にあるという事実である。カロリー摂取規準による絶対的貧困層の比率は1985年度の55.7パーセントから2000年には44.3パーセントに減少したが、絶対的貧困の人口量には大きな変化はない。同じような貧困の減少傾向がベイシック・ニーズ費用基準の貧困の人口比率についても観察できる。この貧困層の減少傾向は都市及び農村の貧困層についても観察しうる。このように長期的には貧困層は減少傾向にあるが、2000年時点で全国ベースで総人口の44.3パーセント、5,600万人がカロリー摂取規準で絶対的貧困とみなされているのである。

　しかしこれらバングラデシュ政府が発表する貧困統計には種々の問題点が指摘されている。①貧困比率は長期的には減少傾向にあると観察しうるが、不規則性が観察される。その理由の1つは政府統計局が実施する家計支出調査は質問紙の内容、サンプル選出の方法、調査票の回収の方法が一定せず、家計調査の数値が信憑性を欠くという問題である。②貧困統計を家計支出ベースで集計する場合、先進国及び途上国に関わらず「家計調査」ベースの支出統計と国民所得統計ベースの民間消費支出統計の2つの異なった消費支出統計が発表されており、この両者の統計に整合性がないという問題である。特にバングラデシュの場合、家計支出調査によると家計支出の年間の実質支

第6章 バングラデシュの貧困とミクロ開発金融

表15:カロリー摂取量規準の貧困の推移(人数:百万人)

	2,122キロカロリー以下の絶対的貧困					
	国全体		農村		都市	
	人数	構成比	人数	構成比	人数	構成比
2000	55.8	44.3	42.6	42.3	13.2	52.5
1995-96	55.3	47.5	45.7	47.1	9.6	49.7
1991-92	51.6	47.5	44.8	47.6	6.8	46.7
1988-89	49.7	47.8	43.4	47.8	6.3	47.6
1985-86	55.3	55.7	47.4	54.7	7.9	62.6
	1,805キロカロリー以下の極貧層					
2000	24.9	20.0	18.8	18.7	6.0	25.0
1995-96	29.1	25.1	23.9	24.6	5.2	27.3
1991-92	30.4	28.0	26.6	28.3	3.8	26.3
1988-89	29.5	28.5	26.0	28.6	3.5	26.4
1985-86	26.7	26.9	22.8	26.3	3.9	30.7

資料:Bangladesh Bureau of Statistics, Preliminary Report of Household Income&Expenditure Survey 2000, page19

表16:ベイシック・ニーズ規準(CBN)による貧困の推移(%)

	上位貧困線			下位貧困線		
	1991-92	1995-96	2000	1991-92	1995-96	2000
頭数指標						
全国	58.8	51.0	49.8	42.7	34.4	33.7
都市	44.9	29.4	36.6	23.3	13.7	19.1
農村	61.2	55.2	53.0	46.0	38.5	37.4
貧困ギャップ値						
全国	17.2	13.3	12.9	10.7	7.6	7.3
都市	12.0	7.2	9.5	4.9	2.6	3.8
農村	18.1	14.5	13.8	11.7	8.6	8.2
貧困ギャップ2乗値						
全国	6.8	4.8	4.6	3.9	2.5	2.3
都市	4.4	2.5	3.4	1.5	0.7	1.2
農村	7.2	5.3	4.9	4.3	2.8	2.6

資料:World Bank and ADB, Bangladesh:Progress in Poverty Reduction, March 2002, page2

出の伸び率は1980年代10パーセントの伸びを示してる。これに対して国民所得統計によると1人当たりの民間消費支出は年率1パーセント以下の伸び率を示しているに過ぎない。家計支出調査の統計数字を規準に貧困層の減少傾向を分析すると、減少傾向を過大評価するという問題がある[19]。このような貧困層の統計学的な数値の信頼性に関して疑問が提示されているが、以下に掲げた数値によればバングラデシュの貧困層は1980-90年代減少傾向にあると観察することができる。

これらの統計数値によると、①バングラデシュの貧困層は都市部よりも農村部により多く存在し、②地域別にも格差があることを示している。また収入や支出以外の貧困指標（識字率、幼児生存率、就学率、医療サービス普及率等）も改善の傾向があるが、女子は男子に比較して人間能力開発指標は劣っていることを示している[20]。

これら統計データ及び家計消費支出調査の時系列データから、バングラデシュの貧困の実態は1980年代以降一般的に改善の傾向にあると判断される。しかし貧困の実態の異時点・異地点間の比較分析は、①調査の方法論の差、②生活様式の差、③所得分布の差等の要因によってイギリスやアメリカのような先進国でも方法論上の制約を伴うと指摘されており[21]、バングラデシュの貧困の実態に関して論争が絶えない。バングラデシュの貧困に関して経済学者達は、①農村部の過剰人口が農業の生産性の向上にも関わらず、非農業部門に滞留し農村部の最貧層の貧困の深刻度を悪化させていること、②農村部から流入した過剰人口は都市部のスラムやインフォーマル・セクターに蓄積し、都市部の絶対的貧困の深刻度を悪化させていること、③1人当たり所得の上昇にも関わらず所得の不平等度が拡大し、バングラデシュの貧困度は改善されているとは言えない、④バングラデシュは農業生産力の拡大にも関わらず、未だA・ルイスの「転換点」に達していない等の指摘をしており、特にバングラデシュの経済学者達の間で論争が絶えない。ここではバングラデシュの貧困が改善されたかどうかという問題に関して論争があることを指摘するに止め、その論争の内容について深く立ち入らないことにする[22]。

第6章 バングラデシュの貧困とミクロ開発金融

表17：福祉指標の国際比較

	バングラデシュ	中国	インド	パキスタン	タイ
	1995-96	2000	1991-92	1995-96	2000
1人当たりGNP USドル	370	780	450	470	1,960
人口伸び率（％）	1.6	1.1	1.8	2.5	1.2
都市人口比率（％）	24	32	28	36	21
健　康					
男子幼児出生生存率（才）	58	68	62	61	70
幼児死亡率（1,000人当り）	73	31	70	91	29
5歳以下死亡率（1,000人当り）	96	36	83	120	33
上下水道普及率					
飲料水普及率（％）	84	90	81	60	89
下水普及率（％）	35	21	16	30	96
識字・就学率					
15歳以上男子文盲率（％）	49	9	33	42	3
15歳以上女子文盲率（％）	71	25	57	71	7
小学校就学率（％）	75	100	77	－	88

資料：World Bank, Bangladesh ; Progress in Poverty Reduction, March, 2002, page 15

（2）バングラデシュの貧困対策

　バングラデシュ政府は第5次5ケ年（1997－2002）計画書の中でバングラデシュの貧困対策を説明している。第1に、貧困の原因は低経済成長にあり、バングラデシュが貧困から脱却するためには年率6.5パーセント以上の経済成長を持続する必要があると分析する。過去の1人当たり所得の年平均4パーセントの成長率が今後も継続すると仮定すると、平均的な貧困層が貧困線を越えるためには14年間かかると推計している。したがって政府は6.5パーセント以上の経済成長率を可能にするマクロ経済安定化政策、経済構造調整政策を今後も継続する必要があると考える。第2の貧困の原因は所得の不平等分配にあり、政府は社会的弱者を保護する種々の所得保証政策を実行する必要があると主張する。この目的のため政府は特に農村地域の貧困層の雇用機会を創出する農村開発プロジェクトの実施を政府の公共投資の重点項目と

して掲げている。第3に、貧困の原因は資産の不平等保有にあり、特に農村地域の土地保有状況は、農業センサスによると80パーセントの農家世帯が2.5ヘクタール以下の農地を保有しているに過ぎないとしている。しかし政府は資産保有の不平等を是正する農地改革等の政策を実施するかどうか明示していない。その他の貧困の原因としてこの政府の5ヶ年計画書は、①高失業率と高不完全就業率、②高い人口増加率、③人的資本に対する不十分な開発投資、④サイクロン及び洪水等自然災害、⑤政府の不十分な福祉行政サービス等を掲げ、これら貧困の原因となる要因に対する対策を講じている。[23]

　バングラデシュ政府はこれら貧困の原因を除去するため、1970年代までは経済成長を促進する経済・社会インフラ開発投資を重視し、1980年代は種々の経済構造改革政策を通して経済体制をより市場志向型に転換し、1990年代以降は農村開発庁（BRDB：Bangladesh Rural Development Board）による中小の農村開発プログラムを支援する政策を実施してきた。またバングラデシュ政府は中小規模の農村金融を円滑化するため1990年にPKS基金（PKSF：Palli Karma Shahayak Founation）を設立した。その他直接貧困層をターゲットとする所得保証、雇用促進、食糧補助等の社会福祉政策を実施した。

　政府は1993年4月「貧困撲滅のダッカ宣言」を採択し、貧困撲滅のための行動計画を策定するための特別委員会を設立した。さらに1995年のコペンハーゲンの社会開発サミットに呼応して、第5次5ヶ年計画（1997-2002）の期間中に実行する行動計画、特に農村地域の貧困層を対象にした計画を策定した。この農村地域の貧困削減のための行動計画の中には農村の貧困層の生計プロジェクトを支援する「ミクロ金融」（Micro-credit）プログラムが含まれている。1997年2月にはワシントンで「世界ミクロ金融サミット」（World Micro-credit Summit）が開催され、農村の貧困対策としてのミクロ開発金融の重要性が世界的に認識されるようになる。この農村のミクロ開発金融を実施する組織としてBRAC、PROSHIKA、グラミン（Grameen）銀行等のNGO組織の役割が顕著となってくる。

　政府は貧困の実態のモニタリング機能を強化しており、計画省所属の統計

第６章　バングラデシュの貧困とミクロ開発金融

局は全国的な規模で1998－99年貧困のモニタリング調査を実施している[24]。さらにバングラデシュ政府はIMF・世銀の1999年９月の要請に応じて「貧困削減戦略の中間報告書」(I-PRSP : Interim-Poverty Reduction Strategy Paper) の作成作業を行っている。この報告書の中で政府は、①貧困の原因と現状分析、②政府の貧困対策の進捗状況、③貧困削減戦略、④貧困削減行動計画、⑤行動計画実行のための資金計画、⑥貧困モニタリングと事後評価等のプログラムを策定することにしている[25]。

　世銀は対バングラデシュ支援政策としては、貧困層を対象とするミクロ金融プロジェクト、農村開発プロジェクト、人材開発プロジェクト等を含む貧困削減を重点的課題とする　支援戦略（2001－2003年）を策定している[26]。しかし世銀はバングラデシュ政府の経済成長政策を軽視しているのでない。世銀は経済成長の貧困削減効果を計量的に推計し、経済成長を促進する政策も支援している。この世銀の推計によると、バングラデシュの経済成長率が1.0パーセント増加すると、絶対貧困率は全国レベルで3.12パーセント、農村部で1.59パーセント、都市部で2.34パーセント減少する効果をもたらすことになる。従って貧困を削減するためには経済成長政策を支援することが非常に有効であると世銀は判断する[27]。

　IMFも世銀と同じような経済成長がもたらす貧困減少効果の計量分析を行っている。IMFのこの分析はバングラデシュの2000年の１人当たりGDP 366ドルを起点として、１人当たりGDPが世銀のソフト融資の受領資格基準の885ドルの水準に達するのに25ケ年間かかることを前提に、必要とされるGDPの実質成長率及びその結果もたらされる貧困削減効果を推計している。この推計によると2025年までに１人当たりGDPが885ドルの水準に達するためには実質GDP成長率が6.0パーセント、１人当たりGDP成長率が4.8パーセント以上である必要があり、この条件が満たされればバングラデシュの絶対的貧困の水準は10パーセントの水準まで低下すると予測される[28]。これらIMF・世銀の計量分析の結果によれば、貧困削減の最も有効な政策は経済成長政策であると判断される。

239

表18：貧困弾性値の推計

	全　国	農　村	都　市
絶対的貧困層			
貧困の対成長粗弾性値	−2.12	−1.59	−2.34
貧困の対所得不平等弾性値	0.85	0.60	0.81
不平等の対成長弾性値	0.28	0.49	0.17
貧困の対成長純弾性値	−1.88	−1.29	−2.20
貧困の対成長純弾性値	−1.88	−1.29	−2.20
極貧困層			
貧困の対成長粗弾性値	−3.01	−3.28	−2.29
貧困の対所得不平等弾性値	1.59	1.65	1.07
不平等の対成長弾性値	0.28	0.17	0.49
貧困の対成長純弾性値	−2.56	−3.01	−1.76

資料：World Bank ; Bangladesh : Progress in Poverty Reduction, March 2002, page16

註：①貧困の対成長純弾性値は貧困の対成長粗弾性値に貧困の対所得不平等弾性値と不平等の対成長弾性値の積をプラスした値である。②貧困の対成長純弾性値は所得の不平等度を一定にした場合の経済成長の貧困率の変化にたいする効果を示す。

　アジ銀は貧困削減をアジアの途上国に対する支援政策の最重要課題として掲げ、2000年4月バングラデシュ政府との間に「貧困削減に関する合意」文書を調印した。この合意文書によると今後アジ銀は年間4−5億ドル（主にソフト・ローン融資）を供与し、①経済成長を促進する経済インフラ整備、②社会開発、③農業開発、④ガバナンスの改善等の分野の開発プログラム・プロジェクトを支援することを約している。それと共にアジ銀は、アジ銀がバングラデシュに供与した開発支援プログラム・プロジェクトの貧困削減効果に関する調査報告書を作成し、①社会開発、②女性の社会的役割、③貧困削減を主な責務とする組織の必要性、④インドとの協力関係、⑤自然災害対策システムの確立等の重要性を指摘している。

　日本政府は1992年「ODA大綱」を閣議決定し、人道主義的配慮から最貧国の貧困救済を日本の途上国支援の1つの重大な政策課題としている。日本

第6章 バングラデシュの貧困とミクロ開発金融

表19：経済成長と貧困削減効果

	2000/01	2005/06	2011/12	2016/17	2026/27
名目GDP（ドル百万）	47	59	95	138	286
実質GDP伸び率（％）	5.2	7.0	6.3	6.0	5.9
実質1人当たりGDP伸び率（％）	－	4.6	4.8	4.8	4.8
人口増加率（％）	2.0	1.8	1.4	1.2	1.1
絶対的貧困率（％）	47.9	38.3	26.1	19.2	10.4
極貧困率（％）	32.4	25.9	17.7	13.0	7.0

資料：IMF：Bangladesh：Selected Economic Issues and Statistical Appendix, June 2002,page 40

の対バングラデシュ支援は1990年代年間1億－2億5千万ドルの規模で供与された。その約半分は無償資金援助及び技術協力援助が占めている。有償資金援助の内容はバングラデシュの開発資金需要を反映して、①投資促進・輸出振興のための基盤整備、②農業・農村開発と生産性向上、③洪水対策、④人的資源開発、⑤保健・医療・人口・エイズ対策、上下水道関連プロジェクトに対する支援が中心となっている。[31] 著者の知るかぎりでは日本のODAは途上国の貧困対策に関して独自の開発戦略を展開していない。

6.3　途上国のミクロ開発金融

（1）ミクロ開発金融革命

1980年代以降バングラデシュのグラミン銀行の活躍を契機にして、発展途上の貧困削減を目的としたミクロ開発金融が国際社会の注目の的となる。ミクロ開発金融の英語名はMicro-credit あるいはMicro-financeである。前者の用語はNGOが農村の貧困層を対象とする小規模な生計プロジェクトに小額の融資を供与する場合に一般に使用され、後者は組織化された小規模融資機関（MFIs：Micro-finance institutions）が小規模信用を供与する場合に頻繁に使われる用語である。但しここでは両者の区別をせずに「ミクロ開発金融」という名称を使うことにする。

この途上国、特に農村地域の貧農を対象とするミクロ開発金融への関心の高さは1997年2月ワシントンD.C.にて世界の137ケ国からミクロ開発金融に関係する政府代表者、ミクロ開発金融の当事者、NGO代表、金融機関、世銀等の国際機関、農村開発・貧困問題の研究者、開発経済学者等2,900人が参加した「ミクロ開発金融サミット」が開催されたことに象徴されよう。この国際会議にはクリントン大統領夫人、日本からは羽田元総理が出席した。その後ミクロ開発金融に関する地域国際会議や代表者会議が定期的に開催され、第2回目の「ミクロ開発金融サミット会議」が2002年11月にニューヨークで開催された。この国際会議でバングラデシュのグラミン銀行を創設したヤヌス専務理事は、2005年までに世界の1億の貧困世帯にミクロ金融を供与するためミクロ開発金融機関（MFIs）は116億ドルの資金を必要としていると主張している[32]。

　ミクロ開発金融プログラムは、伝統的な農村金融システムの枠外にあった途上国の農村地域の貧農を対象にして小規模の生計プロジェクトに小額の融資を供給するシステムとして1970－80年代にバングラデシュやインドネシアで開発された革新的な開発融資プログラムであり急成長を遂げた。このミクロ開発金融は途上国によってその形態や機能は異なるが、一般的に以下の特徴を有する。①在来の農村金融機関が融資の対象と出来ない貧困層を融資対象者とする。②NGOが開発金融の当事者となり、金融ばかりでなく貧農を対象に社会・医療教育・技術訓練等の業務を供与し複合的な社会開発、人材開発的機能を果たす。③融資の対象を主に女性をターゲットとし農村地域の女性の社会意識・役割の向上に寄与し、女性の社会参加者としての能力を強化（empowerment）する。④融資対象者を5－10人単位の小集団にグループ化し、融資の返済の義務をこの集団が連帯責任を負う結果、債務返済率が90－95パーセントの水準を越える。⑤ミクロ開発金融機関（MFIs）は融資ばかりでなく貯蓄業務を行い、農村のミクロ金融機関として持続的に存立可能となる。⑥小規模生計プロジェクトによって貧困層の所得水準が上昇し、途上国における貧困削減に貢献する。⑦ミクロ開発金融の融資規模、融資受領者

第6章 バングラデシュの貧困とミクロ開発金融

数は短期間の間に急激に拡大し「ミクロ開発金融革命」と呼ばれる程爆発的な成長を遂げた。⑧在来の途上国の発展モデルは、先進国の発展モデルを模倣する形態が中心であったが、ミクロ開発金融システムは途上国が独自に開発した発展モデルであり、革新的・革命的なインパクトをもつ。[33]

このミクロ開発金融の代表的なプログラムとしては、後に紹介するバングラデシュのグラミン銀行とインドネシアの国営農業銀行（BRI：Bank Rakyat Indonesia）のプログラムがある。BRIのミクロ開発金融プログラムは、在来の農村金融プログラムとは別個に1983年に導入され全国の農村の村落単位に設立された3,500前後の支店（1995年時点）を通して農村の貧農を対象に小規模融資を供与するプログラムである。このプログラムには開始の当初からハーバード大学の国際開発研究所の社会人類学者のM・S・ロビンソン女子がアドバイザーとして重要な役割を演じた。[34]このBRIのミクロ開発金融プログラムの融資件数は1984年の60万件から1996年の250万件と4.2倍に増加し、融資額残高は1億7,000万ドルから17億ドルと16倍に成長している。また1件当たりの融資残高も171ドルから684ドルに増加している。[35]

インドネシアのこのBRIミクロ開発金融プログラムにはアジ銀も支援している。但し途上国のミクロ開発金融プログラムを支援する場合、2国間あるいは国際機関が低利の外貨資金を政府に融資することになる。この場合外貨の融資を受けた途上国政府は外貨を現地通貨に転換し、資金を運用管理する必要が生じ、中央銀行が関与することになる。[36]

インドネシアのBRIのマイクロ金融プログラムは国営の農業開発銀行が実施するプログラムであるが、その他①民間の商業銀行が実施する形態、②特殊なミクロ開発金融機関が設立される場合、③ミクロ開発金融をNGOが組織・運営する場合、④別の目的で設立されたNGOがその業務の一貫としてミクロ開発金融を実施する形態、⑤貧困層にミクロ金融を供与する複数のNGOに資金源を供与する頂点組織（Apex MFI）として運営される形態等種々の方法・形態がある。中南米のマイクロ金融は、商業銀行が実施するミクロ金融も含み必ずしも貧困層を対象としないミクロ金融もある。[37]

243

インドネシア及びその他の途上国でミクロ開発金融が成功した理由としては以下が指摘されよう。①農村地域の貧困層は、担保不足や安定収入を持たないためリスクが高く農業銀行や協同組合から融資を受けるのが困難であり、高利貸し等の高金利のインフォーマル金融に依存してきた。そのため潜在的な資金需要が旺盛であると判断される。②これらミクロ開発金融機関はODA資金等の贈与性の高い資金や低利の長期資金を原資とし、管理・運営コストを上乗せした金利で貸し付けを行っており、金融機関として持続的な存立を確保する経営戦略を採用している。③小規模融資案件の選択・審査・返済のモニター等を村落単位の末端組織が行い、情報の非対称性から発生する問題や運営コストを極力コントロールする政策をとっている。④特に女性を融資の対象とし、これら女性を5－10人程度の少集団に組織化し返済義務を協同責任としている。⑤融資ばかりでなく半強制的な貯蓄を業務の一貫としており融資受領者のキャッシュ・フローをモニターすることが出来る等の理由がしばしば指摘されている[38]。特にミクロ開発金融の持つ「集団融資」という性質に関しては開発経済学者が多大の関心を示しており、開発経済学の専門学術誌の特集号の論文集中で経済学的な分析が行われている。但しここではこれら経済学者の理論的な説明の内容については触れないことにする[39]。しかし経済学者達の中には当然農村の貧困層に対する金融システムも市場原理に従がって融資が行われるべきで、特殊なミクロ開発金融機関が実質的な補助金利ベースで融資を行うべきでないと主張する経済学者もいる[40]。

　いずれにしても途上国の農村地域の貧困層を主な融資の対象者として急速に発展したミクロ開発金融組織（MFIs）は、在来途上国の産業の発展を支援するために設立された国営の開発金融機関（DFIs：Development Finance Institutions）に取って代わって、途上国の貧困削減政策を実施する組織として1980年代以降重要な役割を演ずることとなった。世銀によると世界総人口60億人の内、28億人が1日2ドル以下、12億人が1日1ドル以下の生活を強いられている貧困層である。これらの世界の貧困層に対しては資本主義社会が制度として確立した金融機関（銀行及び非銀行金融機関：NBFIs）は、貧

第6章 バングラデシュの貧困とミクロ開発金融

困層が緊急に必要としている資金及び社会開発サービスを提供することは出来ない。今後ミクロ開発金融機関が、これら貧困層に必要とされる資金・サービスを提供することが出来るかという問題は、21世紀の国際社会が直面する大きな課題となろう。

　残念ながら日本の農業経済学者達は今まで農業金融に対しては大きな関心を示さなかった。彼らは農業が、①農業の生産性を向上させるため灌漑の建設や農地の開拓や干拓、農道の建設等土地改良事業のための長期資金や、②肥料や飼料購入の短期資金を必要とするが、農業の収穫は自然条件により不安定となり農業資金の融資には高いリスクを伴い、農業金融には特別の制度が必要であることを十分認識していた。特に零細農家に対する融資には取引コストが嵩み、また情報の非対称性のため商業銀行が農業に信用を供与することは困難であり、農業協同組合制度による組合員の相互金融、政府系の農林漁業金融公庫等が必要であると指摘するにすぎない[41]。

（2）バングラデシュのミクロ開発金融

　今や世界中から関心を集めているグラミン銀行の成功によって、バングラデシュはミクロ開発金融の分野の世界の指導的な立場にある[42]。グラミン銀行については後述するので、ここではグラミン銀行以外のバングラデシュのミクロ開発金融機関やミクロ開発金融を実施している代表的なNGOについて見てみよう。

　バングラデシュで農村地域の貧困層を対象に活躍している代表的なNGOの1つにバングラデシュ農村改善委員会（BRAC：Bangladesh Rural Advancement Committee）というNGO組織がある。このNGO組織はBRACという略称で一般に知られている世界で一番規模の大きなNGO組織であるといわれている。BRACは1972年代バングラデシュがパキスタンとの独立戦争によって荒廃したバングラデシュの北東部の村落を復興し、独立戦争期間中インドに逃れた数百万人に及ぶ難民達を救済する組織として学生達によってバングラデシュ復興支援委員会（BRAC：Bangladesh Rehabilitation Assistance Committee）

245

として設立されたNGO組織である。この組織はその後活動地域を全国的に展開し、主な目標を農村地域の経済・社会開発や貧困解消に拡大し、組織の名称も現在の名称に変えた。[43]

　BRACは現在農村開発を促進するため、①農村部落の組織化、②貧農に対するミクロ金融の供与、③養鶏・魚養殖・都市野菜栽培・植林事業に対する支援、④小規模農村事業支援等の活動を行っている。農村地域の医療・保健サービスの普及活動としては、医療・健康・家族計画相談、伝染病予防、衛生・健康・栄養摂取相談等の医療・保健サービスプログラム等を全国の農村地域に設立されたサービス・センターを通して行っている。農村の教育プログラムとしては、農村地域の貧困層の幼児教育、婦人・成人のための社会教育プログラムを実施している。2000年12月現在のBRACの活動内容、事業規模は表20のとおりである。[44]

　BRACの重要な活動目標は、バングラデシュの農村地域の貧困を削減することにあり、貧困の悪循環の連鎖を断ち切ることにある。BRACは貧困の悪循環は「欠乏の連鎖」にあると考え、個々の欠乏の原因を除去することを目標とするプログラムやプロジェクトを実験的に実施し成長した「学習組織」である。[45]BRACが考えるバングラデシュ社会の欠乏の連鎖とは、①社会的悪に挑戦する能力の欠如、②食料等の社会的安全弁（Social Safety Net）を確保する権利の欠如、③最低生活水準を保証する所得や雇用機会の欠如、④最低限度の住生活を確保する機会の喪失、⑤農業の最適技術を習得する機会の欠如、⑥貧困に組織的に対応する制度の欠如、⑦農村金融・貯蓄を管理・運用する組織不足、⑧基本的人権を監視・保護する組織の欠如、⑨医療設備不足、⑩教育を受ける機会の欠如、⑪農村開発に必要な投資資金不足、⑫土地等の資産の平等所有を可能にする機会の欠如、⑬女性の社会的平等を実現する機会の欠如等の連鎖である。これらの欠乏の連鎖がバングラデシュの貧困の根源であるとBRACは考える。従ってBRACのミクロ開発金融は、これら欠乏の連鎖を断ち切る社会改革プログラムの一環として実施されている。

　BRACがNGOとして直面している大きな課題の１つは財政的な自立性を

第6章　バングラデシュの貧困とミクロ開発金融

表20：BRACの活動状況（2000年12月現在）

参加農村村落数：56,513村落	融資返済率：98.6パーセント
参加人口総数：6,700万人	参加者貯蓄額残高：6,600万ドル
農村小集団組織数：104,754	BRACスタッフ総数：25,000人
参加人数：386万人（内女性98パーセント）	教員数：31,000人
2000年ミクロ金融融資額：2億5,000万ドル	獣医員数：3,600人
融資残高：10億2,500万ドル	医療センタースタッフ：16,000人
BRACプロジェクト事務所：1,100ヶ所	養鶏業雇用者数：137万人
医療センター：90ヶ所	家畜業雇用者数：23万5,000人
保健センター：6,000ヶ所	小売業雇用者数：128万人
学校数：31,000ヶ所	漁業雇用者数：19万3,000人

資料：BRAC Annual Report 2000, page6-7

　将来どのように確保していくかという問題であると指摘されている。[46] BRACの2000年の経常収入は92百万ドル、支出は1億14百万ドルで経常収支は赤字であり、不足額は海外の援助機関からの寄付金で補塡されている。同じく2000年のミクロ開発融資総額は2億5,000万ドルであるが、内部留保資金からの融資は24百万ドルに過ぎず、不足額はバングラデシュ政府、国内金融機関からの借入れ57百万ドル、海外の援助機関からの個々的なプログラムに対する寄付金38百万ドル等に依存している。他のNGO組織と同じくいかに財政基盤を強化することが出来るかがBRACの大きな課題となろう。

　バングラデシュには1,100以上のNGO組織が登録されているという。これらNGO組織はBRACを含み財政基盤が非常に脆弱である。これら財政資金の不足に悩むNGOに効率的に資金を供給する親ないしは頂上（Apex）組織として1990年5月に設立されたのがPKSFというNPO組織である。PKSFはベンガル語の「雇用造出基金」の略称であるが、一般にPKSFの略称で知られている。PKSFはバングラデシュ政府、世銀、2国間の政府・民間から援助資金を受け容れ、その資金を傘下の多数のNGO組織に効率的に配分する援助資金の仲介機能を果たす。2001年6月現在PKSFは傘下の186のNGO組織と協力関係を保ち、236万人の貧困層に累積で1億8,500万ドルのミクロ開発金融を間接的に供与している。[47]

247

PKSFのような頂上（Apex）組織は開発国際機関や２国間援助機関にとっても途上国の貧困対策プログラムのために資金を供給するメカニズムとしては非常に有効である。もし先進国の援助機関がこれらPKSFのような民間の頂上組織を資金の媒介機関として活用出来ない場合には、途上国の中央銀行や国営金融機関を媒介して多数のNGO組織にアプローチするほか方法がなく政府の官僚主義・腐敗の危険を回避することが出来なくなる。しかし本来金融政策の実施や金融機関の監視機能を果たすべき中央銀行が、貧困層を対象とするミクロ開発金融にどのような形で介入すべきか慎重に対応すべきであろう。ミクロ開発金融を金融システムの１部として中央銀行が安易に監視を強化するような政策をとるべきでないと判断されよう。[48]

　バングラデシュには以上概略的に説明したNGOやミクロ開発金融組織以外にもPROSHIKAという大規模なNGOが貧困層にミクロ開発金融を供与しているが、[49] バングラデシュの最も代表的なミクロ開発金融組織はグラミン銀行であるので以下ここではグラミン銀行の発展のプロセス、役割、課題等を見ていこう。

6.4　グラミン銀行のミクロ開発金融

（1）グラミン銀行の形成と発展

　ベンガル語で「農村（Grameen）」という意味の農村地域の貧農を対象とするミクロ開発金融機関「グラミン銀行（Grameen Bank）」を設立したのは、経済学者のムハメッド・ユヌス（Muhammad Yunus）教授である。ユヌス教授はバングラデシュの首都ダッカの南東部の都市チタゴン市にあるチタゴン大学の経済学部長であった。今流行りの表現を使えばグラミン銀行は大学の教授がパイロット・プロジェクトとして始めたNGOベースの農村開発ベンチャー・プロジェクトであった。ユヌス教授は1940年にチタゴンの宝石商店の息子として生まれた。[50] 1961年ダッカ大学を卒業後郷里のチタゴン大学で数年教鞭を取った後、フルブライト奨学資金を得てアメリカの大学の大学院

第6章　バングラデシュの貧困とミクロ開発金融

に留学（1965－72年）し経済学を学び、博士号を取得している。バングラデシュがパキスタンから独立後1972年バングラデシュに帰国し、チタゴン大学の経済学部長に就任した。

　ユヌス教授はチタゴン大学で経済学の教鞭を取る傍ら、経済学の講義の内容とバングラデシュの貧困に矛盾を感じ、チタゴン大学周辺の農村開発を目的とする「チタゴン大学農村開発プロジェクト（CURDP）」(1974－76年)というパイロット・プロジェクトを実施する。このプロジェクトの目的は、チタゴン大学の数人の学生と協同で周辺農家の農業の生産性を向上する農業経営の技術指導を行うことであった。しかし周辺の農家の貧困を救済するためには、これら貧農達が生計の足しになる現金収入が必要であると認識するようになる。1976年ユヌス教授は周辺の貧農達の資金不足を補うため、自費で42人の貧農に27ドルのミクロ融資を行う。更にミクロ融資の規模を拡大するため、ユヌス教授は国立の商業銀行のチタゴン支店からユヌス教授自身の個人保証で300ドル相当の資金を借入れ、周辺の貧農達に小額の融資を供与しミクロ開発金融プロジェクトの規模を次第に拡大していく。

　1977年ユヌス教授が行った貧農に対する小規模生計融資プロジェクトは、国立の金融機関の認めることとなり農業銀行のチタゴン支店業務に格上げされる。ユヌス教授はこの支店を「実験的農村銀行支店」と呼ぶことにする。1979年ユヌス教授はチタゴン大学を休職し全面的に「グラミン銀行」プロジェクトに没頭する。バングラデシュ政府は次第にユヌス教授の実験的な「グラミン銀行」プロジェクトの実績を認め、1983年10月国営の銀行組織として「グラミン銀行」を認可した。1985年政府はユヌス教授の要求に従って政府のグラミン銀行に対する株の所有比率を25パーセントに下げ、グラミン銀行は実質的に民営化される。2002年8月現在政府のグラミン銀行の株保有比率は7パーセントであり、残りの93パーセントはグラミン銀行から融資を受ける農民会員（95パーセントは女性会員）の保有となっている。

　グラミン銀行の年融資額は、プロジェクトが開始した1976年の498ドルから3年後の1980年には110万ドルの水準に達し、2000年末には2億7,000万ド

249

ルの規模に拡大した。グラミン銀行の融資規模は1980-2000年の20年間に245倍に拡大した。これは年平均伸び率で見ると31.7パーセントの伸び率となる（表21）。融資累計額も1980年の130万ドルから2000年には32億4,810万ドルに達し、グラミン銀行に加盟する農民会員数も1980年の14,830人から2000年には230万人以上と160倍に増加する。この間グラミン銀行の従業員は1980年の147人から2000年には11,457人に増加する。グラミン銀行がカバーするバングラデシュの村落数も1980年の363村落から2000年には40,225村落に拡大する。この数字はグラミン銀行のネットワークが全国の60パーセント以上の村落をカバーしていることを示している。後に説明するようにグラミン銀行の融資は「グループ連帯責任制度」を取っており、融資をグラミン銀行から受けるためには5人の小集団グループを形成し、グループのメンバーは週単位で現金管理、帳簿の記載等の基礎的な研修を受ける。この小集団グループの数は1980年の2,935集団から2000年には50万以上に増大している。グラミン銀行の成長の速度は驚異的なものであった。

　2000年のグラミン銀行の総資産額はドルベースで3億6,400万ドルであり、この内55パーセントの約2億ドルがグラミン銀行に加盟している農民に対する貸付金となっている。総負債額のうち10パーセントの3億7,600万ドルが自己資本、54パーセントに当たる1億9,700万ドルが国内外の金融機関、2国間開発援助機関等からの借入れとなっている。グラミン銀行の自己資本比率は比較的高く、財務体質は健全と判断されよう。しかしグラミン銀行の対外借入依存度、特に海外からのODAの贈与性の高い資金あるいは低利の長期資金に対する依存度が高く、グラミン銀行が財務的に自立可能な金融機関となり得るか問題となっている。

　グラミン銀行は1989年「グラミン信託：Grameen Trust」を設立し、グラミン銀行の農村地域の貧農に対するミクロ開発金融システムを世界的に普及する活動を行っている。現在世界中に1,500以上のミクロ開発金融機関が活動しており、グラミン銀行は技術・資金援助を通して34ケ国の105のミクロ開発金融機関を支援している。[51] グラミン銀行のバングラデシュの農村の貧

表21：グラミン銀行の規模の拡大（1980年以降百万ドル単位）

	1976	1978	1980	1985	1990	1995	2000
年間融資額（ドル）	498	4,818	1.1	17.16	91.14	361.62	270.0
融資額累計（ドル）	498	22,487	1.3	37.7	294.6	1,595.8	3,248.1
返済率（％）	100	100	100	99.3	98.8	99.3	98.7
会員数	10	290	14,830	171,622	869,538	2,065,661	2,378,356
集団数	1	29	2,935	34,324	173,907	424,993	503,001
村落数	1	4	363	3,666	19,536	35,533	40,225
従業員数	1	6	147	2,777	13,626	12,420	11,457
支店数	1	2	25	226	781	1,055	1,160

資料：グラミン銀行　各年次報告書

困層、特に女性を対象とするミクロ開発金融の活動は、世界中の注目を集めることとなり、1997年2月ワシントンで「ミクロ金融サミット会議」が開催され、ヒラリー・クリントン大統領夫人を含む世界の著名人が多数参加した。第2回目の「ミクロ金融サミット会議」が2002年11月にニューヨークで開催された。これらの国際的なサミット会議でグラミン銀行は指導的な役割を演じている。

（2）ユヌス教授の哲学と集団連帯責任制度

　グラミン銀行は政府の法律で認可された農村銀行であるが、単なる金融機関ではない。グラミン銀行は創設者のユヌス教授の哲学を直接反映して運営されている。ユヌス教授は資本主義社会の根幹をなす金融機関から疎外されたバングラデシュの貧農、特に社会的に抑圧された農村の女性が、資金を得て生計を立て社会的に自立することは人間としての権利である考える[52]。たとえ小額でも資金を借り日常生活の中で自主的に自己の能力を開発し、人間性を実現することは貧困の呪縛からの解放であり、人間としての権利であるとユヌス教授は考える。ミクロ金融は人間が日常生活の中で人間性を実現するための手段に過ぎない。すなわちグラミン銀行は貧困から人々を救済する単なる開発金融機関ではなく、人間開発・社会開発を促進する組織であると位

置づける。このユヌス教授の哲学はグラミン銀行の16の指導規範に表れている。この指導規範はグラミン銀行の職員が借り手の社会学習のガイドラインとして使用したものであり、その内容は、①グラミン銀行の4原則―規律・協調・意志・勤勉―の遵守、②家族の繁栄、③住居生活の改善、④野菜の栽培、⑤農作物の収穫の改善、⑥家族計画と健康管理、⑦幼児教育、⑧衛生管理、⑨便所の建設、⑩飲料用に井戸水の使用、⑪結納金等の風習の打破、幼児婚姻の中止、⑫社会正義の実現、⑬集団事業の促進、⑭相互互助の精神、⑮秩序の維持、⑯身体運動の奨励である。[53] このユヌス教授の社会開発の哲学は主に農村地域の貧農の女性を対象に実施され、バングラデシュ社会の古い因習や偏見から女性を解放する効果をもたらし、女性活動家の関心を呼び起こした。[54]

　しかし農村地域の貧農の女性の社会的地位や教育水準は低く個人として孤立している場合には非常に無力であるゆえに、今や有名となった「社会的連帯責任制度」を導入した。グラミン銀行のミクロ開発金融を受ける条件は、①0.5エーカー以下の農地の所有者あるいは所有する総資産が1エーカーから収穫される農作物の価格を越えない者、②同じ村落に居住し同一の家族構成員でない者が5人単位の小集団を形成すること、③5人の内1人が代表者として小集団の構成員の融資案件の処理・運用・返済に責任を負うこと、④小集団は週一度のミーティングを持ち、集団の構成員から1タカの預金を徴収し、集団預金とすること、⑤集団構成員は集団のルールを遵守すること、⑥グラミン銀行職員が集団構成員の教育・訓練を実施し融資受領資格を認知すること、⑦当初2人だけが融資を受け、1－2ケ月返済の状況が満足な場合、次の2名が融資を受ける資格を取得し、集団の代表者は最後に融資を受ける権利を有すること、⑧融資額の5パーセントは集団預金に預金されること、⑨平均的な融資額は1件当たり2,000－5,000 Taka（37－93ドル）、上限額は10,000 Taka（185ドル）、⑩融資額は1年以内に毎週均等額を返済、⑪集団の構成員が融資額を返済しない場合には、残りの構成員は融資を受ける権利を喪失する、⑫債務不履行の場合には、未返済額は集団預金から返済さ

第6章　バングラデシュの貧困とミクロ開発金融

れる等の条件である。[55]

　グラミン銀行のミクロ開発金融の利用者の90パーセント以上は女性であり、債務返済比率は95パーセント以上である。この高い債務返済比率は農村地域の商業銀行の融資契約の返済比率が10パーセント以下であることから判断すると脅威的な成績である。融資額の利用状況は、①乳牛の飼育（16%）、②穀物耕作（15%）、③食牛飼育（13%）、④稲作脱穀（10%）、⑤稲作（6%）、⑥小売業（4%）、⑦深井戸掘削（4%）、⑧羊・家禽飼育（3%）等である。[56]

（3）評価と課題

　グラミン銀行が成功した最大の理由は、①女性を目標としたこと、②集団連帯責任制度を採用したこと、③草の根の組織を活用したこと、④生計の糧となる継続的な仕事を支援したこと、⑤人間開発・社会開発の一貫として実施したことであるとしばしば指摘されてきた。[57] 特にグラミン銀行が農村地域の女性の社会的立場を改良する効果を持ったことが高く評価された。バングラデシュの回教文化の底辺で社会の因習の犠牲となり、人間性を疎外された農村地域の貧農の女性達がこれら社会の桎梏から解放され、日常生活の中で自己主張や人間性を実現する機会をグラミン銀行は提供したのである。[58]

　グラミン銀行のミクロ開発金融プログラムの経済効果に関して、1980年代の後半に行われた参加者に対するアンケート調査によると90パーセント以上の女性達が、グラミン銀行のプログラムの結果自分達の生活が改善されたと回答している。また家計消費支出調査の動向をグラミン銀行プログラム参加グループと非参加グループに分けて分析すると、同じ部落内でもグラミン銀行プログラム非参加集団の極貧層比率が76パーセントであるのに対して、グラミン銀行プログラム参加者の極貧層比率は48パーセントに下落しており、グラミン銀行プログラムは貧困削減効果をもたらしていると指摘されている。[59] その他のグラミン銀行プログラムの経済効果としては、①家畜・禽類の所有率の増大効果、②失業率の減少効果、③雇用造出効果、④収入・支出増大効果、⑤貯蓄率増大効果等が指摘されている。[60] 最近行われた世銀のエコノミス

253

ト達による調査結果によっても、グラミン銀行プログラムは、①貧困削減効果、②女性の地位向上効果、③幼児の就学率向上効果、④健康状態向上効果等が認められると指摘されている。[61] しかしこれらの調査は暫定的な調査であり、グラミン銀行プログラムの経済効果を分析するためにはより緻密な調査が必要であり、将来の課題となろう。

　しかしグラミン銀行のミクロ開発金融プログラムに関しては以下の問題点も指摘されている。①脆弱な財政基盤：1990年代までグラミン銀行はバングラデシュ銀行の低利資金、海外の低利のODA資金あるいは贈与資金（IFAD、ノルウェー、スウェーデン、オランダ、アメリカ開発庁等）に対する依存率がたかく、海外資金依存率が90パーセントを越えていた。これら海外の資金が無ければ存立し得ないという批判である。[62] ②高コスト構造：グラミン銀行は設立以来財務的に利益をあげていると年次報告書は指摘しているが、その理由は、損失引当金を計上しておらず海外資金の機会費用を費用として考慮していないからである。これらを計上するとグラミン銀行は大幅の赤字になり財務的に存立しえなくなる。グラミン銀行は実質的に補助金なくしては財務的に存立しえず破産する。[63] ③財務データの信憑性：Wall Street Journal紙は2001年11月27日の記事でグラミン銀行の年次報告書は国際的な会計基準に従がって作成されておらず、国際的な会計基準に従えばグラミン銀行の財務状態は良くないと指摘した。その後ヤヌス教授とWall Street Journal 紙の記者との論争が展開された。[64]

おわりに

　バングラデシュのグラミン銀行は途上国の経済発展政策に画期的な革新をもたらしたと言えよう。その理由は、①近代の資本主義経済システムの枠外や底辺で疎外された貧困層に人間性を実現する機会を提供したこと、②金融の役割を拡大し人間開発・社会開発的役割を含めたこと、③小集団生活の中に人間の連帯性や社会意識の向上を求めたこと、④小規模生計プロジェクト

の「仕事」を通して、女性を社会の桎梏から解放し主体的な能力開発の契機となる機会を提供したこと、⑤世界の貧困層に生きる希望を与えることになること、⑥途上国が発信した革新的な発展モデルであること等の理由が指摘できよう。ウオール・ストリート・ジャーナル紙はグラミン銀行が持つミクロ開発金融のこれらの革新的な本質を理解していないと言えよう。日本のODAも途上国の対貧困対策をグラミン銀行の実験を教訓にして、革新的で実践的な援助政策を模索し、実施すべきであろう。

註
1 バングラデシュの建国の歴史については、建国の当事者だった2人の政治家の著作が参考になる。
   Moudud Ahmed, *Bangladesh : Constitutional Quest for Autonomy*, University Press, 1979 ; A.M.A. Muhith, *Bangladesh : Emergence of A Nation*, University Press, 1978.
2. Bangladesh Bureau of Statistics, *1999 Statistical Yearbook of Bangladesh*, page 13.
3. A・ルイスとG・ラニスの2部門経済発展理論については以下の論文参照のこと。
   W.Arthur Lewis, "Economic Development with Unlimited Supplies of Labor," in *The Manchester School of Economic and Social Studies*, May, 1954, pp.139-191. Gustav Ranis and John C.H. Fei, "A Theory of Economic Development," in *The American Economic Review*, September 1961, pp.533-565.
4. しかしバングラデシュの計画省の権限と影響力は、韓国の企画院（BOP）、タイの経済・社会開発庁（NESDB）、インドネシアの開発庁（BAPPENAS）等に比較して強くなかった。
   Nurul Islam, *Development Planning in Bangladesh : A Study of Political Economy*, University Press, 1979, 参照のこと。
5. Sobhan, Rehman., ed., *From Aid Dependence To Self-Reliance*, University Press, 1990, pp.7-236.
6. World Bank, *Bangladesh 2020 : A Long-run Perspective Study*, 1998,

pp.1-30
7. World Bank, *Country Assistance Strategy for Bangladesh 2001-2003*, 2001, pp.20-21 ; Opening Address by Ms.Meiko Nishimizu, Vice President, South Asia Region, at Bangladesh Development Forum, March 13, 2002.
8. Ministry of Finance and Ministry of Planning, *Memorandum for Bangladesh Development Forum 2002-2003*, March 13-15, 2002, pp.12-15.
9. World Bank, *Bangladesh : From Stabilization to Growth, 1995*, pp.53-87 ; Munir Quddus, "Apparel Exports from Bangladesh," in *Development Issues of Bangladesh*, ed., by Ashraf Ali, M.Faizul Islam and Ruhl Kuddus, University Press, 1996, pp.15-56
10. 1970年代のバングラデシュの国営企業の問題点については、下記の文献による詳細な研究がある。
    Rehman Sobhan and Muzaffer, *Pubic Enterprises in An Intermediate Regime ; A Study of the Political Economy of Bangladesh*, Bangladesh Institute of Development Studies, 1980.
11. World Bank, *Bangladesh : From Stabilization to Growth, 1995*, pp.89-129 ; IMF, *Bangladesh ; Selected Issues and Statistical Appendix*, June 2002, pp.4-16.
12. Asian Development Bank, *Bangladesh ; Strategic Issues and Potential Response Initiatives in the Financial Sector*, October, 2001, pp.1-7.
13. Bangladesh Bank, *Annual Report 1999-2000*, pp.39-52.
14. Sobhan., Rehaman., *Debt Default to the Development Finance Institutions : The Crisis of State Sponsored Entrepreneurship in Bangladesh*, 1991.
15. Bangladesh Bank, *Annual Report 1999-2000*, pp.53-60.
16. Wondon, Quentin T., " Poverty in Bangladesh : Extent and Evolution," in *The Bangladesh Development Studies*, Sept-Dec. 1995, pp.81-110.
17. 家計支出調査の貧困の定義に関しては、以下の文献参照のこと。
    Bangladesh Bureau of Statistics, Preliminary *Report of Household Income& Expenditure Survey* 2000, A.
18. Foster, James., Joel Greer and Erik Thorbecke, "A Class of Decomosable Poverty Measures," in *Econometrica*, May, 1984, pp.761-766.
19. Ravallion, Martin., and Binayak Sen, " When Method Matters : Monitoring Poverty in Bangladesh," in *Economic Development and Cultural*

Change, Vol 44,1996, pp.761-792 ; Martin Ravallion, "The Challenging Arithmetic of Poverty in Bangladesh," in *The Bangladesh Development Studies*, September 1990, pp.35-51.

20. バングラデシュの人間能力開発指標の実態に関しては、以下の文献に詳細な分析がなされている。

    Bangladesh Institute of Development Studies (BIDS), *Bangladesh Human Development Report 2000*, January 2001.

21. 先進国の貧困の実態分析の方法論上の制約に関しては、A.B.アトキンソン (Atkinson) が指摘している。

    A.B.Atkinson, *The Economics of Inequality*, Clarendon Press, 2nd Ed., 1983, pp.224-255.

22. バングラデシュの貧困論争に関しては以下の論文参照のこと。

    Azizur Rahman Khan, "Poverty in Bangladesh : A Consequence of and a Constraint on Growth," in *The Bangladesh Development Studies*, September 1990, pp.19-33 : S.R.Osman, "Structural Change and Poverty in Bangladesh : The Case of a False Turning Point," in *The Bangladesh Development Studies*, September, 1990, pp.55-73. Nuimuddin Chowdhury, "A Reassessment of Bangladesh's Poverty Record, 1974-1984" in *The Bangladesh Development Studies*, Dec. 1992, pp.1-24 : S.R. Osmani, "Reassessment of Poverty Record : A Rejoinder," in *The Bangladesh Development Studies*, March 1993, pp.63-78 : Nuimuddin Chowdhury, "Reassessment of Poverty Record : A Further Comment on Osmani," in *The Bangladesh Development Studies*, March 1993, pp.79-96 : Quentin T.Wondon, "Poverty in Bangladesh : Extent and Evolution," in *The Bangladesh Development Studies*, Sept-Dec. 1995, pp.81-110.

23. Planning Commission, Ministry of Planning, Government of The People's Republic of Bangladesh, *The Fifth Five Year Plan 1997-2002*, March 1998, pp.147-167.

24. Bangladesh Bureau of Statistics, *Urban Poverty Monitoring Survey* : April 1998 ; Urban Poverty Monitoring Survey April 1998, published in May and November 2000 : *Report of The Poverty Monitoring Survey* : May 1999, published in January 2002.

25. Ministry of Finance and Ministry of Planning, *Memorandum for Bangladesh*

    Development Forum 2002-2003, March 2002, pp.24-39.
26. World Bank, *Country Assistance Strategy for Bangladesh 2001-2003*.
27. World Bank, *Bangladesh : Progress in Poverty Reduction*, March 2002, pp.15-17.
28. IMF, *Bangladesh : Recent Issues and Statistical Appendix*, June 2002, pp.37-45.
29. *Partnership Agreement between Government of Bangladesh and Asian Development Bank*, 3 April 2000.
30. Asian Development Bank, *Addressing Poverty in Bangladesh*, June 2000, pp.26-29.
31. 外務省編『政府開発援助（ODA）白書』2001年度版、平成14年6月③-54頁。外務省経済協力局編『わが国の政府開発援助（ODA白書）』下巻（国別援助）1998年、202-210頁参照。
32. ミクロ開発金融サミットに関しては website-microcreditsummit.org 参照のこと。

    Muhammad Yunus, Managing Director, Grameen Bank, Bangladesh, *How Donor Funds Could Better Reach and Support Grassroots Microcredit Programs Working Towards the Microcredit Summit's Goal and Core Themes*, June 1999.
33. Wright, Graham A N., *Microfinance Systems ; Designing Quality Financial Service for the Poor*, Zed Books, London, 2000, pp.127-159.
34. このハーバード大学のMarguerite S.Robinsonは20年以上のインドネシアのミクロ開発金融のフィールド調査の結果を踏まえて、マイクロ開発金融に関する総括的な研究レポートを発表している。

    Marguerite S.Robinson, *The Micro Finance Revolution : Sustainable Finance for the Poor* ; Lessons from Indonesia, World Bank, 2001.
35. Marguerite S.Robinson、前掲書、page 61.
36. Asian Development Bank, *Proposed Loan To Indonesia for the Microcredit Projecct September 1994 ; The Role of Central Banks for Microcredit Finance in Asia and the Pacific : Country Studies (Indonesia)*, 2000, pp.91-126.
37. Gulli, Hege., *Microfinance and Poverty : Qestioning the Conventional Wisdom*, 1998, pp.1-45.

38. Yaron, Jacob., "What Makes Rural Finance Institutions Successful?" in *Research Observer*, Vol.9, No.1, January 1994, pp.49-70 ; Rodrigo A. Chaves and Claudio Gonzzalez-Vega, "The Design of Successful Rural Financial Intermediaries : Evidence From Indonesia," in *World Development*, Vol.24, No.1, 1996, pp.67-78.
39. *Journal of Development Economics*, Vol.60, 1999 ; Special Issue on Group Lending ; E Van Tassel, "Group Lending under Asymmetric Information," pp.3-27 ;
    M.Ghatak, "Group Lending, Local Information and Peer Selection," pp.27-51 ;
    J.Conning, "Outreach, Sustainability and Leverage in Peer-monitored Lending," pp.51-79 ;
    B.E.Coleman, "The Impact of Group Lending in Northeast Thailand," pp.79-105 ;
    J.Kovested and P.Lyk-Jensenm, "Rotating Savings and Credit Associations," pp.105-143
    S.Handa and C.Kirton, "The Economics of Rotating Savings and Credit Associations," pp.143-173
    M.Ghatak and T.W.Guinnane, "The Economics of Lending with Joint Liability ; Theory and Practice," pp.173-195 ;
    J.Morduch," The Role of Subsidies in Microfinance : Evidence from Grameen Bank," pp.195-229 ;
    M.Colin, "Peer Group Micro-Lending Programs in Canada and the United States," pp.229-249.
40. Dale W.Adams and J.D.Von Pischke, "Microenterprise Credit Programs : Déjà vu," in *World Development*, Vol.20. No.10,1992, pp.1463-1472 ;
41. 荏開津典生著『農業経済論』岩波書店 1997年 93-95頁参照。しかし日本の代表的な農業経済学者が著した農業経済学の著作には農業金融に関する記述がほとんど無い。速水佑次郎・神門善久著『農業経済論』新版 岩波書店。
42. Wood, Geoffrey D., and Iffath Sharif, Introduction, *Who Needs Credit? Poverty and Finance in Bangladesh*, The University Press, ed., by Geoffrey D Wood and Iffath Shariff, 1997, pp.27-81.
43. Chowdhury., A Mushtaque R., and M Aminul Alam, "BRAC' Poverty

Alleviation Program," in *Who Needs Credit?*, ed., by Geoffrey D.Wood and Iffath A Sharif, op.cit., pp.171-194.
44. BRAC Annual Report 2000 参照のこと。
45. BRACのNGO組織の成長過程に関しては、以下の文献参照のこと。
Catherine H.Lovell, *Breaking the Cycle of Poverty : The BRC Strategy*, University Press, 1992.
46. Nabi, A., and J.Ahmed, "Microfinance in a Sustainable and Holistic Approach : Experiences from BRAC's Rural Development Program," in *Challenges for Second Generation Microfinance, ed.*, by Iffath Sharif and Geoffrey Wood, The University Press, 2001, pp.213-232.
47. Palli Karma-Sahayak Foundation (PKSF), *Annual Report 2000-2001*.
48. Asian Development Bank, *The Role of Central Banks in Microfinance in Asia and the Pacific : Country Studies*, 2000, pp.1-27.
49. Hedrick-Wong, Yuwa., Basse Kramsoj, Asgar Ali Sabri, "Experiences and Challeges in Credit and Poverty Alleviation Programs in Bangladesh : The Case of PROSHIKA," in *Who Needs Credit? Poverty and Finance in Bangladesh*, op.cit., pp.145-170.
50. ムハメッド・ヤヌス教授は自叙伝を書いており、グラミン銀行の誕生と発展のプロセスを詳しく説明している。
Muhamad Yunus, *Banker To The Poor*, The University Press, 1998.
51. Grameen Trust, *Grameen Dialogue 49*, January 2002 and *Annual Report 2000*.
52. ユヌス教授の哲学は自叙伝や数多くのスピーチの中で述べられている。
Muhammad Yunus, *Towards Creating A Poverty-Free World*, April 1, 1998.
53. Gibbons, David S., ed., *The Grameen Reader : Training Manual for the International Replication of the Grameen Bank Financial System for Reduction of Rural Poverty*, 1994, page150.
54. Todd, Helen., *Women at the Center : Grameen Bank Borrowers After One Decade*, 1996.
55. *Grameen Bank By-Law*, in The Grameen Reader, op.cit., pp.139-149.
Andreas Fuglesang and Dale Chandler, *Participation As Process*, Grameen Trust, 1995, pp.87-103 ; Shahidur R.Khandker, Baqui Khalily and Zahed

Kahn, *Grameen Bank : Performance and Sustainability*, World Bank, 1995, pp.1-20.
56. Hossain, Mahabub., *Credit for Alleviation of Rural Poverty : The Expereince of Grameen Bank*, presented at a seminar held at Asian Development Bank, 1994.
57. Jain,Pankaj S., "Managing Credit for the Rural Poor : Lessons from the Grameen Bank," *World Development*, Vol.24, 1996, pp.79-89.
58. Holocombe, Susan., *Managing To Empower : The Grameen Bank's Expereince of Poverty Alleviation*, University Press, 1995, pp.57-100. Anne Marie Goetz and Rian Sen Gupta, "Who Takes the Credit? Gender, Power, and Control Over Loan Use in Rural Credit Programs in Bangladesh," in *World Development*, Vol. 24, 1996, pp. 45-63.
59. Hossain, Mahabub., op.cit., Appendix 7-8.
60. Hossain, Mahabub., *Credit For Alleviation of Rural Poverty : The Grameen Bank in Bangladesh*, International Food Policy Research Institute, 1988, pp.55-69.
61. Khandker, Shahidur R., *Fighting Poverty with Microcredit*, The University Press, 1998, pp.37-62 ; Mark M.Pitt and Shahidur R.Khandker, *Household and Intrahousehold Impact of Grameen Bank and Similar Targeted Credit Programs in Bangladesh*, 1996,pp.40-43.
62. Khandker, Shahidur R., Baqui Khalily and Zahed Khan, *Grameen Bank : Performance and Sustainability*, World Bank, 1995, pp.21-33.
63. Morduch,Jonathan., "The Role of Subsidies in Microfinance : Evidence from the Grameen Bank," *Journal of Development Economics*, Vol. 60, 1999, pp.229-248.
64. The Grameen Trust, *Grameen Dialogue*, January 2002.

第7章　開発と環境政策

はじめに

　ここではアジアの発展途上国の環境問題を理解するために、先ず最初に先進工業国、特にアメリカに台頭した環境保護思想を紹介し、次にアジアの工業国である日本で深刻化した「産業公害」問題と日本政府及び地方自治体が実施した環境保全政策および地域住民の環境保護運動を比較的詳しく紹介している。その理由は、日本が犯した過ちをアジアの途上国が繰り返すことがないことを願うからである。次に先進国で展開された「環境クズネッツ曲線論争」を紹介し、先進国の視点から捉えた途上国の環境問題の背後には複雑なイデオロギー的対立があることを示唆する。つぎにアジアの途上国が直面した環境問題及びこれらの問題に対して途上国政府が採用した環境保全政策を概観する。

7.1　経済発展と環境問題

(1) アメリカの環境保護思想

　1960年代に入りそれまで順調に発展してきた先進工業諸国は日本を含み軒並み、環境汚染・環境破壊という経済発展のマイナスの側面に直面することとなる。これら先進国の環境破棄や汚染は戦後急成長を遂げた重化学工業の発展、および都市化及び自動車の普及による排気ガス汚染がその主な原因であった。これら先進国の経済は、自然資源の供給能力や自然環境の許容能力 (carrying capacity) に制約されずに、それまで順調に成長してきた。これらの先進国経済は、比較的安価な化石燃料資源の持続的な供給、及び企業が排

出する廃棄物が自然環境によって自浄されることを前提とした大量生産・大量消費・大量廃棄型の経済であった。この経済システムのもとで、政府は経済成長を最優先する経済政策を実施し、多くの企業は生産活動に必然的に伴う「負の外部効果」や「社会的費用」を無視ないしは軽視して公害を垂れ流すことを躊躇しなかった。消費者である国民も「消費は美徳」と喧伝された大衆消費社会の中で、企業が計画的に陳腐化する自動車・家電製品等の耐久消費財を旺盛に購入・廃棄することが「豊な消費生活」であると信じて疑わなかった。この経済システムは都留重人が揶揄したように「無駄を制度化」するという大量消費・大量廃棄の経済システムであった。[1] しかしこの経済システムの信奉者達は、市場経済・計画経済体制にかかわらず、自然資源の枯渇や環境破壊や汚染等の経済システムの矛盾は、政府が実施する賢明な規制政策や価格誘導政策、民間企業が開発する省エネルギーや公害防止技術によって解決可能であると楽観的に考える傾向が強かった。

　しかし状況は次第に深刻化する。アメリカでは1950年代以降水質汚染・大気汚染が工場周辺や都市部で顕著となり、工場の排水や廃棄物によって五大湖の汚染傾向が強まり、酸性雨の被害が全国的に拡大する。ロサンゼルス周辺では自動車が排出するガスが化学変化して「光化学スモッグ」が発生する[2]。1962年には海洋生物学者のレイチェル・カーソンが『沈黙の春』(Silent Spring) を出版しDDT殺虫剤の散布によってアメリカの生態系が深刻な影響を受け、アメリカの自然が破壊されていると警告した。「(人間が作りだした化学物質により自然が破壊され)…自然は沈黙し、春がきたが沈黙の春となり…この病める世界―新しい生命の誕生をつげる声ももはや聞かれない…人間がみずからまねいた禍だ」という衝撃的なメッセージで始まるこの名著はアメリカに新しい環境保護主義の世論を喚起した。[3] この書物は当時アメリカのベスト・セラー書籍となりアメリカ人の環境に対する関心を高めた。

　このような状況のもとでニクソン大統領は1970年に環境保護庁 (EPA: Environmental Protection Agency) を創設する。この環境保護庁は環境政策および規制に強い権限を有する連邦政府機関であり、大気汚染、水質汚染、

有害廃棄物処理、農薬、放射能、有害物質の規制を含む広範な環境保全に関する権限を付与された。同時に連邦政府は国家環境政策法（National Environmental Policy Act）を制定し、人間と環境との調和的な関係の促進、環境破壊の削減、人間の健康と福祉の増進、生態系との調和を維持することが連邦政府の環境政策の主要な政策課題であると宣言する。またこの法律により連邦政府が行う公共投資プロジェクトで環境に深刻な影響を及ぼすことが懸念される場合には「環境影響評価報告書」（EIA）の作成が義務つけられた。これ以降現在まで50以上の環境及び自然保護に関する各種の法律が制定された。[4] 環境保護庁が関与した環境保護問題の事例としては、ニューヨーク州のナイアガラの滝周辺地域でフーカー化学会社が毒性の産業廃棄物及び発ガン性の化学物質を廃棄したラブ運河埋め立て事件（1976年発覚）、エクソン社所属の原油タンカー船「バルデズ号」によるアラスカ沿岸での大量の原油流出事件（1989年3月）、1980年に制定された北極圏自然・野生動物保護地域における石油開発・パイプライン建設問題、ペンシルバニア州のスリーマイル島原子力発電所の放射能流出事故（1979年3月）等の数多くの事例があり、アメリカの世論の環境問題に関する関心がさらに高まった。1970年4月22日には公害防止、自然および環境保護をテーマに「アースデー（地球の日）」をスローガンとする大規模なデモが行われ、全米で約1,500の大学、1万以上の学校で環境問題に関する集会が開かれた。[5]

特にアメリカの知識人の間で環境問題に対する関心が高まるなかで、1966年に経済学者のK・ボウルディング（Kenneth E.Boulding）は、それまで順調に発展してきたアメリカ経済は無限のフロンティヤと自然資源の存在を前提とした「カウボーイ経済」であり、アメリカの経済は「宇宙船地球号」の一部を構成する閉鎖経済システムへ移行すべきであり、人々は発想の転換すなわち「パラダイムの転換」を図るべきであると警告を発した。[6] 1968年には人口学者P・エーリック（Paul E.Ehrlich）が、人類は人口の指数的な増大という「爆弾」を抱えていると注意を喚起した。[7] 同じく生物学者G・ハーディング（Garrett Hardin）は、科学雑誌「SCIENCE」紙上（1968年）で後に

第 7 章　開発と環境政策

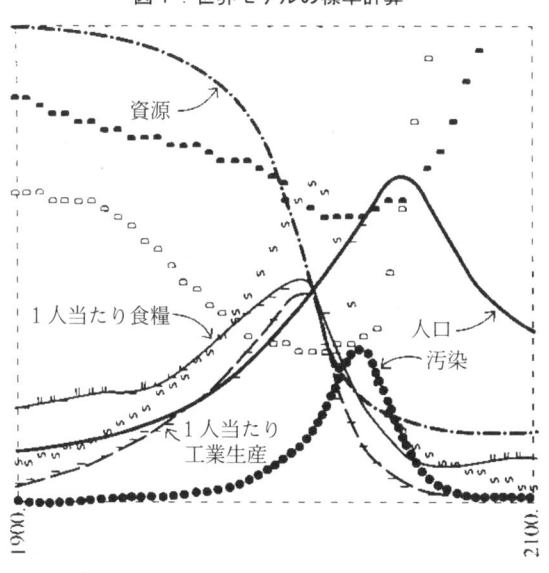

図1：世界モデルの標準計算

資料：ローマ・クラブ、『成長の限界』、ダイヤモンド社、
　　　1972年、86-87、105頁

有名となる論文「コモンズの悲劇」を発表し、人類が地球をあたかも共有地のごとく考えて環境資源を乱開発し、持続する人口増加に歯止めをかけないと人類は破滅すると警告を発した。[8] 一方イギリスの福祉経済学者E・ミシャン（E.J.Mishan）もその著作『成長の代価』(1968年)の中で経済成長には、アメニティ及び環境破壊等の犠牲が伴い、経済成長至上主義的な時代風潮は考え直すべきであると主張する。[9] さらにイタリアのオリベッティ社の社長が支援した世界の知識人のシンクタンク組織である「ローマ・クラブ」は1972年マサチューセッツ工科大学の教授陣に委託して行った研究結果『成長の限界』を発表した。この研究はシステム・ダイナミックス理論を適用して地球の将来を予測するという大規模な作業である。このコンピューター・シミュレーションの基本モデルは、人口、食料生産、工業化、汚染、再生不能な自然資源の5つの要素の動学的な相互関係を分析した。この基本モデルによると地球の経済発展は21世紀の後半に定常状態に陥り、それ以降の成長は停止

し資本主義的経済システムは衰退すると予告する。この予測結果は世界の人々に衝撃を与えた[10]。

このような状況のもとでアメリカでは環境問題に対する経済学的な分析の必要性が強く認識されるようになり、環境経済学の学会誌が1974年に創刊された[11]。しかしアメリカにおける環境及び自然保護思想はヘンリー・デビッド・ソロー（Henry David Thoreau, 1817－1862年）の時代に遡る。ヘンリー・デビッド・ソローはニューイングランドに生まれ、ハーバード大学卒業後自然を叙述した作家・社会評論家として活躍する。1854年に出版された『ウォーデン：森の生活』はソローがマサチューセッツ州コンコルド近郊のウォーデン湖畔の小屋で2年間暮らした経験を基に書かれている。ソローはラルフ・ウオルドー・エマーソン（Ralph Waldo Emerson, 1803－1882年）とともに19世紀アメリカの超然主義思想を代表する作家・哲学者であった。「人間は社会の構成員ではなく、自然界の住人、自然の重要な一部と考えたい。…生命とは野生に他ならない。…私に海か砂漠、原生自然を与えたまえ」と瞑想して森林を散策する。ソローはアメリカのエコロジー主義思想の開祖といわれ現代の環境保護思想に大きな影響を与えた[12]。

1864年にはカリフォルニア州のヨセミテ渓谷が州立公園（1891年国立公園に昇格）に指定され、1872年にはグラント大統領によって世界最初の国立公園がモンタナ州・アイダホ州に接するワイオミング州のイエローストーンに設立された。1892年には民間の自然保護団体「シエラクラブ」がジョン・ミュアー（John Muir, 1838－1914年）によって設立される。このシエラクラブ（Sierra Club）は現在会員数75万人を擁し、本部をサンフランシスコに持つアメリカ有数の自然保護団体に成長する。ジョン・ミュアーはヘッチ・ヘッチ渓谷（Hetch Hetch Valley）のダム建設計画の反対運動に指導的な役割を演じた自然主義者である[13]。アメリカの自然環境保護思想の歴史の中で忘れることができないのはアルド・レオポルド（Aldo Leopold, 1887－1948年）の活動であろう。レオポルドはイエール大学卒業後連邦政府の森林局の職員となりアメリカの自然保護行政の実務を経験した後にウィスコンシン大学の

教授となる。レオポルドは人間中心の自然観を排除し「人間は自然の一部に過ぎない」と主張し、アメリカの現代の環境倫理学およびエコロジー主義思想の先駆者となった。[14]

シエラ・クラブ以外にもアメリカでは数多くのNGO・NPO団体が環境保護運動を展開している。その代表的な組織は、全米オーデュボン協会（The National Audubon Society, 1906年設立、本部ニューヨーク、会員60万人以上）、野生保護協会（The Wilderness Society, 1935年設立、本部ワシントンD.C.）、全米野生生物連盟（National Wildlife Federation、1936年設立、会員数400万人、本部ヴァージニア州レストン）、グリーンピース（Green Peace-USA, 1971年設立、世界の各地に支部）、世界自然保護基金（World Wildlife Fund, 1961年設立、世界100ヶ国に支部、400万人の会員、アメリカの会員数120万人、1984年債務・自然スワップ・プログラムを実施）、自然資源防衛委員会（Natural Resources Defense Council, 本部ニューヨーク、会員数120万人）、環境防衛基金（Environmental Defense Fund, レイチェル・カーソンの環境思想に触発されて1967年設立、本部ニューヨーク、会員数40万人）等がその代表的な組織である。[15]

環境関連の研究機関ないしシンクタンクとしては世界資源研究所（World Resources Institute, 1982年設立、本部ワシントンD.C.）及び世界監視研究所（World Watch Institute, 1972年設立、本部ワシントンD.C.）の2つの機関が著名である。前者は毎年数多くの政策志向性の強い研究レポートを出版しており、地球規模の環境問題に関心のある研究者にとって貴重な情報源となっている。後者は研究所の創設者レスター・ブラウン（Lester R.Brown）のエコロジー主義思想の啓蒙活動と『地球白書』の出版で世界的に知られている。[16]

このようにアメリカでは数多くの民間の自然・環境保護団体が環境問題に対する世論の形成や環境保護運動の圧力団体として活躍しており、アメリカ政府の環境政策に多大な影響力を行使してきた。

（2）日本の環境問題

日本の公害

　日本では環境問題は一般に「公益を害する」という意味で「公害」と呼ばれてきた。「公害対策基本法」（1967年；昭和42年制定）によると、公害とは人間活動によって「大気汚染、水質汚染、土壌汚染、騒音、振動、地盤沈下、悪臭によって人の健康または生活環境に係る被害が生じること」（第2条）と定義されている。日本の公害研究の先駆者である宮本憲一教授は、公害は「人間の社会活動によって自然や生活環境が侵害され、それによって人間の健康侵害や生活困難がおこる現象である。…公害とは都市化・工業化にともなって大量の汚染物の発生や集積の不利益が予想される段階において、生産関係に規定されて、企業が利潤追求のために環境保全や安全の費用を節約し、大量消費生活方式を普及し、国家・自治体が公害防止の政策を怠り、環境保全の公共支出を充分行わぬ結果として生じる自然及び生活環境の侵害であって、それによって人の健康侵害または生活困難が生じる社会的災害」と定義している。しかし宮本教授は、公害の具体的な発現形態、社会的影響、防止対策等は経済体制によってことなり、環境破壊が公害となるのは資本主義経済体制に特有な現象であると考える[17]。

　しかし1992年のブラジルのリオデジャネイロで開催された「地球サミット（環境と開発に関する国連会議）」以降日本の社会では地球環境問題に対する関心が高まった。人々の関心は国内の公害問題から地球規模での環境問題や人々の生活環境やアメニティーの保全問題に移行してきている。以下ここでは先ず最初に、公害問題を日本の環境問題の原点として捉えその問題点と現代的意義を考えることにする。

　公害は一般的に、エネルギー多消費型の重化学工業の発達状況、公害防止技術の発展水準、企業経営者の環境意識、政府の環境政策、地域住民の環境意識の強さ、政治体制等によってその発現形態が異なってくる。日本の公害は明治20年以降の産業革命の進展とともに社会問題化するが、1930年代まで日本の主要な輸出産業である繊維産業・食品加工業・雑貨製造業等の軽工業

第 7 章 開発と環境政策

は比較的公害を出さない公害非排出型の産業である。従ってこれらの多くは地場産業として全国各地に展開していたが、公害問題が全国的な規模の社会問題とはならなかった。

　戦前日本の公害産業として社会・政治問題化したのは主に鉱業部門であり、日本の鉱業は採掘・精錬技術の未熟さから鉱毒を河川に垂れ流し地域住民、特に農業に甚大な被害をもたらした。この鉱業部門の公害の典型が「足尾鉱毒事件」である。足尾鉱毒事件は、現在の栃木県足尾町にあった戦前の古河財閥の創設者古河市兵衛が所有する足尾銅山から流出する鉱毒により、渡良瀬川下流一帯の地域の農民が甚大な被害をこうむり、政治的な問題に発展した事件である。足尾銅山から流出する鉱毒は1890年（明治23年）の大洪水、1896年（明治29年）の大氾濫によって周辺の農業に甚大な被害をもたらした。栃木・群馬両県の農民は集団で上京し請願運動を展開し、1900年（明治33年）には長年の鉱毒と大洪水によって窮乏化した数千人以上の被害農民は官憲と衝突し68名が逮捕される。その後衆議院議員を辞職した田中正造が被害農民の公害反対運動の先頭に立ち、1901年（明治34年）天皇に直訴状を東京の路上で提出しようとし世間の注目を集めた。その翌年内閣は鉱毒調査委員会を設置し足尾銅山の鉱毒の実態の調査を本格化し、鉱毒予防工事命令を発令する。その後足尾銅山から流出する鉱毒による被害は減少する。この足尾鉱毒事件は日本の最初の公害事件とされる[18]。

　日本の公害が深刻化するのは戦後になってからである。1950年代の高度経済成長期に日本の産業構造は急速に重化学工業化する。この時期以降、京浜工業地帯、近畿工業地帯、北九州工業地等日本の主要な臨海工業地帯等に鉄鋼業・金属化工業・セメント・製紙工業等のエネルギー多消費型の企業が設備投資を活発化し生産能力を拡大する。それとともに三重県四日市、瀬戸内海の臨海地域を中心に三菱・三井・住友等日本の主要な企業グループ及び出光等の新興の民族資本によって多数の石油化学コンビナートが建設された。政府も数次の「全国総合開発計画」を策定し全国的な規模で工業配置計画を拠点開発方式に従って実施する。1950・60年代の政府の公共投資も産業基盤

整備の比重が高く、環境衛生・上下水道・都市計画国土保全等の社会基盤整備が立ち遅れた。このような状況下で大気汚染・水質汚染・騒音等の公害の発生が都市部の工場地帯に頻繁に観察されるようになる。このような工業地域の公害の発生に最初に対応しようとしたのが地方自治体である。東京都は1949年（昭和24年）工場公害防止条例を制定し、工場公害の規制に乗り出した。1950年大阪府は事業所公害防止条例、1951年には神奈川県が事業所公害防止条例を制定する。日本政府は1958年になって日本の最初の公害法である水質2法「公共用水域の水質保全に関する法律（水質保全法）」、「工場排水等の規制に関する法律（工場排水規制法）」を制定する。これは浦安漁民騒動事件が契機となっている。1958年4月東京都江戸川区の本州製紙江戸川工場よりドス黒い排水が江戸川に流出する。東京湾の漁民約1,000人が200隻の船に分乗して江戸川を上り、江戸川工場付近に上陸して抗議行動を行う。6月千葉県浦安漁協の漁民約700人が国会および都庁に陳情し、その帰途江戸川工場に押しかけ警官隊と衝突し報道関係者を含み多数の重軽傷者を出した。[19]

　宮本憲一教授等が「恐るべき公害」と称する日本の公害は東京湾の京浜工業地帯、三重県の四日市周辺の石油コンビナート地帯、瀬戸内海の水島コンビナート地域の水質汚染や一酸化炭素、亜硫酸ガス、窒素酸化物、工場の煤塵やスモッグ等による大気の汚染によって深刻化する。[20]

四大公害訴訟

　日本の公害紛争は所謂「4大公害訴訟」によってその頂点に達する。4大公害訴訟とは、富山県イタイイタイ病、四日市喘息、熊本水俣病、新潟水俣病の4つの公害事件の被害者達が加害企業、国及び地方公共団体を相手取って行った公害訴訟である。宮本憲一教授等は、日本の公害の特徴として、①企業の産業公害が中心で人間の人権を侵害する犯罪行為的性格が強いこと、②人的被害の規模が大きいこと、③政府の産業政策・地域開発政策によって公害の発生が促進され、政府・自治体が大企業の側に立って住民運動と敵対すること等を揚げている。[21]これらの日本の公害の特徴に関連して、①政府の経済成長至上主義政策、②環境保全・公害防止体制の不備、③企業の利益追

求主義と環境倫理観の欠如、④企業城下町的な地域経済、⑤社会的弱者の人権侵害と被害、⑥公害訴訟に触発された環境法・環境行政の整備等を指摘する必要があろう。これらの日本の公害の特徴は四大公害訴訟に顕著に現れているので以下ここではこれらの公害事件の内容を見ていこう。

富山県イタイイタイ病

　富山県イタイイタイ病は、富山県神通川流域で三井金属鉱業の神岡鉱山から流出するカドミウムによって汚染された米・野菜・魚を地域住民が摂取することにより罹る慢性中毒の病気である。地域住民、特に中高年の婦人がこのカドミウム重金属の慢性中毒に罹りやすく、貧血・腎臓障害・骨軟化症・尿細管障害を併発する。重症患者は病床生活を送り寝返りや僅かな動作で骨が折れ、耐え難い痛みを伴い患者は最後まで「痛い、痛い」と苦しみ喘ぎ食べるものも食べられず死亡に至る。この富山県の公害病は富山県の萩野昇・河野稔医師が1955年（昭和30年）日本臨床外科学会で「イタイイタイ病」と題する報告を行い世間の注目を集める。[22]

　富山県神岡鉱山は16世紀末に銀山として開発され、爾来銀・銅・鉛が採取された。明治期に入って三井組は1889年（明治22年）神岡鉱山周辺の鉱山を買収し、1911年（明治44年）三井鉱山㈱となる。戦後財閥解体により神岡鉱山㈱が分割され1952年（昭和27年）三井金属鉱業㈱と改称される。しかし日本の鉱業全体は円高による海外鉱石の流入により構造不況業種に転落し三井金属鉱業は神岡鉱山を神岡鉱業㈱に分離独立させている（1985年）。この神岡鉱山は日本最大規模の亜鉛鉱で、戦時中は鉛・亜鉛生産量の60％以上が直接軍事用に供給された。しかし1931年（昭和6年）頃より神通川流域で生産量の増大にともない公害が問題化し富山県当局は亜鉛による高濃度汚染を改善するため三井鉱山㈱に鉱毒防止設備の建設を要請する。イタイイタイ病患者増大に伴い萩野医師は神通川流域の疫学的研究を進め、1957年富山県医学会で「イタイイタイ病の原因は神通川の水中に含まれている亜鉛・鉛などの重金属によって惹起されたものである」というイタイイタイ病鉱毒説を発表し、1961年萩野医師は吉岡医師と連名で日本整形外科学会でイタイイタイ病

カドミウム説を発表する。1966年被害住民はイタイイタイ病対策協議会を結成し、三井金属鉱業㈱と集団交渉を持つが会社側は冷ややかに対応し責任を回避する。1968年1月20人の弁護士からなるイタイイタイ病弁護団が結成され、同年3月患者9人と遺族20人の合計29人が三井金属鉱業㈱を相手に慰謝料請求を富山地裁に提訴する。[23] 厚生省は1968年5月イタイイタイ病に対する見解を発表し、「イタイイタイ病の本態は、カドミウムの慢性中毒により腎臓障害を生じ、次いで骨軟化症をきたし、これに妊娠、授乳、内分泌の変調、老化及びカルシウム等の不足などが誘因となってイタイイタイ病という疾患を形成する」という政府の公式見解を発表する。[24]

イタイイタイ病裁判は、第1回口頭弁論が1968年5月に開かれ、1971年6月富山地方裁判所で4大公害裁判の先頭をきって患者・遺族の勝訴判決が下された。三井金属鉱業㈱は第一審判決を不服として即日名古屋高等裁判所金沢支部に控訴したが、控訴審は1972年8月三井金属鉱業㈱の控訴を棄却する判決を下す。三井金属鉱業㈱は上告を断念し、判決内容に従って原告の住民に対して被害を賠償するという見解を発表する。また三井金属鉱業㈱は被害住民と「イタイイタイ病の賠償に関する誓約書」、「土壌汚染問題に関する誓約書」、及び「公害防止協定」を締結する。

四日市喘息訴訟

四日市市は1960年当時人口約20万人の中規模都市で石油化学工業の生産額では日本全体の4分の1を産出するコンビナートを有していた。このコンビナートには石油化学製品、化学肥料等を生産する数多くの企業及び火力発電所が立地していた。石油化学コンビナートの操業は1958年頃から本格的な操業が開始され、工場から大量の硫黄酸化物（SOx）が排出された。その結果1961年（昭和36年）頃から周辺地域の住民の間で慢性気管支炎等の肺疾患が多発した。地域住民9名は、これら肺疾患は硫黄酸化物の排出による深刻な大気汚染の結果であるとして、1967年9月1日、昭和四日市石油、三菱油化、三菱モンサント化成、三菱化成工業、中部電力及び石原産業の6社を相手取って、津地方裁判所四日市支部に損害賠償を求める訴訟を提起した。1972年

7月裁判所は、工場の硫黄酸化物の排出と気管支炎（喘息）の疫学的因果関係、企業の過失責任及び共同不法行為責任を認め、被告6社に損害の賠償を命じた。原告住民の完全勝訴であり、企業側は最終的には控訴を断念し判決が確定した。[25]

四日市地域は1935年頃から臨海部に日本板硝子、石原産業、大協石油、内陸部に富士重機等が立地し、1941年から150万平方メートルの臨海部に海軍燃料廠が操業を開始し近代工業地域の基礎が築かれた。1955年政府は旧海軍燃料廠の跡地を、三菱企業群を中心とする石油化学のコンビナートの建設を目的とした昭和石油に対して土地の貸与と設備の払い下げを決定する。1959年第1コンビナート、1963年第2コンビナート、1972年第3コンビナートが稼働した。これら四日市の石油化学コンビナートの建設は通産省（現・経済産業省）の石油化学産業の育成政策及び三重県・四日市の工場誘致政策を反映したものである。[26]四日市の公害は、1960年頃から海洋汚染による異臭魚の発生、漁獲量の激減が目立ち、1962年には住民の80パーセントが喘息症状等の呼吸器疾患を訴える調査結果がある。コンビナート周辺地域では工場から排出する亜硫酸ガスの濃度は非常に高く、大気汚染が深刻化していた。

熊本水俣病

1956年（昭和31年）4月21日、5歳11ケ月の少女が、歩行障害、言語障害、狂躁状態などの脳症状を訴えて、チッソ（昭和39年まで新日本窒素株式会社）水俣工場付属病院（細川一院長）の小児科で受診、入院した。29日にはその妹が同じ症状で入院した。これら少女の母親の話によると隣の家にも同じ症状の少女がいるという。驚いた医師たちは、付属病院の内科、小児科をあげて調査、往診により、さらに多数の患者を発見し、8名を入院させた。細川院長は5月1日、「原因不明の中枢神経疾患が多発している」と水俣保健所に正式に報告した。この1956年5月1日こそ、水俣病正式発見の日であると水俣病研究・患者救済活動家の原田正純氏は指摘する。[27]この熊本県水俣病は、水俣市に立地するチッソの水俣工場から、アセトアルデヒドの生産工程で触媒に使用された水銀がメチル化し不知火海に流失したのが原因である。流出

したメチル水銀は水俣市に面した不知火海の海底に堆積し海水汚染を引き起こし、魚貝類にメチル水銀が蓄積され、その魚貝類を食した人がメチル水銀中毒となった病気である。このように環境汚染による食物連鎖を通して多数の住民が有機水銀中毒の犠牲となったのは人類史上初の経験であったとされる。[28] この有機水銀中毒に罹った患者は、知覚障害、小脳症状（失調、共同運動障害）、聴力障害、視野狭窄、言語障害を併発し、重症患者は死に至る。多数の幼児患者は、「狂躁状態、不眠症、全身硬直性麻痺、舌を噛み出血、失明、手足の屈曲・変形、歩行不能、食物の咀嚼不能、意識不明」等の症状を併発し、その多くが死亡する。これらメチル有機水銀中毒症状は1940年ロンドンで発生した有機水銀農薬工場の労働者の中毒事件によってハンター・ラッセル症候群として知られていた。

　チッソ株式会社は、東京帝国大学電気工学科を卒業した技術者野口によって明治41年に設立された日本窒素株式会社が前身である。日本窒素㈱はその後新日本窒素㈱に社名変更し、さらに1965年に現在のチッソ株式会社に社名が変更された。[29] チッソ㈱は主要工場を水俣市に設立し、カーバイドを原料として空気中の窒素を吸収化合して窒素肥料を造る石灰窒素の特許をドイツから取得し、本格的な電気化学工業として第一次大戦後発展していく。戦時中朝鮮半島にも進出し日本窒素コンチェルンを形成する。[30] その後、化学工業の発展にともないアンモニア合成、硫安、アセチレン、合成酢酸、塩化ビニール樹脂等の多様な化学製品の生産を拡大する。1931年チッソ㈱はアセチレンに水銀触媒を使って化学製品の中間財となるアセトアルデヒドの製造に成功する。このようにしてチッソ㈱は日本の代表的な化学品製造企業となった。[31]

　熊本県水俣病は、このようにチッソ㈱がアセトアルデヒドの生産に使用した水銀が工場排水とともに工場外に流出し、これら水銀が水俣湾に堆積し、そこで生育する魚貝類を摂取することによって罹る有機水銀中毒である。1959年（昭和34年）7月に熊本大学が水俣病有機水銀説を発表し、同年11月厚生省食品衛生調査会は、「水俣病が水俣湾およびその周辺に生育する魚貝類を大量に摂取することによって中枢神経系統が障害される中毒性疾患であり、

その主因をなすものはある種の有機水銀化合物である」と厚生大臣に答申する。しかしチッソ㈱は工場排水の完全循環方式を1966年（昭和41年）に実施するが1968年（昭和43年）までアセトアルデヒドの生産は続行する。1968年（昭和43年）9月、厚生省は「熊本水俣病は、新日本窒素水俣工場のアセトアルデヒド酢酸設備内で生成されたメチル水銀化合物が原因であると断定」した。それ以降患者家族側とチッソ㈱との間で損害賠償の補償交渉が行われるが、妥協に達せず1969年（昭和44年）6月29世帯112人の患者・家族がチッソを相手取って損害賠償請求訴訟を起こす。1973年（昭和48年）3月熊本地裁の判決が下され原告の全面勝訴となり、患者原告への損害賠償を命じた。同年7月チッソ㈱は患者側と補償協定を締結する。この補償協定の内容は、行政が水俣病と認定した患者に対してチッソ㈱が1,600－1,800万円の慰謝料、終身特別調整手当（年金）、治療費、介護費、その他の手当てを支払うというものであった。この訴訟が水俣病第1次訴訟と呼ばれる訴訟である。それ以降一部の訴訟（関西訴訟）除き、1996年（平成8年）まで水俣病非認定患者達による法廷闘争が続いた。[32]しかしこの過程で水俣病認定審査会から「水俣病ではない」として棄却された患者の数は延べ1万4千人を超えた。この処分に不満を持つ患者の一部は行政不服審査請求、一部は損害賠償請求を提訴していった。そのため熊本水俣病訴訟の原告は約220人というマンモス訴訟となった。

　これら訴訟および損害賠償協定を通してチッソ㈱が水俣病認定患者に支払うべき一時金見込み額は262億円に達した。この一時金支払見込額の総額を年平均経常利益40億円を計上するに過ぎないチッソ㈱が単独で支払うことは不可能であるので、国及び熊本県は「チッソ支援及び地域再生・振興事業を行う支援財団」の設立を1995年（平成7年）に決定する。この決定に従い一時金支払見込額262億円の85パーセントを国が、残額を熊本県が支援財団に出資し、財団がチッソ㈱に貸し付けることとなった。一時金以外のチッソ㈱が水俣病患者に支払うべき負債を補塡するため熊本県は1979年より県債を発行してチッソ㈱を支援した。2000年時点で熊本県債発行によるチッソ㈱に対

する熊本県の貸付金額は累計で1,359億円に達し、元利合計でチッソ㈱が償還すべき金額は2,568億円に達する。このようにチッソ㈱は水俣病患者に対する損害賠償債務により事実上破産状態にあるといえよう。[33]

新潟水俣病

　新潟水俣病は、新潟県の阿賀野川下流に立地した昭和電工鹿瀬工場から流出したメチル水銀化合物によって河川が汚染された結果発生した有機水銀中毒である。メチル水銀化合物は食物連鎖によって川魚に蓄積し、その川魚を長期間摂取した阿賀野川流域の住民が有機水銀中毒に罹ったとされる。新潟水俣病発生の公式発表は、1965年（昭和42年）6月新潟県衛生部による「阿賀野川流域に有機水銀中毒患者7人発生、2人死亡」という発表であった。[34]同年8月水俣病患者を救済するため新潟県民主団体水俣病対策会議が結成され、12月新潟水俣病被災者の会が結成された。

　昭和電工の前身は、1908年（明治41年）に設立されたヨードや海産物を取り扱う「総房水産」である。1917年（大正6年）に電気化学工業会社として「東信電気」㈱が設立され総房水産を吸収合併する。1928年（昭和3年）肥料製造会社の「昭和肥料」㈱が設立され、東信電気㈱は同年新潟県阿賀野川上流の鹿瀬町に鹿瀬発電所を完成させた。翌年昭和肥料㈱は発電所に隣接して昭和肥料鹿瀬工場を設立し、石灰石を電気分解してカーバイドの生産を開始する。1939年（昭和14年）昭和肥料㈱と東信電気㈱が合併して「昭和電工」㈱が設立された。戦後昭和電工は化学肥料である石灰窒素メーカーとして急成長を遂げた。昭和電工㈱は石油化学工業に転換する1965年（昭和40年）まで鹿瀬工場でカーバイドを原料に水銀を触媒としてアセトアルデヒドを生産していた。1959年1月昭和電工鹿瀬工場カーバイド残渣堆積場が決壊し、大量のメチル水銀化合物が阿賀野川に流出した。

　新潟水俣病被害者3家族13人が原告となり1967年（昭和42年）昭和電工を相手取り第一次訴訟が提訴され、1971年（昭和46年）9月原告勝訴の判決が下された。この判決をうけて患者側と昭和電工との間で補償に関する交渉が行われ、1973年（昭和48年）昭和電工㈱は認定患者に対して一時金・終生年

金を支払うことを内容とする補償協定を締結する。しかしそれ以降未認定患者を中心に多数の損害賠償請求の提訴が行われ、公害紛争が長期化する。1995年（平成7年）12月水俣病問題に対する首相談話が発表され、昭和電工㈱と被害者の会は解決協定に調印し、翌年2月新潟水俣訴訟は、東京高裁、新潟地裁で和解が成立した。[35]

（3）日本の環境政策
地域住民の公害反対運動と自治体の公害防止対策
　四大公害訴訟は、1950年代以降の日本政府が取った重化学工業育成政策・高度経済成長政策の歪みの犠牲となった地域住民の怒りの爆発であった。自由市場競争を規範とする資本主義社会にあっても、企業経営者達は、本来地域社会に負の外部効果をもたらす公害の垂れ流し行為をすべきでないという企業倫理に従って経営を行うべきであった。国や地方公共団体も、高度成長経済下で当然予測される大気汚染・水質汚染・騒音・悪臭等の公害の発生を規制する環境保全の制度的枠組みを事前に確立すべきであった。しかし日本社会は戦後経済の重化学工業の発展の過程で経済成長の高価な代価を支払うことになる。[36]このような状況下で日本の国民は政府の経済成長至上主義的な政策に対して次第に懐疑的となり、「くたばれGNP」、「豊かさとは何か」という言葉がマスコミを賑わすようになり、豊かさを測定する社会福祉指標が話題になる。人々は光化学スモッグ、自動車の排気ガスによる鉛公害、カドミウムやダイオキシン等の有毒産業廃棄物公害、航空機・新幹線の騒音等種々の公害に対して反対運動を展開するようになる。

　地域住民の公害反対運動の1つの表われが1964年に展開された三島・沼津・清水の2市1町の住民による石油コンビナートの建設計画に対する公害阻止運動である。通産・厚生省は三島・沼津市の石油コンビナート反対運動に対応して、日本で最初の環境アセスメントを実施するが、沼津市議会は開発反対を決議する。電力、石油精製、石油化学の各企業はそれに伴って立地中止の決定を余儀なくされる。[37]横浜市では、市長選挙で磯子埋め立て地区の工場

公害が争点となり、1963年公害反対を訴えた社会党の飛鳥田一雄氏が当選し革新自治体が誕生する。その後美濃部東京都政、黒田大阪府政、伊藤川崎市政等の革新自治体が誕生し積極的に地域の環境保全運動に乗り出す。これら革新自治体が採用した環境規制の方法が日本独特の「公害防止協定」の締結である。その先駆者となったのは、横浜市が東京電力と1964年に締結した公害防止協定である。この協定によって東京電力は横浜市から火力発電所建設用の土地譲渡の許可を受ける条件として一定の大気汚染防止基準を遵守することを横浜市に約束した。その後も横浜市は、日本石油精製、東京ガス、出光興産、三菱化成等の企業と個別の公害防止協定を結んでいる。1968年には東京都が東京電力大井火力発電所との間に公害防止協定を締結し、同年11月千葉県も東京電力千葉火力発電所と公害防止協定を結んだ。このようにして1974年までに全国の40都道府県と1,292市町村が公害防止協定を締結するまでになった。[38]

　これら自治体は公害防止条例を制定し、工場設置の許可制、工場の立地制限、工業用水の使用制限、市民参加型の公害監視委員会の設置等の方法によって環境の保全を確保しようとした。東京都はこのような公害防止条例を1969年7月に制定している。このように日本の公害・環境政策の形成の過程で、宮本憲一教授が指摘するように、地方自治体や地域住民が非常に重要な役割を演じることになる。[39] これら地域住民の環境保全運動は、公害防止運動にとどまらず、生活環境、自然環境・景観、歴史的風土や文化遺産、アメニティの保全等の住民参加型の運動に拡大していく。その端緒の1つとなったのが鎌倉の鶴岡八幡宮の裏地の宅地造成計画に対する大仏次郎等をリーダーとする住民の歴史的環境を守る反対運動であった。これに触発されて金沢市、京都市、萩市、倉敷市、高山市の地方自治体は伝統的環境保存・伝統美観保存・景観保存・風致保存等の条例を1960年代以降制定していく。[40]

　このように日本の環境政策の形成の契機となったのは、四大公害訴訟に代表される地域住民の公害訴訟と地域の住民運動である。日本政府は住民の公害訴訟に触発されて1960年代以降一連の環境政策を実施する。この日本の主

な環境政策の概略は表1に示された通りである。日本の環境政策の発展のプロセスは一般的に以下の時代区分、①1950－60年代の重化学工業の発展と公害の発生、②1960年代後半の地域住民の公害反対運動と公害訴訟、③1970年代の日本の環境政策の形成、④1980年代の環境政策の後退、⑤1990年代以降の地球環境問題に触発された持続的経済発展と循環型経済社会実現のための環境政策等の段階に区分して理解されよう。

環境行政と環境政策

　厚生省に公害課が新設されたのは1964年（昭和39年）である。その初代課長に橋本道夫氏が任命された。橋本道夫氏は大阪大学医学部を卒業しアメリカのハーバード大学大学院でフルブライト留学生として公衆衛生学を学んだ公衆衛生の専門家である。[41] 日本政府の環境行政は当時厚生省、通産省、経済企画庁、建設省等複数の官庁にまたがっていた。しかし日本の環境行政は、環境庁が設立される1971年（昭和46年）までこの厚生省公害課が中心となって行われた。しかし環境庁が設立された1971年以降も、企業に対する環境規制に関して環境庁はしばしば通産省立地公害局との調整を余儀なくされた。通産省は日本の企業の国際競争力を強化・促進する立場から、企業に対す環境規制の強化につながる排出基準の設定に対しては非常に消極的であった。この環境庁は2001年（平成13年）環境省設置法（平成11年）の成立によって環境省に昇格する。

　創成期の環境行政で重要な政策は環境政策の基本原理の策定である。政府は1967年（昭和42年）「公害対策基本法」を制定し、国の公害防止政策の基本原理を明確にする。厚生省は1965年（昭和40年）公害審議会を設置し、政府の環境行政の基本方針の検討作業にはいる。この審議会の答申に従って厚生省は「公害対策基本法」案を策定する。この「公害対策基本法」は、大気汚染、水質汚染、土壌汚染、騒音、振動、地盤沈下、悪臭を公害（典型7公害）として捉え、事業者、国及び地方自治体が公害を防止する責務を有すると規定し、国はこれら公害の排出基準を設定する必要があることを明記している。この「公害対策基本法」の規定に従って、国は1968年「大気汚染防止

表1：日本の環境保全政策の概要

1958年	12月水質2法、「公共用水域の水質保全に関する法律」（水質保全法）、「工場排水の規制に関する法律」（工場排水法）の成立、翌3月施行。
1967年	公害対策基本法成立
1968年	大気汚染防止法、騒音規制法の制定
1970年	第64回臨時国会（公害国会）、公害対策基本法の一部改正、水質汚濁防止法、海洋汚染防止法、公害防止事業費事業者負担法を含む公害関連14法案が成立。佐藤首相を本部長とする公害対策本部が内閣に設置、公害対策閣僚会議の定期的開催。
1971年	環境庁設立
1972年	自然環境保全法の制定6月・国連人間環境会議（ストックホルム会議）開催
1973年	公害健康被害補償法（公健法）成立、翌年9月に施行国連環境計画（UNEP）発足
1983年	環境と開発に関する世界委員会（ブルントラント委員会）発足
1987年	ブルントラント委員会最終報告書『我ら共通の未来』発表
1992年	6月・国連環境開発会議（リオデジャネイロ会議）開催
1993年	11月・環境基本法公布・施行
1994年	中央環境審議会・環境基本計画を作成・答申（12月）・村山内閣が基本計画を閣議決定
1995年	容器包装に係る分別収集及び再商品化の促進等に関する法律（容器包装リサイクル法）97年4月一部実施・2000年4月完全実施
1997年	環境影響評価法の公布、気候変動枠組み条約第3回締結国会議・京都議定書の採択
1998年	地球温暖化対策促進法公布（翌年施行）特定家庭用機器再商品化法（家電リサイクル法）成立（2001年4月施行）
2000年	新環境基本計画閣議決定、循環型社会形成促進基本法（循環型社会基本法）、改正廃棄物処理法、資源有効利用促進法（リサイクル法の改正）、食品循環資源再生利用促進法（食品リサイクル法）、建設工事資材再資源化法（建設リサイクル法）の成立・翌年施行
2001年	環境庁・環境省に昇格
2002年	使用済み自動車の再資源化等に関する法律（自動車リサイクル法）・自然再生促進法の成立

資料：環境六法・環境白書等から作成

法」、「騒音規制法」を制定する。1970年（昭和45年）に開かれた臨時国会では、公害対策基本法の一部改正、水質汚濁防止法、海洋汚染防止法、公害防止事業費事業者負担法を含む公害関係14法案が一括成立し、公害防止関連法は大幅に強化、拡充された。このため、この時の国会は「公害国会」と呼ばれるようになる。[42] 1971年（昭和46年）環境庁が設置され、1972年（昭和47年）には「自然環境保全法」が制定され、公害の防止以外でも自然環境保全問題を環境庁の所轄業務と定めた。同年環境庁長官大石武一がストックホルムで開催された国連主催の「人間環境会議」に出席し、日本が体験した水俣病問題について報告した。

1973年（昭和48年）9月「公害健康被害補償法」（公健法）が成立し、翌年9月より施行される。この「公健法」の目的は、水俣病・イタイイタイ病・四日市喘息等の一定地域の公害被害者を救済しようとする制度である。この法案は経済協力機構（OECD）への出向から帰国し損害賠償保障制度準備室室長に任命された松本道夫氏等が中心になって作成された。[43] この「公健法」の仕組みは、公害の原因となる企業が排出する硫黄酸化物、窒素酸化物等を含む煤煙に一定率の賦課金を課し、この賦課金を財源として一定地域の公害病患者に対して療養費・障害補償・遺族補償等を国が都道府県及びその他の自治体を通して給付する制度である。この制度は日本独特の制度であるとされるが、地域の指定・公害被害の認定基準と手続き・賦課金の基準と公害規制効果等問題を含んでいた。[44]

しかし「公害健康被害補償法」が1973年（昭和48年）10月5日公布された直後10月17日アラブ石油輸出機構（OAPEC）が原油供給削減と原油価格を一挙に4倍に値上げした。その結果日本を含む先進国の経済はエネルギー危機に直面し、日本では1970－80年代環境問題に対する関心が弱まり、政府の環境政策は停滞した。その端的な表われが1983年環境アセスメント（環境影響評価）法案の廃案（1983年）であろう。

環境アセスメントは、事業活動が環境に与える影響を事前に調査分析し、複数の代替案から環境に最も影響の少ない開発投資プロジェクトを選択する方法

281

であり、アメリカでは既に1970年の国家環境政策法（National Environmental Policy Act：NEPA）が連邦政府のプロジェクトにその実施を義務づけていた。世界銀行やアジア開発銀行も後述するように1980年代に開発プロジェクトの融資条件として途上国政府にその実施を義務づけていた。日本政府も1964年（昭和39年）の三島・沼津の産業公害防止総合事前調査以来その必要性は認識されていた。1972-74年（昭和47-49年）にかけて、港湾法、公有水面埋立法、工場立地法、瀬戸内海環境保全法の中で部分的にではあるが環境アセスメントの手続きが規定されていた。環境庁は1976年（昭和51年）から環境アセスメント法案の作成に着手し、1981-83年（昭和56-58年）環境アセスメント法案は国会で審議されたが審議未了となり、廃案となった。それに変わって行政指導の要綱として1984年（昭和59年）8月「環境影響評価の実施について」の閣議決定がなされた。[45] しかし地方自治体は環境アセスメントの導入に積極的であった。福岡県が要綱を策定（1973年）、川崎市が条例を制定（1976年）、1994年4月までに北海道、東京都を含む7地方自治体が環境アセスメントを実施し、千葉県、横浜市等の44の自治体が要綱に基づく環境アセスメントを実施している。

しかし国際社会では1972年の国連人間環境会議（ストックホルム会議）以降環境問題に対する関心が高まり翌73年ケニアには国連環境計画（UNEP）が設立された。1983年国連は「環境と開発に関する世界委員会」を設け元ノルウェー首相ブルントラント女史が委員長に任命された。ブルントラント委員会は1987年最終報告書『我ら共通の未来』（Our Common Future）を発表した。この報告書の中でブルントラント委員会は環境と開発の共生をめざす「持続可能な発展」（Sustainable Development）を提案し、この概念がこれ以降環境問題に対する国際世論のキーワードとなる。1992年には国連環境開発会議（地球サミット）がリオデジャネイロで開催され、環境と開発に関するリオ宣言及び21世紀に向けて国際社会が実現すべき行動計画、アジェンダ21が採択された。

この国際社会の世論の動向を反映して日本政府は、1993年（平成5年）

「環境基本法」を制定し、環境負荷の少ない持続可能な社会の構築、地球環境保全と国際協調、生態系の維持を含む自然環境の保全等を目的とする政府の環境政策の基本理念を明確にした。それとともに政府が環境影響アセスメントを実施することを約した（第10条）。これを受けて政府は1997年（平成9年）6月「環境影響評価法」を制定することとなる。この法律によって国・自治体・公企業・事業者が実施を計画する開発プロジェクトで環境に負の影響を及ぼすことが危惧される大規模プロジェクトについては、予想される環境に対するインパクトを調査分析し、その結果を地域住民に開示することが義務づけられた。

1997年（平成9年）12月に京都で開催された気候変動枠組条約第3回締結国会（京都会議）で日本は議長国として1990年を基準に2008－12年の5ケ年間に1990年を基準に6パーセントの温室効果ガスを削減することに合意した。これを受けて政府は1998年（平成10年）「地球温暖化対策促進法」を制定し、京都議定書で約した国際合意を達成する体制作りに取り掛かった。京都議定書は締結国の55パーセントが批准し2005年（平成15年）に発効する（第25条）[46]。

政府はさらに1993年（平成5年）制定の環境基本法に規定された環境負荷の少ない持続的発展が可能な社会の実現を目指して、2000年（平成12年）「循環型社会形成促進基本法」を制定した。それとともに「改正廃棄物処理法」(2001年4月完全施行)、「資源有効利用促進法」(2001年4月施行)、「食品リサクル法」(2001年5月施行)、「建設リサイクル法」(2002年5月施行)、「グリーン購入法」(2001年4月施行)、「容器包装リサイクル法」(2000年4月施行)、「家電リサイクル法」(2001年4月実施)、「自動車リサイクル法」(2004年10月実施)等一連のリサイクル法を公布・施行した[47]。

以上が1960年代以降現在までの日本政府の主な環境政策の概略である。国と同じく公害地域の地方自治体も1960年代以降それぞれの地域社会に特有な公害問題・環境保全問題に対応するため具体的な公害防止・環境保全政策を実施してきた。公害の被害者は地域住民であり、これら地方自治体の環境政策を知ることは非常に重要であろう。しかしここでは紙面の都合上割愛する[48]。

日本企業も取引活動が益々グローバル化されるに従い地球環境問題に関心を持つようになった。経団連は1991年（平成3年）4月「経団連地球環境憲章」を採択した。企業自体も環境問題に積極的に取り組むようになり2000年（平成12年）4月の段階で環境管理システムの国際規格（ISO14001）の認証資格を取得する企業が4,000社を超えるほどになってきている。[49] 日本の経済学者も環境問題に対する関心を高め、寺西俊一教授が一橋大学経済学部で「環境経済学」の講座を1980年に日本で最初に開設したのを契機にして、環境経済学・環境工学・環境政策等の講座が多数の大学で開設されるようになる。環境経済・政策学会が1995年（平成7年）12月に設立された。[50]

7.2 アジアの発展途上国の環境問題

（1）途上国の環境問題
世銀と途上国の環境問題

以上見てきたように日本では1950－60年代に公害問題が多発し多数の地域住民が被害を被った。これに対して地域住民が積極的に公害反対運動を展開し、国民も環境保全に対する関心を次第に強めていった。政府はそれに応じて産業公害・環境汚染に対する規制を強化し、環境行政制度を次第に確立していった。しかし日本及び国際社会で途上国の環境問題に対する関心が高まったのは1980年代の後半以降である。1972年ストックホルムで「国連人間環境会議」が開催され、その年の暮れ国連総会は「国連環境計画」（UNEP）を設立することを決定する。前者の会議に出席した世銀のマクナマラ総裁は、世銀は途上国に対する支援プロジェクトの実施の過程で環境問題を重要視する趣旨の演説を行った。このマクナマラ総裁の演説を受けて世銀は1973年内部に環境室を設置する。しかし1983年までその規模は極端に小さく、この世銀の環境室に所属する環境問題の専門家は数名であった。その当時世銀の職員の総数は約2,800人であった。1984年5月世銀は「環境に関する内部運用規則」を定めるが、環境を害しあるいは環境に配慮しない開発プロジェクトに

284

は世銀は融資しないという一般的な原則を明記するにとどまっていた。[51]アジ銀も1979年及び1981年に「環境に関する内部運用規則」を定めていたが、その内容は世銀の運用規定と同じく、一般的な原則を規定しているに過ぎなかった。アジ銀は「プロジェクトの経済分析」の内部規定を1987年、その改定版を1997年に出している。しかし、この内部規定は環境への影響の費用・便益分析をプロジェクトの経済分析の不可欠の要件とはしていなかった。[52]

しかし世銀は1980年代に入って世銀が融資した2つのプロジェクトで深刻な環境問題に直面することになる。1つは1981-83年に世銀がブラジル政府に供与した「ポロノロエステ開発プロジェクト」(Polonoroeste Project) 融資 (総額3億5,700万ドル) 案件である。このプロジェクトはアマゾンの熱帯雨林地域に1,500kmの自動車道路を建設し、その地域の経済発展を促進することを目的とした地域開発プロジェクトである。しかしこの地域開発プロジェクトは熱帯雨林の破壊、先住少数民族の強制疎開という環境及び人権問題を抱えていた。このプロジェクトの実施に関して世銀はブラジル及び海外の環境NGO団体及びアメリカ議会から強烈な反対運動・批判を受けることになり、世銀は融資の実施を断念することになる。[53]

もう1つの世銀の融資プロジェクトは、インドの「ナルマダ大規模ダム建設プロジェクト」(Narmada Project) である。このプロジェクトは複数の州 (Gujarat, Madhya Pradesh, Maharashtra州) を流れるナルマダ渓谷に電力・灌漑用水供給の大規模な多目的ダムを建設するプロジェクトである。世銀はこの大規模プロジェクトの第一段階を構成する「サーダー・サルヴァー・ダムプロジェクト」(Sardar Sarvor Dam Project) に1985年4億5,000万ドルの対インド政府融資を承認した。このダムプロジェクトも環境問題・少数民族の移転問題を抱えておりインド内外の環境・人権・NGO団体の反対運動に直面し、種々の紆余曲折を経て世銀は融資を断念することになる。[54]このようにアメリカ内外の環境団体その他のNGO団体の圧力に直面した世銀は1987年環境問題を専門とする「環境局」を設立し、発展途上国の環境問題に本格的に取り組む体制を整備することになる。この環境局は1988-91年世銀融資プ

図2：経済発展と汚染

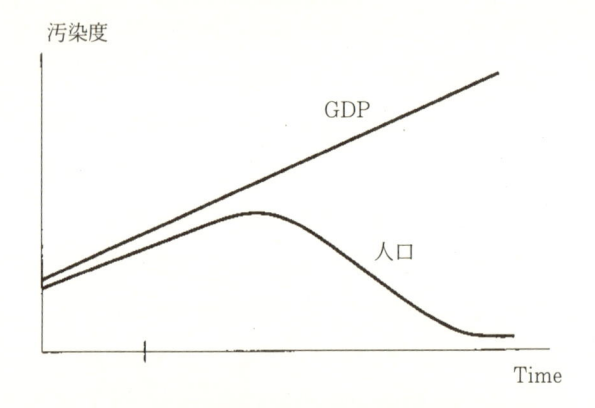

GDP

人口

汚染度

Time

図3：硫黄酸化物の排出と所得水準

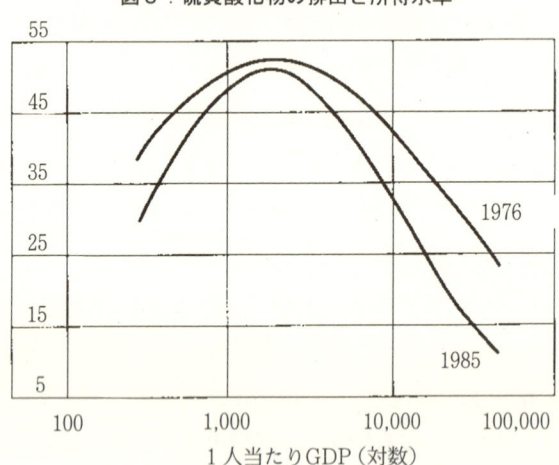

1976

1985

1人当たりGDP（対数）

資料：World Bank, World Development Report 1992, pp.40-41

ロジェクトの環境影響評価の内部規則の作成作業を行い、それ以降世銀は融資プロジェクトの審査の一環として「環境影響評価」（EIA：Environmental Impacts Assessment）を実施することになる。2005年現在世銀は各分野毎の環境問題について215人前後の専門家を擁し、環境基金の創設、温室効果ガスの排出権取引等、特に地球環境問題について積極的な活動を行っている。[55]

　1992年世銀は途上国の環境問題を総合的に分析した『世界開発報告書』を

出版した。[56] この報告書の中で世銀は、途上国の環境問題の最重要課題として都市部の上下水道の改善、大気汚染対策、廃棄物処理、土壌劣化と砂漠化、森林資源の保存、生物多様性の維持、地球温暖化ガス等の問題を分析している。しかし世銀はこの報告書の中で「経済発展と環境」は相対立するものでなく、途上国は環境を破壊することなく「持続可能な経済発展」を遂げることが可能であると主張した。経済発展と環境の保全を両立させるため途上国政府は、工場の立地規制、環境基準の設定、汚染監視、環境被害の汚染者負担原則、公害防止技術と情報の普及、社会インフラ設備とサービスの充実、エネルギー政策等環境政策を実施し、環境行政の能力を強化する必要性があることを説いている。また世銀は途上国の環境問題、特に都市部の水質・大気汚染及び農村部の森林破壊（薪炭用の樹木の伐採、焼畑農法による森林侵食等）等は主に途上国の貧困が直接的な原因であると解釈している。従って経済発展の結果途上国の所得水準が向上すれば、これらの環境問題も自ずから改善されるという楽観的な見解を展開していた。

（2）「環境クズネッツ曲線」論争

　この世銀の報告書を契機にして所謂「環境クズネッツ曲線」（EKC：Environmental Kuznets Curve）問題が論じられるようになる。周知のように経済学者S・クズネッツ（Simon Kuznets）は1955年の論文の中で、一国の所得分配は経済の発展とともに不平等化する傾向があるが、ある一定の段階に経済発展が達するとその国の所得分配は以降平等度を増していくという経験則を提示した。この所得分配の平等度を促進する要因としては、産業構造の変化、政府の福祉政策、累進課税等の税制度、政治制度の民主化等の要因が考えられる。[57] この一般的な所得分配の経験法則は「クズネッツの逆U字型曲線」と呼ばれるようになる。この「クズネッツの逆U字型曲線」が環境問題にも観察されるという主張が「環境クズネッツ曲線」（EKC）である。

　この「環境クズネッツ曲線」理論に従うと、それぞれの国の経済は工業化が進み、工場からの排出物が増大し、人々の所得水準が向上し自動車が普及

287

すると環境汚染が深刻化するが、ある一定の段階に達すると人々の環境保全に対する関心が高まる。しかし政府が環境規制を強化するため環境汚染は次第に沈静化ないしは削減していくという一般的な経験則が観察される。この「環境クズネッツ曲線」の妥当性については世銀の報告書以来論争が展開されている。以下ここでこの論争の内容を見てみよう。しかしここで留意する必要があるのは、この論争の背後には、経済成長を積極的に評価する新古典派環境経済学者達と彼等に批判的なエコロジー経済学者達のイデオロギー的対立があることである。エコロジー経済学者達の主張は後に詳しく紹介することにする。

「環境クズネッツ曲線」（EKC）の実証研究

まず日本の研究論文としては入江・小林・森田等の研究成果の発表がある。[58] この論文の中で入江等は環境汚染の指標として二酸化硫黄（SO_2）と1人当たりGDPとの回帰分析を先進17ケ国の過去1世紀の時系列データを用いて分析している。彼等の研究結果によると、「先進国17ケ国について硫黄酸化物の排出量のEKCは成立する。しかし…その軌跡の形やピークの高さ、タイミングは大きく異なっており、その要因として国の規模、化石燃料の消費、産業構造、政治体制、公害防止技術水準が関係している」と観察している。しかしこの研究は主に先進国を対象として、環境汚染の指標として二酸化硫黄（SO_2）のみを分析しており、途上国の経済発展と環境汚染の一般的なパターンに適用可能かどうか疑問が残ろう。

EKCの実証分析に関しては多数のアメリカの環境経済学者達がより包括的な研究を行っている。H・ヘッジ（H.Hettige）、R・ルーカス（R.Lucas）、D・ウィーラー（D.Wheeler）の研究（1992年）は、80ケ国、32産業分野、320種類の汚染物質の1960－88年の時系列データを使った計量分析であり、彼等はこの分析結果によって「環境クズネッツ曲線」が検証されると主張する。[59] 彼等の研究結果によると、「環境クズネッツ曲線」は、経済発展に伴って産業構造が変化することがその主な要因であると推計される。すなわち、「経済発展の初期段階では、産業は農作物・食品加工等の軽工業が中心であり、これら産業は非環境汚染型産業である。従ってこの段階では汚染度は低い。しかし経済発展の次の段階では産業はエネルギー多消費型の重化学工業に移行し、これら環境汚染型の産業の発展によって国の環境汚染度が増す。しかし次の発展段階では産業の

図4：環境クズネッツ曲線

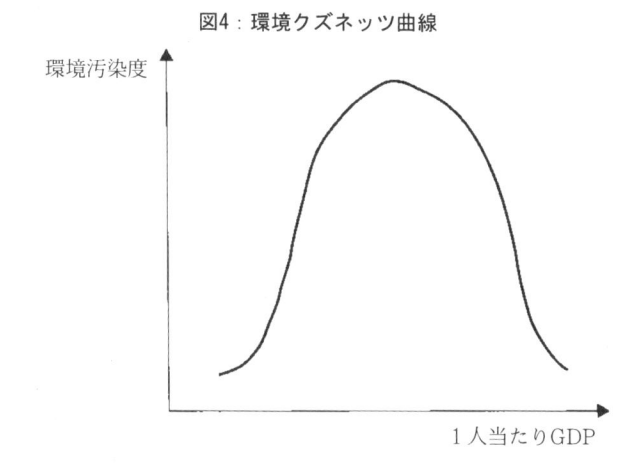

中心が非環境汚染型の先端技術産業・サービス産業に移行し、環境汚染は軽減する」という経済発展、産業構造の変化、環境汚染の逆U字型推移には因果関係が推定されると主張する。この研究の問題点は産業の汚染度のデータとしてアメリカの産業別の汚染データを用い、世界各国の産業別汚染度をアメリカの産業の汚染度と同一であると仮定していることであろう。

EKC仮説を肯定する研究論文としてしばしば言及されるがT・セルドン（T. Selden）、D・ソング（D.Song）の研究（1994年）である。[60]この研究でセルドン・ソングは環境汚染指標として1人当たり浮遊粒子（SPM）、二酸化硫黄（SO2）、窒素酸化物（NOx）、一酸化炭素（CO）を使用し、説明変数として1人当たりGDPを用い、二次曲線の回帰方程式のパラメーターを推計している。分析の結果これら回帰式の説明力は90パーセントを越え、統計的に有意であり、曲線の軌跡の頂点（転換点）は1985年、ドルの実質値ベースで1人当たりGDP8,000－12,000ドルとなっている。すなわち彼らの分析によると、各国は経済の発展段階で1人当たり8,000－1,2000ドル（1985年価格）まで環境汚染が進み、それ以上の発展段階になると汚染度が低減する傾向を示し、「環境クズネッツ曲線」は肯定しうると結論している。セルドン・ソングはこの結果を、①所得の上昇によって人々の環境の質に対する要求が高まること（環境の質に対するプラスの所得弾性値）、②産業別生産と消費の変化、③教育水準の上昇と環境に対する関心、④民意を反映した環境規制等の要因に求めている。

「環境クズネッツ曲線」（EKC）仮説の実証研究で最も包括的な分析を行ったのはグロスマン（G.Grossman）・クルーガー（A.Krueger）の研究（1995年）

であろう。[61]この研究でグロスマン・クルーガーは都市部の大気汚染及び水質汚染原因となる廃棄物で利用可能なクロス・セクション及び時系列データを活用して二次曲線の重回帰分析を行っている。研究結果は、二酸化硫黄・煤煙・浮遊重粒子等の都市部の大気汚染物質について一人当たりGDPの変化に回帰させた結果、逆U字型の「環境クズネッツ曲線」が一般的に検定できると主張している。この調査によると、これらの大気汚染物質は1人当たりGDP8,000ドル（1985年価格；メキシコやマレーシアの経済発展の水準）まで増大し、それ以上所得水準が上昇すると下降する傾向が認められるとしている。また水質汚染度の指標（BOD／COD）や鉛・カドミウム・水銀等の重金属汚染も個々の例外が認められるが一般的には逆U字型曲線が観察されると結論している。

　もしこれらの研究結果が正しいとすると、経済発展が必然的に環境汚染や破壊をもたらすと考える環境主義者達の見解は間違いであるということになる。しかし国の経済発展が一定の所得水準に達すると、環境汚染が改善される傾向は無論自動的にそうなるわけではない。所得水準が高まるにしたがって国は非汚染型の生産技術や公害防止技術を開発し、政府は環境基準を厳しくし、公害産業は都市部周辺から地方に分散立地し、汚染排出型の重化学工業製品は海外から輸入する傾向が強まるためであると理解される。

　同じような分析が世銀のエコノミストのN・シャフィック（N.Shafik）によっても行われている。[62]シャフィックの分析は使用可能な環境指標について149ケ国の1960－90年の時系列について行われている。環境指標としては、水質汚染度、河川の汚物汚染、都市の衛生状態、森林資源の減少、浮流粒子、二酸化硫黄、都市の生活廃棄物、一酸化炭素等である。シャフィックの分析で、逆U字型曲線が観察されたのは河川の汚物汚染、浮遊粒子（SPM）、二酸化硫黄等の環境汚染のみであり、都市の水質汚染及び衛生状態等は所得水準が上昇するにつれて直線的に改善されると指摘している。

「環境クズネッツ曲線」（EKC）批判

　以上のように、経済発展、特に工業化や都市化が進展すると環境汚染が深刻化する傾向が観察される。しかし人々の所得水準が上昇すると環境に対する関心が高まり、政府も環境規制を強化し、産業構造も重化学工業から先端技術指向型の産業構造に転換する。さらに、公害防止技術も発達し、経済の

中でのサービス産業の比重が増す。その結果、環境汚染や環境破壊は改善される。このように経済発展と環境との長期的な関係には逆U字型の曲線、すなわち「環境クズネッツ曲線」が観察されるという主張は、計量分析に裏打ちされた科学的な主張のように見える。しかし、この「環境クズネッツ曲線」の分析の背後には、経済発展や技術進歩が促進されれば、環境問題は次第に解消され得るという経済成長や科学技術の進歩に対する楽観的な信頼がある。途上国の環境問題を特集した1992年の世銀の『世界開発報告書』にもられた分析結果のトーンは、途上国の環境問題の原因は基本的には途上国の貧困にあり、途上国の貧困が改善されれば環境問題も解決されるだろうという示唆があった。すなわち、途上国の経済発展と環境保全とは「二律背反」の関係になく、途上国は「持続可能な発展」(Sustainable Development) を実現することは可能であるというメッセージが秘められていた。[63]

しかしこの「環境クズネッツ曲線」(EKC) の妥当性については、主に「エコロジー経済学」の視点から多くの反論が展開された。「エコロジー経済学」については後述するが、代表的なエコロジー経済学者の1人であるH・デイリー (Herman Daly) は、1992年世銀で『開発報告書』が作成された時環境エコノミストとして世銀で働いていた。H・デイリーは、この報告書の基本的なアプローチに批判的であった。[64] 以下ここではエコロジー経済学者の見解を中心に「環境クズネッツ曲線」(EKC) に対する反対論の主な内容を見ていこう。その契機となったのは、ノーベル経済賞を受賞したK・アロウ (Kenneth Arrow) を含む11人の経済学者・生態学者・科学者達の連名による反対論の表明である。彼らは「環境クズネッツ曲線」(EKC) を肯定的に解釈する論議は、環境の「許容能力」(carrying capacity) を無視しており是認できないとする見解を科学雑誌「Science」(1995年) に発表した。[65] この小論文の中でアロウ等は、「環境クズネッツ曲線」の論議は、第1に、二酸化硫黄や浮遊粒子等の地域限定的な短期の環境汚染だけに逆U字型曲線が観察されているだけであり、二酸化炭素汚染等の広域的に堆積して被害を及ぼす環境汚染について逆U字型曲線は観察されていないと主張する。第2に、

「環境クズネッツ曲線」は汚染物質の排出量のみを問題にしているが、土壌劣化、森林破壊、湖沼の汚染、乱開発による里山破壊、アメニティーの喪失等の環境資源の不可逆的な喪失や破壊を考慮していない。第3に、経済システム全体に及ぼす影響を分析していない。例えば1つの汚染物質の減少は、他の汚染物質の排出量の増大を誘発することもあり、産業の海外立地移転により一国の環境汚染の減少は他国の環境汚染の増大の原因ともなる。第4に、環境汚染の被害は貧困層に過大の負担を招き、世代間でも不公平な負担をもたらす。更に「環境クズネッツ曲線」は、環境問題は究極的には持続的な経済成長によって解決可能であるという楽観的な成長神話の温床となり、発展途上国は経済発展の初期段階では環境破壊を耐え忍び、「まず経済成長、後に公害処理」という暗黙の政策命題を是認することに繋がるという危惧を表明した。

アロウ等は更に人間の経済活動は生態系システムの枠組みの中で展開されるべきものであり、生態系のシステムの「許容能力」を超えた経済成長は生態系の不可逆的な破壊をもたらすと考える。従って経済発展の初期の段階にある発展途上国も生態系を破壊した経済成長は、長期的には途上国の人間生活の実質的な福祉の低下をもたらすことになる。環境資源は有限であり、無限に持続する経済成長はあり得ないという趣旨の主張を展開した。

このアロウ等の小論文を受けてエコロジー経済学の国際的な学会誌「Ecological Economics」は、1995年及び1998年に「経済成長と環境」「環境クズネッツ曲線」に関連した特集号を出版した。そこには「環境クズネッツ曲線」に批判的な多数の論文が掲載されている。1995号の「Ecological Economics」誌にはアロウ論文に同調する多数の小論文が掲載されており、特にチリの学者マックス・ニーフ（M.Max-Neef）の主張、すなわち「環境クズネッツ曲線は途上国の略奪的環境資源の乱開発を助長する」という主張、「地球温暖化の原因となる二酸化炭素等の温室効果ガス及びオゾン層の破壊をもたらすフロン排出にはU字型曲線は当て嵌まらない」というI・ミンツァーの指摘、「ハンバーガー連鎖による中南米諸国の熱帯雨林の破壊、アメリカの貿易政

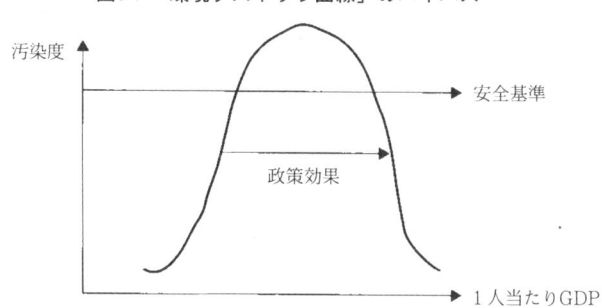

図5：「環境クズネッツ曲線」のバイパス

資料：Mohan Munasinghe, "Making economic growth more sustainable." Ecological Economics, Vol.15, 1995, pp.121-124.

策の結果フィリピンの熱帯雨林の乱伐と土壌劣化」等先進国の貿易政策や貿易のグローバル化が途上国の環境破壊をもたらすというN・マイヤーの懸念等は注目に値しよう[66]。また途上国の経済学者ムナシンゲ（M.Munasinghe）は、途上国政府が実施する経済成長指向型の経済自由化政策は、環境保全政策と平行して実施すれば環境破壊をもたらさないし、途上国政府は「環境クズネッツ曲線」をバイパスする環境政策を実施すべきであると主張する[67]。図5はムナシンゲが使用した図を簡略化した図であるが、図が示すように、熱帯雨林の乱伐も資源保全費用を内部化すれば森林破壊を阻止することが可能である。途上国は先進国の「環境クズネッツ曲線」（図4）を反面教師として学び、政策的にバイパスする可能性があることを示唆している。

1998号の「Ecological Economics」誌には、「環境クズネッツ曲線」を実証的に検定しようとする研究論文が多数掲載されている。ここでこれらの論文の内容の詳細を紹介すると煩雑になるので避けるが、これら論文の趣旨は以下のように要約できよう。第1に、しばしば指摘してきたように逆U字型の「環境クズネッツ曲線」は二酸化硫黄・浮遊粒子等の限られた地域の大気汚染や河川の汚染に顕著に観察され、これら環境汚染は比較的容易に制御が可能である。第2に、1人当たり所得と汚染物質の排出量との重回帰分析による分析は、生態系の許容能力（carrying capacity）や負荷能力を考慮して

いない。不可逆的な環境破壊が経済成長指向型の乱開発の結果である可能性を無視している。第3に、逆U字型曲線はごく限られた環境汚染だけに認められるにすぎない。第4に、単一の回帰方程式による分析は産業構造の変化、技術変化、エネルギー消費、環境規制等の内生的・外生的要因と環境汚染の因果関係を説明することは出来ない。しがって、「環境クズネッツ曲線」は適用範囲が非常に限られた仮設にしか過ぎない[68]。以上のように「環境クズネッツ曲線」は限定的な有効性を仮説にすぎないという見解は、エコロジー経済学者達に共通した一般的な見解であると言ってよいであろう[69]。

しかし新古典派経済学に依拠する主流派環境経済学者達は、これらエコロジー経済学者達の見解を無視するか軽視する傾向が強い。1998年の「Ecological Economics」誌の「環境クズネッツ曲線」特集号以降も彼等は「環境クズネッツ曲線」の実証研究に多大な関心を示している。ヒルトン（H.Hilton）とレビンソン（A.Levinson）(1998年) は自動車の排気ガスに含まれる鉛は逆U字型曲線を示すことを確認している[70]。ヘティッジ（H.Hettige）等の世銀のエコノミスト達は工場排水による水質汚染に関しては逆U字型曲線は検証されず、1人当たりGDPが上昇するにつれて水質汚染は或る一定の水準まで不断に悪化し続けるという研究結果を発表している[71]。その他の実証研究でも所得の上昇と環境汚染との間に逆U字型曲線を観察されないという結果が発表されている[72]。しかし世銀の他のエコノミスト達は「環境クズネッツ曲線」の存在を肯定するレポートを発表している[73]。このようにエコロジー経済学に批判的な経済学者達の間でも「環境クズネッツ曲線」肯定論・否定論まちまちであり、今後も「環境クズネッツ曲線」についての論争は続くであろう。

7.3 東アジア・東南アジアの環境問題

アジアの発展途上国の環境問題は種々様々である。短期間の間に工業が急成長を遂げ「圧縮型の経済成長」を遂げた韓国や台湾の産業公害問題がある一方、同じ新興工業国（NIEs）でもシンガポールや香港はサービス産業の

ウエイトが高く産業公害は韓国や台湾ほど深刻な社会問題とはならなかった。しかし東南アジア諸国では急激な工業化による産業公害と都市化の進展による複合環境汚染が深刻となっている。特にフィリピンの首都マニラの都市環境汚染は深刻で、自動車・ジプニー・バスの排気ガスによる大気汚染、生活用水や工場排水による都市近郊を流れるパッシグ川の水質汚染、マニラ市の悪名高きゴミ堆積場（スモーキー・マウンテン）の悪臭、都市スラムの不衛生なアメニティー等の環境問題が山積している。フィリピンの山村では急傾斜地の森林の過剰伐採による土砂崩れが多発している。マニラと同じような環境汚染がタイのバンコク、インドネシアのジャカルタ、インドのムンバイやカルカッタ等のアジア諸国の主要都市に観察されている。インド・パキスタン・バングラデシュの農村地域では薪炭用に森林や木々が伐採され森林破壊が進んでいる。フィリピン・インドネシア・マレーシア等の東南アジアの熱帯雨林も過剰な商業伐採や不法伐採および森林の農地転用等によって急速に消失しつつある。特に中国の環境問題は深刻で、急速な工業開発と都市化、エネルギー源としての石炭の大量消費による大気汚染、自動車の急速な普及による排気ガス汚染、過剰耕作や過放牧による土壌劣化や砂漠化等様々な環境問題が顕在化している。しかし残念ながらアジア諸国の環境問題を総括的に分析した研究は多くはない。以下ここではアジアの途上国の特徴的な環境問題を限られた文献に依拠しつつ概観することにする。

（1）資源集約的経済発展と環境破壊

　歴史家C・ポンティングによると人類の文明の歴史は環境破壊の歴史である。すなわち人類の文明史以前の歴史約200万年の期間人類はそのほとんどを地球の資源と共生した狩猟採取生活を送ってきた。しかし人類が2000－3000年前に農耕定住社会に移行するにつれて人類の環境破壊が始まった。森林は伐採され農耕地に転用され、伐採された森林資源は建築用材や薪炭として活用された。世界の大河流域に形成された古代文明は膨大な奴隷人口を動員して大規模灌漑事業を行い、周辺の森林資源を更に侵食して「専制国家」を

形成した。[74] 人類の地球環境の破壊は工業文明の形成によって更に加速する。西欧社会の工業化は、18世紀後半のイギリスに勃発した産業革命を契機に西欧社会を中心に急速に発展し、世界経済システムとして地球上の全土に普及する。この西欧の工業文明は、大量の鉱物資源と化石燃料を消費し、大量の廃棄物を排出し産業公害を市場の外部に放出することになる。工業の比重が重化学工業に移行するにつれて産業公害が先進工業国で深刻化する。人口が都市に集中した結果、環境負荷が増大し、自動車の普及は大気汚染をもたらし、人々の都市生活環境（アメニティー）は劣化することになる。このような環境の複合汚染は西欧工業化社会の負の代償であるとポンティングは指摘する。[75]

発展途上国の多くはこれら西欧工業国の植民地となり、工業化された西欧社会に対する食糧及び鉱物資源の供給基地となり、先進工業国製品の消費地となった。その結果途上国の自然資源は略奪的に開発され環境破壊が途上国に蔓延する。第2次大戦後独立した途上国の多くは、経済発展するため一次産品を先進工業国に輸出するモノカルチャー経済を形成する。1995年現在これら途上国の一次産品の輸出に占める割合が70％を越える国は中近東以外では、アルジェリア（98％）、アルゼンチン（73％）、ボリビア（87％）、カメルーン（97％）、中央アフリカ（93％）、チリ（89％）、コロンビア（75％）、コスタリカ（72％）、エクアドル（95％）、ガーナ（93％）、ホンジュラス（93％）、ケニア（75％）、モザンビーク（95％）、ニカラグア（82％）、パラグアイ（91％）、ペルー（87％）、トリニダード・トバゴ（70％）、ウルグアイ（71％）、ベネズエラ（88％）、ザンビア（95％）、ジンバブエ（78％）等の国々である。これらの途上国は再生不能の枯渇資源である鉱物資源や化石燃料の輸出国であるか、或いは再生可能な森林資源や農作物の輸出国である。これら多くの国では政府の過度の自然資源の開発政策によって環境および自然資源が危機に瀕している国でもある。[76]

これら発展途上国の天然資源及び環境資源は、政府の輸出促進政策によってその破壊が更に進んでいる。その代表的な事例は、バナナ共和国と揶揄さ

第 7 章　開発と環境政策

れる中南米諸国のプランテーション農業及び牧畜業の過放牧による熱帯雨林資源の減少（所謂「ハンバーガー・コネクション」）、ブラジルの大規模な大豆農園・牧畜業によるアマゾンの熱帯雨林の伐採、タイの対欧州連合向け輸出用に急成長したカサバ農園による森林資源の伐採、東南アジアの対日本輸出用のエビ養殖事業によるマングローブ林の伐採、フィリピン・マレーシア・インドネシア丸太・合板輸出のための熱帯雨林の伐採等がこれらの代表的な事例であろう。

　東南アジアのエビ養殖産業の主な輸出市場は日本である。日本では年間約3,000億円相当のエビを海外から主に東南アジア諸国から毎年輸入している。それまでアジアのエビ養殖産業の中心であった台湾のエビ養殖産業が1987年過剰養殖のため生じた水質汚染の結果、壊滅的な打撃を被った。それ以降アジアのエビ養殖産業の中心地は沿岸のエビ養殖の適地に恵まれたタイ・インドネシア・フィリピン等の東南アジアに移行することになる。タイのエビ養殖場は1980年の3,600養殖農家から1995年には2万6,000養殖農家に拡大する。1990年代タイの養殖エビの輸出額は10億ドルの水準に達しタイの主要な輸出産業に成長する。当初タイのエビ養殖場はバンコク南部のタイ湾の沿岸地域に集中していたが、次第にこれら地域の海水汚染が進みタイ南部およびアンダマン海沿岸地域に養殖場が分散立地することになる。エビの養殖には河川の河口地域のマングローブが群生する淡水と海水が混合する地域が適している。エビ養殖場が増大するにつれてタイの貴重な海洋資源の源となるこれらマングローブ林が伐採された。その結果タイ沿岸のマングローブ林は1993年には1960年代の36万ヘクタールから約半分の17万ヘクタールに減少したといわれている。1991年タイ政府は漁業法によってマングローブの伐採を一時禁止するが、農業省は1996年タイのエビ養殖業を活性化するためこの禁止処置を解除する政策を打ち出している。

　人類による組織的な破壊が始まる前には、地球の陸地面積の約43パーセントは森林によって覆われ、その5割強が熱帯雨林であったと推計されている。しかし商業伐採及び不法伐採、焼き畑、プランテーション農園、森林火災、

297

ダム建設、農地或いは放牧地に転用等によって20世紀後半熱帯雨林の破壊が加速し、1960－90年の30年間に熱帯雨林の20パーセントが消失したといわれている。1980年代の後半熱帯雨林の破壊速度は年率1.8パーセント（年間1,420万ヘクタール、日本の国土面積の約37パーセント）に達している。[81] 地球上には三大熱帯と呼ばれる3つの熱帯雨林のブロックが存在している。最も広大な熱帯雨林はアマゾン川流域でその面積は400万平方キロ（日本の国土面積の約10.5倍）に及ぶ。第二のブロックは東南アジアの熱帯雨林地域で250万平方キロ（日本の国土の6.6倍）の熱帯雨林を擁し、その中心はインドネシアのボルネオ島、スマトラ島等のマレー諸島で、大陸部ではマレー半島からミャンマー、タイなどのインドシナ半島が含まれる。最後はアフリカ大陸のブロックで、サハラ砂漠以南の中央アフリカから西アフリカ、コンゴ川流域からウガンダにいたる地域と、大西洋に面したギニア湾岸地域で180万平方キロ（日本の国土の4.7倍）に達する。[82]

　戦後日本は経済成長の過程で輸入木材に極度に依存することになり、その結果近年日本の木材の自給率は2割程度に留まっている。主たる木材産出地域は東南アジア、北米、極東ロシアであり、それぞれ輸入される木材は、南洋財、米材、北洋材と呼ばれる。南洋材は、インドネシア、マレーシア、フィリピン、パプア・ニューギニア、ブルネイ、ソロモン諸島から輸入される丸太の総称である。日本の南洋材輸入は1973年にピークに達し、約2,500万立方メートルを輸入した。輸入相手としては1950代後半から1970年代初頭までフィリピン、1970年代から1980年代初頭までインドネシア、1970年代後半から1980年代にはマレーシア・サバ州、1980年代後半からマレーシア・サラワク州からの南洋材の輸入の比重が高かった。これら東南アジア諸国では南洋材の丸太輸出による伐採の結果熱帯雨林が急激に減少し、政府は種々の丸太輸出規制・禁止政策を実施する。例えば、フィリピン政府は1977年木材加工施設を持つ伐採権所有者のみに許可伐採量の25％の枠内の輸出許可制度を実施した。1986年造林木材を除くラワン材の丸太輸出を禁止し、1989年保税区域内での木材加工品を除き製材輸出禁止し、1993年人工林加工木材を除く

製材の輸出禁止政策を実施する。インドネシア政府は、1974年伐採権保有者をインドネシア国籍保有者に限定し、1978年原木輸出税を20％に引き上げ、1980年輸出許可制度実施し、1985年丸太輸出全面禁止し、1989年に年間伐採量を3,150万立方メートルに限定した。しかし1992年丸太禁輸を解除し、それに替って高額な輸出税政策（実質的な禁輸）を実施するが、1998年IMF合意により輸出税を30％に減額する。マレーシア・サバ州政府は、1976年輸出許可枠を設定、1978年低級丸太の輸出禁止、1979年木材ロイヤリティーの引き上げ、1986年森林伐採ライセンスの新規発給停止、1993年丸太輸出の全面禁止、木材製品輸出税の大幅引き上げ、1996年年間200万立方メートルを上限に丸太輸出再開措置をとる。マレーシア・サラワク州政府だけが比較的自由な伐採・輸出政策をとってきている。[83]

このように東南アジアの主要な南洋材の輸出国は、丸太輸出を禁止・制限し、付加価値の高い木材製品の輸出のみを認め自国の熱帯雨林資源を保全する政策を実施してきた。しかし東南アジアの森林資源は過去10年間（1990－2000年）年平均で、インドネシア1.2％、フィリピン1.4％、マレーシア1.2％、タイ0.7％、カンボジア0.6％、ラオス0.4％の比率で毎年減少していると推計されている。近年（1995－2004年）日本はこれら東南アジア諸国から主要な南洋材製品である合板を年平均413万立方メートル輸入している。[84]したがってこれら東南アジア諸国が森林資源保全政策を実施しない限り、日本の南洋材の輸入はこれら諸国の森林資源の減少に拍車をかけることになると危惧される。

東南アジア、特にマレーシア及びインドネシアの森林資源消失のもう１つの原因は両国におけるアブラヤシ油農園の急激な拡大がある。アブラヤシは大豆と並ぶ油糧作物の一種であり、果房から搾油されるパーム油の生産と輸出でマレーシアとインドネシアは世界市場で80％以上の占拠率を誇る。特にマレーシアでは1970年代の前半錫・ゴム・南洋材の輸出が総輸出額の80％以上を占めていたが、1990年代石油・パーム油・南洋材の輸出が全体の輸出の80％を占めるようになる。[85]両国では1970－90年代にアブラヤシの植栽が進み、

マレーシアでは栽培面積が29万ヘクタールから331万ヘクタールと11.4倍に拡大した。インドネシアもアブラヤシ油の栽培面積が13万ヘクタールから296万ヘクタールと22.7倍に拡大した。2001年現在マレーシアのパーム油の産出量1,188万トン、インドネシア795万トン、この両国だけで世界全体の産出量の82％を占め、これら両国の輸出量が世界市場の87％を占めている。パーム油生産には品質保持のため収穫後1日で搾油できるよう工場が農園に隣接すること、また農園の規模も工場の稼働率を高めるため一定規模以上の農園が必要となる。マレーシアでは上位10社で農園面積全体の45％、パーム油精製量では16社で75％をしめ、インドネシアでは10社が農園の30％、5社で精製の60％を占めるという寡占状態になっている。このように大規模なアブラヤシ農園の拡大は熱帯森林の伐採を伴い、生物多様性の消失をもたらすと危惧されている。[86] 東南アジアの熱帯雨林の消失問題については後述する。

（2）都市化・圧縮型工業化による環境汚染

都市化・圧縮型工業化がもたらした環境汚染の典型例は韓国であろう。韓国経済は1960年代以降経済成長至上主義政策を実施し、特に70年代以降政府の政策により重化学工業が急速に発展した。政府がとった重化学工業促進政策の1つが朝鮮半島南部沿岸地域に主に建設された工業団地である。蔚山（ウルサン）工業団地は1962年政府の重化学工業育成政策の一環として最初に建設された工業団地である。蔚山はそれ以前韓国有数の漁場であったが、現在では蔚山工場団地に建設された523工場（1995年現在）、隣接する温山工業団地に立地する97工場が排出する工場排水によって周辺海域が汚染され漁業が壊滅的な打撃を被った。蔚山湾の海水汚染度は、アメリカ環境保護庁の海洋金属濃度基準のカドミウム2,000倍、鉛3,000倍、亜鉛400倍の水準に達したといわれている。蔚山市は当初8万人程度の地方の小都市であったが、1995年現在100万人規模の大都市に成長している。しかし蔚山・温山工業団地に立地する工場によって排出される煤煙による亜硫酸ガス（SOx）、自動車の排気ガスによる二酸化窒素（NO2）による大気汚染が深刻化し、「温山

病」といわれる公害病患者が多数発生した。この間韓国の都市化が急速に進展し、1944年都市人口比率は13％であったが、1990年代の前半75％を超える人口の都市集中、特に首都圏の人口集中が進んだ。

　韓国政府は、蔚山工業団地に象徴される産業公害に対する政策として、1963年公害防止法、1977年環境保全法・海洋汚染防止法を制定する。しかし1963年の公害防止法は大阪市条例（1960年）をモデルとした法律であるといわれ、総量規制もない不十分は法律であった。しかし1977年の環境保全法は、環境基準の設定、環境影響評価制度の導入、汚染度の常時測定、環境汚染原因者費用負担原則の制定等が織り込まれた包括的な法律であった。1980年環境庁が設立され、この環境庁は1994年環境部（日本の省に相当）に昇格する。1990年環境保全法に替わって環境政策基本法が制定され、環境汚染被害紛争調整法、大気環境保全法、水質環境保全法などの個別法が整備され、1990年代前半には種々の環境賦課金制度が制定され韓国における公害・環境法制度が整備された。[87]

　韓国と並んで「圧縮型工業化」によって急成長を遂げた台湾は、重化学工業の発展を優先した。社会資本の形成でも生活基盤より産業基盤が優先され、1987年「台湾地区戒厳令」が解除されるまで国民党政権による独裁政権によって国民の環境保全に対する民主的要求は抑圧されていた。この過程で工場排水・生活排水によって河川の水質汚染、工場の煤煙・自動車の排気ガスによる大気汚染、土壌のカドミウム汚染、自然生態系の破壊が進んだとされる。[88]

　タイは1950年代から農作物加工工業（アグロ・インダススリー）を中心とした工業化を促進した。1959年「国家経済開発庁」（NESDB）が設立され、1960年新産業奨励法が制定され1960年代後半から経済社会５ケ年計画が実施されるようになる。1970年代以降バンコク首都圏周辺地区を中心に50ケ所以上の工業団地・輸出加工区が建設された。特にバンコク南部の「東部臨海団地」は大規模な工業団地であり、タイ湾の沿岸から採掘される天然ガスを原料及び燃料とする石油化学工業団地である。このタイ政府の工業開発政策の結果バンコク首都圏及び地方工業都市では工場からの排煙および自動車排気

ガスによる窒素酸化物（NOx）、硫黄酸化物（SOx）、一酸化炭素（CO）等の大気汚染，首都圏を流れるチャオプラヤ川を含む主要な河川の水質汚染が進行した。タイ経済の工業化とともに人口の都市集中が進み、特にバンコク首都圏への人口集中が顕著となり、自動車排気ガスによる首都圏の大気汚染を深刻化させた。バンコクの自動車の登録台数は1993年2,700万台を越え、このうち40％以上がオートバイによって占められ、首都圏の交通渋滞の原因ともなっている。

　タイの輸出産業としての農作物加工工業（アグロ・インダストリー）の代表としてカサバ・養鶏産業等の発展は、森林の伐採による森林地帯の農地転用を招き、1990年代後半タイの森林面積は1960年代の半分以下の26％の水準に減少している。タイ経済の発展とともに地域の所得格差が拡大し、タイ東北部の貧困地域では薪炭用の森林伐採による森林資源の減少に拍車をかけている。また前述したようにタイ沿岸地域に急激に拡大したエビ養殖場は、マングローブ林の消失につながっている。タイ政府は深刻化する環境問題に対処するため1974年憲法で自然の保全及び汚染防止の規定がもうけられ、国家環境保護法が制定され国家環境委員会が設立された。1992年には国家環境保護法が全面改正され、環境基準の規制が強化され一定規模以上の開発に対する環境影響評価が義務づけられた。しかしこの間石炭火力発電所建設・天然ガス・パイプライン建設プロジェクトに対する環境NGOや地域住民の反対運動が増加している。[89]

　フィリピンは東南アジア諸国のうち最も環境破壊と汚染が進んだ国であろう。フィリピンは今世紀初頭陸地面積の90％以上が森林によって覆われていたが、腐敗と癒着が蔓延したマルコス大統領政権下（1965–86年）森林の商業伐採および違法伐採が加速され森林面積が急速に減少した。アジア開発銀行はフィリピンの2004年現在の森林面積は5％以下であろうと推計している。[90]魚類の生息地であるマングローブ林も80％以上が今世紀中に消失したといわれている。更に工業の発展とともに過去10年間年率5.4％の伸び率で都市人口が増大し、フィリピンは東南アジア諸国で最も都市化が進んだ国となる。

2004年現在総人口8,000万人のうち60％が都市部に居住している。特にマニラ首都圏、セブ及びダバオの都市人口が増大し、これら都市人口の35％がスラム地域に居住し都市部の生活環境が悪化した。これら都市人口の400万人前後は上下水道もない劣悪な生活環境にある。マニラ首都圏では1日当たり6,700トンの廃棄物が放出され、このうち10％前後がリサイクルされ、その多くはゴミ捨て場に堆積し異臭の原因となる。廃棄物の多くは首都圏を流れるパッシグ川に違法投棄され河川の水質汚染を招き、また一部は焼却され大気汚染の原因となっている。また都市近郊の火力発電所から排出する煤煙に含まれる有害物質が都市部の大気汚染の大きな原因となっている（浮遊粒子23％、二酸化硫黄18％、一酸化炭素23％、酸化窒素35％）。フィリピンの都市部の大気汚染の大きな原因は、大量輸送手段の未発達によって異常に膨れ上がった自動車・ジプニー・バスの排気ガスによる大気汚染であり、マニラ首都圏の空は常時スモッグに覆われ大気汚染は深刻化している。フィリピン政府は1970年代以降各種の環境保全立法を制定しているが、政府の環境保全行政の中核を担う環境・自然資源省（DENR）の年間予算は国家予算の1％以下であり、開発援助資金にその多くを依存している。

　マレーシアは1952年イギリスの植民地支配から独立以降一次産品輸出国として成長した。1960年代マレーシアの全輸出の80％を天然ゴムと錫が占めていた。1970－80年代にはこれら1次産品に原油、パーム油、木材、液化天然ガスが加わった。しかし1969年のマレー人と華人との人種対立を契機に発生した人種暴動に対処するため、マレーシア政府は「新経済政策（NEP）」を採用しブミプトラ（土着の民）優先政策を実施する。1970年代にはブミプトラに工業部門の雇用機会を提供するため、投資奨励法（1968年）、自由貿易地域法（FTZ、1971年）、保税工場制度（1972年）を制定し、外資依存の輸出志向型産業政策を実施しマレーシア半島で急速に工業化が進展する。その結果1980年代の後半以降製造業の対GDP比率が上昇し、1996年には半導体・電子部品等の工業製品の輸出は全輸出の80％を超える水準に達する。[91]

　1980年代以降のマレー半島の工業化の進展の結果、プライス工業団地をは

じめとする数多くの工業団地に工場の集積が進み産業公害が顕著となる。自動車、火力発電所、工場から排出される窒素酸化物、一酸化炭素、硫黄酸化物、浮遊粒子等による大気汚染が社会問題化する。それとともに、三菱化成等の外資系子会社の産業公害が公害輸出として非難されるようになる。マレーシア政府は1974年環境質法を制定し、1988年以降環境影響評価命令を実施し、企業の公害規制を強化する。[92]

インドネシアは、1966年スカルノ大統領から権限を委譲され、1998年5月アジア通貨危機を契機に発生した社会・政治不安の中で大統領職を辞任するまで長期間スハルト大統領が独裁体制下で絶大な権限を行使した。従ってインドネシア経済の成功と失敗の多くはスハルト開発独裁体制の本質に起因している。インドネシアの環境問題は熱帯雨林を抜きに論じられない。

インドネシアでは1970年代の後半以降企業が排出する未処理工業用水や産業廃棄物汚染による地域住民の被害が続発する。インドネシア政府は1982年環境基本法を制定し、翌83年人口・環境大臣を任命し、86年環境影響評価（AMDAL）に関する政令を制定し環境評価を義務づけた。89年には悪化する河川の水質汚染に対処するため「河川浄化計画法」（Prokasih）を制定し、1990年環境基準及び規制の実施機関として環境影響管理庁（BAPEDAL）を設置する。2002年この環境影響管理庁は環境省に統合される。しかし1980－90年代インドネシアの環境行政能力は不十分で産業公害紛争が多発する。

筆者がアジア開発銀行在職中直接担当した審査対象プロジェクトに、スマトラ島のリアウ州ペカンバルにある華人系企業（PT.Indah Kiat）所属の子会社が計画した人工造林プロジェクトがある。この人工造林プロジェクトは木材チップを化学処理して紙パルプを製造する親会社にチップ用木材を供給することを目的とした造林プロジェクトである。アジ銀の環境問題・パルプ工場の専門家を含む審査チームは数回現地を調査したが、審査チームは最終的に融資を断念した。その理由は、親会社の紙パルプ工場の公害防止設備が不十分であったこと、また皆伐採（clear cutting）を前提とする造林事業が生物多様性を破壊すると判断したためである。[93] 同じような理由でインドネシ

アの大手華人企業（PT.Kayu Lapis）が計画したイリヤンジャヤの合板プロジェクト（筆者審査担当）の融資もアジ銀は融資を断念した。合板プロジェクト自体は環境上問題なかったが、合板用材の伐採方法・資源保全管理に問題があった。

インドネシアの製造業の工場は、その多くがジャカルタ等の大都市近郊の工業団地に立地し、古紙を化学処理する製紙工場、騒音上問題がある電炉メーカー、衛生管理上問題がある食品加工工場等国際的な環境基準に達しない企業が散見された。このため世銀・アジア銀等の開発援助機関はインドネシア政府の環境行政能力の強化のため資金・技術援助を積極的に行ってきた。しかし近年インドネシアの環境NGOの活動が活発化し、援助機関が融資したプロジェクトに対する地域住民の苦情処理が問題となってきている。その代表例が海外経済協力基金（OECF：現在の国際協力銀行：JBIC）が融資したスマトラ島のコトパンジャン・ダム建設プロジェクトがある。このプロジェクトに対する地域住民の苦情は、ダム建設のため移住が必要になった地域住民に対する政府の補償問題、絶滅危惧動物の保護、生物多様性の保全等の環境保全に直接・間接的に関係する問題であった。[94]

中国は1978年から実施された「改革開放」経済政策の結果、1980年代以降沿岸に選定された経済特区の開発地域で展開された輸出志向型軽工業の発展、農村地域の郷鎮企業の発展等を起爆剤として急成長を遂げてきている。しかし中国経済の構造的隘路としてしばしば、急増する人口、エネルギー需要の増大、食糧自給、沿岸地域と内陸部の地域格差、環境問題等が指摘されている。[95] 特に環境問題が深刻で、過去の歴代王朝が実施した万里の長城や治山・治水事業による自然破壊、環境汚染を受けやすい地理的条件と自然風土、拡大する農耕地と集約的農業、石炭依存型の重化学工業政策の実施等が中国の環境問題を悪化させたと考えられている。[96] アメリカの中国問題研究家は、「中国の環境破壊は、数世紀に及ぶ歴代王朝及び戦後の共産党指導者達の天然資源濫用型の経済建設の帰結であり、中国の環境問題は中央集権的な政治体制と不可分の関係にある…特に大躍進（1958－61年）及び文化大革命（1966－

76年）時代の環境破壊は深刻であった」と分析している。[97]

　中国の環境汚染や破壊は、地域によってその特性が異なる。先ず中国の東北地域は重化学工業による産業公害が問題とされる。遼寧省の瀋陽、撫順、鞍山、大連等の工業都市では、産業廃棄物の排出、石炭の煤煙による硫黄酸化物汚染が顕著である。山西省、新疆、内蒙等の北部・西北地方では砂漠化が深刻な問題となっている。砂漠化は過度の伐採、過放牧、過度の農耕、水資源の利用の失敗、砂丘の移動等がその原因とされる。[98]盆地地形を特長とする四川省の重慶市を中心とする内陸部では、石炭を燃料とする工場から排出される硫黄酸化物・窒素酸化物を原因物質とする酸性雨による環境汚染が顕著である。[99]江南・安寧・山東・江蘇省等の華中では紙パルプ工場や中小工場からの排水による水質汚染が深刻となった。特に長江の中流域地帯に建設中の大規模な山峡ダムは、100万人以上の住民移転、沈泥、土壌劣化、文化遺産の水没等環境保全上大きな課題を抱えている。[100]農村地域では郷鎮企業が排出する産業廃棄物汚染が問題になっている。

　これら中国に蔓延する環境汚染に対して、中国政府は1974年国務院に環境保護指導小組を設置し、1979年には環境法を制定した。1984年には国務院に環境保護委員会を設立し、88年には国家環境保護局が国務院直属の機関に昇格している。中国の環境政策は3つの環境政策と9つの環境管理制度によって特徴づけられれている。3つの環境政策とは、第1に、汚染の未然防止・既存汚染の除去を目的とする政策、第2に、汚染者責任制度、第3に、法的手段、行政手段、経済手段による環境管理政策であるとされる。9つの環境管理制度とは、①設計、建設、操業段階で公害を予防する「三同時」制度、②汚染物質排出費徴収制度、③環境影響評価制度、④目標責任制度、⑤定量審査制度、⑥汚染物資排出登記制度、⑦汚染源集中制御、⑧汚染処理制度、⑨企業環境保護審査制度であるとされる。[101]

表2：アジアの途上国の環境保全政策

（韓国）
- 1963年　公害防止法
- 1977年　環境保全法・海洋汚染防止法
- 1978年　自然保護憲章
- 1979年　亜硫酸ガス環境基準の設定
- 1982年　環境影響評価制度の実施
- 1983年　排出賦課金制度
- 1983年　二酸化窒素・一酸化炭素・オキシダント・浮遊物質・炭化水素の環境基準
- 1980年　環境庁設立（1994年環境部に昇格）
- 1990年　環境政策基本法・環境汚染被害紛争調整法・大気環境保全法・水質環境保全法　環境経済学会設立

（タイ）
- 1974年　国家環境保全向上法・国家環境委員会の設置
- 1981年　「環境に配慮した開発政策指針」閣議決定
- 1992年　国家環境増進促進法（環境アセスメント規定を含む）・工場法（工場の排出基準を設定）・有害物質法・環境政策計画庁・汚染規制庁・環境質促進庁の設置

（インドネシア）
- 1967年　林業基本法
- 1977年　河川浄化州法
- 1978年　環境担当国務大臣の任命・工場排水基準に関する知事命令
- 1981年　丸太輸出の段階的禁止・合板産業育成政策
- 1982年　環境管理法
- 1983年　環境水域法
- 1984年　産業法・丸太輸出の全面禁止
- 1985年　環境アセスメントに関する政令・漁業法
- 1990年　環境管理庁（BAPEDAL）の設置・生物資源・生態系保全法
- 1991年　排出基準に関する大臣指令
- 1992年　丸太輸出禁止の撤廃・高額丸太輸出税の導入・環境アセスメント規則
- 1993年　環境担当国務大臣の任命
- 1994年　環境管理庁・有害廃棄物管理規則

（フィリピン）
- 1977年　環境法（大統領令）
- 1984年　天然資源省・環境天然資源省に改組
- 1989年　「持続可能な開発戦略」閣議決定

（マレーシア）
　1974年　　環境質法（環境アセスメント制度の規定）
　1988年　　環境アセスメント規則の実施
（インド）
　1972年　　大気汚染防止法
　1975年　　水質汚染防止法
　1977年　　環境影響評価に関する行政命令
　1980年　　環境省設立・森林保全法
（中国）
　1974年　　国務院環境保護指導小組の設置
　1979年　　環境法制定
　1982年　　環境保護局
　1983年　　国務院環境保護委員会の設置・環境保護局の国家環境保護局に格上げ
　1988年　　国家環境保護局・国務院直属の組織となり環境行政組織の整備（国家局・省局・市局・県局・郷鎮・街道局）
　1992年　　三基本政策

おわりに

　以上ここでは、先ず先進国特にアメリカで台頭した環境保護思想、日本の産業公害問題と環境政策を概観し、近年盛んになった「環境クズネッツ論争」を詳細に紹介している。それに続いて東アジアおよび東南アジアが直面した環境問題を国別に解説している。ここでは、次章で取り上げる東南アジアの熱帯雨林保全問題、地球環境問題に関する南北対立等の、より専門的な途上国の環境問題を理解するうえで必要になるアジア途上国全体に共通する環境問題、政府の環境保全政策等を紹介した。

第7章 開発と環境政策

註
1. 都留重人著『公害の政治経済学』、岩波書店、1972年、112−117頁。
2. この時期にアメリカで進展した環境汚染に関しては、以下の文献に詳しい説明がある。
   William J.Baumol and Wallace E.Oates, *Economics, Environmental Policy and The Quality of Life*, Prentice-Hall, 1979, pp.9-70.
   アメリカにおける酸性雨の被害については、石弘之著『酸性雨』、岩波新書、1992年、119−141頁参照。
3. Carson, Rachel., *Silent Spring*, Houghton Mifflin, 1962, (邦訳) 青木梁一訳『沈黙の春』、新潮社、2001年。レイチェル・カーソンの生涯については2冊の伝記の邦訳書が出版されており、参照されたい。
   Paul Brooks, *The House of Life*, 1972, (邦訳) 上遠恵子訳『レイチェル・カーソン』、新潮社、2004年
   Linda Lear, *Rachel Carson, Witness For Nature*, 1997 (邦訳書)、上遠恵子訳『レイチェル』、東京書籍、2002年。
4. Collin, Robert., *The Environmental Protection Agency*, Greenwood Press, 2006, pp.1-72.
5. 岡島成行著『アメリカの環境保護運動』、岩波新書、147−148頁。
6. Boulding, Kenneth E., "The Economics of the Coming Spaceship Earth," in *Environmental Quality in a Growing Economy*, The Johns Hopkins University Press, 1966, reprinted in *Valuing the Earth*, ed., by Herman E.Daly and Kenneth N. Townsend, The MIT Press, 1993, pp.297-309.
7. Ehrlich, Paul R., *Population Bomb*, 1968.
8. Hardin, Garrett., The Tragedy of the Commons, *Science*, December 1968, reprinted in *Valuing the Earth*, ed., by Herman E. Daly and Kenneth N. Townsend, op.cit., pp. 3-21 and pp.169-211.
9. Mishan, E.J., *The Costs of Economic Growth*, Penguin Books, 1969.
10. Meadows, Donella H., Denis L.Meadows, Jorgen Randers and William W.Behrens, *The Limits To Growth : A Report for the Club of Rome's Project on the Predicament of Mankind*, Universe Books, 192 ; (邦訳) 大来佐武郎監訳『成長の限界』、ダイヤモンド社、1972年、73−138頁。
11. *Journal of Environmental Economics and Management*, Vol.1, No.1, May 1974. この学会誌は生態学、システム工学、遺伝子工学等を含む環境問題の

学際的研究誌として創刊されている。
12. De Steiger, J.E., *The Age of Environmentalism*, McGraw-Hill, 1997. （邦訳）新田功等訳『環境保護主義の時代』、多賀出版、2001年、11-13頁。 Nash, Roderic Frazier., *American Environmentalism*, McGraw-Hill,1990. （邦訳）松野弘監訳『アメリカの環境主義』、同友館、2004年、72-76頁。
13. 岡島成行著『アメリカの環境保護運動』、前掲書、85-95頁。シエラ・クラブの歴史及び現在の活動状況についての詳しい情報についてはシエラ・クラブのWebsite：www. Sierraclub.org. を参照のこと。
14. 丸山徳治著「倫理学と環境問題との出会い」、丸山徳治等編『応用倫理学講義』、岩波書店、2004年、12-17頁。
15. これら環境団体の活動の詳細についてはそれぞれの組織のWebsiteを参照のこと。www.aububon.org.；www.wilderness.org；www.nwf.org；www.greenpeaceusa.org；www.worldwildlifefund.org；www.nrdc.org；www.environmentaldefense.org；www.wri.org.
16. レスター・ブラウンはWorld Watch Institute を退職し、2001年5月別の研究所、Earth Policy Institute（www.earth-policy.org）を設立し、生態主義思想の啓蒙に努めている。レスター・ブラウンの最近の著作としては、Lester R.Brown, *Eco-Economy*；*Building an Economy for the Earth*, Earthscan Publications, 2001, *Plan B*：*Rescuing a Planet under Stress and a Civilization in Trouble*, W.W. Norton, 2003. それぞれ邦訳書が出版されている。
17. 庄司光・宮本憲一著『日本の公害』、岩波新書、1975年、24頁。
18. 足尾鉱毒事件と田中正造の活動に関しては以下の文献参照のこと。日向康著『田中正造を追う』、岩波書店、2003年。砂川幸雄著『直訴は必要だったか』、勉誠出版、2004年。
19. 淡路剛久著「環境法の形成」、阿部泰隆・淡路剛久編『環境法』、第3版、2004年、1-28頁。
20. 庄司光・宮本憲一著『恐るべき公害』、岩波新書、1964年は戦後の日本の公害研究の端緒となった。1950年代に始まった瀬戸内海汚染については、星野芳郎著『瀬戸内海汚染』、岩波新書、1972年、四日市の石油コンビナートの水質・大気汚染については、田尻宗昭著『四日市・死の海と闘う』、岩波新書、1972年に詳しい説明がある。
21. 庄司光・宮本憲一著、前掲書（1975年）、31-38頁。
22. 富山県の「イタイイタイ病」公害訴訟については、訴訟弁護団の弁護士が書

第7章　開発と環境政策

いた詳しい記録がる。松沢淳一著『イタイイタイ病の記憶：カドミウム中毒の過去・現在・未来』、桂書房、2002年、を参照のこと。
23. 松沢淳一著『イタイイタイ病』、前掲書、2002年、40－78頁、156－206頁。
24. 畑明朗著『イタイイタイ病』、実教出版、1994年、35頁。
25. 西村智朗著「四日市喘息訴訟と環境法の発展」、上野達彦・朴恵淑編著『環境：快適都市をめざして―四日市公害からの提言』、中央法規、2004年、104－123頁。
26. 鹿嶋洋著「四日市石油コンビナートの地域経済的影響と展望」、上野達彦・朴恵淑編著、前掲書（2004年）、82－103頁。
27. 原田正純著『水俣病』、岩波新書、1972年、2頁。熊本県水俣病に関しては原田正純氏の研究書をはじめ多数の参考文献が出版されているが、ここでは以下の文献を参照した。
    石牟礼道子全集、第2、第3巻『苦海浄土』、藤原書店、2004年
    池見哲司著『水俣病闘争の軌跡』、緑風出版、1996年
    栗原彬著『証言　水俣病』、岩波新書、2000年
    原田正純・花田昌宣『水俣学研究序説』、藤原書店、2004年
    原田正純編『水俣学講義』、日本評論社、2004年
    丸山徳次等編『応用倫理学講義　2　環境』、岩波書店、2004年
    宮澤信雄著『水俣病事件四十年』、葦書房、1997年。
28. 原田正純著「水俣病の歴史」、原田正純編著『水俣学講義』、前掲書、23－49頁。
29. チッソ株式会社の現状については、チッソ株式会社のホーム・ページ（chisso.co.jp）を参照のこと。
30. 由井常彦等編『近代日本経営史の基礎知識』、有斐閣、1997年、208－209頁。
31. 宇井淳著「チッソの企業体質と技術」、原田正純編著、前掲書、51－72頁。
32. 原田正純著「水俣病における認定制度の政治学」、原田正純・花田昌宣編『水俣学研究序説』、藤原書店、2004年、162－197頁。
33. 酒巻正章・花田昌宣著「水俣病被害補償にみる企業と国家の責任論」、原田正純・花田昌宣編、前掲書、272－312頁。
34. 堀田恭子著『新潟水俣病問題の受容と克服』、東信堂、2002年、54頁。
35. 堀田恭子著、前掲書、63－78頁。
36. 日本経済の重工業化と公害の歴史に関しては、以下の文献に詳しい説明がある。神岡浪子著『日本の公害史』、世界書院、1987年。

311

37. 神岡浪子著、前掲書（1987年）、164－168頁。
38. 宮本憲一著「日本」、日本環境会議編『アジア環境白書　1997/98』、東洋経済新報社、1997年、95－98頁。
39. 宮本憲一著、上記論文、95頁。
40. 木原啓吉著『歴史的環境』、岩波新書、1982年、50－58頁。環境経済・政策学会編『アメニティーと歴史・自然遺産』、東洋経済新報社、2000年、19－59頁。
41. 橋本道夫著『私史環境行政』、朝日新聞社、1988年。橋本道夫氏は大気保全局長の職を最後に1978年（昭和53年）に環境庁を退職するまで28年間環境行政の実務に従事した。この文献は橋本道夫氏の個人的な体験を記録したものであり、日本の環境行政の形成期に日本政府が直面した問題を理解する上で貴重な資料を提供している。
42. 三橋規宏著『環境経済入門』、日本経済新聞社、1998年、52頁。
43. 橋本道夫著、前掲書、165－203頁。
44. 松野裕・植田和弘著「公健法賦課金」、植田和弘・岡敏弘・新澤秀則編著『環境政策の経済学』、日本評論社、1997年、79－98頁。
45. 橋本道夫著、前掲書、324－334頁。
46. 環境省編、『平成17年度版環境白書』、2－5頁。
47. これら循環型社会を促進するために制定された各種のリサクル法の目的、内容及び政策手段については、環境省編『循環型社会白書平成17年度版』を参照のこと。
48. 地域の公害の実態及び当該自治体の環境政策については多数の調査研究がなされてきているが、川崎市の事例については以下の文献が参考になる。永井進・寺西俊一・除本理史編著『環境再生：川崎市から公害地域の再生を考える』、有斐閣、2002年。
49. 山口光恒著『地球環境問題と企業』、岩波書店、2000年、13－76頁。
50. 環境経済・政策学会編『環境経済・政策研究のフロンティア』、東洋経済新報社、1996年、21－27頁。
51. World Bank, *Operational Manual Statement* (OMS.No.2.36), May 1984.
52. Asian Development Bank, *Operational Manual, OM Section, No.3.03*, July 1981 ; *Guidelines for the Economic Analysis of Projects*, 1997.
アジ銀のプロジェクトの経済分析のガイドライン作成に際しては作業委員会が形成されて作業が行われた。筆者もこの委員会のメンバーとして参画した。
53. Wade, Robert., "Greening the Bank ; The Struggle over the Environment,

1970-1995," in *The World Bank, Its First Half Century*, ed., by Davish Kapure, John P. Lewis and Richard Webb, Brookings Institution Press, 1997, Vol.ll, pp.611-687.
54. このインドの「ナルマダ・ダムプロジェクト」の内容及びインド内外のNGO団体の反対運動については以下の文献に詳しい。Sanjeev Khagram, *Dams and Development ; Transnational Struggles for Water and Power*, Cornell University Press, 2004.
55. 「環境影響評価」(Environmental Impacts Assessment)について世銀は分野別の詳細なガイドラインを作成している。World Bank, Environment Department, *Environmental Assessment Sourcebook*, Vol. I , II , III ,1991.
56. World Bank, *World Development Report 1992, Development and the Environment*, Oxford University Press, May 1992.
57. Kuznets, Simon., "Economic Growth and Income Inequality," *The American Economic Review*, March 1955, pp.1-22.
58. 入江康子・小林由典・森田恒幸著「環境クズネッツ曲線を用いた低公害型経済発展の政策分析」、環境経済・政策学会編『経済発展と環境保全』、東洋経済新報社、2001年、114－130頁。
59. Hettige, Hemamala., Bobert E.B.Lucas and David Wheeler, "The Toxic Intensity of Industrial Production : Global Patterns, Trends and Trade Policy," *The American Economic Review*, May 1992, pp.478-481.
60. Seldon, Thomas M., and Daqing Song, "Environmental Quality and Development ; Is There a Kuznets Curve for Air Pollution Emissions？", *Journal of Environmental Economics and Management*, Vol. 27, 1994, pp.147-162.
61. Grossmann, Gene M., and Alan B.Krueger, "Economic Growth and The Environment," in the Quarterly Journal of Economics, May 1995, pp.353-377.
62. Shafik, Nemat., "Economic Development and Environmental Quality : An Econometric Analysis," *Oxford Economic Paper*, Vol.46, 1994, pp.757-773.
63. World Bank, *World Development Report*, op. cit., pp.25-43.
64. Daly, Herman, Beyond Growth ; *The Economics of Sustainable Development*, Beacon Press, 1996, pp.1-23.

65. Arrow, Kenneth., et al., "Economic growth, carrying capacity, and the environment," *Science*, Vol.268, 1995, pp.520-521 reprinted in *Ecological Economics*, Vol.15, 1995, pp.91-95.
66. *Ecological Economics*, Vol.15, 1995 ; Manfred Max-Neef, "Economic growth and quality of life : a threshold hypothesis," pp.115-118 ; Irving M.Mintzer, "Valuation problems and intergenerational equity issues complicate the management of global environmental risks," pp.119-120 ; Norman Myers, "Economics of the environment : a seismic shift in thinking," pp.125-128.
67. Mohan Munasinghe, "Making economic growth more sustainable," *Ecological Economics*, pp.121-124.
68. Rothman, Dale S., and Sander M. de Bruyn, "Probing into the environmental Kuznets curve hypothesis," *Ecological Economics*, Vol.25, 1998, pp.143-145。
69. de Bruyn, Sander., and Roebijn J.Heintz, "The environmetal Kuznets curve hypothesis," *Handbook of Environmental and Resource Economics*, ed., by Jeroen C.J.M. van den Bergh, Edgar Elgar, 1999,pp.656-677.
70. Hilton, F.G.Hank and Arik Levinson, "Factoring the Environmental Kuznets Curve : Evidence from Automotive Lead Emissions," in *Journal of Environmental Economics and Management*, Vol.35, 1998, pp.126-141.
71. Hettige, Hemamala., Muthukumara Mani and David Wheeler, "Industrial pollution in economic development : the environmental Kuznets curve revisited," in *Journal of Development Economics*, Vol. 62, 2000, pp.445-476.
72. Andreoni, James and Arik Levinson, "The simple analytics of the environmental Kuznets curve," in *Journal of Public Economics*, Vol.80, 2001, pp.269-286 ; William T.Harbaugh, Arik Levinson, and David Molloy Wilson, "Reexamining the Empirical Evidence for an Environmental Kuznets Curve," in *The Review of Economics and Statistics*, Vol. 84, 2002, pp. 541-551.
73. Dasgupta, Susmita, Benoit Laplannte, Hua Wang and David Wheeler, "Confronting the Environmental Kuznets Curve," in *Journal of Economic Perspectives*, Vol. 16, Winter 2002, pp.147-168.
74. 社会人類学者K・ビットフォーゲル（Karl Wittfogel）は黄河領域に形成された中国の古代文明は大規模灌漑設備に依存した「アジア型の専制国家」で

あると捉えている。
Karl Wittfogel, *Oriental Despotism*, Yale University Press, 1957. 参照。
75. Ponting, Clive., *A Green History of the World*, A.P.Watt., 1991, (邦訳) 石弘之・京都大学環境史研究会訳『緑の世界史』上、下巻、朝日新聞社、1994年、上巻、117-146頁、下巻、185-256頁。
76. Ascher, William., *Why Government Waste Natural Resources*；*Policy Failures in Developing Countries*, Johns Hopkins University Press, 1999；(邦訳) 佐藤仁訳『発展途上国の資源政治学』、東京大学出版会、2006年。
77. 狐崎知己著「中米」、水野一・西沢利栄編『ラテンアメリカの環境と開発』、新評論、1997年、178-202頁。
78. 堀坂浩太郎著「アマゾン」、前掲書、204-229頁。
79. 田坂敏雄著『熱帯林破壊と貧困化の経済学：タイ資本主義化の地域問題』、御茶の水書房、1991年147-230頁。
80. Huitric, Miriam., Carl Folke and Nils Kautsky, "Development and government policies of the shrimp Farming industry in Thailand in relation to mangrove ecosystems," *Ecological Economics*, Vol.40, 2002, pp.441-455.
81. 吉良竜夫著『森林の環境・森林と環境』、新思索社、2001年、148-49頁。
82. 湯本貴和著『熱帯雨林』、岩波新書、1999年、25-27頁。
83. 永田信・立花敏著『アジアの森林問題に対する日本の政策』、井上真編・財団法人地球環境戦略研究機関監修『アジアにおける森林の消失と保全』、中央法規、2003年、43-63頁。
84. 井上真著「森林消失問題への視座」、同上、27頁。林野庁編『森林・林業白書』、平成16年度版、153頁。
85. Vincent, Jeffrey., and Rozali Mohamed Ali, *Managing Natural Wealth*：*Environment and Development in Malaysia*, Institute of Southeast Asian Studies, 2005, page 17.
86. 杉本大三・岩佐和幸著「農業・食糧と環境」、日本環境会議編『アジア環境白書 2003・04』、東洋経済新報社、2003年、111-116頁。
87. 鄭徳秀・寺西俊一著「韓国」、日本環境会議編『アジア環境白書、1997・98』、東洋経済新報社、1997年、113-135頁。李秀撤著「韓国の環境賦課金制度」、環境経済・政策学会編『アジアの環境問題』、東洋経済新報社、1998年、250-264頁。
88. 陳禮俊・植田和弘著「台湾」、日本環境会議編『アジア環境白書1997/98』、同

上、244-264頁。寺尾忠能著「台湾：産業公害の政治経済学」、小島麗逸・藤崎成昭編『開発と環境：東アジアの経験』、アジア経済研究所、1993年、139-199頁。

89. 日本環境会議編『アジア環境白書：1997/98』、同上、139-163頁。『アジア環境白書：2001/01』、229-235頁。『アジア環境白書：2003/04』、275-281頁。吉田幹正著「タイ：産業政策と産業廃棄物対策」、小島麗逸・藤崎成昭編『開発と環境』第4巻、アジア経済研究所、1994年、47-83頁。タイ経済の動向については、以下の文献を参照のこと。

90. Boyce, James K., *The Political Economy of Growth and Impoverishment in the Marcos Era*, Ateneo de Manila University Press, 1993, pp.225-244. Asian Development Bank, *Country Environmental Analysis for the Republic of the Philippines*, September 2004, pp.6-7. フィリピンの戦後の森林資源の商業伐採・違法伐採及び政府の森林資源管理の失敗に歴史については、以下の文献に簡単な説明がある。永野善子・葉山アツコ・関良基著『フィリピンの環境とコミュニティー』、明石書店、2000年。関良基氏はルソン島北部の山村における森林資源の伐採と資源管理の問題をフィールド調査に基づいて詳細に分析している。関良基著『複雑対応系における熱帯林の再生』、御茶の水書房、2005年。

91. マレーシア経済の発展小史については、渡辺利雄編『アジア経済読本』、東洋経済新報社、1998年、147-170頁参照。

92. Vincent, Jeffrey., and Rozali Mohamed Ali, *Managing Natural Wealth ; Environment and Development in Malaysia*, RFF Press, 2005, pp.265-294；日本環境会議編『アジア環境白書』1997・98、東洋経済新報社、1997年、166-182頁。

93. アジア開発銀行プロジェクト審査レポート、1992年。

94. コトパンジャン・ダム建設の環境問題については、以下の文献に詳細な解説がある。鷲見一夫著『住民泣かせの援助』、明窓出版、平成16年。

95. 李志東著「中国の経済発展と環境保全」環境経済・政策学会編『経済発展と環境保全』、東洋経済新報社、2001年、216-229頁。

96. 小島麗逸著「大陸中国：環境学栄えて環境滅ぶ」、小島麗逸・藤崎成昭編『開発と環境：東アジアの経験』、アジア経済研究所、1993年、61-112頁。

97. Economy, Elizabeth., *The River Runs Black ; The Environmental Challenge to China's Future*, Cornell University Press, 2004（邦訳）片岡夏実訳

『中国環境レポート』、築地書館、2005年、30-60頁。
98. 古川賢著『砂漠化防止への挑戦』、中公新書、1998年、32-38頁。
99. 定方正毅著『中国で環境問題に取り組む』、岩波新書、2000年、35-54頁。
100. 藤村幸義著『中国の世紀：鍵にぎる山峡ダムと西部大開発』、中央経済社、平成13年、117-187頁。
101. 李志東著「中国の環境問題と環境保護システム」、環境経済・政策学会編『アジアの環境問題』、東洋経済新報社、1998年、213-227頁。中国の環境保護政策については、以下の文献に詳しい解説がある。李志東著『中国の環境保護システム』、東洋経済新報社、1999年。

第8章　東南アジアの熱帯雨林の破壊と消失

はじめに

　筆者はアジア開発銀行（以下「アジ銀」と略称）在職中の後半、インドネシアの民間企業に対する直接投融資プロジェクトの審査を担当していた。インドネシアは森林資源が豊富で民間企業の投資案件の多くは、合板工場・紙パルプ工場の建設等熱帯雨林を伐採するプロジェクトであった。これらのプロジェクトは収益性も高く、外貨獲得効果・雇用造出効果・地域経済波及効果等の経済便益も大きく一見投融資案件としては妥当なプロジェクトであると考えられた。これらのプロジェクトは投資金額が比較的大きく200億円を越える大規模プロジェクトで、その多くは華僑系の企業がスポンサーであった。これらのプロジェクトは資源立地型のプロジェクトで、インドネシアが比較優位性を持つ産業分野であり、インドネシア政府も熱帯雨林の付加価値を高める産業として重要視していた。またこれら多くのプロジェクトがアジ銀の審査基準である「内部収益率」の一定水準を越える優良プロジェクトであると判断された。しかしこれらのプロジェクトは熱帯雨林を伐採した樹木を原材料としており、熱帯雨林の保全上問題はないか懸念が持たれた。
　インドネシアの合板・紙パルプ関連企業はインドネシア政府の森林省から伐採権を所得し、森林省が定める「択伐ガイドライン」(selective cutting guidelines) に従って熱帯雨林を伐採する。このガイドラインは伐採業者に森林伐採後に人工植林することを義務づけていた。したがって企業がこのガイドラインを遵守すれば「持続可能な森林資源」の活用が可能となるはずであった。アジ銀は、当該企業がこのガイドラインを遵守して熱帯雨林を伐採しているかチェックするため国際的に権威のある2人の熱帯雨林の専門家に

第8章　東南アジアの熱帯雨林の破壊と消失

依頼して、詳細な調査を行った。アジ銀に提出された調査報告書は、この企業の森林伐採方法には問題があると判断した。

　1992年の国連環境会議（所謂「リオデジャネイロ地球サミット」会議）以降国際世論の熱帯雨林の保全に関する関心が非常に高まり、環境NGOの世銀やアジ銀に対する監視の目が厳しくなった。アジ銀の内部では甲論乙駁があったが、アジ銀は合板プロジェクト及び紙パルプ・プロジェクトに対する投融資を中止する決定を行った。後者のプロジェクトは紙パルプ工場の建設プロジェクトでなく、関連子会社の「人口造林」プロジェクトであったが、この子会社が劣化した森林の皆伐採を行い、単一の早成樹林「アカシアマンギウム」を大量に造林する結果、インドネシアの熱帯雨林が本来持つ「生物多様性」が損なわれるのではないかと危惧されたためである。これらのインドネシアの熱帯雨林関連の投融資プロジェクトの審査業務に従事して以来、筆者は発展途上国、特に東南アジア諸国の熱帯雨林の保全問題に関心を持つようになる。以下この章では、先ず最初に世界の森林資源の保全に関する国際世論の動向と、発展途上国、特に東南アジアの熱帯雨林の破壊・消失傾向について概観する。

8.1　地球環境問題と森林

（1）高まる国際世論

　地球の森林資源の保全問題に関する国際世論の関心は、1972年に開催された国連人間環境会議（ストックホルム会議）以降、環境NGOの活動を通して次第に高まっていった。1983年には熱帯木材の生産国及び消費国によって「国際木材協定」（1985年発効）が締結され、「国際熱帯木材機関」（ITTO）が1986年世界最大の熱帯木材輸入国であった日本の横浜に設立された。現在「国際熱帯木材機関」（ITTO）の加盟国は生産国33ケ国、消費国26ケ国の合計59ケ国及び欧州連合（EU）で、全世界の熱帯林の80％、熱帯木材貿易総量の約90％をカバーしている。このITTOは、持続可能な熱帯林経営の基準・

319

指標・ガイドラインの策定、造林・森林経営・森林の復旧・人材育成等のプロジェクトに対する資金・技術協力を実施している。

国連食糧農業機関（FAO）は1967年以降「熱帯森林開発委員会」の活動を通して、熱帯雨林の減少傾向に警告を発してきたが、1985年世銀、国連開発計画（UNDP）、及び世界資源研究所（WRI）と共同で「熱帯雨林行動計画」（TFAP：Tropical Forestry Action Plan）を策定した。しかしこの計画は熱帯雨林の多くを保有する発展途上国の反対で頓挫する。さらに国際世論の世界の森林資源に対する関心は、1992年開催された「国連環境開発会議」（リオデジャネイロ地球サミット）以降急速に高まった。この「地球サミット」で21世紀に国際社会が実行すべき「アジェンダ21：持続的発展のための行動計画」が採択されたが、地球の森林資源の保全問題が、地球環境問題のひとつとして取り上げられ、同時に「森林資源保全原則」が採択された。[1]日本では民間NGO団体「熱帯林行動ネットワーク」（JATAM）が1987年に結成され熱帯雨林伐採反対運動や保全に関する啓蒙活動を展開している。[2]

しかし世界世論の森林資源の保全に対する関心が高まるにつれて南北間の対立が顕著になってきた。先進国は地球上の森林資源、特に近年消失傾向に歯止めがかからない熱帯雨林を「地球の公共財」として捉え、熱帯雨林を保全することが国際社会の最重要課題の1つである主張する。それに対して森林資源を保有する発展途上国は、これら森林資源を資源立地型の工業化政策を遂行する上で必要不可欠な途上国固有の自然資源であると考える。特に1964年国連貿易開発会議（UNCTAD）の設立に呼応して結成された途上国グループ「グループ77」（G-77）の国連活動の場を通して、先進国の主張に反対する意見を積極的に表明するようになる。

国連総会は「国連環境会議（地球サミット）」で決議された地球環境問題に関する行動計画を実施に移すため「持続可能な開発委員会（CSD：Comission on Sustainable Development）を設立した（1992年12月）。世界の森林資源の保全問題についてはこの「持続可能な開発委員会（CSD）」の下に「森林に関する政府間パネル（IPF：Intergovernmental Panel on Forests、1995-97）」

及び「森林に関する政府間フォーラム (IFF：Intergovernmental Forum on Forests, 1997-2000)」が設立され、各国の森林問題の専門家達によって、森林保全のため実行計画がさらに論議され、270を超える具体的な提案がなされた。国連の経済社会理事会はこれ等の活動を継続するため2000年10月「国連森林フォーラム (UNFF：United Nations Forum on Forests)」を設立し論議を進め、2007年4月「森林資源保全原則」(Non-legally Binding Agreement) を採択した。[3]

世銀は1949年以来1991年まで総額約17億ドルに達する融資を途上国の森林関連開発プロジェクトに供与してきた。この世銀の融資活動の主要内容は途上国の森林資源の商業伐採や森林資源の伐採を伴う道路建設等のインフラ開発プロジェクトが中心であった。これら世銀の融資活動は1978年に策定された森林に関する「融資政策」(Operational Policy) によって行われた。しかし世銀が支援したブラジルの地域開発プロジェクトに関連して発生した熱帯雨林破壊に対する環境NGOを中心とする国際世論の批判が次第に高まった。これに対応して世銀は1991年森林資源に関する総括的な「開発戦略調査」を実施し、森林資源の商業的伐採プロジェクト、森林資源の破壊に繋がる開発プロジェクトに対する支援を1993年から中止する決定を行う。[4] しかしその後途上国の森林資源、特に熱帯雨林の破壊・消失が年平均2－3パーセントの速度で進展し、世銀の森林資源の保全に対する消極的な姿勢が批判される。世銀は1998年環境NGOの「世界自然保護基金 (WWF；Worldwide Fund for Nature) とパートナーシップ協定を結び途上国の森林資源の保全に対して協力して支援活動を行うことに合意する。[5]

世銀は1991年以降2000年まで途上国の森林資源保全を目的とする34の支援プロジェクト、総額17億ドル (世銀の総支援額の約2パーセント) を供与した。世銀は1999－2000年途上国の森林資源に対する支援活動の総合評価を行い、世銀は途上国政府、環境NGOと協力して森林資源の保全のためより積極的な支援活動を行うべきであると提言する。[6] この提言に基づき世銀は途上国の森林資源の保全を積極的に支援する新しい「森林資源支援戦略」を策定する。[7]

321

図1：日本の木材供給量と自給率（丸太換算）

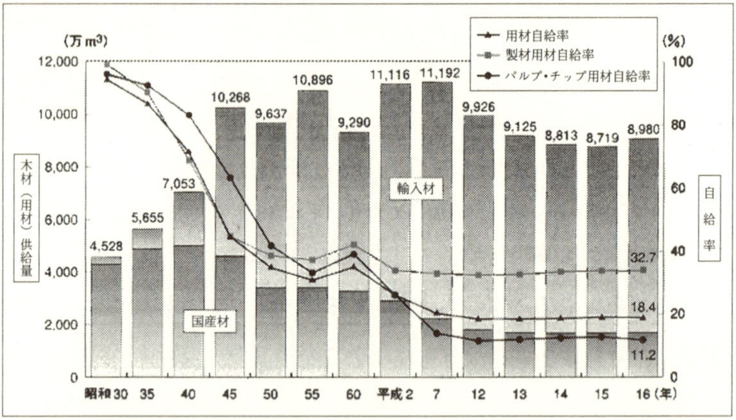

資料：林野庁、『森林・林業白書』平成18年版、113頁。

　日本でも1980年代後半以降地球の森林資源に対する関心が高まってきた。日本の国土面積は3,779万haで、そのうち66パーセントにあたる2,512万ha（66パーセント）が森林によって占められている。この森林資源のうち53パーセントが天然林、41パーセントが人工林である。平成16年（2004年）の日本の木材需要量は丸太換算で8,980万立方メートルであるが、国産材供給量は1,656万立方メートルで国産材の自給率は32.7パーセントに留まっている。しかしパルプ・チップ用材及び合板材の自給率は更に低く、それぞれ11.2パーセント、3.9パーセントとなっている。最近の日本の合板輸入の90パーセントはインドネシア及びマレーシアが占めている。[8]

　このように日本の木材需要の海外依存率は非常に高いが、日本の世論が海外の森林資源の動向に関心を持つようになったのは地球環境問題が話題になる1980年代後半以降である。世界の森林資源の破壊と消失を含む地球環境問題についての日本における啓蒙活動で特筆すべきは石弘之氏の活動であろう。石弘之氏は『地球環境報告』（岩波新書、1988年）の出版以来最近出版された『世界の森林破壊を追う』（朝日新聞社、2003年）まで過去数十年間森林資源の破壊を含む地球環境問題について警告を発してきた。石弘之氏は数多くの

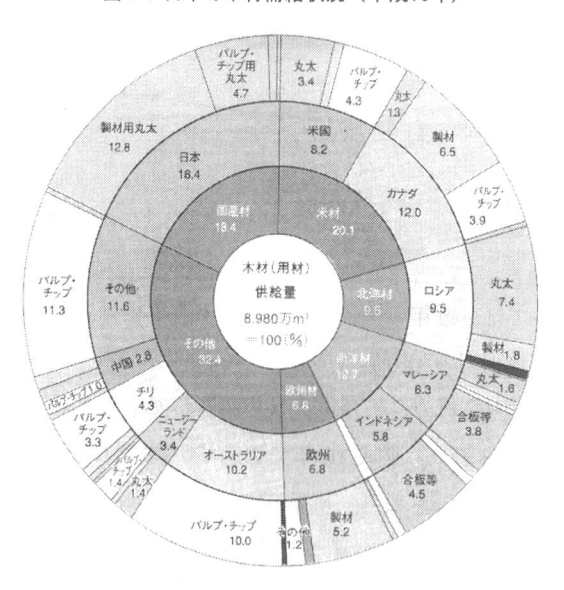

図2：日本の木材需給状況（平成16年）

資料：林野庁、『森林・林業白書』平成18年版、113頁。

地球環境破壊の現場のフィールド調査を行い、酸性雨によって蝕まれた北東ヨーロッパの森林、開発や家畜によって破壊されたブラジルのアマゾンの熱帯雨林、拡大するヤシ油のプランテーション農場によって消失するマレーシアの熱帯雨林、日本の南洋材の開発輸入によって危機に瀕したフィリピンの熱帯雨林、日本の合板輸入によって消失が進むインドネシアの熱帯雨林等の問題の深刻さに警鐘をならしてきた。また寺西俊一教授は環境経済学の立場から、世界経済の国際分業が進展すると主に1次産品輸出国である発展途上国の森林資源は更に収奪的開発が進み、その消失が加速すると早くから懸念を表明していた。[10]

（2）地球温暖化と森林資源

日本の内外の地球の森林資源に対する関心は地球環境問題に対する関心に呼応して高まった。地球環境問題は、一般的に国境を越えた広域的な環境問

題として以下を含む問題として論じられてきた。①オゾン層の破壊、②地球温暖化、③酸性雨、④森林、特に熱帯林の減少、⑤野生生物種（生物多様性）の減少、⑥砂漠化、⑦海洋汚染、⑧有害廃棄物の越境移動、⑨開発途上国の公害問題。[11]これら地球環境問題のうち、酸性雨や砂漠化の問題はその影響が一定地域に限定されるが、オゾン層の破壊、地球温暖化、森林破壊の影響は地球規模的な環境問題として認識されている。[12]しかもこれら地球環境問題は、化石燃料に過度に依存する大量生産・大量消費・大量廃棄型の経済システム、都市型のモータリゼーション依存の現代生活、グローバル化する資本主義経済等に付随して発生する現象であると理解される。従ってこれらの環境問題はそれぞれ直接・間接的に相互に関連した問題として捉えられる必要がある。[13]

　特に、地球の温暖化は森林資源の破壊と減少がその重要な原因の１つとなっている。周知のように地球温暖化の主な原因は、化石燃料の大量消費によって「温室効果ガス」の１つである大気中の二酸化炭素の濃度が異常に高くなったことである。地球の表面には３つの大きな炭素の貯蔵庫、大気圏（7,500億トン）、海洋圏（約１兆トン）、陸上生物圏（5,500億トン）が存在し、これら炭素の貯蔵庫間には炭素の循環サイクルが形成されている。[14]陸上生物圏のうち、植物は光合成による炭酸同化作用を通して年間約1,000億トンの大気中の二酸化炭素を吸収し、ほぼ同じ量の二酸化炭素を動植物の呼吸作用や腐食によって発生している。しかしこの炭素循環の均衡は産業革命以降の加速された化石燃料の消費によって大きく崩れることになる。化石燃料は数億年まえに地表面に存在した動植物が腐敗して、地中深く埋蔵され生成された炭素である。現在、化石燃料の消費によって年々50－60億トンの二酸化炭素が大気中に排出されているといわれている。現在地球は全地球面積130億ヘクタールの３分の１に当る43億ヘクタールの森林によって覆われている。しかし近年後述するように森林の破壊・消失が加速化している。森林の伐採、破壊は二重の意味で大気中の二酸化炭素の濃度を高める。第１に、森林の減少によって陸上生物圏の二酸化炭素吸収能力が減少する。第２に、伐採された樹木は最終的には燃焼されて二酸化炭素となって大気中に放出される。標準的な温

第8章　東南アジアの熱帯雨林の破壊と消失

図3：地球環境問題の相互関連

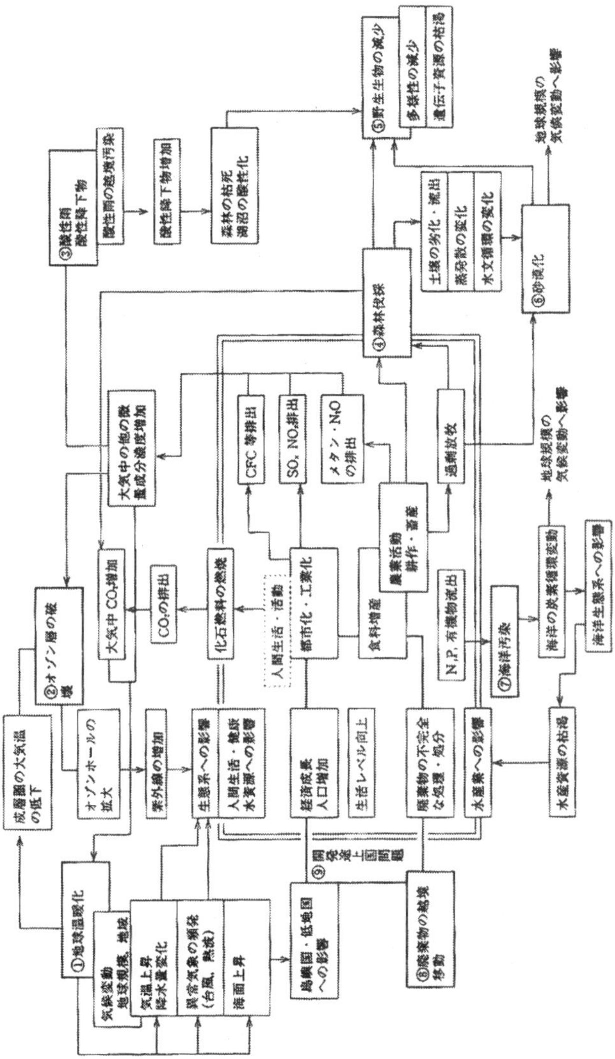

資料：茅陽一監修『環境年表』、オーム社編、平成15年、545頁。

325

図4：地球表面温度の推移

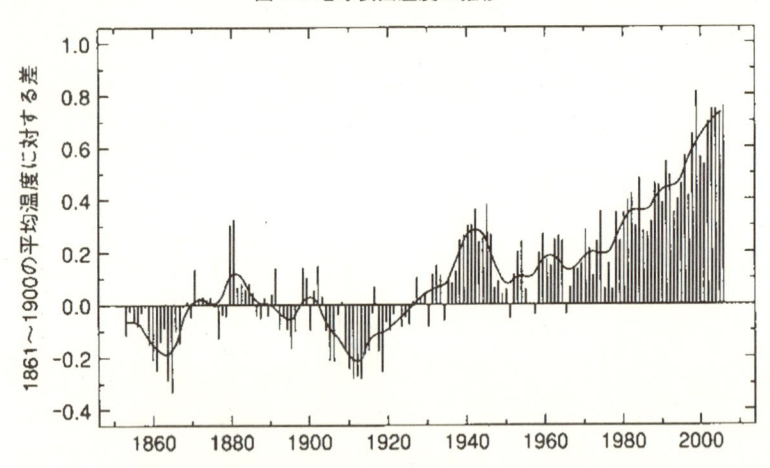

資料：Nicholas Stern, The Economics of Climate Change, Cambridge University Press, 2006, page 6.

帯林では、1ヘクタール当り年間5トン、熱帯雨林では1ヘクタール当り年間15トンの炭素を吸収すると推計されている。熱帯雨林は毎年2,000万ヘクタール破壊されており、この地球温暖化効果は、化石燃料の消費による効果の3分の1に相当するといわれている。[15]

地球表面の平均温度は1850－2005年の期間約1度、1900年以降だけで0.7度上昇したと推計されている。これは大気中の温室効果ガスの濃度が290ppmから370ppmに上昇したためである。このような地球の温暖化は、異常気象をもたらし農作物の成長に深刻な影響をもたらすと危惧されている。最近の『環境白書』（平成19年度）によると、日本の温室効果ガスの寄与率は二酸化炭素が95パーセントを占めている。日本の二酸化炭素の2005年度の二酸化炭素の排出量は12.9億トンで、その内わけは産業部門が35パーセント、自動車等の運輸部門が20パーセント、オフィス等の業務部門が18パーセント、家庭部門が14パーセント等となっている。[16]

地球環境問題の対策会議においても南北間の対立が次第に顕著になっている。南側発展途上国は種々の国際会議を通して頻繁にGG－77プラス中国が協

力して途上国の利益を主張するようになる。これ等発展途上国は、オゾン層の破壊要因であるクロロフォルムの排出、及び温室効果ガスの主な構成物質である二酸化炭素の排出は、先進国が産業革命以来化石燃料や石油化学製品を大量生産・大量消費したことに原因があると主張する。また発展途上国は経済発展段階が低位の水準にあり、経済発展を促進するためには化石燃料等のエネルギー消費は不可欠であると考える。この発展途上国の主張は、「オゾン層保護のためのウイーン条約」(1988年発効)及び「オゾン層を破壊する物質に関するモントリオール議定書」(1989年発効)に明記された「発展途上国の開発の必要に留意する」という文言に反映されている。さらに「気候変動に関する国連枠組み条約」(1992年採択、94年発効)では、「世界全体の温室効果ガスの排出量の最大の部分を占めるのは先進国が排出したもの…持続的な経済成長の達成及び貧困の撲滅という発展途上国の正当かつ優先的な要請を十分に考慮し…共通だが差異のある責任」という文言に表われている。このように発展途上国は地球温暖化の「先進国責任論」を不断に主張するようになる。[17]

地球温暖化防止のための国際会議は1985年10月オーストリアのフィラハで開催された「気候変動に関する科学的知見国際会議」が出発点となる。それ以降1997年12月「締約国会議」で京都議定書が締結されるまでの十数年間の締約国間の国益の対立と妥協の政治折衝(表1参照)については、科学ジャーナリスト竹内敬二氏による詳細な報告書が発表されている。この報告書の中で竹内敬二氏は、地球温暖化防止に積極的なEU諸国と消極的な日本、アメリカ、スイス、カナダ、オーストラリア、ノルウェー、ニュージーランドとの利害調整、ロシアと市場経済移行国の特殊事情、OPEC諸国等の石油産出国の立場、地球温暖化で直接被害を受ける小島嶼国、先進国責任論を主張するG77プラス中国等の複雑な利害関係を巧みに描写しており興味が尽きない。[18] 日本政府の立場も経済産業省と環境省で対立が見られ、一枚岩ではない。以下ここでは世界の森林資源との関連から簡単に京都議定書の概要を説明するに止める。

表1：地球温暖化対策国際会議の推移

1972年6月	国連人間環境会議（スウェーデン）
1985年10月	「気候変動に関する科学的知見国際会議」（フィラハ会議）
1988年6月	アメリカ上院公聴会・ハンセン博士地球温暖化発言
	「変化する地球大気に関する国際会議」（トロント会議）
11月	IPCC（気候変動に関する政府間パネル）発足
1990年8月	IPCC第1次評価報告書
10月	第2回世界気候会議（ジュネーブ）
	国連総会で「気候変動枠組み条約」を作ることを決議
	日本政府「地球温暖化防止行動計画」を関係閣僚会議で決定
1991年	INC「政府間交渉委員会」が4回開催
1992年4月	INC 5で「気候変動枠組み条約」（ニューヨーク）を採択
6月	国連環境開発会議（リオ・サミット）
	気候変動枠組条約署名
1993年11月	日本政府・環境基本法制定
1994年3月	気候変動枠組条約発効
1995年3月	COP 1「締約国会議」ベルリン・マンデート採択
8月	AGBM 1「ベルリン・マンデートに関する交渉会合」
1996年7月	COP 2（ジュネーヴ）
1997年10月	AGBM 8（ボン）
1997年12月	COP 3「締約国会議」（京都）京都議定書採択：6種類の温室効果ガスについて1990年を基準としてEU 8％、アメリカ7％、日本6％の削減を2008年－12年の期間中に達成
1998年11月	COP 4「締約国会議」（ブエノスアイレス）：京都メカニズムの実施方法及び途上国の参加問題の検討
1999年4月	日本「地球温暖化対策の促進に関する法律」、平成11年4月より施行
10月	COP 5「締約国会議」（ボン）排出権取引の規定作り交渉
11月	日本・全国地球温暖化防止活動推進センター（JCCCA）オープン
2000年11月	COP 6「締約国会議」（ハーグ）温室効果ガス削減実施の具体的方法について合意出来ず決裂
2001年	COP 7「締約国会議」（マラケシュ）：京都議定書の具体的運用ルールについての合意（マラケシュ合意）の成立（対途上国支援・京都メカニズム・森林の二酸化炭素の吸収源（シンク）効果等についての合意
2002年6月	日本・京都議定書を締結
2004年	ロシア・京都議定書締結
2005年2月	京都議定書の発行条件、①55ケ国以上の締結、②付属書Ⅰ国の1990年の二酸化炭素排出量が全付属書Ⅰ国の排出量の55％以上を満たし、京都議定書発効
2007年3月現在	169ケ国及びEUが京都議定書を締結・但しアメリカは2001年京都議定書への不参加を表明して以来締結せず。

資料：環境省、『環境白書』その他の資料より作成。AGBM（Ad Hoc Group on the Berlin Mandate）ベルリン・マンデートに関する交渉会合；COP（Conference of Parties）締約国会議；INC（Intergovernmental Negotiating Committee）政府間交渉委員会；IPCC（Inter-Governmental Panel on Climate Change）気候変動に関する政府間パネル

第8章　東南アジアの熱帯雨林の破壊と消失

　気候変動枠組条約の第3回締約国会議（COP3）は1997年12月1日から締約国155ケ国の代表者1,534人、内外の報道関係者3,712人、環境NGO関係者及びオブザーバー3,865人等、合計9,850人が参加して日本で開催された最大の国際会議となる。[19] 京都議定書は二酸化炭素等の温室効果ガスの水準を、締約国が1990年の数値を基準に2008－12年の5ケ年の期間中EU諸国が8％、アメリカが7％、日本が6％削減することを規定している。この削減枠の算定には森林等の吸収源（シンク）による二酸化炭素吸収量を算入することが認められている。温室効果ガスの削減義務を負うのは附属書Ⅰ国リストに記載される先進国及びロシアを含む市場経済移行国である。これら附属書Ⅰ国リストに記載される諸国のうち附属書Ⅱリストに記載された日本を含む先進国及びEUは発展途上国に対する資金供与・技術移転の義務を負う。これら諸国以外の発展途上国は「非附属書Ⅰ国」と定義され、国家計画の作成、研究・教育、観測等の義務を除いて温暖化効果ガス削減の義務を負わない。[20] 京都会議で合意された制度で注目すべきは、「京都メカニズム」と称される市場機能を活用して排出削減を達成する制度である。この「京都メカニズム」とは、①排出権取引（17条）、②共同実施（6条）、③クリーン開発メカニズム（CDM）（12条）をさす。「排出権取引」とは附属書Ⅰ締約国間で温室効果ガスの排出枠を売買する制度である。「共同実施」とは附属書Ⅰ国締約間で温室効果ガスの排出削減プロジェクトを実施した場合、それにより得られる削減量を参加国間で分配する制度である。「クリーン開発メカニズム、CDM」とは、附属書Ⅰ締約国とそれ以外の締約国（発展途上国）が共同で温室効果ガスの削減プロジェクトを実施した場合、それにより得られる削減量を先進締約国は、自国の削減量に算入することが出来る制度である。これら京都議定書の具体的な運用ルールは2001年（平成13年）にマラケシュで開催された第7回締約国会議（COP7）において、マラケシュ合意として文書化された（表3参照）。

表2：京都議定書の概要

対象ガス	二酸化炭素、メタン、一酸化二窒素、代替フロン等3ガス（HFC、PFC、SF_6）
吸収源	森林等の吸収源による二酸化炭素吸収量を算入
基準年	1990年（代替フロン等3ガスは1995年としてもよい）
約束期間	2008年～2012年の5年間
数値約束	先進国全体で少なくとも5％削減を目指す 日本△6％、米国△7％、EU△8％等
京都メカニズム	国際的に協調して費用効果的に目標を達成するための仕組み。 ・クリーン開発メカニズム（CDM） 　先進国が、発展途上国内で排出削減等のプロジェクトを実施し、その結果の削減量・吸収量を排出枠として先進国が取得できる ・共同実施（JI） 　先進国同士が先進国内で排出削減等のプロジェクトを共同で実施し、その結果の削減量を排出枠として、当事者国の間で分配できる ・排出量取引 　先進国同士が、排出枠の移転（取引）を行う
締約国の義務	全締約国の義務 　○排出・吸収目録の作成・報告・更新 　○緩和・適応措置を含む計画の策定・実施・公表等 附属書Ⅰ国の義務 　○数値約束の達成 　○2007年までに、排出・吸収量推計のための国内制度を整備 　○発展途上国の対策強化等を支援する適応基金への任意的資金拠出等

第8章　東南アジアの熱帯雨林の破壊と消失

表3：マラケシュ合意の概要

途上国問題	・途上国の能力育成、技術移転、対策強化等を支援するための基金を正式に設置（先進国の任意拠出）
京都メカニズム	・目標を達成できなかった場合の措置に法的拘束力を持たせることを受け入れなくても、京都メカニズムを利用できる ・CDM、共同実施等で得た排出枠は自由に取引できる ・国内対策に対し補足的であること。ただし、定量的制限は設けない ・共同実施、CDMのうち原子力により生じた排出枠を目標達成に利用することは控える ・排出量取引における売りすぎを防止するために、一定の排出枠を常に確保する
吸収源	・森林管理の吸収源は国ごとに上限設定（日本は基準年排出量の3.9％を確保） ・CDMシンクの対象活動として、新規植林及び再植林を認める
遵　守	・目標を達成できなかった場合は、超過分の1.3倍を次期目標に上積み ・上記の措置に法的拘束力を導入するかどうかについては、議定書発効後に開催される第1回議定書締約国会合において決定

資料：環境省、『環境白書』（平成17年度版）、2－3頁。

図5：二酸化炭素の国別排出量と国別1人当たり排出量

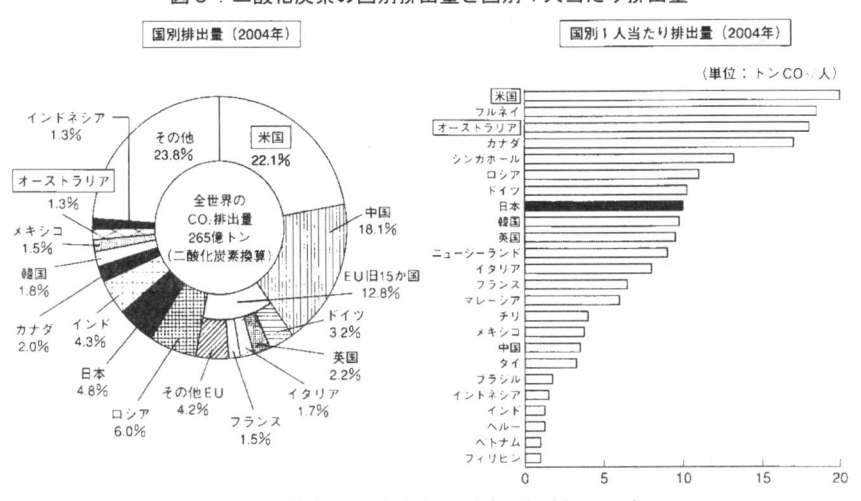

資料：環境省、『環境白書』（平成19年度）117頁。

331

（3）森林の吸収源（シンク）機能

　京都会議の準備会合であるAGBM「ベルリン・マンデートに関する交渉会合」での論議は難航した。各国は温室効果ガスの削減・抑制の目標数値と達成時期、対象ガスの種類、吸収源の取扱い等の京都議定書の基本的な問題について鋭く対立した。日本政府は森林の吸収源（シンク）効果を削減効果算定に含めることに反対であった。その理由は、①原油等の消費量に比較して、森林の二酸化炭素吸収効果は森林土壌からの炭素の吸収・排出の推計など科学的に不確実な要素が多いこと、②カナダ、アメリカ等の広大な森林面積を有する国が圧倒的に有利になること、③森林は成熟すると吸収量が減少するため、極相状態に達した森林を伐採して若い成長の早い森林に人工造林すると有利となるが、これらは生物多様性保全や水涵養・土壌保全などの森林の機能の点からは望ましくないこと等の理由からであるとされる。[21]

　京都会議では森林の吸収源効果（シンク）の取扱は交渉が難航したが、最終的には12月10日の深夜妥協が成立し「1990年以降の新規植林、再植林、森林減少の効果」を二酸化炭素削減の目標達成数値の達成に算入することとなった（3条3項）日本は更に2001年のマラケシュ合意により6％の二酸化炭素削減量のうち3.9％まで日本が保有する森林資源が潜在的に持つ二酸化炭素吸収（シンク）効果が認められることとなる。日本の森林面積は2,512万ha（国土の約70％）であり、日本の森林の年間の炭素吸収量は9,990万炭素トンであり、これは国内にある自動車総台数4,500万台の二酸化炭素総排出量に相当すると推計されている。また、1995年の日本全体の二酸化炭素排出量は3.3億トンであるので、森林はその約8％を吸収したことになる。[22]

　また日本が開発途上国で実施する新規植林及び再植林についても京都メカニズムの「クリーン開発メカニズム（CDM）」が適用可能となる。京都議定書が規定する吸収源としての森林の定義は、「植生が成長したときに到達する見込みの最低樹高が2－5m、対象とされる土地の樹冠率10－30％以上、単位とする面積の最小値0.05－1.0ha閉鎖林または疎林」と定義される。[23] ここで森林の二酸化炭素吸収源（シンク）効果とは、「新規植林（afforestation）、

再植林（reforestation）、森林減少（deforestation）に起因する温室効果ガスの発生源による排出量及び吸収源に除去量の純変化（京都議定書3条3項）」をさす。「新規植林（afforestation）」とは過去50年以上森林でなかった土地への森林造成の行為と解釈される。「再植林（reforestation）」は、1989年12月31日から森林でなかった土地への植林と解釈される。二酸化炭素吸収や排出の測定の対象となるのは、人為行為によって影響をうける林地の炭素が貯蔵される層（炭素プール）総て、すなわち、地上部の幹、枝、葉、森林の地表の枯葉や枯枝で構成されるリター、根、土壌中に固定される炭素分である。「森林減少（deforestation）」とは、森林を他の用途の土地に転換することである。伐採や自然災害により一時的に森林の定義を満たさなくなっても、それは森林減少には含まれない。これらの定義は、後述するFAO「食糧農業機関」の定義と異なっており留意する必要がある。[24]

　発展途上国の森林資源を保全し、森林減少を防止する方法として、先進国がODAや民間企業の植林事業を通して、京都議定書で認められたCDM「クリーン開発メカニズム」を活用して、新規植林（afforestation）、再植林（reforestation）を活発化することが期待される。しかし京都議定書は、①CDM活動は締約国会議の監督の下に行われる（12条4項）、②各事業活動から生じる排出削減量は締約会議が指定する運営機関が認証する（12条5項）と規定しているに過ぎない。CDMの運営に関しては実施可能な手順が即急に確立されることが望まれる。[25]日本政府は発展途上国の森林資源の保全を目的とする政府開発援助（ODA）をあまり積極的に実施してきていない。また日本の紙・パルプ企業や商社の海外における植林活動もオーストラリア、ニュージーランド等の先進国が中心で途上国の植林事業は非常に少ない。[26]日本政府は民間企業のCDM事業を活発化させる政策を実施すべきであろう。

8.2 世界の森林資源の減少傾向とその要因

(1) 森林資源の状況

　国連食糧農業機関（FAO：United Nations Food and Agriculture Organization）は1945年以降5－10年間隔で世界の森林資源調査を行ってきた。FAOの最近の調査（2005年）結果から世界の森林の現状を概観してみよう。[27] 先ず、FAOの森林及び森林資源に関連する概念の定義を確認しておこう。FAOは森林を、「0.5ha以上の土地に最低5.0mの樹高を持つ樹木が10％以上の樹冠率で植生する地域」と定義する。[28] このFAOの森林定義を敷衍して日本の森林の専門家は、①森林には人工林と天然林が含まれる。人工林は播種や植栽により仕立てられたものであり、天然林はそれ以外を指す。②森林の減少とは樹冠の投影面積が10％以下の土地利用への変化と定義される。従って熱帯林のように多種多様な樹木からなる森林の木材伐採は森林減少ではなく、森林劣化（degradation）と定義される。これらの森林の定義に従い森林の形態の変化は以下表4のように分類される。しかし表4で分類された「拡大造林」（afforestation）は混乱を避けるため、ここでは京都議定書の定義に従い、「新規植林」という用語を使用することにする。[29]

表4：森林の形態分類

前＼後	人工林 forest plantations	天然林 natural forest	非森林 other land use classes
人工林	再造林 reforestation	天然更新 natural regeneration	森林減少 deforestation
天然林	再造林 reforestation	天然更新 natural regeneration	森林減少 deforestation
非森林	拡大造林 afforestation	天然林の拡大 natural expansion of forest	―

資料：永田信著「森林資源の現状と森林の消失」、井上真編『アジアにおける森林の消失と保全』、中央法規、2003年、16頁。

第8章 東南アジアの熱帯雨林の破壊と消失

表5：世界の森林資源の分布（2005年）

地　域	森林面積 (1,000ha)	対土地比率 (%)	比　率 (%)
東・南アフリカ	226.5	27.8	5.7
北アフリカ	131.0	8.6	3.3
西・中央アフリカ	277.8	44.1	7.0
アフリカ全体	635.4	21.4	16.1
東アジア	244.9	21.3	6.2
南・東南アジア	283.1	33.4	7.2
西・中央アジア	43.6	4.0	1.1
アジア全体	571.6	18.5	14.5
ヨーロッパ全体	1,001.4	44.3	25.3
カリブ海	6.0	26.1	0.2
中央アメリカ	22.4	43.9	0.6
北アメリカ	677.5	32.7	17.1
北・中央アメリカ全体	705.8	32.9	17.9
オセアニア	206.3	24.3	5.2
南アメリカ全体	831.5	47.7	21.0
世界全体	3,952.0	30.3	100.0

資料：FAO, Global Forest Resources Assessment 2005, page 16 and 18.

表6：世界の10大森林資源国

国　名	森林面積 （百万ヘクタール）	構成比 %
ロシア	809	20.5
ブラジル	478	12.1
カナダ	310	7.8
アメリカ	303	7.7
中　国	197	5.0
オーストラリア	164	4.1
コンゴ	134	3.4
インドネシア	88	2.2
ペルー	69	1.7
インド	68	1.7
10ケ国計	2,620	66.3
その他	1,332	33.7
合　計	3,952	100.0

表7：世界の森林の減少傾向（年平均）

地　域	1990−2000 (1,000ha)	(%)	2000−2005 (1,000ha)	(%)
東・南アフリカ	−1,731	−0.71	−1,702	−0.74
北アフリカ	−1,013	−0.72	−982	−0.73
西・中央アフリカ	−1,631	−0.56	−1,356	−0.48
アフリカ全体	−4,375	−0.64	−4,040	−0.62
東アジア	1,751	0.81	3,840	1.65
南・東南アジア	−2,578	−0.83	−2,851	−0.98
西・中央アジア	34	0.08	14	0.03
アジア全体	−792	−0.14	1,003	0.18
ヨーロッパ全体	877	0.09	661	0.07
カリブ海	36	0.65	54	0.92
中央アメリカ	−380	−1.47	−285	−1.23
北アメリカ	17	n.s.	−101	−0.01
北・中央アメリカ全体	−328	−0.05	−333	−0.17
オセアニア	−448	−0.21	−356	−0.17
南アメリカ全体	−3,802	−0.44	−4,251	0.50
世界全体	−8,868	−0.22	−7,317	−0.18

資料：FAO, Global Forest Resources Assessment 2005, page 20.

表8：森林減少の激しい国（2000−2005）

国　名	年平均減少面積（1,000ha/年）
ブラジル	−3,103
インドネシア	−1,871
スーダン	−589
ミャンマー	−456
ザンビア	−445
タンザニア	−412
ナイジェリア	−410
コンゴ	−319
ジンバブエ	−313
ベネズエラ	−288
合　計	−8,216

資料：FAO, Global Forest Resources Assessment 2005, page 21.

第8章 東南アジアの熱帯雨林の破壊と消失

表9：東アジアの森林とその減少

国 名	森林面積 (1000ha) 1990	2000	2005	森林率 (2005) (%)	年平均森林減少率 1990-2000 (1000ha)	%	2000-2005 (1000ha)	%
中 国	157,141	177,001	197,290	21.2	1,986	1.2	4,058	2.2
北朝鮮	8,201	6,821	6,187	51.4	−138	−1.8	−127	−1.9
日 本	24,950	24,876	248,68	68.2	7	n.s.	−2	n.s.
モンゴル	11,492	10,665	10,252	6.5	−83	−0.7	−83	−0.8
韓 国	6,371	6,300	6,265	63.5	−7	−0.1	−7	−0.1
東アジア全体	208,155	225,663	244,862	21.3	1,751	0.8	3,840	1.6

資料：FAO, Global Forest Resources Assessment 2005, page 191 and 197

表10：南・東南アジア諸国の森林とその減少

国 名	森林面積 (1000ha) 1990	2000	2005	森林率 (2005) (%)	年平均森林減少率 1990-2000 (1000ha)	%	2000-2005 (1000ha)	%
バングラデシュ	882	884	871	6.7	n.s.	n.s.	−2	−0.3
ブータン	3,030	3,141	3,195	68.0	11	0.3	11	0.3
ブルネイ	313	288	278	52.8	−2	−0.8	−2	−0.7
カンボジア	12,946	11,541	10,447	59.2	−140	−1.1	−219	−2.0
インド	63,939	67,554	67,701	22.8	362	0.6	29	n.s.
インドネシア	116,567	97,852	88,495	48.8	−1,872	−1.7	−1,871	−2.0
ラオス	17,314	16,532	16,142	69.9	−78	−0.5	−78	−0.5
マレーシア	22,376	21,591	20,890	63.6	−78	−0.4	−140	−0.7
モルディブ	1	1	1	3.0	0	0	0	0
ミャンマー	39,219	34,554	32,222	49.5	−466	−1.3	−466	−1.4
ネパール	4,817	3,900	3,636	25.4	−92	−2.1	−53	−1.4
パキスタン	2,527	2,116	1,902	2.5	−41	−1.8	−43	−2.1
フィリピン	10,574	7,949	7,162	24.0	−262	−2.8	−157	−2.1
シンガポール	2	2	2	3.4	0	0	0	0
スリランカ	2,350	2,082	1,933	29.9	−27	−1.2	−30	−1.5
タ イ	15,965	14,814	14,520	28.4	−115	−0.7	−59	−0.4
ティモール	966	854	798	53.7	−11	−1.2	−11	−1.3
ベトナム	9,363	11,725	12,931	39.7	236	2.3	241	2.0
南・東南アジア全体	323,156	297,380	283,127	33.4	−2,578	−0.8	−2,851	−1.0

資料：FAO, Global Forest Resources Assessment 2005, page 191 and 197.

2005年現在世界の森林資源は約40億ヘクタール、地球の土地面積の30％を占めている（表5）。このうちロシア・ブラジル・カナダ・アメリカ等を含む上位10ケ国の森林だけで地球全体の森林の66％を占めている（表6）。アジアでは森林資源が比較的豊富で日本の森林面積は約25百万ヘクタール、国土面積の68％を占め（表9）、東南アジアの多くの国では国土面積の50％以上を森林が占め森林資源が豊富である。しかしこれ等の国々では後述するように近年森林の減少・劣化が急ピッチで進んでいる（表10）。日本の森林は私有林が58％、国有林31％、公有林11％であり、これらの森林は天然林52％、人工林40％によって構成されている。また人工造林面積のうち60％以上がスギ、ヒノキ、カラマツの針葉樹によって占められている。しかし日本の木材自給率は1955年の95％から1975年には32％の水準に低下し、2004年には18％の水準まで落ち込んだ。特に建築用材である合板の自給率は極端に低く96％の合板需要を外材、特にインドネシアやマレーシアからの南洋材の輸入に依存している。[30]

　東南アジアの森林資源は、主に「熱帯雨林」である。熱帯雨林とは「一年中葉をつけたままの常緑広葉樹によって構成され、最低でも30メートルの樹高を持ち…一年中ほとんど水不足のないところに植生する生物多様性に富んだ熱帯の森林」である。[31]東南アジアの熱帯雨林は、中南米及び中央・西アフリカの熱帯雨林と並ぶ世界の3大熱帯雨林地域の1つであり、これら熱帯雨林は近年減少・劣化が著しい。

（2）森林資源の減少傾向とその要因

　環境史家C・ポンティングは、文明の発展がいかに地球上の森林破壊をもたらしたか刻銘に描写している。人類は過去200万年間森林破壊をせず森林資源と共生した狩猟採取生活を送っていた。農耕定住社会が出現する前夜の世界の人口規模は約400万人であった。しかし世界人口は、農耕地の拡大、灌漑設備や農業技術の発達等による食糧供給能力が改善された結果、急速に増大し紀元前後には2億人の規模に増大する。世界各地の河川流域（ナイル、

第8章　東南アジアの熱帯雨林の破壊と消失

メソポタミア、黄河、ガンジス川）に大規模灌漑設備に依存する古代文明が発達し、それ以降地球上の森林資源（約60億ヘクタール）の破壊が始まった。人類は増大する人口に食糧を供給するため森林を伐採し農地に転用し、エネルギー源として森林が提供する薪炭に依存することとなる。産業革命以降ヨーロパ人の所得が上昇し、住居の建設、紙パルプの原料として木材の伐採が加速する。世界の人口は19世紀の前半10億人の規模に達し、それ以降世界人口は指数的に増大する。ヨーロッパ人の植民地入植は森林破壊を地球規模に拡大する。イギリスは1826年ビルマを征服する。その後ビルマの森林から高級家具材の原料としてチーク材が伐採され短期間のうちにビルマのチークの林は丸裸となる。

1898年アメリカは米西戦争の結果フィリピンを領有するが、1904年に原生林の商業伐採が始まり、1980年代には原生林は30％の水準に減少する。発展途上国におけるヨーロッパ人によるタバコ、砂糖、コーヒー、ゴム、パーム油、ココア等のプランテーション農業経営は途上国に森林資源の破壊をもたらした[32]。

第2次大戦以降後地球も森林資源、特に発展途上国の熱帯雨林の減少傾向が続いた。森林火災に起因する森林消失（ロシア・オーストラリア・インドネシア）、酸性雨による森林被害（ドイツ及東欧）、ヤシ油畑転用（マレーシア・インドネシア）による森林減少、人口圧力による森林の侵食（南アジア・アフリカ）、牧畜用地転用（所謂「ハンバーガー・コネクション」）による熱帯雨林の破壊（中南米）等が国際世論の注目を集めるようになる[33]。1988年12月ブラジルではアマゾンの熱帯雨林を焼き払って大規模な牧草地を確保しようとする牧畜業者とアマゾンの熱帯雨林を保全することが死活問題に繋がる土着住民によって構成されるゴム採取労働者組合の対立が深刻化し、労働組合指導者のチコ・メンデズが暗殺されるという事件が発生して熱帯雨林の保全問題について国際世論の関心が高まる[34]。

これら地球の森林資源、特に熱帯雨林の破壊・消失傾向に危機感を感じた環境経済学者達は、森林資源の破壊や消失の傾向やその原因について研究を

行うようになる。FAO（食糧農業機関）の最新の調査によると、1990－2000年の10年間に毎年平均して日本の国土面積（37.8百万ヘクタール）の約24％に相当する8.9百万ヘクタールの地球上の森林が失われた（表7）。しかしこの地球上の森林の減少傾向には地域差があり、ヨーロパ・北米アメリカ・東アジア地域では森林面積が増加傾向にあるのに対して、アフリカ・南アメリカ・南・東南アジア地域では減少している。これは先進国では国民の森林が持つ多機能性（生物多様性保全、地球環境保全、土砂災害防止・土壌保全、水源涵養、快適環境、レクリエーション、木材の持続的供給）に対する関心が高まり、森林資源の持続的管理が改善されたのに対して、発展発途上国では1次産品輸出型の保有資源を活用した産業政策を実施し略奪的な森林伐採が加速したためである。特に顕著な現象は、熱帯雨林が位置する南アメリカ・アフリカ・東南アジアの森林資源の減少傾向である。

　特に、東南アジアではインドネシアの森林の消失傾向が激しく1990年代に年平均約180万ヘクタールの森林が失われた。この傾向はスハルト大統領の退陣（1998年）以降も改善されていない（表10）。フィリピンは1521年スペインが入植したとき国土面積の90％が熱帯雨林に覆われていたが、20世紀初頭には70％、1950年には55％、2005年には25.4％まで減少した。特にマルコス政権下（1965－86年）森林の略奪的伐採による森林破壊が深刻となる[35]。日本の高度成長期における熱帯木材の輸入は1950年代フィリピンから始まり、1960年代後半にはピークに達した。この時期のフィリピンにおける日本商社による南洋材の開発輸入のエピソードを深田祐介は小説『炎熱商人』の中で描いている[36]。しかしフィリピン政府は森林資源の枯渇を防ぐため1986年丸太の輸出を禁止した。その後日本の丸太の輸入先はインドネシアとマレーシアのサバ州に移ったが、しかしインドネシアは1985年、サバ州も1993年丸太の輸出を禁止し、南洋材の輸出は付加価値の高い合板材に転換する。現在でも日本の国内市場の合板需要6割はこれら2国からの輸入によって賄われている。このように日本の南洋材需要が東南アジアの熱帯雨林の伐採に拍車をかけてきた。

第8章　東南アジアの熱帯雨林の破壊と消失

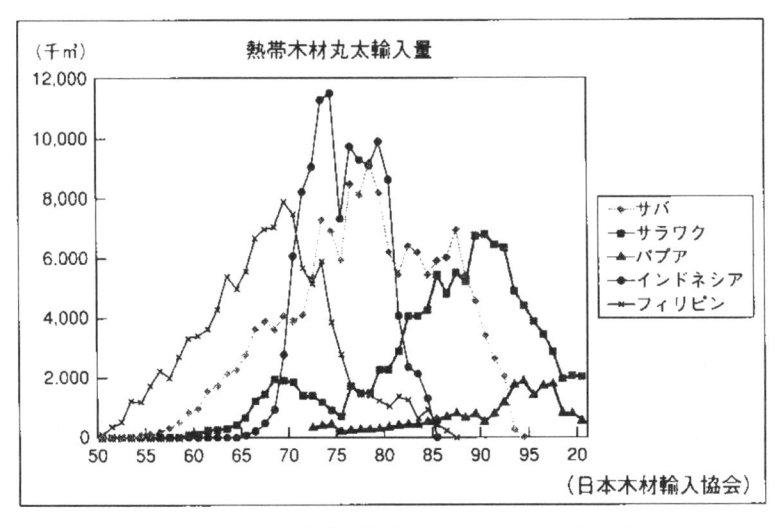

図6：熱帯木材丸太輸入量

資料：日本木材輸入協会；熱帯林行動ネットワーク（JATAN）Website

　タイの森林は1960年代前半の国土面積の57％を占めていたが、2005年には28％に減少してきている。この森林の減少傾向をもたらした要因の1つは欧州連合市場向けのタピオカ（カサバ）栽培のため農地転用のために行った森林伐採の増大である。タイのタピオカの対EU輸出は1971年の110万トンから1982年には730万トンと約10年間で6.6倍に急成長を遂げた。[37] その他タイの森林減少の原因として指摘されるのは、増大する貧困人口の薪炭需要と食糧需要に対応するため森林を伐採して農地を拡大する傾向がある。1961－1988年の期間だけでもタイの農地は1,300万ヘクタール増大して森林は同じく1,300万ヘクタール減少したと指摘されている。[38]

　マレーシア及びインドネシアの熱帯雨林減少の原因は、南洋材丸太・合板輸出、紙パルプ企業の伐採が主な原因であると指摘されているが、近年重要性を増してきているのがヤシ油精製企業による大規模ヤシ油プランテーション農園の建設の急増である。これら企業はヤシ油農園地を確保のため広範囲の森林伐採が必要となる。ヤシの果実は採取後短時間のうちに精製される必

341

図7：日本の熱帯材輸入先（2003年）

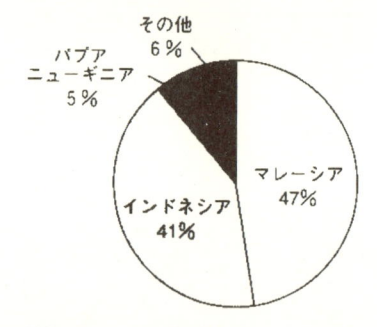

資料：日本木材輸入協会；熱帯林行動ネットワーク（JATAN）Website

図7：日本の熱帯材輸入先（2003年）

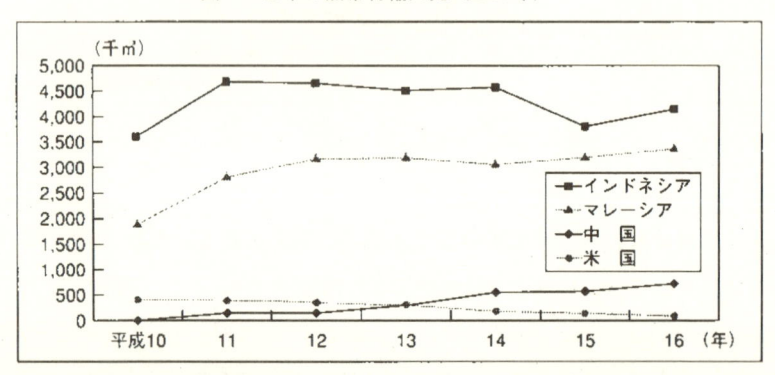

資料：日本林業協会、『森林・林業白書』平成18年版、114頁。

要があり、採算性を維持するためには大規模なヤシ油精製工場の建設が不可欠である。工場の稼働率を高めるためには広大な面積のヤシ油農地が必要となる。マレーシアのヤシ油栽培は1917年から始まり、2001年現在、世界の総生産量2,320万トンの50%に当る1,180万トンを生産する世界最大のヤシ油生産国に成長した。インドネシアのヤシ油の生産量は750万トンで世界第2位である。この2ケ国だけで全世界の総生産量の82%、輸出量の88%を占めている。

マレーシア政府の統計によるとマレーシアのヤシ油農地面積は1975年の64万ヘクタールから2005年には400万ヘクタールと30年間に6.3倍に拡大した。

ヤシ油農地の地域分布は半島マレーシア56％、サバ州30％、サラワク州14％であり、近年サバ州のヤシ油農園の急拡大が顕著である。サバ州のヤシ油農地は1975年の6万ヘクタールから120万ヘクタールと30年間に20倍に増大した。マレーシアのヤシ油農園のうち60％は民間企業が所有し、その農園規模は2万ヘクタールから10万ヘクタールの大規模農園もある[39]。このように世界の森林資源の減少の形態は地域や国によって異なるが、その原因については以下の要因が指摘されている。

人口増大の圧力と貧困

人口の増大は食糧需要の増大をもたらし、森林を伐採して農地を拡大して食糧供給能力を拡大する必要がある。更に貧困とあいまって発展途上国の人口密集地域ではエネルギー源としての薪炭需要が増大し、森林伐採の誘因となる。しかし人口増大自体が森林伐採の直接的原因ではなく、間接的な誘因であることを理解する必要がある[40]。

農地転用

森林減少の直接的な原因として最も重要な要因は、マレーシアやインドネシアの事例に見られるように、森林の農地転用である。自然資源が市場原理によって開発が行われるとき、収益率の最も高い方法による開発が行われる。ヤシ油栽培の収益率が、熱帯雨林の持続的保全より収益率が高ければ、森林は伐採されヤシ油農園に転用される。これはヤシ油に限らず、中南米の大豆栽培、牧畜のための熱帯雨林伐採の事例に見られる現象である[41]。

商業伐採と違法伐採

インドネシアの事例で見るように、森林は丸太輸出、合板輸出、紙・パルプ用材のために伐採される。森林資源が持続的に保全される方法で伐採される場合には、森林資源の消失に繋がらないが、多くの途上国では政府の森林保全政策に従わない不法・違法伐採がおこなわれる。

焼畑農業

フィリピンやインドネシアでは森林地帯の土着の農民が伝統的な農法として森林を焼き払って農耕地に転用する方法が盛んに行われた。亜熱帯地域の

熱帯雨林は土壌表面の肥沃度が弱く、焼畑農地は数年しか耕作に適さない。したがって農民は農耕地に適さなくなった土地を放棄して、さらに隣接する森林を焼き払って農地にする必要がある。在来焼畑農業が森林破壊の主な原因であると考えられたが、最近焼畑農業は規模も小さく森林消失に対する効果は限定的であると認識されるようになる。

森林火災

1997年インドネシアのカリマンタン島で発生した森林火災に見られるように、森林火災も森林破壊の原因の1つに数えられる。インドネシアの森林火災の場合、後述するように伐採業者やヤシ油企業が意図的に起こした森林火災であり、被害は甚大である。人口造林やヤシ油農園用地を獲得するためには、意図的な森林火災は最もコストが掛からない方法である。同じことが牧畜業者が行ったブラジルのアマゾンの森林火災についても言える。

制度・政策の不備

FAOの調査によると世界の森林資源の80%以上は国有林・公有林である。R・レペト（Robert Repetto）やM・ギリス（Malcolm Gillis）等多くの経済学者たちは、① 森林資源の私的所有権制度の不備、②経済的なレント、特に再植林費用を反映しない伐採料金制度、③森林監督機関の監視機能の弱体さ、④監督官庁と民間伐採業者の癒着・汚職、⑤持続可能な森林資源の管理政策の不備、⑥地球の公共財的性質を無視した森林資源開発、⑦森林の多機能価値を反映しない木材価格,⑧短期間の伐採権付与制度等の問題を指摘する。[42)]

貿易と森林消失

1980年代IMF/世銀は途上国に構造調整融資を通して貿易自由化政策を推し進めた。マレーシア政府が1955年以降ヤシ油栽培政策を実施するようになったのは世銀の勧告に従ったためであると言われている。[43)]この貿易自由化政策に従って亜熱帯地域の途上国は一斉に資源立地型の輸出産業奨励政策を実施する。資源が豊富な発展途上国の対先進国貿易取引の構図は、一次産品を輸出し先進国から工業製品を輸入することである。しかし経常収支は恒常的

第8章 東南アジアの熱帯雨林の破壊と消失

に赤字で、先進国から資本が流入し対外債務が増大する。対外債務を返済するため途上国は益々森林資源を略奪的に開発しようとする。また貿易の自由化政策は途上国の民間企業の森林資源の略奪的開発を促進し、森林の破壊をもたらす。このようにIMF/世銀の構造調整融資政策は、途上国が保有する森林資源や環境を保全しつつ経済を持続的に発展すべきであるという途上国の国民の願望を等閑視して進められという結果をもたらした。[44]

あとがき

以上指摘した森林減少傾向およびその原因は、森林資源を保有する途上国一般に観察される問題であると言えよう。しかし森林減少の要因は、当然国別・地域別に異なってこよう。表11ではメコン川流域のタイ、ラオス、ベトナム、カンボジアに特殊な森林消失原因が掲げられている。これらか発展途上国の森林消失の動向のその原因についてはそれぞれ詳細な実証的な研究が行われている。

表11：メコン川流域地域の森林消失原因

	要因	時期	地域
タイ	木材伐採	20世紀初期のイギリスによる北タイのチーク伐採に始まり、1960年代からの集中的な伐採期を経て、89年の伐採権廃止まで続く	初期は北に集中、1960年代以降は全地域
	換金作物栽培	1950年代は稲作、60年代以降は商品作物のために伐採。80年代後半の森林保護区強化によって沈静化	中央平原の東西周縁部及び東北地方。南部ではコーヒー、北部では耕作や果樹のための限定的伐採
	移動耕作	1960年代から問題視される。背景にビルマからの移民やケシの代替作物奨励に伴う土地利用紛争	主に北タイ、部分的に西部
	ゴムプランテーション	20世紀初頭に始まる。エイズによる需要増で80年代後半ゴム価格が上昇し森林破壊につながる	主に南部、最近は西部や東部で急速に拡大
	エビ養殖	台湾のエビ産業が崩壊した1980年代後半から	タイ湾海岸沿いのマングローブ林、最近ではアンダマン海沿岸部でも
	土地区分と保護区の拡大	89年の伐採禁止後の保護区拡大で住民退去、森林地の囲い込みも	主に北タイ、西部や東北の低地部でも
ラオス	第2次インドシナ戦争	1964～73年の空爆。戦争避難民の国内移動は今日まで続く	東部ベトナム国境地帯及びシエンクアン県。国内避難民はより広範
	米自給政策	1975～86年に開墾優先	影響が多かったのは北部諸県
	住民移動―自発的と政策的	伝統的に農業や安全上の理由で実施。第2次インドシナ戦争で増加。その後の高地民の安住化政策	全域、相対的に北部・中部が多い

第8章　東南アジアの熱帯雨林の破壊と消失

ラオス	移動耕作	古くから慣習だが、人口増加・市場経済浸透・土地／森林資源の競合により以前より破壊的に	全域、最もひどい森林破壊に関係するのは北部や中部の一部
	水力発電開発	1960年代のナムグムダム建設に始まり90年代に入り加速	ナムグムダム、ナムトゥン2ダム及び南部のダム建設「予定地」
	産業偏重	1990年代「熱帯林行動計画」等の森林政策が契機。軍所有企業がコントロール	国立生物多様性保全地域（NBCA）以外の大部分の森林地帯
ベトナム	第2次インドシナ戦争	1965～73年、枯葉剤により多大な破壊	中央高地及び南部沿岸部のマングローブ林
	米自給政策	1975～86年の経済改革開始まで自給用農地のための開墾進む	特に北西部
	計画的国内住民移転	1970年代後半～80年代中心に、人口過密地域の600万人を「新経済区」へ移動させた	紅河デルタ、メコンデルタ・沿岸部から中央高地へ
	コーヒープランテーション	1990年代のコーヒー価格上昇で森林を開墾してプランテーション化	中央高地
	移動耕作	中央高地では安定的だったが、1975年以降人口の増加と移動や政策などによって破壊的に	北西部及び中央高地
	軍の財政的必要	1986年の経済改革以降、軍は自己収入源を模索。近隣諸国の軍系伐採企業と協力	主に中央高地
カンボジア	作物栽培	1980年代の内戦以降、地雷問題により、既存の耕作地が放棄され新たに森林が開墾された	主に北部・西部
	権力者や軍の保護下での森林伐採	特に、1993年の国連暫定行政機構（UNTAC）撤退後	全域、特にラタナキリ県やモンドキリ県の森林地帯

資料：松本悟「メコン河流域の森林消失とその原因」、井上真編『アジアにおける森林の消失と保全』、中央法規、2003年、141頁。

註

1. United Nations, *Earth Summit*: *Agenda 21*: *The United Nations Program of Acton From Rio*, 1992, pp.88-97 and pp. 291-294. Chapter 11: Combating Deforestation.
   Annex Ⅲ Non-Legally Binding Authoritative Statement of Principles for a Global Consensus on the Management, Conservation and Sustainable Development of All Types of Forests.
2. 熱帯雨林行動ネットワーク (JATAN) のWebsite参照のこと。Jcaapc.org/jatan.。
3. これら国連の森林保全活動に関しては以下の文献に詳しい解説があるので参照されたい。
   David Humphreys, Logjam ; *Deforestation and the Crisis of Global Governance*, Earthscan, 2006.
4. The World Bank Operational Manual, *Operational Policies* ; *Forests* (OP 4.36) 1993, 1999.
5. World Bank/WWW, *Alliance for Forest Conservation and Sustainable* Use. この協力関係は2010年まで延長された。関連のWebsite 参照。
6. World Bank, *The World Bank Forest Strategy*: *Striking the Right Balance*, 2000.
7. World Bank, *Sustaining Forests*: *A Development Strategy*, 2004.
8. 林野庁、『森林・林業白書』平成18年度版参照。
9. 石弘之氏の地球環境問題に関する著作には以下のものがある。
   『地球環境報告』、岩波新書、1988年
   『地球破壊7つの現場から』、朝日選書405、1990年
   『酸性雨』、岩波新書、1992年
   『地球環境報告ⅠⅠ』岩波新書、1998年
   『私の地球遍歴』、講談社、2002年
   『世界の森林破壊を追う』、朝日新聞社、2003年
10. 寺西俊一著『地球環境の政治経済学』、東洋経済新報社、1992年、104−140頁。
11. 環境庁、『環境白書』平成3年度 (1991年)、3−27頁。
12. ヨーロッパ、特に北東ヨーロッパ諸国がその影響を受けた酸性雨の問題については、石弘之著『酸性雨』岩波新書、1992年、を参照のこと。旱魃、人口圧力、過伐採、過放牧、過耕作等が原因とされる砂漠化については、赤木祥

第8章　東南アジアの熱帯雨林の破壊と消失

彦著『砂漠化とその対策：乾燥地帯の環境問題』、東京大学出版会、2005年、中国の砂漠化の問題については、吉川賢著『砂漠化防止への挑戦』、中公新書、1998年参照のこと。
13. 地球環境問題の相互関係については、鹿園直建著『地球システム科学入門』、東京大学出版会、1992年、133－154頁、参照のこと。
14. J・E・アンドリューズ他著、渡辺正約『地球化学入門』、シュプリンガー・フェアラーク㈱、2005年、247－269頁。宇沢弘文著『地球温暖化の経済学』、岩波書店、1995年、13－44頁。
15. 宇沢弘文著、1995年、前掲書、23－30頁。
16. 環境省、『環境白書』（平成19年度）、110－112頁。
17. 林宰司著「南北格差と持続可能な発展」、高村ゆかり・亀山康子編『地球温暖化交渉の行方』、大学図書、2005 5年、133－143頁。藤森成昭著「地球環境問題と発展途上国」、森田恒幸・天野明弘編『地球環境問題とグローバル・コミュニティー』、岩波書店、2002年、157－188頁。
18. 竹内敬二著『地球温暖化の政治学』、朝日選書、1998年。
19. 竹内敬二著、前掲書、190頁。
20. 高村ゆかり著「地球温暖化防止のための国際制度を規定する要因」、高村ゆかり・亀山康子編『地球温暖化交渉の行方』、前掲書、44－60頁。
21. 林野庁、吸収源対策研究会編『温暖化対策交渉と森林』、林業改良普及協会、2003年、58－63頁。
22. 小林紀之著『地球温暖化と森林ビジネス』、日本林業調査会、2005年、29頁。
23. 林野庁、吸収源対策研究会編、前掲書、121頁。
24. 林野庁、前掲書、120－124頁。
25. 小林紀之著、前掲書、2005年、73－109頁。
26. 小林紀之著、同上、173－190頁。
27. FAO, *Global Forest Resources Assessment 2005 ; Progress Towards Sustainable Forest Management*, Rome, 2005.
28. FAO, op.cit., pp.169-175.
29. 永田信著「森林資源の現状と森林の消失」、井上真編『アジアにおける森林の消失と保全』、中央法規、2003年、12－28頁。
30. 日本林業協会、『森林・林業白書』（平成18年度版）、147－159頁。
31. 湯本貴和著『熱帯雨林』、岩波新書、1999年、22－25頁。
32. Ponting, Clive., *A Green History of the World*, 1991. （邦訳）クライブ・

ポンチング著・石弘之・京都大学環境史研究会訳『緑の世界史』、上、下巻、朝日選書、1994年。特に上巻、313－360頁参照。
33. 石弘之著『世界の森林破壊を追う』、朝日新聞社、2003年参照。
34. Revkin, Andrew., *The Burning Season*, Island Press, 1990.
35. Kummer, David M., *Deforestation in the Postwar Philippines*, Ateneo de Manila University Press, 1992, pp.39-75.
36. 深田祐介著『炎熱商人』、上・下巻、文春文庫、1984年。
37. 田坂敏雄著『熱帯林破壊と貧困の経済学』、御茶の水書房、1991年、148－230頁。
38. Cropper, Maurenn., Charles Griffs and Muthukumara Mani, "Rods, Population Pressures and Deforestation in Thailand, 1976-1989," in *Land Economics*, February 1999, pp.58-73 ; Theodore Panayotou and Somthawin Sungsuwan, "An econometric analysis of the causes of tropical deforestation : the case of Northeast Thailand," in Katrina Brown and David W. Pearce, *The Causes of Tropical Deforestation*, UCL Press, 1994, pp.192-210.
39. Teoh Cheng Hai, *The Palm Oil Industry in Malaysis*, WWF, 2002、Page 28.
40. Cropper, Maureen., and Charles Griffiths, The Interaction of Population Growth and Environmental Quality, in *The American Economic Review*, May 1994, Vol. 84,No.2. pp.250-254 ; Martin Palo, "Population and deforestation," and Thomas Rudel, "Population, development and tropical deforestation : a cross-national study" in *The Causes of Tropical Deforestation*, ed., by Katrina Brown and David W. Pearce, UCL Press, 1994, pp.42-56 and pp.96-133 ; Klaus W. Deiniger and Bart Minten, "Poverty, Policies and Deforestation : The Case of Mexico," *Economic Development and Cultural Change*, 1999, pp.313-344 ; Gunnar Kohlin and Peter J.Parks, "Spatial Variability and Disincentives to Harvest : Deforestation and Fuelwood Collection in South Asia," *Land Economics*, May 2001, Vol.77. 206-218. Martin Linde-Rahr, "Property Rights and Deforestation : the Choice of Fuelwood Source in Rural Vietnam," *Land Economics*, May 2003, Vol.79,pp. 217-234.
41. Babier, Edward., "The Economics of Tropical Deforestation and Land Use : An Introduction to the Special Issue," in *Land Economics*, May 2001, pp.155-171 ; Arild Angelson, "Agricultural expansion and deforestation,"

in *Journal of Development Economics*, 1999, Vol.58, pp.185-218.
42. Repetto, Robert., *The forest for the Trees? Government Policies and the Misuse of Forest Resources*, World Resources Institute, 1988 ; Robert Repetto and Malcolm Gillis, ed., *Public Policies and the Misuse of Forest Resources*, Cambridge University Press, 1988 ; William F.Hyde and Roger A.Sedjo, "Managing Tropical Forests : Reflection on the Rent Distribution Discussion," *Land Economics*, August 1992, Vol.68.pp.343-50 ; Robert T. Deacon, "Deforestation and the Rule of Law in a Cross-Section of Countries," *Land Economics*, November 1994, Vol.70.pp.414-30 ; Todd Sandler, "Tropical Deforestation : Markets and Market Failures," *Land Economics*, August 1993, Vol.69. pp.225-33 ; Ricardo Dodoy et al., "The Role of Tenure Security and Private Time Preference in Neotropical Deforestation," *Land Economics*, May 1998, Vol.74, pp.162-70 ; Robert T.Deacon, "Deforestation and Ownership : Evidence from Historical Accounts and Contemporary Data," *Land Economics*, August 1999, Vol.75, pp.341-359. Robert T.Deacon, "Assessing the Relationship between Government Policy and Deforestation," *Journal of Environmental Economics and Management*, 1995, Vol.28,pp.1-18 ; Gregory S. Amacher et al., "Royalty Systems, Government Revenues, and Forest Condition : An Application from Malaysia," *Land Economics*, May 2001, Vol.77, pp.300-313 ; Bruce A.Larson and Daniel W. Bromley, "Property Rights, Externality and Resource Degradation ; Locating the Tragedy," *Journal of Development Economics*, 1990, Vol.33,pp.235-262.
43. Teoh Cheng Hai, *The Palm Oil Industry in Malaysia*, op.cit., page 4.
44. Barbier, Edward B., Joanne C. Burgess et al., *The Economics of the Tropical Timber Trade*, Earthscan Publications,1994, pp.21-33 ; Graciela Chichilnisky, "North-South Trade and the Global Environment," *The American Economic Review*, September 1994, pp.851-874 ; Susana Ferreira, "Deforestation, Property Rights and International Trade," Land Economics, May 2004, Vol.80. pp.174-193 ; Edward Barbier, Joanne Burgess, et al., "Deforestation : the role of international trade in tropical timber," and Jeffrey Vincent, "The tropical timber trade and sustainable development," in *The Causes of Tropical Deforestation*, ed., by Katrina Brown and David W.Pearce, UCL Press, 1994, pp.271-297 ; pp.298-308 ; David Reed ed.,

Structural Adjustment, the Environment, and Sustainable Development, Earthscan, 1996, pp.3-52. Ramon Lopez, "Environmental externalities in traditional agriculture and the impact of trade liberalization ; the case of Ghana," *Journal of Development Economics,* 1997, Vol. 53, pp.17-39.

第Ⅲ部　グローバリゼーションと発展途上国

第9章　途上国債務の政治経済学

はじめに

　1980年代に発展途上国の累積債務が非常に重要な問題となった。

　途上国、特に中南米諸国に対しては日本の大手の金融機関も1980年代相当の規模の融資を行った。しかしその具体的内容についてはあまり明らかにされていない。金融機関の透明性が問題視されている現在、日本の大手金融機関の保有する海外の金融資産の内容については監視する体制を確立すべきであろう。

　日本における途上国の累積債務の研究はそれ程多くはない。しかもその多くはIMF、世銀批判の中で取り上げられる傾向がある。しかし寺西教授（1995年）、河合教授（1992年）の研究は非常に参考になる。

　欧米、特にアメリカでは1980年代途上国の累積債務問題について数多くの研究がなされ、種々の論争が行われた。そこで取り上げられた問題は、途上国の債務管理のパーフォーマンスの問題、累積債務を効果的に処理する方法、途上国の債務危機は単なる「流動性」（liquidity）の問題か「支払い不能」（insolvency）の問題か、途上国債務の減免問題、途上国の経済に及ぼす債務の重圧の問題、途上国の対外債務の経済分析の問題等非常に多岐にわたっている。

　ここでは今迄研究・討議されてきた問題点を整理し、今後の開発援助政策の中で途上国の債務問題をどう取り扱うべきか考える糧にする。

第9章 途上国債務の政治経済学

9.1 途上国の累積債務の危機

1982年8月20日の金曜日にメキシコ政府代表団はニューヨーク連邦準備銀行にて日欧米の14の主要銀行の代表団と会談し、メキシコ政府が債務履行を90日間一時停止する合意書に調印した。途上国の累積危機の初まりである。途上国の累積債務の端緒となったメキシコの債務危機がどの様に始まったのかをヘルツォーグ（J.Silva-Herzog）大蔵大臣は次の様に回顧している。[1]

メキシコ経済は債務危機以前順調であった。1978年～81年の期間メキシコ経済は実質経済成長率8.4パーセントを記録した。1977年新しい油田が発見され、メキシコの石油輸出による外貨収入は年間10億ドルから160億ドルに拡大した。開発投資は活発化し、国内の貯蓄不足を補うためメキシコは1977～82年の期間500億ドルを海外の金融機関から借入れた。欧米の金融機関はメキシコに対する融資に非常に積極的であった。しかしこの状況は1981年6月以降石油価格の低下及びアメリカのドル金利の上昇により一変する。メキシコ経済の先行き不安感から悲観主義が蔓延し、民間資本の大規模な海外逃避が始まった。その規模は1981年後半だけで90億ドルに達した。メキシコ政府はこの間外貨不足を補うため国際金融市場から3ケ月、6ケ月の短期の外貨資金230億ドルを借入れた。しかし外国の金融機関からの新規の借入れは徐々に困難となり、1982年6月の欧米の金融機関の協調融資のジャンボ融資25億ドルが最後の借入れとなった。

1982年4月メキシコ政府は緊縮財政、金融引き締め政策を内容とする経済再建計画を実施することを決定する。しかしL・ポーティリオ大統領はIMFの融資を受け入れることに反対であった。メキシコ政府の通貨金融当局者は1982年5月からアメリカ政府財務省、連邦準備制度理事会、IMFの最高責任者達との月一回の会議を行った。

1982年6月、7月には海外の金融機関からの短期資金の借入れは非常に困難となった。メキシコ中央銀行の外貨準備高は急激に減っていった。アメリ

カの連邦準備制度理事会からスワップ取引きで借入れた7億ドルは1週間で底をついた。7月の最後の週の外貨準備高の減少額は1日当り2〜3億ドルの水準に達し、メキシコの外貨準備残高は7月末には81年12月の50億ドルから16億ドルの水準にまで低下した。この時の状況は、「明日、X及びY銀行に返済する4,000万ドルの内、半分足らないから2,000万ドルをZ銀行から24時間ないし48時間借入れ、その後に満期になる債務はその時に考える」という状況であった。[2)]

　8月13日金曜日メキシコの中央銀行保有の外貨準備高が底をつくことが明らかとなり、ヘルツォーグ大蔵大臣のメキシコ政府代表団とアメリカ政府当局者（国務省、国家安全保障理事会、財務省、CIA、大統領府予算局、エネルギー省、連邦準備制度理事会）との間に「メキシコの週末」と呼ばれる緊急会議が開かれた。

　この会談の結果アメリカ政府はメキシコ政府に対して、国際決済銀行（BIS）を通した主要先進国の中央銀行からの緊急融資18.5億ドル、10億ドルの農作物の輸入借款及び10億ドルのメキシコ石油輸入代金前払いを内容とする緊急支援を行うことに合意した。しかしこの交渉の過程でエネルギー省はメキシコからの石油輸入代金の前払いに対する手数料の支払いを要求したため、メキシコ政府は一時「債務不履行」（モラトリウム）の宣言をすることを考えた。

　この様なアメリカ政府からの緊急支援を得て、8月20日メキシコ政府はニューヨーク連邦準備銀行で先進国の14の主要銀行の代表団との会談を行い、23日以降90日間メキシコ政府は債務の履行を繰延べることについての合意を得た。

　この際メキシコ政府は、「債務不履行」（moratorium）の宣言の可能性を検討したが、メキシコは食糧輸入の30パーセントをアメリカからの輸入に依存することと、メキシコの工業部門の生産は工業用原料、中間生産財、資本財の輸入に依存していること、国内の貯蓄率・投資率のギャップから海外の資本の流入が不可欠であったこと、対外債務の不履行宣言を行うことは国内

第9章　途上国債務の政治経済学

の金融システムに深刻な信用不安をもたらすこと、国際経済の相互依存性が高まる時代状況の中でメキシコ経済が孤立化することは避けるべきこと等の理由から、この代替案は取られなかった。

　ヘルツォーグ大蔵大臣はメキシコの債務危機の回顧の結論として、1982年5月以降行われたアメリカ政府当局者達との会談が非常に重要であったこと、債務危機は本質的には「流動性」（liquidity）の問題であり、「債務履行の不能」（insolvency）の問題ではないと認識されたこと、アメリカ政府の財務省は自国の金融機関の利益を保護することを優先し、他の途上国に対する波及効果、国際金融システムの安定性についての認識不足があったこと、その後の債務の繰延べで交渉ではIMFが積極的な役割を演じ、世銀及び中南米開発銀行は諦観者的な役割しか果たさなかったこと、債務繰延べ交渉では先進国の金融機関が常に指導的な役割を演じたこと、メキシコの債務危機を国際金融システムの危機として把握し、最初から重要な役割を演じたのはアメリカの連邦準備制度理事会のP・ヴォルカー（P.Volcker）議長であったと指摘している。

　メキシコの債務危機が頂点に達した1982年8月9日連邦準備制度理事会のP・ヴォルカー議長はワイオミング州の魚のつり場で魚つりに興じていた。その後P・ヴォルカー議長は回顧録の中で、メキシコの債務危機を国際金融システムの危機と位置づけて次の様に述べている。[3)]

　第1に、メキシコの債務危機はアメリカの大手のマネー・センター銀行を中心に、日欧米の商業金融機関が1970年代の石油危機の結果ユーロ・カレンシー市場に滞留したペトロ・ダラーを途上国、特に中南米の中所得途上国の国際収支の補填のために不注意に過剰に貸過ぎた結果生じた現象であり、メキシコ1カ国に限定された問題ではなく、国際金融システムの体質に根ざした問題であるということである。これ等中所得途上国は開発投資のため旺盛な資金需要があり、経常収支の赤字を補填するため外貨の導入が不可欠であった。政府が国際収支を補填するため海外の金融機関から短期資金の借入れを行うことは、IMFから条件付きの融資を受け入れたり、世銀から個々的

357

な開発プロジェクトに対するプロジェクト・ファイナンシング融資を受け入れるより非常に容易であり、即効性があった。貸手の金融機関も「国家は破産せず」という神話の下で、ロンドンの金融市場でLIBORベースで調達したドル資金を変動金利で途上国政府に対する融資(ソブリン・ローン)として供与することが可能であった。これ等途上国の債務は通常の場合には、満期が到達すると新規の融資によって借換え(roll-over)することが可能であった。しかしこの借換えが可能であるためには、貸手の金融機関が借手の途上国が返済能力を有し、その意思があると信用することが前提であった。

第2に、途上国の信用不安が顕在化したのは、アメリカの高金利政策によって途上国の債務の金利負担が急激に上昇したこと、先進国経済の景気後退により途上国から先進国に対する輸出が低迷したこと、特に石油価格の下落に呼応して途上国の主要輸出品である一次産品の価格が下落し、途上国の外貨収入が減少したこと、途上国が国際収支を改善するためには、財政赤字の減少、金融引締政策等の短期的な経済政策が必要であるばかりでなく、貿易・金融の自由化政策、国営企業の民営化政策等の長期の経済の構造改革政策が必要であった。しかし途上国、特に中南米諸国はこれ等の国の社会構造に根ざす大衆路線(ポピュリズム)マクロ経済政策を取らざるを得ず、必要とされる経済政策を実行することは政治的に困難であると欧米の金融機関は考えた。これ等の理由により、満期に達した債務の借換えのメキシコ政府の要求に対して欧米の金融機関は新規の融資に対して非常に消極的になった。

第3に国際金融システムにとって脅威となったのは、中南米のメキシコ、アルゼンチン、ブラジル、チリ、ベネズエラ等の少数の中所得途上国に対して、アメリカの大手マネー・センター銀行9行が資本の平均の1.5倍以上の融資を行っていたことである。[4] 金額的には、メキシコに対して240億ドル、ブラジル200億ドル、ベネズエラ110億ドル、アルゼンチン80億ドルという莫大な規模に達していた。[5] 更にこれ等に加えて日本、ヨーロッパの大手金融機関及びこれ等の国々の多数の中小の銀行が協調融資団に参加していた。一般に途上国政府に対して複数の銀行が協調融資団を形成して融資を行う場合、

第9章　途上国債務の政治経済学

　融資契約は幹事銀行と借手国である途上国政府の間で締結される。この融資契約の中に「交叉不履行約款（cross default clause）」が含まれる。この約款は債務国が1つの金融機関に対する債務の履行を怠ることは、この融資契約に参加しているすべての金融機関に対する債務不履行と見做されるという約款である。この約款のためメキシコ政府の債務不履行は、日欧米主要金融機関のすべての金融機関に波及する非常に深刻な国際金融体制の危機を孕んでいた。それとともにメキシコの債務不履行は他の主要債務国に波及する虞れがあった。若しメキシコ政府が債務不履行を宣言し、若し他の重債務国が同じく債務不履行を宣言したとすると、日欧米のすべての金融機関の金融債権は不良債権となる。その総額は重債務国（HIC：Heavily Indebted Countries）だけで2,190億ドルに達し、先進国経済は金融恐慌を起こすことになる。

　第4に問題となったのは、17ケ国の重債務の内、フィリピン、ユーゴスラビア、ナイジェリア、モロッコ、コートジボワールを除いた12ケ国はすべて中南米諸国であり、中南米経済は歴史的にアメリカ経済との関連が強く数多くのアメリカの多国籍企業が活発に直接投資を行ってきた。これ等中南米諸国に対してアメリカの大手銀行が自己の資本力以上の融資を行ってきた。メキシコの債務危機は中南米の債務危機につながり、この危機はとりもなおさずアメリカの金融システムの体制的危機を惹起することが懸念された。ここにアメリカ政府が中心になってメキシコ及びその他の途上国債務危機に対する危機管理体制を速急に確立する必要性があったわけである。

　アメリカの連邦準備制度理事会のP・ヴォルカー（P.Volcher）議長は非常に優秀な財務省官僚であり、国際金融の専門家であった。[6] ヴォルカー議長は見事にこのアメリカが果たすべき役割を果たしたわけである。メキシコの債務危機のニュースは日銀の前川総裁にも直ぐに知らされた。その時前川総裁は軽井沢でゴルフに興じていたという。途上国の累積債務に果たした日本政府の役割については、日銀の国際金融当事者による詳しい説明がある。[7]

359

9.2 途上国の債務危機と通貨不安

　一定の国が経常収支、特に貿易収支の赤字を補塡するために海外からの資本流入に頼る必要性があることは途上国に限ったことでなく、同じことが先進国についてもいえる。問題は途上国が、P・クルーグマンが指摘するように構造的に経常収支の赤字体質を持ち、海外からの資本の流入、特に政府開発援助（ODA）あるいは金融機関からの融資に頼らざるを得ないことである。[8] 途上国の多くが社会、政治不安に直面し、産業基盤が未整備、金融組織及び資本市場が未発達であるのが一般的である。しかし海外からの直接投資あるいは証券投資（ポートフォリオ投資）に多くを望み得ない。従って残された道は、政府開発援助か民間金融機関からの借入れしかない。

　資本収支は国民所得統計上、経常収支と表裏の関係にあり、経常収支は政府の財政収支及び民間セクターの投資と貯蓄のギャップと関連することは、近代マクロ経済学の初歩的な理論から充分理解されよう。[9] 途上国の場合、開発投資のため旺盛な資金需要があるにもかかわらず国内の金融システムがこの資金需要に対応出来ず、政府部門も種々の理由から財政赤字に悩まされる傾向が強い。[10] これ等の理由により途上国は対外債務に対する依存体質を強く持つことになる。

　資本は資本余剰国から資本不足国へ、経常収支黒字国から赤字国へ、先進国から途上国へ、より高い資本収益率を求めて移行する。この資本収益率が資本の機会費用よりも高ければ、この資本の流出流入は資本の最適配分をもたらす結果となる。

　1945年以前はIMFも世銀も地域開発銀行も存在せず、二国間の政府開発援助（ODA）も存在しなかった。イギリスによるインド等の植民地開発は主に東インド会社及び間接統治によって行われた。アメリカ、カナダ、オーストラリア等で19世紀に行われた鉄道建設等の開発投資資金は、主にヨーロッパ、特にロンドンの金融市場から調達された。[11] ヨーロッパ市場でこれ等の資

第9章　途上国債務の政治経済学

金の調達を行ったのがロンドンのマーチャント銀行、アメリカのモルガン銀行[12]、ドイツ、ハンブルグのウォーバーグ銀行[13]等の金融機関であった。日本政府は日露戦争の戦費を調達するため、これ等ヨーロッパの金融機関に依存した。特にヨーロッパのユダヤ系の金融機関は、ロシア社会のユダヤ人迫害に対応するために日本の明治政府が起債する国債を積極的に引受けたという[14]。

新大陸のアメリカ、カナダ、中南米諸国、トルコ、エジプト等は19世紀末に発展途上の段階にあり、是等政府は開発投資プロジェクト及び政府の財政赤字の補塡のため、ヨーロッパの金融・資本市場から資金の調達を行った。その方法は金融機関からの長期資金の融資を受け入れる方法でなく、政府ないしは国営企業が長期債券を起債し、この債券をヨーロッパの金融機関が引受け（underwriting）、この債券を市場で売買するという方法を取った。

途上国政府が起債する債券のヨーロッパ市場での信用力は当然低かった。従って度々これ等の債券は、政府の財政収入、特に関税収入を担保にしたり、鉄道の料金収入を担保にしたり、その国の保有する資源（例、ペルーの鳥の糞）を担保にするだけでなく、これ等の債券の発行には高い利子率を設定し、高い割引率で発行する必要があった。

しかし是等政府は19世紀度々債務不履行に陥った。19世紀のメキシコ、ペルー、ギリシャ、トルコ、エジプト等の債務不履行の問題については詳しい分析がW・H・ワイン（W.H.Wynne）(1951年)によってなされている[15]。非常に興味のある研究書である。これ等の政府の発行する債券が不履行の状態になると、債券の保有者は債権者団体を形成し、その代表者が政府と交渉に当る。多くの場合債権国政府が途上国政府に圧力をかけ、担保として提供された資産を債権者の管理下におき、旧債券と新債券を高い割引率で交換する等の手続きが行われた。

ヨーロッパの金融市場では、借手国の債務不履行によって生じた金融危機は、C・P・キンドルバーガーによると異常な現象ではなく常態であったのである[16]。

しかし第2次大戦後から1980年代までこの様な途上国政府による対外債務

の不履行の問題は生じなかった。その大きな理由は、19世紀の前半にスペイン、ポルトガルから独立した中南米諸国が債券を買却してヨーロッパ市場から資金を調達したのに対し、戦後独立したアジア、アフリカの発展途上国は、世銀、IMFの資金援助、アジア開発銀行、アフリカ開発銀行からの長期資金援助、二国間政府開発援助資金から必要とする外貨資金を調達することが出来たからである。"戦後30年間は国際金融市場は平穏な黄金時代"であったと金融史家B・アイケングリーン（B.Eichengreen）は述べている。[17]

しかし1970年代に石油危機が発生し、民間の金融機関が途上国政府に対してプロジェクト融資や協調融資を通じてペトロ・ダラーを途上国に還流し始めると、状況は急激に変化してくる。途上国政府が西欧の民間の金融機関に対する債務者の位置に転じてしまったのである。

この途上国の債務危機は、1985年10月、韓国のソウルで開かれたIMF・世銀総会で発表されたアメリカ財務省長官のベーカー計画（Baker Plan）、1989年3月に発表された同じく財務省長官のブレディー計画（Brady Plan）、及びIMFの支援の下で行われた途上国政府と金融機関の債務の繰延べ交渉（rescheduling）によりこの債務危機は一応の収束をみた。アメリカ政府、IMFの指導の下に日欧米の金融機関は1985年〜1995年6月までに21ケ国の債務国と101回の債務繰延べ交渉を行い、総額1,700億ドルの途上国の債務が繰延べられた。[18]

しかし1980年代途上国に対する民間の資金の流入は極端に停滞した。その結果多くの途上国、特に重債務国は、開発投資の削減、経常収支の不均衡を是正するため輸入の抑制、財政・金融の引締政策を行わざるを得ず、その結果1人当たり経済成長率は多くの債務国でマイナスとなった。これ等途上国にとって1980年代は"失われた10年"となってしまった。

しかし1980年代後半以降、多くの途上国はIMFの支援によるマクロ経済安定化政策、世銀の支援による貿易、金融、投資の自由化政策、国営企業の民営化、政府規制の緩和等の経済構造改革を行った。途上国にとって1985年〜1990年代前半は"構造調整"の時代となった。[19]

第9章　途上国債務の政治経済学

　その結果1990年代の前半以降途上国の経済はサハラ砂漠以南のアフリカ諸国を除いて、先進国経済以上の年平均成長率を記録している。[20] 特に東アジアの経済は「東アジアの奇跡」と呼ばれる高い成長率を持続している。[21] 東南アジア経済も東アジア経済に次いで高い経済成長率を記録している。中南米経済も回復基調にある。[22]

　1990年代前半以降顕著になった現象は、途上国における「新興資本市場」(emerging capital market) と呼ばれる株式市場のめざましい発達である。メキシコを初めとする中南米諸国、マレーシア、タイ、フィリピン、インドネシア等の東南アジアの資本市場の規模は急速に拡大していった。中国でも上海、天津等の沿岸都市における資本市場が急速に発展していった。世界全体でこれ等「新興資本市場」の規模は全体の市場規模の10パーセントに達していると推計されている。[23] 1990年代に入り日欧米の機関投資家、ファンド・マネジャー等はこれ等「新興資本市場」を含んだグローバル市場で金融資産の運用を行う様になり、その規模は10兆ドルを越えると推計されている。これ等先進国の極度に流動性の高い短期の資本は、高い期待収益率を求めて世界の資本市場を駈けめぐっており、ソロス等の投機資本投資家の活躍は一躍有名となった。[24]

　これ等西欧先進国の流動性の高い短期資本は、金融の自由化・国際化とともに益々活発に途上国の金融・資本市場に流入・流出しており、途上国の通貨不安の原因となっている。1994年12月のメキシコの通貨危機、1997年のタイ、インドネシア、フィリピン等の東南アジアの通貨不安は、国際金融市場における資本取引きの自由化が原因となっている。[25]

　金融市場の自由化、国際化によって生じた途上国の通貨不安とともに1990年代に顕著になった現象は、途上国に対する先進国の直接投資の増大である。国際経済のグローバル化とともに先進国の多国籍企業は、グローバルな規模で企業戦略を展開する様になり、先進国のグローバル分業体制が形成されつつある。特に東アジア、東南アジアに対する日本企業の海外直接投資は円高の影響もあり、非常に活発となっている。[26]

9.3 金融機関の危機管理

途上国債務の危機に直面して先進国の金融機関が具体的にどの様に対応し、危機管理体制をとったのかを知るのは非常に困難である。これ等の問題について先進国の大手の金融機関は自行の不良債権の対策についてその内容を発表しない。サハラ以南のアフリカ諸国を中心とする最貧国の公的債務の繰延べ、債務の減免交渉は、パリで開かれる債権国会議（一般に「パリクラブ」と呼ばれている）で行われ、その交渉の内容は公表されており、どの様な問題がどう処理されるのかを知ることは可能である。[27] 先進国が二国間ベースで行う政府開発援助は、援助を供与する先進国の政府が独自の判断で繰延べや減免することが可能と考えられるが、パリの債権国会議で国毎に一括して処理される。その根本的な理由は、債権国同志が他国の「タダ乗り」(free rider)を避けることにある。

政府開発援助は公的資金、一般に政府予算を使用するため政府開発援助当局者は、自国の財政政策上の利益を当然追求しようとする。貿易収支の赤字に悩むX途上国がA先進国から受けた政府開発援助の債務を、A国政府がその支払いを繰延べたり、減免したりすると、それによって節約されたX途上国の外貨は他の先進国に対する公的債務の支払いに使われてしまう。A国は「タダ乗り」によって損失を蒙ることになる。同じことは途上国政府が先進国の民間の金融機関に対する債務についてもいえる。しかし問題はより複雑となる。

ここでは一般に知られている事実及びアメリカの金融機関の経営者の発言を通して、1980年代途上国債務に直面して先進国の金融機関がどの様な対策を講じたかを概観することにする。[28]

アメリカの大手金融機関の共通の認識は、途上国債務の危機は先進国の金融システム全体の危機をもたらす潜在的に深刻な問題であり重債務国の内特にメキシコ、ブラジル、アルゼンチン等の中南米諸国の債務処理の問題が最

第9章 途上国債務の政治経済学

表1 1990年代前半の途上国に対する民間資金フロー　　単位：10億ドル

	1990	1991	1992	1993	1994	1995
民間資金フロー総額	43.5	154.9	130.1	172.9	151.6	193.7
直接投資	18.6	28.4	31.6	48.9	61.3	71.7
証券投資	18.3	36.9	47.2	89.6	50.4	37.0
融資・輸出信用等	6.6	89.6	51.3	34.5	39.8	85.1
IMF融資	−1.9	1.1	−0.2	−0.1	−0.8	12.2
アジアに対する民間資金フロー	23.1	49.8	32.1	70.5	81.1	104.1
直接投資	9.4	14.3	14.4	32.7	41.9	52.4
証券投資	−0.9	2.9	9.8	23.8	16.0	18.5
融資・輸出信用等	14.6	32.6	7.9	14.0	23.1	33.2
IMF融資	−2.4	1.9	1.3	0.6	−0.8	−1.8
中南米に対する民間資金フロー	18.5	23.0	53.1	63.4	47.2	61.8
直接投資	6.6	11.2	12.8	13.9	17.7	17.1
証券投資	17.4	11.4	17.8	51.6	17.4	10.0
融資・輸出信用等	−5.5	0.5	22.5	−2.1	12.1	34.7
IMF融資	1.2	−1.0	−1.6	−0.9	−1.3	12.9
旧社会主義国に対する民間資金フロー	11.9	−0.5	5.0	10.9	13.6	34.4
直接投資	−	2.4	4.2	6.0	5.6	11.4
証券投資	−	0.8	−0.8	2.7	3.0	6.0
融資・輸出信用等	11.9	−3.7	1.7	2.1	5.1	17.1

資料：IMF, International Capital Market, September 1996, Page 5

も重要である。債務危機が「流動性」の問題か「債務支払不能」の問題かという区別は金融機関にとってあまり意味がなく、途上国債務の危機は先進国の金融システムにとって脅威である。先進国政府のリーダーシップが危機の回避には不可欠である。重債務国に対して金融機関が新規の資金の融資を供与することは困難であり、これ等債務国の経済は後退し、政治・社会不安をかもしだす可能性がある。債務国が経済の回復を達成するためには、一連の経済改革政策を実行することが不可欠である。このためにはIMFのリーダーシップが必要である。債務国が債務履行を行うためには新規の資金の投入が必要であり、世銀、地域開発銀行等は資金力を強化する必要がある。債務国のカルテル形成は極力避けるべきであり、債務国との交渉は国毎に別々に

行うべきである。他の途上国への波及効果を避けるため緊急対策が必要である。債務国の債務不履行（default）は極力避けるべきであり、利払いを可能にするため債務の支払いの繰延べは不可欠である。金融機関の「タダ乗り」を避けるため大手金融機関は協調した行動が必要である。途上国の累積債務は経常収支赤字補塡のための短期資金を融資した結果生じたものである。この様な資金はその用途が不明確であり投下資本の収益性を確保するのがむずかしい。中南米諸国はユーロカレンシー市場の大手の借手国であり、中南米諸国の債務の延滞はユーロ市場に深刻な影響をもたらす。公的資金による金融機関に対する救済処置（ベイリング・アウト）は政治的にむずかしい。しかし重債務国を債務の重圧（オーバー・ハング）から解放するためには途上国の債務を減免する必要があるという主張はなされなかった。この途上国の債務（元金及び利払い）を減免すべきかどうかという問題がその後の途上国の債務問題の重要な課題となる。

　アメリカの金融機関は、途上国の債務履行、特に利払いが90日以上延滞する場合には、その途上国に対する債権は不良債権として、銀行法上処理する必要があった。しかも途上国の1金融機関に対する債務の不履行（default）は他の金融機関の債務の不履行に波及するため、金融機関は極力債務の不履行となる状況を避けるため途上国政府と繰延べ交渉を行う必要があった。金融機関が積極的に債務の繰延べ交渉に取り組む動機となったのは、これ等金融機関の途上国に対する債権の市場価値が、対アルゼンチン債権37パーセント、対ブラジル債権35パーセント、対メキシコ債権44パーセント、対フィリピン債権50パーセントと第二次流通市場において極端に低下してしまったことである。この様な市場価値の低下によって先進国の金融機関は自己の持つ債権を市場で売却して途上国に対する債権を処理すると莫大な損失を蒙ることとなる。また途上国に対する融資は多数の金融機関が参加して行う協調融資の型をとるのが一般的であった。数百以上の金融機関が参加するのも稀ではなかった。この協調融資は日欧米の大手の銀行が幹事銀行として途上国政府と融資契約を締結するのが通常であった。従って途上国との債務の繰延べ交渉は、これ等幹事銀行が中心となって交渉団を形成し、一時に数百以上の

金融機関の債務を繰延べるという作業が必要となった。

債務の繰延べ交渉は、新規の利子率の設定、元本の借換え融資、繰延べ期間等の問題について、当該途上国に多額の債権を持つ大手の金融機関と少額の債権しか持たない中小の金融機関との間の利害を調整する必要があった。

ここで重要な役割を演ずることになるのはIMFである。途上国政府と金融機関と交渉団が債務の繰延べ交渉を行う場合、その途上国の将来の外貨の資金繰りの状況、一定の経常収支の不均衡を是正するために必要となるマクロ経済政策の実行、新規の公的機関から短期資金の投入、途上国のマクロ経済動向を常時監視することが必要であった。これ等の機能を果たすことが出来るのは国際機関であるIMFだけであった。従って金融機関の債務の繰延べ交渉には必ずIMFの介入が条件となっていた。

金融機関は1985年3月のメキシコ政府との債権の繰延べ交渉の合意以降1995年6月時点までで、合計101回の債務の繰延べ交渉を重債務国を中心に21ケ国の途上国政府と行っている。

1985年10月韓国のソウルで開かれたIMF・世銀の年次総会においてアメリカのJ・ベーカー（J.Baker）財務長官は、途上国の債務危機に対応するため3つのプログラムを内容とする所謂「ベーカー計画」を発表した。その内容は、IMF・世銀の支援の下に途上国、特に重債務国は経済成長を促進し、国際収支の均衡を保つため健全なマクロ経済政策及び途上国の経済体質を改善するため長期的な経済構造政策を実行する。IMF、世銀及び地域開発銀行が経済支援を行い、金融機関が新規の融資をすること等がその内容であった。

このベーカー提案以前に世銀は途上国に対してその経済構造改革を支援するため既に「構造調整融資（SAL：Structural Adjustment Loan）」を実行しており、ベーカー計画は特に新しい内容のものではなかった。ベーカー計画の意図したことは先進国の金融機関が途上国に対して新規の融資を促すことであった。しかし、日欧米の金融機関はこのベーカー提案には積極的には反応しなかった。途上国の累積債務の危機の問題は、本質的には先進国の金融

機関が自己資金力以上の過剰の高リスク債権を保有することに根本的な原因があった。それ故先進国の金融機関の自主的な行動が先ず必要であった。

　この金融機関の対応は、1987年5月シティーコープが30億ドルの貸倒れ引当金を資本準備金に組入れるという型で行われた。これに続いてチェース・マンハッタン銀行が16億ドル、アメリカ銀行、ケミカル銀行がそれぞれ10億ドル、マニュファクチュア・ハノーバー銀行が17億ドルの貸倒引当金を計上した。アメリカの大手銀行が途上国に対する債権を「不良債権」として処理することを公にしたわけである。

　より重要なアメリカ政府の対応策は1989年3月に発表されたN・ブレイディー（N.Brady）財務長官の提案、所謂「ブレイディー計画」となって現われた。このブレイディー計画はアメリカの若手の投資銀行のスタッフの構想に基づいているといわれている。一説には日本の大蔵省の内海元財務官の構想が基になっているともいわれている。[31]

　この「ブレイディー計画」が「ベーカー計画」と本質的に異なるのは、ブレイディー計画が金融機関の対途上国債権の第2次流通市場での市場価値が極端に低くなっているという市場メカニズムを利用したこと、種々の金融機関の個々的なニーズに対応するため「メニュー・アプローチ」を採用したことである。[32]

　1989年9月に発表された対メキシコ政府の債務交渉で提示されたブレイディー計画に基づく債務繰延べのメニューは3つのオプションによって構成されている。そのオプションは、①メキシコ政府に対する債権と35パーセントの割引き率の長期のメキシコ政府発行の国債と交換すること（所謂「ブレイディー債権」あるいは「脱出債券（エキジット・ボンド）」）。メキシコ政府はこの国債の担保としてアメリカ財務省のゼロ・クーポン債を購入する。この購入資金はIMF・世銀が供与する。②対メキシコ政府に対する変動金利付債権を固定金利年率6.25パーセントの同額の債権と変換する。③金融機関の既存の債権は維持するが、当該金融機関の債権残高が25パーセント増加するまで新規の融資を行う。前二者のオプションについては利払いの保証金を質権の設定された外国

368

の金融機関に預金する。この「ブレイディー計画」構想に基づく途上国債務の繰延べ交渉によって途上国の債務残高は縮小していった。しかし先進国の金融機関は国際金融システムの危機を回避するため、途上国との繰延べ交渉を通じて「非自発的な強制融資（involuntarily forced lending）」を行う必要があった。

さらに、この途上国債務の危機に直面した先進国の中央銀行は、国際決済銀行（BIS：Bank of International Settlements）のガイド・ラインに基づいて国内の金融機関の資本力の強化に努めることになる。このガイド・ラインは銀行の自己資本の水準をリスク資産別にウェイトづけを行った加重平均で8パーセントの水準まで高めるという勧告である。[33]

9.4 債務の政治学

メキシコのS・ヘルツォーグ（Silva-Herzog）大蔵大臣は1982年8月13日の午後ワシントンを訪れ、メキシコの債務危機を時の財務長官R・レーガン（R.Regan）に会いメキシコ政府が直面している債務危機の状況を説明した。会談後レーガン財務長官は「メキシコ政府は深刻な問題を抱えていますね」と感想を述べたという。それに対してヘルツォーグ大蔵大臣は「いや、財務長官、アメリカ政府も深刻な問題を抱えているのです」と答えたという。[34]途上国債務の政治的問題の本質をついた発言である。

債権者である金融機関と借手途上国政府との間には微妙な権力関係のダイナミックスがある。金融機関が融資を行う場合、貸手市場か借手市場かによって状況は異なるが、一般的に貸手の金融機関が力関係では上位に立つ。しかし融資額が多額になり多数の金融機関が多数参加する途上国に対する協調融資の場合は、この力関係は微妙に変化する。多額の融資を行った銀行は自行の債権が債務不履行となるのを恐れる。途上国政府は債務不履行（default）宣言をして金融機関を窮地に立たすオプションを持つ。しかし途上国政府は債務を不履行の状態にすることにより国際金融市場での信用力を失墜し、新

規の融資を将来金融機関から得るのが非常に困難となる。しかし金融機関の途上国に対する債権は第2次流通市場でその市場価値は30～50パーセントまで低下しているので、途上国は他の金融機関から資金を調達して、その債権を買戻すことが可能である。

　この債権者・債務者の力関係に両国政府の外交政策が複雑に絡んでくる。アメリカ政府は中南米諸国のアメリカの金融機関に対する債務の問題が、政治・社会不安を起こすのを好まない。この債権者・債務者の関係に一見中立的な立場で介入するのがIMF・世銀である。西欧の金融機関、特にアメリカの金融機関はIMF・世銀を梃子として活用しようとする。その理由は前にも述べたように、IMF・世銀のみが、途上国がマクロ経済政策及び長期の経済構造改革政策を実施し国際収支の均等を回復し、途上国の外貨の資金繰りを監視することが出来るからである。IMF・世銀は多くの場合、先進国の金融機関の代弁者として政治的な役割を演ずる場合がある。

　途上国債務の政治的な問題については、S・ハガード（S.Haggard）[35]、R・カウフマン（R.Kaufman）[36]等のアメリカの少壮の政治学者による研究がある。これ等の研究は途上国の債務の圧力や、IMFの経済安定政策、世銀の構造調整プログラムが、途上国の社会的構造、権力構造の枠組みの中で、どの様に意思決定がなされ、どの様な政治的インパクトをもたらすかを分析している。

　途上国の債務の政治的問題をより包括的に分析したのは、V・K・アガーヴァル（V.K.Aggarwal）(1996年)の研究であろう[37]。この研究の中でアガーヴァルは、メキシコ、ペルー、アルゼンチン及びブラジルの債務の繰延べ交渉の政治的ダイナミックスを1820年から現在までの61の債務の繰延べ交渉についてゲーム理論を用いて分析している。途上国政府はこれ等の交渉の過程で、新規の融資を獲得しようとする。債権国、債権機関が要求する経済調整プログラムの政治的・経済的コストを最少にする。債権者との関係を維持し、国際金融機関の信用力を保持しようとする。これに対して、債権者は、新規の融資を行うことを極力避けようとする。当然のこととして債務の履行を確

保することに努め、債務者が債務不履行に陥ることによって生ずる経済的損失を最少にしようとする。

このアガーヴァルの研究で特に興味をひくのは、西欧の金融機関と途上国政府の債務繰延べ交渉の政治的ダイナミックスを「ゲーム理論」を用いて理論的に分析することよりも、これ等中南米4ケ国の170年間に61回も行われた債務繰延べ交渉の具体的内容である。これ等中南米諸国の過去の債務不履行が途上国の累積債務の危機として政治問題化しなかった理由は、これ等の政府の債務が債券の起債・売却という型式の債務負担行為であり、西欧の大手の金融機関からの借入れ債務でなかったことである。19世紀に途上国政府が債務の履行を怠ることによって生ずる損失は債券保有者のみが蒙る損失であり、国際金融システムの体制的危機(システミック・リスク)ではなかった。しかし1980年の途上国債務は体制的危機をもたらすために深刻な国際政治上の問題となったわけである。

この債務の政治経済学分析については寺西教授の興味のある研究がある。[38]

9.5 中所得国の罠

先進国が発展途上国に供与する開発金融は1990年代に入り新しい様相を呈してきている。中所得発展途上国に多額の短期の投機的な国際金融資本が流入し、その途上国に通貨・金融危機をもたらし、その金融経済の危機が途上国の実体経済の不安定要因となってきている。東南アジアの発展途上国は経済発展が進めば進む程、先進主要国が戦後国際経済秩序の基本的枠組みとして構築した2つの体制の中に組み入れられて行く。その1つの体制は、ブレトン・ウッズ体制であり、もう1つの体制は、GATT/WTO（世界貿易機構）体制である。前者はドルを基軸通貨とする国際通貨システムであり、後者は先進国と途上国とを原則的に差別しない自由主義貿易体制である。

しかし途上国の実体経済が中所得国の水準に達し、世界の経済システムに統合されればされる程、その実体経済の脆弱性が増すという矛盾が生じてき

ている。この実体経済の脆弱性は、この実体経済の本質に根ざすのではなく金融経済の不安定性が実体経済に波及する結果生ずる脆弱性である傾向を強く持っている。

　この問題は、1982年8月のメキシコの債務不履行の危機に端を発した中南米諸国の累積債務の危機であり、1997年7月のタイのバーツの通貨危機に端を発した東南アジアおよび韓国の通貨・金融危機であり、実体経済が不安定化する問題である。両者の危機に共通している点は、途上国経済が中所得国の水準まで経済が発展すると、その国の経済に対する国際金融市場での信用が増し、先進国から多額の金融資本が流入し、それが途上国のマクロ経済の攪乱要因となるということである。前者の場合、先進国から中所得国への国際金融資本の流入は、商業銀行によるドル建ての長期資金が多数の銀行が協調して融資する協調融資という形態をとった。後者の場合は、短期資金の投機的投資が流入するという性格を強く持っていた。前者の場合、中南米諸国に対しての長期のドル資金を供与した商業銀行の多くがアメリカの大手銀行であったため、中南米諸国政府のこれ等銀行に対する債務が不履行となると、アメリカ金融システムの根底を覆す体制的危機(システミック・リスク)をもたらすと懸念された。後者の危機は1960年代以降東南アジアなど東アジア経済に対する相互依存性を高めてきた日本経済にとって深刻な負の効果をもたらす。東南アジアの通貨・金融危機の問題は、バブル崩壊後長期間におよび経済不振に悩む日本を一体とし把え、「アジア型資本主義神話」の溶解(メルト・ダウン)現象と解釈される。はたして「東アジアの奇跡」は神話にしかすぎなかったのであろうか。東南アジアの通貨・金融危機は、これ等諸国の実体経済の構造的欠陥が金融経済の危機の発生を契機に一挙に顕在化した現象として認識すべき問題であろうか。

9.6　中所得国：新興資本市場への資金の流入

　1980年代の中南米諸国の累積債務の危機は潜在的には国際金融システム全体の危機に発展する可能性を秘めていた。しかし幸いなことに国際金融体制が危機に頻するには至らなかったが、これを契機として世界経済の危機管理システムの重要性が認識されることとなった。ポール・クルーグマン（Paul Krugman）は国際金融システムの危機は通貨危機となり、その負の効果が他国の経済に瞬時に波及する性質を有するので注意すべきであると指摘していた。[39]

　1990年代以降の国際金融の特長として顕著になったことは、先進国から新興資本市場国（Emerging Capital Markets）への民間資本の流入が可速的に増大したことである。民間資金の新興資本市場への流入は1990年の457億ドルから1996年の2,352億ドルと6年間に5.2倍の額に達しており、この増加率は年平均伸び率では41パーセントの高水準である。この民間資金の新興資本市場への流入はその70パーセント前後が直接投資およびポートフォリオ（証券）投資の形態をとっている。これ等の民間資金の流入はプッシュ要因とプル要因とに分解して説明し得よう。証券投資のプッシュ要因としては、先進国の年金ファンド、ミューチュアル・ファンド（投資信託ファンド）等が新興資本市場で短期間に高収益性を求めて運用される。機関投資家（保険会社、投資・マーチャント銀行、ファンド・マネジャー）等のポートフォリオ・マネジメントの方法として自己保有の金融資産をリスクをヘッジするため多角化・分散投資をしようとする。ヘッジ・ファンド等の投機的資金が高リスク・高収益を求めて新興資本市場に投資される。先進国の景気変動に応じて短期資金が世界の金融市場で分散投資される。金融派生商品の登場によって資産運用者のリスク・ヘッジ技術が向上した。先進国の低成長経済体質による貯蓄・投資のギャップによる余資が先進国以外の地域で運用されること等のプッシュ要因が考えられる。

表2　1990年代の新興資本市場への民間資金の流入　　単位：10億ドル

	1990	1991	1992	1993	1994	1995	1996
新興資本市場全体（ネット）							
民間資金の流入	45.7	139.8	133.4	161.0	147.0	192.8	235.2
海外直接投資	18.8	32.1	37.9	56.9	75.5	87.3	105.2
ポートフォリオ（証券）投資	17.0	39.7	59.2	106.8	97.2	31.6	58.7
その他の投資	9.9	68.0	36.3	-2.7	-25.5	73.9	70.6
公的機関からの借り入れ	18.8	22.5	13.9	24.6	9.8	39.2	-13.2
アフリカ							
民間資金の流入	2.9	5.5	5.7	4.7	12.7	13.6	9.0
海外直接投資	1.4	2.4	1.9	1.2	3.4	2.3	5.1
ポートフォリオ（証券）投資	-1.6	-1.6	-0.7	0.9	0.4	1.9	0.7
その他の投資	3.1	4.7	4.5	2.5	8.8	9.4	3.2
公的機関からの借り入れ	4.4	5.9	8.6	6.2	5.5	4.0	6.4
アジア							
民間資金の流入	21.4	37.7	22.4	59.5	75.1	98.9	106.8
海外直接投資	9.5	15.2	17.2	35.2	44.6	50.7	58.0
ポートフォリオ（証券）投資	-0.9	2.8	9.6	23.8	18.5	20.1	20.1
その他の投資	12.9	19.7	-4.5	0.5	12.0	28.1	28.8
公的機関からの借り入れ	5.6	10.7	10.2	8.2	5.9	5.0	6.7
中近東及びヨーロッパ							
民間資金の流入	7.0	73.3	42.8	24.1	-1.1	15.3	22.2
海外直接投資	1.3	1.3	1.8	1.1	0.5	1.3	1.6
ポートフォリオ（証券）投資	2.0	23.2	20.5	17.4	14.7	13.8	9.3
その他の投資	3.7	48.8	20.5	5.5	-16.3	0.3	11.3
公的機関からの借り入れ	-6.2	1.1	-2.7	5.9	10.3	-1.4	-5.9
中南米諸国							
民間資金の流入	10.3	24.9	55.5	61.7	44.9	35.7	77.7
海外直接投資	6.6	10.9	12.9	13.4	21.5	19.9	29.9
ポートフォリオ（証券）投資	17.5	14.5	30.6	61.1	60.8	-7.5	27.1
その他の投資	-13.8	-0.5	12.0	-12.8	-37.5	23.3	20.7
公的機関からの借り入れ	8.3	3.2	-2.0	1.1	-1.7	22.7	-11.7
東ヨーロッパ移行期経済							
民間資金の流入	4.2	-1.6	7.1	10.9	15.4	29.1	19.4
海外直接投資	0.0	2.4	4.2	6.0	5.4	13.1	11.3
ポートフォリオ（証券）投資	—	0.8	-0.8	3.4	2.7	3.4	1.6
その他の投資	4.1	-4.8	3.8	1.5	7.3	12.6	6.6
公的機関からの借り入れ	6.6	1.5	0.0	3.2	-10.3	8.8	-8.8

資料：IMF, International Capital Markets, November 1997

第9章　途上国債務の政治経済学

　新興資本市場国に対する直接投資のプッシュ要因としては、先進国の多国籍企業・グローバル企業が生産・販売拠点および分業体制確立のための企業戦略に基づく直接投資を活発化する。先進国の高コスト産業体質の理由から比較的産業基盤の整備された新興資本市場国への直接投資が増大する。円高による日本企業による東南アジア、東アジアへの直接投資の活発化等の要因が考えられる。[40]

　新興資本市場が海外から民間資金を証券投資および直接投資資金として誘引するプル要因としては、経常収支赤字補填としての海外資本が流入する。貯蓄・投資ギャップを補うための海外資金が流入する。金融・資本市場の発展の速度が実体経済の成長速度に追いつかず国内資金だけでは旺盛な設備投資需要を充足することが出来ない。しかし資本市場は1980年代急速な成長を遂げ、海外資金の投資の対象としての金融商品が登場する。これ等の国々の多くは金融市場の国際化を進展させるためオフショア市場を設立し、短期の国際資金の受け入れに積極的であった。都市インフラ、産業インフラ等の開発投資需要が旺盛であり、国内資金では不充分でBOT方式その他の方法によって海外資金の導入をはかったこと等が考えられる。1990－96年の6ケ年間にアジアの新興資本市場で新規に発行された債券は26億ドルから431億ドルと16.6倍に増大し、株式の発行も9億ドルから98億ドルと11倍に増大した。

　特にアジアの東南アジア中所得国の株式市場の発展は顕著であった。インドネシアおよびタイの株式市場の成長はめざましく、1986－95年の9年間にインドネシアの株式市場の時価総額は822倍、タイの株式市場の時価総額は49.2倍と急成長を遂げている（表3参照）。これ等アジアの急成長する新興資本市場を紹介する解説書も最近多く出版されるようになってきている。[41]

　この様に東南アジアの中所得国の新興資本市場に先進国の資金が流入することは、途上国の金融市場が先進国の金融市場にリンクすることであり、長期的には金融資産の効率的配分をもたらし途上国の経済にとって便益をもたらすことが期待される。また途上国の経済が持続的な経済成長を挙げるためには海外の長・短期資金が途上国に投資されることが不可欠であると判断し

表3 新興株式市場の成長

	規模（百ドル） 1986	規模（百ドル） 1995	伸び倍率 (1986-95)	上場企業数 1986	上場企業数 1995
インドネシア	81	66,585	822.0	24	238
韓　国	13,924	181,955	13.1	355	721
マレーシア	15,065	222,729	14.8	223	529
フィリピン	2,008	58,859	39.3	130	205
タ　イ	2,878	141,507	49.2	98	416
新興市場全体	23,617	1,895,709	7.9	9,618	19,397
日　本	1,841,785	3,667,292	2.0	1,866	2,263
アメリカ	2,636,598	6,857,622	2.6	8,403	7,671
先進国全体	6,275,582	15,892,174	2.5	18,403	19,467
世界全体	6,514,199	17,787,883	2.7	28,173	38,864

資料：IFC, Emerging Stock Markets Factbook 1996

て、メキシコ通貨危機の発生（1994年12月）以前、国際通貨基金（IMF）はこれ等の傾向を積極的に評価していた。[42]

しかし、河合正弘教授（1996年）は東アジア・東南アジアの金融市場の発展は潜在的な危機を孕んでいるのであり、「金融・資本市場の対外的開放と金融的相互依存関係の深化は金融の効率性を高めるが、同時に金融的不安定性を国際的に伝播させる可能性を強める……今後は金融的攪乱による急激な資本移動、為替レートの乱高下、金融リスクの伝播に対処するための国際的協調の枠組み整備が必要となろう」と警告していた。[43]河合教授は東南アジアの通貨・金融の危機が発生する以前にその可能性を示唆した数少ないエコノミストの1人である。

9.7 金融システムの脆弱化

　途上国に先進国から金融資金が流入することは、一定の条件の下では途上国経済に便益をもたらし望ましいことである。その条件とは、投資資金の収益率が資金の機会費用よりも高く、その流入資金が効率的に活用されること、外貨資金の返済が可能となるように流入資金が貿易財の生産、外貨獲得プロジェクトに投資されていること、流入資金が市場メカニズムによって効率的に配分されること、海外資金が投資された結果、資金コスト以上の経済成長率を持続すること等の条件である。これ等の条件は海外から流入した資金が厳格な費用・便益分析による審査の結果、経済的な収益性の高い開発プロジェクトのみに投資される場合には充たされる。

　しかし、1990年代初頭以降新興資本市場国と呼ばれるようになった東南アジア・東アジアの中所得国に流入した国際資金の多くは、ポートフォリオ（証券）投資、金融機関による短期資金の借入れ等個々的な開発プロジェクトの資金需要にリンクしない海外資金の流入が主であった。これ等の資金はタイ、インドネシアの株式市場や不動産に投資され資産インフレ（所謂バブル）を形成する原因ともなっている。

　これ等中所得国に対する直接投資プロジェクトも厳格な費用・便益分析を金融機関が行わない場合がある。途上国の金融機関、特に銀行融資の特長は、政策的な理由から国営銀行が融資を一定の産業部門や国営企業、財閥企業に優先的に行う傾向がある。また政府は預金・貸付金利を政策目的のために規制し、高率の預金準備率を銀行に課す傾向が強い。産業分野毎に銀行業務を制限し、中小企業や貧農層の保護のために低金利融資を行うことも一般的である。この様に政府が金融市場に対して種々の介入を行う結果、市場機能が阻害された途上国の金融システムを「抑圧型金融システム (Repressed Financial Regime)」と一般的に概念づけられている。

　この金融システムに課せられた種々の政府の規制を撤廃し自由化し、金融

資金が市場メカニズムによって効率的に調達、運用される体制を確立することが重要となってくる。この金融システムの自由化政策は、金融経済学者の名をとって「マッキンノン・ショウ理論」[44]と一般的に呼ばれている。このマッキンノン・ショウ理論に基づいてM・J・フライ（Maxwell J.Fry）は、途上国の金融システムの「抑圧度」と経済発展水準との間はどの様な相関関係があるかを実証的に分析している。[45]

しかし1970年代まで世界銀行やアジア開発銀行は東アジアおよび東南アジアの国営の政府開発金融機関に対して積極的な支援を行った。韓国、タイ、インドネシア、フィリピン等の政府は自国の工業化を促進するため、特に中小企業を育成するために国営の開発金融機関を設立した。これ等の開発金融機関（Development Finance Institutions, DFIs）に対して世銀およびアジ銀は長期の外貨資金を融資した。これ等国営金融機関はそれぞれの国の政府の産業開発政策に従って外貨資金を優先産業分野や企業に政策的融資として供与した。この融資方法は２段階融資（トゥー・ステップ・レンディング）と呼ばれるもので、国営の開発金融機関を媒介にした中小企業の設備投資資金の需要を満たそうとするものであった。

しかし1980年代に入り、世銀・アジ銀はこの国営金融機関に対する支援政策が種々の弊害を持ち、「マッキンノン・ショウ理論」に反すると認識するようになり、構造調整融資の枠組みの中で、これ等の国の金融経済の自由化政策を積極的に推し進めることとなる。東南アジア諸国、特にインドネシアは1980年代金融システムの自由化政策を実行した。しかしこの金融システムの自由化政策は度々金融システムの危機（銀行などファイナンス・カンパニーの倒産等）を伴うものであった。[46]

途上国の金融システムの脆弱性の原因として度々指摘されることは、中央銀行の金融政策の政治的独立性の未確立、銀行監督・検査能力不足、短期金融市場の深化不足、国営金融機関の政治との癒着および腐敗、政策融資、融資審査能力不足、経営の非効率性、増大する国営企業に対する不良債権（インドネシア）、民間金融機関の財閥企業群との系列化（韓国、タイ、インドネ

表4　東アジアに対する銀行融資残高（10億ドル、1996年）

銀行の融資	アメリカ	日　本	ヨーロッパ	合　計
中　国	2.7	17.8	26.0	55.0
香　港	8.7	87.5	86.2	207.0
インドネシア	5.3	22.0	21.0	55.5
韓　国	9.4	24.3	33.8	100.0
マレーシア	2.3	8.2	9.2	22.2
フィリピン	3.9	1.6	6.3	13.3
シンガポール	5.7	58.8	102.9	189.3
台　湾	3.2	2.7	12.7	22.4
タ　イ	5.0	37.5	19.2	70.2
ベトナム	0.2	0.2	1.0	1.5
東アジア全体	46.4	206.6	318.3	736.6

資料：IFC, Emerging Stock Markets Factbook 1996

シア）、不充分な自己資本、ALM手法の未確立、経営者の能力・中間管理者不足等の要因が掲げられている。

　1980年代に実行された金融システムの自由化政策の結果、数多くの銀行およびファイナンシング・カンパニー（NBFIs）が金融市場に参入した。これ等の国々の金融システムの脆弱性の問題は未解決のままであった。この様な状況下で長・短期の資本取引きの自由化が進み多額の国際金融資金が途上国に流入し、これ等の国々の金融システムの脆弱性は増幅されることになる。

　これ等国々に対する先進国の銀行が保有する融資残高の総額（1996年）は7,366億ドルに達し、日本の銀行の融資残高は2,066億ドル（約25兆円）に達すると推計されている（表4参照）。

9.8　IMFの危機監視機能

　1980年代の中南米諸国を中心とした発展途上国の累積債務の危機管理に際してはIMFが重要な役割をはたしたことは一般に認識されている。しかしその後国際金融システムの危機管理体制を確立する必要性についての問題意識が高まった。そして、IMFが持つ加盟国のマクロ経済のパーフォーマンスに対する監視機能を強化すべきであるという主張が度々なされるようになってきた。

　IMFは加盟国のマクロ経済のパーフォーマンスを監視する権限をIMF協定第4条によって付与されている。この権限を強化すべきであるという論議である。1994年はブレトン・ウッズ会議の50周年にあたる。IMF体制を再評価する会議が度々開かれることとなった。[47] IMFと世銀は1994年の年次総会をマドリッドで開いた。この会議でもIMFの監視機能をいかに強化すべきかという問題が論議された。[48]

　このIMFの監視機能の強化の問題は、1994年12月のメキシコ通貨危機、1997年7月以降の東南アジアおよび韓国の通貨金融危機に際しても度々首脳会議や7カ国蔵相・中央銀行総裁会議での場でも論じられている。

　メキシコの通貨危機や東南アジアの通貨危機はしかし突然やってきた。何故IMFはこれ等の通貨危機が発生するのを事前に予知することが出来なかったのであろうか。IMFはメキシコの通貨危機が発生する以前メキシコのマクロ経済に関する報告書を発表している。その報告書の中でIMFは、メキシコ政府がIMFや世銀の支援の下で経済の構造改革や経済安定のための調整政策を実行した結果、メキシコの経済は回復基調にあり、海外資金が金融の国際化にともないメキシコの金融市場に流入するのは累積債務を軽減することにもなり歓迎すべきことであると論じていた。[49]

　メキシコの通貨危機が発生する直前に発表された「世界経済報告書」(1994年10月) の中でIMFは、①途上国に海外資金が流入することは、これ等の国

第9章　途上国債務の政治経済学

の経済の持続的成長のために必要となる投資資金を補完する役割りをはたすのであり、②これ等の資金が投資目的のために使われ、経済全体の生産性を向上させることとなり、金融システムの安定性を損わない限り歓迎すべきであると指摘するにとどまっていた。[50]

しかしIMFのエコノミストは、途上国に多額の海外資金が流入する場合、これ等の国々の設備投資資金需要を反映して流入する場合には問題はないが、短期の国際資金が投機的に流入する場合にはこれ等の国々のマクロ経済の不安定要素となると警告を発していた。この問題に対応するために途上国政府は、不胎化介入政策、柔軟な為替レート政策、経済の過熱を避けるために緊縮財政政策をとるべきであると分析していた。[51]

メキシコの経済は1994年前半まで持続的な成長を続けていた。1994年1月1日北米自由貿易協定（NAFTA）が発効し、メキシコは経済協力開発機構（OECD）の加盟国となり、メキシコの金融市場へ海外からのポートフォリオ投資が増大した。1990年－93年の4ケ年に海外資金の流入は910億ドルに達し、メキシコ政府の外貨準備高は1989年の63億ドルの水準から1993年の末には250億ドルの水準に上昇した。この期間の海外資金流入の中心は証券投資でありその額は610億ドルに達した。景気は過熱し、メキシコ政府は財政赤字を補塡するためドルに連動した大量の短期国債「トソボノ（Tosobonos）」を発行した。

しかしメキシコは1994年一連の政治不安を経験した。1月のチアパスの反乱、3月27日コロシオ（Colosio）大統領候補の暗殺、制度的革命党（PRI）の幹事長の暗殺（9月28日）等が続いた。この政治不安を反映して大量の「資本逃避（Capital Flight）」が発生し、メキシコ政府の外貨準備高は12月20日105億ドルの水準に落ちこみ、さらに22日までの2日間に40億ドルの外貨準備高を喪失することになる。メキシコ政府は自国通貨の為替レートをフロート制度に移行することとなる。その結果メキシコ通貨の為替レートは1ドル3ペソから7ペソに下落することになる。このメキシコの通貨危機は1995年1月31日アメリカ政府が、200億ドルの融資、180億ドルのIMFの信用供

381

与、100億ドルの国際決済銀行からの融資、30億ドルの民間商業銀行融資を内容とする支援政策を発表することにより沈静化する。

　IMFはこのメキシコの通貨危機は、1982年以来の累積債務の危機以降進展した国際金融システムの以下の3つの構造的変化の結果であると特徴づけている。①資本取引きの自由化により途上国の金融市場は国際金融市場に統合されたこと、②国際金融の証券化が進展し、途上国に対する資金フローは銀行群による協調融資から証券（株式、債券）投資に移行したこと、③その結果、短期的な流動性および収益性を追求する国際的な機関投資家が銀行に代って途上国の債権者となったことである。IMFはこの様にメキシコの通貨危機を特徴づけて詳細な分析を行っている。[52]

　1997年7月に発生したタイのバーツの通貨危機に端を発した東南アジアおよび韓国の通貨・金融危機についてもIMFは事前に予知することが出来なかった。そればかりか、タイの通貨危機の直前に発表されたIMFの「世界経済報告書（1997年5月）」は、「1980年代の後半以降急速に進展した貿易・金融のグローバリゼーションは、タイの様に健全なマクロ経済政策をとっている国に多大の便益をもたらす」と分析していた。[53]

　IMFは危機監視機能をはたすことが出来るのであろうか。IMFの途上国政府代表の理事はIMFの組織としての能力に対して批判的である。[54]

　IMFばかりでなくアジア開発銀行も「アジア経済報告書（1996/97）」の中でタイ、インドネシア、韓国経済は経常収支の赤字が拡大する傾向に懸念を表明したが、依然楽観的な見通しを発表していた。[55]

　日本政府の旧経済企画庁調査局のエコノミストは、タイ経済の拡大する経常収支が短期資本の流入によって補填され、「過大な資本流入が生じると過剰流動性が発生してインフレ圧力が高まったり、実質為替レートの増価を通じて輸出競争力が減退するといった弊害が生じる。……確かに、現在のタイ経済は経常収支の赤字のファイナンスを短期資金に頼っていることなど94年のメキシコの経済環境と似ている点も多く、注意を要する。しかしながら、タイでは依然、豊富な外貨準備と国内貯蓄を保有しており、メキシコ型の通

貨危機が今すぐに生じる可能性は少ないと考えられる」と分析していた。[56]

1995年5月アジア開発銀行で最近の国際金融の動向について研究会が開かれた。この研究会に出席したIMFの上席エコノミストのモッシン・カーン（Mohsin S.Khan）は「東南アジア諸国への海外資金の導入は直接投資が中心であり、東南アジアにメキシコ型の通貨危機が発生することは考え難い」と述べていた。

9.9　途上国債務の経済分析

1997年7月にタイに発生した通貨危機はフィリピン、韓国、インドネシアに波及し、累積債務の負担が一番大きかったインドネシア経済に最も深刻な影響を与えた。フィリピンは1980年代東南アジアで唯一の重債務国であったが、1980年代の後半以降IMFの支援で債権者である日欧米の金融機関と度重なる債務繰延べ交渉（リケス）を行い、債務返済の圧力からは解放されつつあった。インドネシアと韓国は1980年代は重債務国とはみなされず、これ等の国々は健全なマクロ経済政策を実行することによって対外債務の重圧の問題を処理することが出来たと考えられた。

1990年代に入っても途上国の経常収支の赤字体質には変化がなかった。高成長の経済が持続し、国内貯蓄でカバー出来ない旺盛な投資資金需要を満たすため海外から資金を導入する必要があった。しかし1990年代の先進国から中所得途上国（新興資本市場国）への資金の流入は、債務の証券化（途上国政府、民間企業の発行する国債）、証券投資（ポートフォリオ投資）、直接投資等の形態をとった。これにより債権者と債務者、投資家と投資受入れ機関との関係は直接投資を除き1対1の長期の関係ではなくなった。多数の証券（投資信託、年金ファンド等）の保有者達と途上国の間には機関投資家が介在するようになる。これ等機関投資家の関心は短期間に高収益を上げることであり、彼等の投資行動原則は「高リスク・高収益」であり、外為市場で投機的な投資を行うことが一般的となった。1990年代の国際金融資本の途上国への

流入は極度に流動化した性質を持ち、流入・流出のサイクルが短縮化された。これ等の国際金融資金の流入の主な形態は、途上国の経常収支の赤字を補塡する所謂「国際収支融資（BOP融資）」であり、個々的な開発設備投資プロジェクトに直接リンクしたプロジェクト融資ではない。

従って厳格な投資収益性分析、費用・便益分析はこれ等の資金の使途については行われないのが通常であった。これ等資金は従って極度に投機的性質を持ち、非貿易財や不動産投資のために使用されることが可能であった。従って一度政治不安や経済不安が途上国で表面化すると瞬時に海外に「資本逃避（Capital Flight）」がおこり、途上国に通貨危機を引き起す性質のものであった。

これに反して1980年代の先進国の銀行団による協調融資は中所得途上国の国営・公益企業の開発プロジェクトの投資資金需要を満たす目的のために行われ、債務者と銀行団が1対1の長期の関係を持つ性質のものであった。またこの開発融資はプロジェクトが生み出すキャッシュ・フローを担保にして融資するプロジェクト・ファイナンシングという形態をとり、融資者として金融機関はプロジェクトの採算分析を行い採算性のある開発プロジェクトのみに融資を行った。従って1980年代の途上国の累積債務の危機は、途上国の外貨不足による債務履行についての信用力、流動性、資金繰りの問題という性質を強く持っていた。従って銀行団が債務返済の繰延べ（リスケ）に応じ、元本の借り換え（roll-over）が可能となれば、債務危機は回避することが可能であった（図1、図2参照）。累積債務の危機は、先進国の貸手側の金融機関が債務不履行によって発生する国際金融体制の危機であり、途上国側の通貨危機の金融危機には発展しなかった。

（1）累積債務の教訓

途上国の累積債務の危機の発生原因については経済学者達の間で大きな認識の違いは無いようである。一般的に累積債務の危機は、①「国家は破産しない」という暗黙の前提に基づいて先進国の金融機関が途上国が債務の返済

第9章　途上国債務の政治経済学

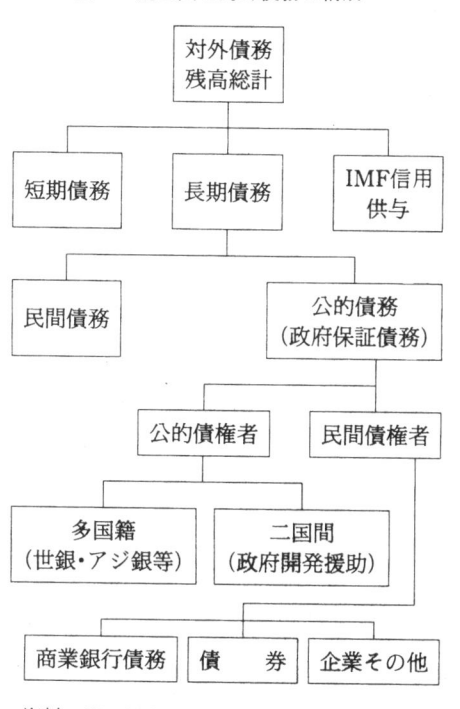

図1：途上国の対外債務の構成

```
                    対外債務
                    残高総計
         ┌─────────────┼─────────────┐
      短期債務      長期債務      IMF信用
                                    供与
              ┌──────────┴──────────┐
           民間債務              公的債務
                              （政府保証債務）
                         ┌──────────┴──────────┐
                      公的債権者            民間債権者
                   ┌──────┴──────┐
                多国籍         二国間
              （世銀・アジ銀等）（政府開発援助）
         ┌──────────┬──────────┐
      商業銀行債務  債　　券  企業その他
```

資料：World Bank, World Debt Tables 1994-95

能力を持っているかどうかを充分分析せずに不用意に、集中豪雨的に少数の中南米諸国やその他の重債務国に「貸し過ぎ」たこと。②貿易収支の赤字に苦しむ途上国が長期的な経済構造の改革もせずに一時的な経常収支の赤字や財政収支の赤字を補塡するために先進国の金融機関から変動金利ベースで短期資金を「借り過ぎ」たこと。③先進国の経済の停退、一次産品の価格の低下、交易条件の悪化、途上国の工業製品の輸出不振、金利水準の上昇による利払いコストの増大等の途上国にとってマイナスの外的衝撃。これ等の大きく分けて3つの根本的な理由によって途上国の累積債務の危機が発生したと考えられている。[57]

メキシコの債務危機が1982年に顕現化して以降10数年が経過し、①先進国

385

図2：途上国への長期資金フロー

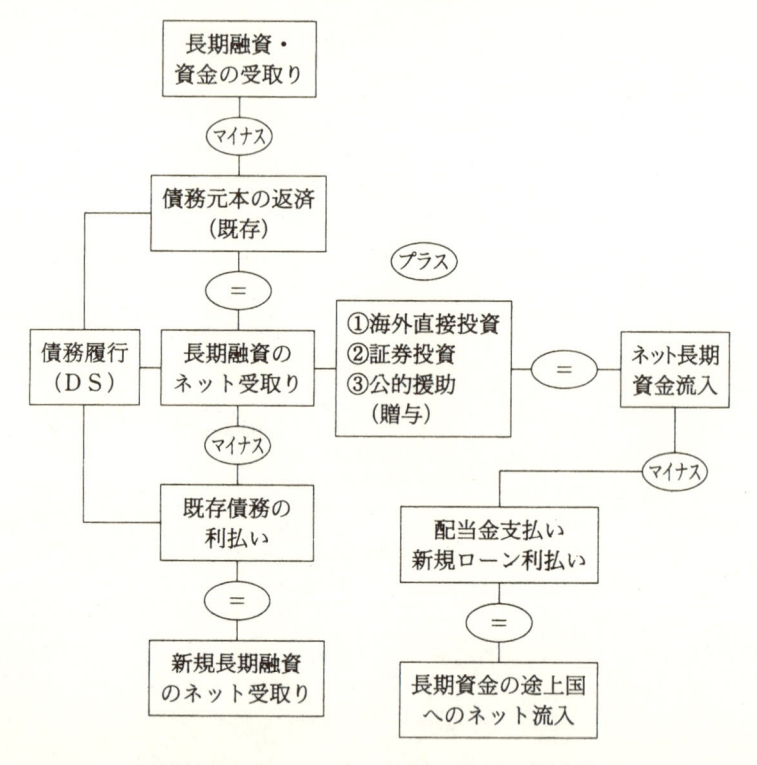

[図：長期融資・資金の受取り → マイナス → 債務元本の返済（既存） = 長期融資のネット受取り、債務履行（DS）、①海外直接投資 ②証券投資 ③公的援助（贈与）プラス = ネット長期資金流入、マイナス 既存債務の利払い = 新規長期融資のネット受取り、配当金支払い 新規ローン利払い = 長期資金の途上国へのネット流入]

資料：World Bank, World Debt Tables 1994-95

の金融機関が債務危機管理にある程度成功し、②途上国政府は経済改革をIMF・世銀の支援を得て着実に実行してきており、③世界経済は自由化・グローバリゼーション等の環境の変化により、その活力を回復してきており、途上国の累積債務の危機は一応は回避することが出来たというのが、1990年代の一般的な認識のようである。[58] しかしこの危機意識が稀薄化したのは、国際金融システムの体制的危機（システミック・リスク）は一応は回避することが出来たということであり、1995年時点で未だ1兆ドル以上の累積債務を発展途上国は抱えており、累積債務の問題は重く途上国経済にのしかかっていた。[59]

　途上国政府にとって対外債務をいかに管理していくかという問題は、今後

386

第9章　途上国債務の政治経済学

の重要なマクロ経済政策の課題として残っていくであろう。アジアの中では唯一の重債務国となったフィリピン政府は、過去ペルー政府が行ったように対外債務の履行に一定の上限枠を設けるべきでないかという提案を検討した。[60]

いずれにしても先進国、特にアメリカの経済学者達にとって1980年代の危機意識は1990年代には過去のものとなってしまった。途上国債務の問題を非常に詳細に分析したW・クライン（1995年）は、次のような教訓を1980年代の途上国の累積債務の危機の問題から、われわれは学ぶべきであると述べている。[61] ①現実的な債務戦略：国際社会がとった柔軟な債務戦略は結果的に成功したといえる。先進国の金融システムは危機に対する対応能力を強化することができたし、多くの債務国は10年前後で国際資本市場に再び借手国として登場することができた。②国内の経済改革：外的衝撃に対応するためには債務国は自国の経済体質を改革することが必要である。対外債務の衝撃に対抗出来た途上国は、貿易の自由化、国有企業等の構造改革政策を実行することによって外的衝撃に対する抵抗力を強めた国々である。③健全な財政政策：対外債務を管理するためには国内の財政を管理することが必要である。財政収支の赤字に悩む途上国は対外債務に頼ることになる。④輸出志向型の政策：途上国の中で累積債務の危機に直面しなかった国々は輸出志向型・外部志向型の経済政策をとった国であり、現実的な為替レート政策を採用した国である。⑤市場原理に基づく解決策：債務危機に落ち入った場合最も有効な対策は市場原理に基づいた解決策を模索することである。⑥公的救済策の回避：途上国政府は国内の民間の対外債務を公的資金によって救済すべきでない。公的資金による救済は対外資金の移転を対内資金の移転によって置き替えるだけである。⑦資本逃避の回避：現実的な金利政策、為替レート政策など国内救済の安定性を確保することによって資本の逃避を避けるべきである。⑧対外債務を適正な水準に維持すること。⑨途上国の大衆路線(ポピュリズム)の政治・心理構造に配慮。⑩債権者は環境の変化に柔軟に対応すべきであり、融資条件は相対的なものであることを認識すべきである。⑪活発な債務危機の対応策についての論争の効用の認識。⑫グローバルな視野に立った先進国の経済政策。

（2） 対外債務管理の比較研究

　途上国がどの様に対外債務を管理したかという問題を実証的に比較研究したものにJ・サックス（J.D.Sachs）等10数人の経済学者達が2ケ年間かけて行った研究がある。[62] 比較研究の対象とされたのはアルゼンチン、ボリビア、ブラジル、メキシコの中南米4ケ国と、インドネシア、韓国、フィリピン、トルコのアジアを中心とする4ケ国、合計8ケ国に対する比較研究である。この比較研究の結果は、一般的に債権国が途上国の債務危機に関して主張する意見と必ずしも一致しない。この債権国の主張とは、①債務危機は途上国政府が採用した間違った経済政策の結果生じたものである。②途上国の累積債務の多くは、非効率的な国有企業が借入れた資金を投資収益性の高いプロジェクトに使用しなかった結果生じたものである。③資本逃避（Capital Flight）が途上国の累積債務に大きく貢献した。④累積債務を回避出来たのは韓国の様に輸出志向型の経済政策、規制緩和、貿易の自由化等によって海外からの直接投資を奨励した国である。

　この比較研究の結果によると、途上国の累積債務は、①途上国の政策、②外的衝撃及び③先進国の金融機関が行った積極的な融資活動の3つの要因が相互に作用して生じたものであると理解される。しかし途上国が採用した政策の総てが間違った政策であったわけではなく、マルコス政権下のフィリピンの政治・経済体制のように途上国の社会のより根源的な体質にその根本的な原因が認められる場合もある。[63] 途上国が借入れ資金を使用して開発プロジェクト等に投資した場合、その投資の収益率が借入れ資本の機会費用よりも高ければ債務の返済が不能となることは無かったはずである。輸入代替政策を採用した多くの中南米諸国では市場原理が働かず、高い投資の収益率、経済的便益を確保することが出来なかった。韓国の様に輸出志向型の経済政策を採用した途上国が累積債務の危機に落ち入らなかったのはこの理由のためである。同じ様な理由から現実的な外国為替レート政策をとったインドネシアは債務危機に落ち入らなかったが、[64] トルコは債務負担の重圧に苦しんだ。[65]

388

これ等債務国は同じように、①金融機関からの新規の融資の中断、②世界の金利水準の上昇、③一次産品価格の低下等の外的衝撃にみまわれたが、1980年代にとったこれ等途上国の危機に対する対応の仕方は異なっている。アジアでは累積債務の危機に対応することに失敗したのはマルコス政権下のフィリピンであり、経済政策の是否がいかにその国の政治体制の是否に根ざしているかを物語っている。[66]

おわりに

　1980年代の途上国の累積債務の危機、1997年7月以降に発生した東南アジアの通貨・金融危機は、途上国に対する国際開発金融に特有の現象として把握することが可能である。ここでは両者を「中所得の罠」の問題として分析することを試みた。

註
1. Silva-Herzog, Jesus, "Problems of Policy Making at the Outset of the Debt Crisis" in *International Money and Debt*: Challenges for the World Economy, ed., by R.Dornbusch and S.Mercus, International Center For Economic Growth, 1991, pp.51-60.
2. Silva-Herzog、前掲書、page 50.
3. Volcker, Paul, and Toyoo Gyohten, *Changing Fortunes*: *The World's Money And the Threat to American Leadership*, Times Books, 1992, pp.187-219.
4. アメリカの大手マネー・センター銀行とは、①Citibank、②Bank of America、③Chase Manhattan、④Chemical Bank、⑤Bankers Trust、⑥Manufacturers Hanover、⑦Morgan Guaranty Trust、⑧Nations Bank、⑨Wells Fargo & Co., 等の銀行を指す。
5. Cline, Willam R., *International Debt Reexamined*, Institute for International Economics, 1995, pp.84-85.
6. P・ヴォルーカーの連邦準備制度理事会で果たした役割については、William

Greider, *Secrets of The Temple*: *How The Federal Reserve Runs the Country*, Touchstone, 1987に詳しい説明がある。
7. 大田赳著『国際金融：現場からの証言』中公新書、1991年。
8. Krugman, Paul R., and Maurice Obstfeld, International Economics: *Theory And Policy*, 4th Ed., Addisen Wesley, 1997, pp.683-718.
9. マクロ経済学の国民所得理論については、Rudiger Dornbusch and Stanley Fischer, *Macroeconomics*, 6th Ed., McGraw-Hill, 1994, pp.29-53, 参照。
10. 途上国の財政構造については、Vito Tanzi, *Public finance in Developing Countries*, Edward Elgar, 1991：Willam Easterly, Carlos Alfredo Rodriguez and Klaus Schmmidt-Hehbel, ed., *Public Sector Deficits and Macroeconomic Performance*, Oxford Univ. Press. 1994参照。
11. Taylor, Alan, M., and Jeffrey G.Williamson, "Capital Flows to the New World as in Intergenerational Transfer" in *Journal of Political Economy*, No.2, Vol.102, 1004, pp.348-371.
12. モルガン銀行の歴史については、Ron Chernow, *The House Morgan*: *An American Banking Dynasty and the Rise of Modern Finance*, A Touchstone Book, 1991参照。
13. ウォーバーグ銀行の歴史についても同じ著者による本が最近出版されている。Ron Chernow, *The Warburgs*: *A Family Saga*, A Touchstone Book, 1997.
14. Ron Chernow, 1997,前掲書pp.110.
15. Wynne, William H., *State Insolvency And Foreign Bondholders, Selected Case Histories of Govermental Foregin Bond Defaults and Debt Readjustments*, Yale Univ. Press, 1951.
16. Kindelberger, Charles P., *Manias, Panics and Crashes*: *A History of Financial Cricis*, 3rd Ed., MacMillan, 1996.
17. Eichengreen, Barry., and Peter H.Lindert, "Overview" in *The International Debt Crisis in Historical Perspective*, ed., by Barry Eichengreen and Peters H.Lindert, The MIT Press, 1989, pp.1-11.
18. IMF, *Private Merket Financing for Developing Countries*, Nov. 1995. pp.6-14.
19. この時代の途上国のマクロ経済について、L.M.D. Little, Richard N.Cooper, W.Max Corden and Saroth Rajapatirana, *Boom, Crisis and Adjustment*：

The Macrocconomic Experience of Developing Countries, Oxford Univ. Press, 1993. 参照。
20. 最近の途上国経済の動向について、IMF, *World Economic Outlook*, May 1997. pp.72-92.
21. 「東アジアの奇跡」について、World Bank, *The East Asian Miracle: Economic Growth and Public Policy*, Oxford University Press, 1993. 参照。
22. メキシコ経済の最近の動向について、IMF, *Mexico: The Strategy to Achieve Sustained Economic Growth*, September 1992. 参照。
23. IFCの調査によるとこれ等「新興資本市場」(株式市場)の市場価値は、1995年時点で1.9兆ドルに達しており、この市場規模は世界全体の株式市場の19.8兆ドルの約10.1パーセントを占める。International Finance Corporation, *Emerging Stoch Markets Factbook*, 1996.参照。
24. ジョージ・ソロスの投機資本家としての哲学についてはソロス自身の説明がある。George Soros. *Soros on Soros*, John Wiley&Sons, 1995; *The Alchemy of Finance*, John Wiley & Sons, 1987.
25. メキシコの通貨危機、国際金融取引きの自由化がもたらす問題については、IMF, *International Capital Markets: Developments, Prospects and Key Policy Issuls*, September 1996に詳しい分析がある。
26. 日本企業の海外直接投資については通商産業省編『通商白書』平成7年版に詳しい分析がある。
27. 松井謙一郎著『パリクラブ：公的債務リスク交渉の最前線で』財経詳報社、平成8年(1996年)参照のこと。
28. 西欧の金融機関がどの様な対策をとったかは、国際金融の専門誌「Institutional Investors」「Euromoney」を丹念に読み込む必要があろう。しかしここではアメリカの東部の体制派(エスタブリッシュメント)を代表する「Foreign Affairs」に発表されたニューヨークの金融機関の経営者の発言内容をまとめることにする。ここで主に紹介するのはP・P・クチェンスキー (P.P.Kuczynski) First Boston International社長及びW・H・ボーリン (William H.Bolin) Bank of America副会長の意見である。Pedro-Pablo Kuczynski, "Latin American Debt" in *Foreign Affairs*, 1982/83, pp.344-364: "Latin American Debt: Act Two." 1983 pp.17-38: "The Outlook for Latin America Debt," 1987 pp.129-149: William H.Bolin and Jorge Del Canto, "CDC Bett: Beyond Crisis Management," 1983

pp.1099-1112.
29. IMF, *Private Market Financing for Developing Countries*, November, 1995, p.9.
30. 協調融資については、金融財政事情研究会編『実践国際金融取引』、昭和60年、頁31～54参照。Stamley Hurn, *Syndicated Loans*: A Handbook for Banker and Borrower, Woodbest-Faulkner, 1990.
31. 野口均著『日米通貨交渉1000日』日本経済新聞社、1995年、参照。
32. Kenen, Peter B., "Organizing Debt Relief : The Need for a New Institution," *Journal of Economic Perspectives*, Vol.4, No.1, Winter 1990, pp.8-9. この「ブレイディー計画の日本語の説明については、大場智満編、『実践ゼミナール：世界経済』東洋経済、1993年、197～210頁に簡単な説明がある。
33. 1988年7月に銀行規制監督委員会（バーゼル委員会）は『自己資本の測定および基準に関する国際的統一化』と題する報告書をBISの中央銀行総裁会議に提出し、承認された。これを受けてG10を中心とする主要国が自己資本比率規制、いわゆるBIS規制を導入することになる。
34. Jesus Silva-Herzog, 前掲書、pp.55
35. Haggard, Stephan, "The Politics of Adjustment : Lessons from the IMF's Extended Fund Facility" in *International Organization*, Vol.39, No.3, Summer, 1985, pp.505-534 : Stephan Haggard and Robert R. Kaufman, ed., *The Politics of Economic Adjustment*, Princeton University Press. 1992 : Stephan Haggard and Robert Kaufman, "The Politics of Stabilization and Structural Adjustment" in *Developing Country Debt and Economic Performance*, Vol. I, ed., by Jeffrey D.Sacks, University of Chicago Press, 1989, pp.209-254.
36. Kaufman, Robert, "Democratic and Authoritarian Responses to the Debt Issues : Argentina, Brazil, Mexico" in *International Organization* Vol.39, No.3, Summer, 1985 pp.473-503.
37. Aggarwal, Vinod. K., *Debt Games : Strategic Interaction in International Debt Rescheduling*, Cambridge University Press. 1996.
38. 寺西重郎著『経済開発と途上国債務』東京大学出版会、1995年。
39. Krugman, Paul, "Financial Crises in the International Economy," *The Risk of Economic Crisis*, ed. by Martin Feldstein, The University of Chicago Press, 1991, pp.85-109.

第9章 途上国債務の政治経済学

40. 円高要因による日本企業の東南アジア、東アジアに対する海外直接投資については、通商産業省編『平成7年版 通商白書』に詳しい解説がある。
41. 濱田博男編『アジアの証券市場』東京大学出版会、1993年：第一勧銀総合研究所著『アジア金融市場』東洋経済新報社、1997年：野村証券アジア室編『ゼミナール：アジアの株式市場』東洋経済新報社、1992年。
42. IMF, *World Economic Outlook*, October 1994, pp.48-64.
43. 河合正弘編著『アジアの金融・資本市場』日本経済新聞社、1996年。44頁。
44. Robert I.McKinnonは途上国の金融システムは自由化されるべきであるとその著、*Money and Capital in Economic Development*, Brookings Institution, 1973. の中で主張している。同じ様な主張がEdward S.Shaw, *Financial Deepening in Economic Development*, Oxford University Press, 1973. によってもなされている。
45. Fry, Maxwell J., *Money, Interest, And Banking in Economic Development*, The Johns Hopkins University Press, 1988.
46. Nascimento, Jean-Claude., "Crisis in the Financial Sector and the Authorities' Reaction : The Philippines," pp.175-233 and R.Berry Johnston, "Distressed Financial Institutions in Thailand : Structural Weakness, Support Operations, and Economic Consequences," pp.234-275, *Banking Crises : Cases and Issues*, ed. By V.Sundararajan and Thomas J.T.Baliro, IMF., 1991 ; Sang-Woo Nom, "Korea's Financial Reform Since the Early 1980's," pp. 184-222 : John Chart and Mari Pangestu, "An Assessment of Financial Reforms in Indonesia, 1983-90," pp.223-275, *Financial Reform : Theory And Experience*, ed. by Gerard Coprio, Jr., Izak Atiyas and Jemes A.Hanson, Cambridge University Press. 1994.
47. エコノミスト達によるIMF体制の評価については、Michael D.Bordo and Barry Eichengreen, ed., *A Retropsective On the Bretton Woods System : Lessons for International Monetary Reform*, The University of Chicago Press, 1993.を参照のこと。
48. Boughton, James M., and K.Sarwar Lateef, ed., *Fifty Years After Bretton Woods : The Future of the IMF and the World Bank*, IMF and World Bank, 1995, pp.219-246.
49. IMF, *Mexico : The Strategy to Achieve Sustained Economic Growth*, September 1992, pp.65-72.

50. IMF, *World Economic Outlook*, October 1994, pp.48-64.
51. Schadler, Susan., "Capital Movements and Surveillance" in *Frameworks for Monetary Stability : Policy Issues And Country Experiences*, ed., by Tomas J.T.Balino and Carlo Cottarelli, IMF, 1994, pp.357-372.
52. IMF, *International Capital Markets*, August 1995, pp.53-79.
53. IMF, *World Economic Outlook*, May 1997, pp.72-92.
54. Kafka, Alexandre., "Governance of the Fund," The International Monetary and Financial System : Developing Country Perspective, ed., by G.K.Helleiner, 1996, pp.324-340.
55. Asian Development Bank, Asian Development Outlook 1996/97, Oxford University Press, 1996, pp.41-44, 79-84, 103-108.
56. 経済企画庁調査局編『アジア経済1997年』平成9年5月、108-119頁。
57. Dornbusch, Rudiger and John H.Makin, "Introduction" in *Alternative Solutions to Developing Country Debt Problems*, ed., by Rudiger Dornbusch, John H.Makin and Daril Zlowe, Americal Enterprise Institute, 1989, pp.1-6.
58. Cline, William R, *International Debt Re-examined*, Institute for International Economics, 1995, p.5.
59. Cooper, Richard N., *Economic Stabilization and Debt* : Developing Countries, The MIT Press, 1992, pp.121-169.
60. Congressional Planning and Budget Office (CPBO) *House of Representatives*, September 10, 1992.
61. William R.Cline (1995年)、前掲書pp.1-4。この研究書は途上国の累積債務の危機の問題を最も包括的に分析している。途上国の債務問題に関心を持つ者にとって必読の研究書である。
62. Sachs, Jeffrey D., ed., *Developing Country Debt and the World Economy*, National Bureau of Economic Research, The University of Chicago Press, 1989.
    Sachs, Jeffrey D., ed., *Developing Country Debt and Economic Performance : The International Financial System*, Vol. I , 1989 ; *Country Studies : Argentina, Bolivia, Brazil and Mexico* Vol. II, 1990 : *Country Studies : Indonesia, Korea, Philippines, Turkey*, Vol.III, 1989.
63. Jeffrey D.Sacks, (1989) 前掲書、pp.11-13.

64. Thye Woo, Wing, and Anwar Nasution, "The Conduct of Economic Policies in Indonesia and Its Impact an External Debt", in Jeffrey D.Sacks (1989), ed. 前掲書pp.101-120.
65. Celasun, Meril, and Dani Rodirk, "Turkish Experience with Debt : Macroeconomic Policy and Performance" in Jeffrey D. Sachs (1989) ed., 前掲書 pp.193-211.
66. Dohner, Robert, S., and Ponciano Intal, "Debt Crisis and Adjustment in the Philippines," in Jeffrey D.Sacks, (1989) ed.,前掲書 pp.169-191.

第10章　国際金融資本の流動化と通貨危機

まえがき

　著者は東南アジアの通貨危機は途上国の金融・資本市場が先進国の市場に統合される過程で不可避的に発生する危機であると把握する。東南アジア通貨危機の前兆は既に1994年12月に発生したメキシコの通貨危機に見られる。通貨危機は金融システムの体制的危機の引き金となり、ひいては実体経済をも深刻な危機的な状況に陥れる。通貨危機は経済全体をパニック状態に陥れてしまう。このダイナミックなプロセスをこの章ではメキシコの通貨危機に焦点を充てて解説している。

10.1　突然訪れる危機

　アジアの通貨危機は1997年7月にタイの通貨危機として突然表面化した。その時にいたるまでアジア経済は過去と同じように将来も順調に高経済成長率を持続すると誰もが予想していた。1993年世銀は「東アジアの奇跡」を発表し、その中で世銀はアジア諸国を「高成長経済国」（HPAE：High Performing Asian Economies）と特徴づけ、アジア諸国の経済が高成長を持続することが出来たのは、政府が「市場志向型の経済政策」（market friendly economic policies）を実行したからであると主張した。この世銀の報告書は日本語に翻訳されアジア経済の高成長神話は当然のごとく日本でも受け入れられた。[1]
資産バブルが弾け、戦後最悪の経済不況を経験し、「デフレ経済」のペシミズムが蔓延する日本経済にとって、アジアの近隣諸国の経済が順調であることは明るい材料であった。世銀はD・リトル（I.D.Little）、R・クーパー

396

第10章 国際金融資本の流動化と通貨危機

(Richard N.Cooper)、W・M・コーデン (W.Max.Corden) 等の著名な経済学者等を動員してタイ、韓国、インドネシアを含む18ケ国の途上国について1960年以降のマクロ経済のパフォーマンスを分析した。この研究の中でこれらのエコノミスト達は、「タイ、韓国、インドネシア政府は1980年代以降世界経済のグローバル化に対応して構造調整政策を含む種々の経済自由化政策を実行し、これらの国のマクロ経済を持続的な成長軌道に載せることに成功した」と結論した。[2] 世銀のエコノミスト達はタイ、韓国、インドネシアのマクロ経済のファンダメンタルズは健全であると判断していたわけである。

IMFは世界のマクロ経済の動向を分析した「世界経済報告書」を5月、10月の年2回発表している。IMFの1997年5月の「世界経済報告書」は世界経済のグローバル化が各国の経済に与える影響を分析している。この報告書の中でIMFは「タイ、マレーシア両国の経済は一人当たりGNPベースで急速に先進国の水準に達しつつある。これらの国が学ぶべき教訓は経済のグローバル化の圧力によってマクロ経済政策の善し悪しが直接的に経済のパフォーマンスに跳ね返ってくることである」と述べている。[3] 1997年10月の「世界経済報告書」のなかでIMFは、国際資本の極度な流動化が1992年の欧州通貨システム（EMS：European Monetary System）の危機、1994年のメキシコの通貨危機をもたらしたという反省から、このような危機を回避するため途上国政府は現実的な為替レート政策をとるべきであると勧告している。IMFは「外部志向型の経済戦略、貿易と資本取引の自由化政策は途上国の経済発展にとって不可欠の条件であるばかりでなく、適切な為替レート政策は健全なマクロ経済政策の重要な要素の一つであり、持続的な経済成長を可能にする必須の条件である」と考える。しかしIMFはこの報告書が作成される時点では東南アジア諸国の経済が潜在的に通貨危機の状況にあるとは考えていなかったようである。[4]

アジア開発銀行（以下「アジ銀」と略称する）は、タイ、韓国、インドネシア経済の短期的なマクロ経済の動向について比較的楽観的な見解を「アジア発展の動向」報告書（1996・97年）の中で述べている。「韓国経済は潜在的

GNP成長力に応じた輸出指導型の経済成長が持続し、設備投資需要及びインフレは沈静化する。インドネシア経済は、旺盛な個人消費需要、設備投資需要に刺激され過去の成長水準が短期的には維持される。しかし経済は高稼働率の水準にあり、景気の過熱を避けるため健全なマクロ経済政策が不可欠である。タイ経済は短期的には上昇するインフレ、拡大する経常収支の赤字に対処するためのマクロ経済政策が必要であるが、構造改革の結果タイ経済は中長期的には持続的な成長軌道にある」とアジ銀の報告書は要約している[5]。このアジ銀の報告書はアジ銀加盟国の経済開発関連の省庁のエコノミスト達との共同作業によって作成されるのが慣例である。従ってこのアジ銀の報告書はアジア諸国の官庁エコノミスト達の共通した認識と判断が表明されたものであるといえる。後にアジ銀が事前にアジアの通貨危機を予知することが出来なかったことについて批判されることになる[6]。しかしIMF、世銀、アジ銀等の国際金融機関は通貨危機を事前に予測するシステムを持っていない。たとえ持っていたとしても、事前に危機が到来することを警告することは出来なかったであろう。

　日本の官庁エコノミスト達もこれら国際機関のエコノミスト達と同じくアジアの経済について楽観的であった。彼等は東南アジア経済が構造的な欠陥やボトルネックを経験してきていることは理解していた。中国の台頭による国際競争力の低下、過剰な設備投資と加熱した経済、次第に拡大する経常収支の赤字、資本取引の自由化による短期の投機資金の急速な流入、その結果形成された資産バブル、急速に拡大した金融機関と資本市場、深刻化する都市公害と環境問題、立ち遅れた産業・社会インフラ基盤等高成長経済がもたらしたさまざまな問題が阻害条件となってきていることを理解していた。しかし東南アジアの経済のファンダメンタルズは健全であると判断していた。メキシコの通貨危機のような通貨不安は、タイをはじめその他の東南アジア諸国には発生しないと経済企画庁のエコノミスト達は判断していた[7]。

　MITのP・クルーグマン教授はアジアの成長神話に疑念を抱いた数少ないエコノミストの一人であった。P・クルーグマンは新古典派経済の成長会計

理論に基づき、東アジアの持続的な高成長経済は「全要素生産性」(TFP: Total Factor Productivity) が上昇したから可能となったのではなく、単に労働力、資本等の「生産要素の投入量」が増加したからであると論じた。従って東アジアの経済は高成長率を持続することは出来ないと判断していた。しかしこの論争好きで逆説的な理論を好んで使うP・クルーグマンでさえ東南アジアの通貨危機を予知することは出来なかった。[8]

10.2 メキシコの通貨危機：東南アジア危機の前兆

(1) 流動化する国際民間資本とメキシコの通貨危機

1982年にメキシコは累積債務の危機に直面し、メキシコ政府はそれ以降IMF・世銀による「調整融資」による支援とメキシコ経済の構造改革、アメリカ政府が主催した「ブレディ債券」による債務の証券化、民間商業銀行の協調融資団によるメキシコ政府との債務の繰延べ（リスケ）交渉等を実行した。その結果メキシコ経済は1990年代初頭から次第に回復基調にあった。それに伴いメキシコ経済は国際金融市場での信用力を回復しつつあった。[9] しかしメキシコが再び1994年12月に通貨危機に直面することになるとはIMFも予想していなかった。IMFの監視機能の失敗である。メキシコの通貨危機については前章で概略的な解説をしたので、ここでは東南アジア通貨危機を理解する上で参考になる教訓について解説するに留める。[10]

メキシコを含む中南米諸国、アジアの中所得途上国は1990年代初頭以降急速に国際金融市場に統合されていった。中所得途上国は高い貯蓄率より以上の投資需要があり、先進国の金融市場は規模が拡大し、その内容が複雑化した。機関投資家、専門的なファンド・マネジャーは金融派生商品を含み高度な投資技術を駆使して金融資産の分散投資を求めて中所得国の所謂「新興資本市場」(emerging capital markets) に対する投資を活発化させた。先進国の金融市場から中所得国のエマージング資本市場への資本移動には、プッシュ要因とプル要因が考えられるが民間資本の流入額は、1983-89年の年平均

88億ドルから1994年には1,252億ドルに急増し、5年間だけで途上国への資本流入は14倍に達した。これは年平均12パーセントの伸び率である。この民間資本の流入の50-60パーセントは証券投資（ポートフォリオ投資）であった。

メキシコだけで1990-93年の3年間だけで910億ドルの民間資本の流入があった。1993年には資本流入がピークに達し年間300億ドルの流入があり、メキシコ政府の外貨準備高は1989年の63億ドルの水準から251億ドルの水準に達した。このメキシコへの民間資本の流入のうち220億ドル（24パーセント）は証券投資であった。それでもメキシコ経済の資金需要は旺盛でメキシコ政府は財政収支の赤字を補填するため大量のアメリカ・ドルにリンクした短期国債（テソボノ：Tesobonos）を発行した。このテソボノ短期国債は1994年11月までに政府証券の発行残高の50パーセントにまで達した。

不幸にもメキシコは1994年政治の不安定化を増幅する事件が続発した。1月1日チアパスで少数民族の反乱が起り、3月23日大統領候補者のコロシオ（Colosio）が暗殺され、9月28日政府与党の制度革命党（PRI：Partido Revolutionario Insticional）R・マシュウー事務局長が暗殺され、12月19日チアパスで少数民族の暴動が発生した。政治不安が深刻化し資本逃避（Capital Flight）が加速化した。12月20日メキシコ政府はペソを切り下げ、22日ペソの為替レートはフロート制に移行した。この結果ペソの対ドル為替レートは1ドル3.5ペソから6.5-7.0ペソの水準に下落した。メキシコの通貨当局はペソの為替レートを安定化するため大量の外為市場の介入を行った。メキシコ政府の外貨保有高は1994年初頭の250億ドルの水準から12月には50億ドルに激減した。ペソ通貨の下落はメキシコ政府のテソボノ短期国債の償還の財政負担を増大させた。政府の外為市場での大量の不胎化介入はペソ金利の上昇をもたらした。このペソ金利の上昇及びペソの為替レートの減価は、資金を短期で調達し長期で運用し外貨債務を大量に保有するメキシコの金融機関を危機に陥れた。このメキシコの通貨不安に端を発した金融危機はアルゼンチン、ブラジル等の中南米諸国に波及した。このメキシコ通貨危機の波

及効果は「テキーラ効果」(Tequila Effects) と呼ばれるようになった。

(2) メキシコの通貨危機に対するIMFの解釈

　メキシコの通貨危機についてはIMFが詳細な分析を「国際金融市場報告書」(1995年8月) の中で行っている。この報告書は伊藤隆俊教授を含む15人のIMFのエコノミスト達によって作成されている。[11] この報告書の中でIMFはメキシコの通貨危機を次のように解釈している。第1に、メキシコの通貨危機は「新興資本市場」が過去10年間に国際金融市場に統合されつつある過程で生じた現象と理解される。途上国の金融市場が国際金融市場に統合されることは、証券化されたグローバル市場の一部となり、短期の収益性を重要視する機関投資家の投資戦略に左右されやすくなる。グローバルな金融資産の分散投資の一環となり、先進国の景気変動に非常に敏感に影響を受けることになる。途上国の企業自身も国際投資を活発化させ、外的ショックや撹乱要因によって極度に不安定化する。途上国の対外債務が民間の商業銀行による協調融資形態から、国債、公・社債等証券化した形態に移行し、債務の繰延べ（リスケ）が困難となる。債権者および債務者との間の長期的な1対1の関係が喪失し、関係が無名化する等の特徴を有する。IMFはメキシコの通貨危機は1992年9月の「ヨーロッパの通貨危機」(EMSの危機) のようにヘッジ・ファンド等の投機資本家による「投機的攻撃」(sepculative attacks) が引き金となったのではなく、メキシコ人投資家による「資本の逃避」(capital flight) が原因であったと解釈している。

　投機的資本家による通貨の「投機的攻撃」の典型的なタイプは次のような操作を行う。まず投機家は途上国の不充分な外貨準備高、拡大する経常収支の赤字、上昇するインフレ率等の理由から、途上国政府は現行の固定為替レートの水準を維持出来ないと見越す。そして十分な資金力を担保に途上国の金融機関から現地通貨を借入れる。その現地通貨を現行の為替レートで直ちにドル転換する。現地通貨の為替レートが切り下がった時点で現地通貨を買戻し金融機関に現地通貨の借入金を返済する。この操作は「通貨の空売り」

と呼ばれる。この途上国の通貨を「投機的攻撃」から防御するためには、途上国政府は、高率の金利政策を採用して、「通貨の空売り」を妨ぐ。為替レートをフロート制に移行して「為替リスク」を投機家に負わせる。短期の投機資金の流入をコントロールする等の政策手段を断行する必要がある。メキシコの通貨危機はこの様な投機資本家による「投機的攻撃」が原因ではなく、金融市場のグローバル化現象という金融市場の構造変化がその根本的原因であるとIMFのエコノミストは解釈する。

　この様に民間国際金融資本が極端に流動化し、途上国の金融市場が国際金融市場に統合されていくと途上国のマクロ経済は外的撹乱要因にさらされリスクが増大する。このリスクに対応するため途上国政府は、通貨の変動を外為市場の動向にまかせ為替レートの不安性を高めることによって短期の投機的国際資金の流入に歯止めをかけることが出来る。為替レートが市場の動向によって変動すると、国際資金の流入は通貨の増価をもたらし、マネー・サプライの拡大効果を減殺することが出来る。外為市場に不胎化介入をしてマネー・サプライを制御し、短期の海外資金、短期金融資産に対して課税し、金融機関の対外借入に対する預金準備率の上昇、対外短期資金借入れの上限の設定等による短期海外資金の流入を規制する政策を実行する必要がある。[12]

　メキシコの通貨危機は、途上国の金融市場が国際金融市場に統合化される過程で発生する現象であり、「メキシコに発生した危機は何処にでも発生し得る」とIMFは警告していた。[13] この警告を受け止めてアジア経済にも同種の危機が発生する可能性があると指摘したのは河合正弘教授である。河合教授は東南アジアの金融・資本市場の形成と最近の動向を分析して次のような警告をしている。「金融・資本市場の対外的開放と金融的相互依存関係の深化は金融の高率性を高めるが、同時に金融的不安定性を国際的に伝播させる可能性をつよめる。…今後は金融的撹乱による急激な資本移動、為替レートの乱高下、金融リスクの伝播に対処するための国際的協調の枠組みの整備が必要になる」。[14]

（3）メキシコ通貨危機論争

　東南アジアの通貨危機が突然1997年7月に訪れたようにメキシコの通貨危機も1994年12月に突然訪れた。1990年代前半メキシコの経済のパーフォーマンスはIMF、世銀、OECDから高く評価されてきた。1993年財政収支は黒字を記録し、OECDの水準からすると経常収支の赤字も小幅であり、インフレ率も沈静化していた。「北米自由貿易協定」によりメキシコ経済は活性化し成長は加速化すると考えられた。メキシコの外貨準備高は1994年初頭には歴史的にも最高の水準を記録した。それにも拘らずメキシコ経済は12月20日通貨危機に直面し、金融システムは極度に不安定化し、海外の投資家は投資資金をメキシコの資本市場から逃避した。このメキシコの通貨・金融危機は中南米諸国に波及し、特にアルゼンチン経済は深刻な打撃を受けた。「テキーラ効果」（Tequila Effects）と俗称されるようになった負の波及効果である。

　このメキシコの通貨危機は伝統的なマクロ経済理論からは理解しにくい側面がある。メキシコのマクロ経済のファンダメンタルには問題が無く、財政収支及び経常収支は健全であり、対外債務支払能力及び短期資金の流動性にも問題は無く、実質為替レートの増価もそれほど顕著ではなかった。ただ問題は金融機関が脆弱であり、メキシコ政府が大量のドルにリンクしたテソボノ短期国債を抱えていたことだけである。このメキシコ通貨危機はアメリカのエコノミスト達の関心の的となった。特に注目に値するのは1995年12月1～2月メリーランド大学で開かれたメキシコ通貨危機にかんするシンポジウムである。このシンポジウムで多数の研究論文が発表されており、論争を惹起している。[15] 以下ここでは東南アジアの通貨危機に関連して興味のある論点を概観してみる。

　第1の論点はメキシコの通貨危機は「投機的攻撃」（speculative attack）モデルによって説明し得るという主張である。メキシコの通貨危機は1992年9月の「欧州通貨システムの危機」と本質的には同じであり、投資家の「投機的攻撃」によって引き起こされたという主張である。この「投機的攻撃」

理論によると、固定為替制度を採用している国が自国の現行の通貨の為替レートの水準を維持しようとし、しかし固定為替レート制度と不整合なマクロ経済政策（信用供与の拡大等の金融緩和政策等）を採用せざる得ない場合、投機資本家は通貨の切り下げを見越して「投機的攻撃」を仕掛けるというシナリオである。[16]

　第2の興味のある論点は、メキシコの通貨危機は「国際金融資本が極度に流動化する状況下に生ずる新型の国際収支危機」と主張する「カルヴォ・メンドウザ理論」である。[17] メキシコ経済は1945年以降過去5回の国際収支の調整の危機的状況を体験している。この国際収支の調整は、経済の拡大政策による景気の過熱化、実質為替レートの急激な増価、拡大する経常収支の赤字、為替レートの切り下げというサイクルの国際収支の調整である。しかしメキシコの1994年12月の通貨危機はこの通常の国際収支のサイクルでは説明が出来ないとする。メキシコ経済は1987年12月サリナス（Salinas）政権がIMFの支援の下で「経済安定化政策」（Stabilization Policies）、世銀の支援の下で「経済構造調整政策」を実行しマクロ経済の状況は国際収支の調整を必要とする状況にはなかった。

　「カルヴォ・メンドウザ理論」は、固定為替制度は国際資本の流入の結果生ずる非常に流動的な短期金融資産のストック量が増大し、外貨準備残高が不安定となる。金融システムの脆弱性、国際短期資金の流動化、政府の緊急経済政策等が通貨の切り下げ圧力を増幅し、金融危機に拍車をかける。金融危機がパニック状況を引き起こし海外資本は「群行動」（a herd-behavior）の心理に従い大量の海外逃避行動をおこす。この国際金融資本の行動は事前に予知が可能でありメキシコ政府は通貨危機を防御することは可能であったと主張する。このような状況下で途上国政府がなすべきことは、金融機関の脆弱性を表示する指標の動向に注意すること、海外投資家の「群行動」の引き金とならないように短期の対外債務と外貨準備高のバランスを保つこと、為替レートの撹乱要因に対する「事前警告システム」（early-warning systems）を確立することであると主張する。この「カルヴォ・メンドウザ理論」はメ

キシコの通貨危機を「新しい21世紀型の危機」と捉える通説的な見解と同一の説と理解できる。

　第3の見解はJ・サックス等が主張する「パニック理論」である。J・サックスはメキシコの通貨危機は過大に増価した為替レート、拡大する経常収支の赤字、外的攪乱要因が必然的にもたらした実体経済の不均衡が直接的な原因であると主張する「実質的不均衡理論」と「投機的攻撃説」はメキシコの通貨危機を説明出来ないと主張する。これらの理論に従えばメキシコの通貨危機は事前に予知することが可能であったはずであり、「事前通告死」(death foretold) であったことになる。これに対してJ・サックスはメキシコの通貨危機は12月20日メキシコ政府が断行した15パーセントのペソの切り下げが「パニック状態」を引き起こした結果生じた「突然死」(sudden death) であると主張する。R・ドーンブシュと同じようにJ・サックスはメキシコ政府が早い段階で通貨の切り下げを行っておれば危機を避けることが出来たと主張する。メキシコの状況を複雑化したのは、政治の不安定性、金融システムの脆弱性、予測不能な国際金融資本の行動であった。このような状況にある途上国に対する処方箋はイスラエルやチリのように為替制度をクローリング・ペッグ制にすることであるとJ・サックスは主張する。[18]

　メキシコの通貨危機を説明する理論は上記の理論がすべてではないが、東南アジアの通貨危機を理解する上で参考となろう。仮説的に提起することが出来るのは東南アジアの通貨危機は、国際民間金融資本の流動化にともなう21世紀型の危機、投機的攻撃がもたらした通貨不安、実体経済の構造的欠陥、通貨・金融パニック等複層的な性格を持つものと理解すべきであると考える。

10.3 途上国への国際金融資本の流入

(1) 新興資本市場への民間資本の流入

　1994年12月のメキシコの通貨危機・金融不安にもかかわらず先進国の民間金融資本は途上国、特に「新興資本市場」とよばれる中所得途上国に対する資金フローを1990年代の前半加速化させた。民間金融資本の途上国への純資金フローは1994年の1,470億ドルから1996年には2,352億ドルと60パーセント増加した。メキシコの通貨危機は国際金融資本の流動化という長期的傾向を変えることは出来なかった。1990－1996年の7年間の途上国への純資本流入は1990年の457億ドルから1996年の2,352億ドルと5倍も激増した。この期間の純流入額の総額は1兆ドルに達する。この資本流入の中で重要な役割を演じたのが直接投資（FDI：Foreign Direct Investment）と証券投資（Portfolio Investment）である。総額ベースで直接投資及び証券投資の比率はそれぞれ41パーセントである。特に証券投資はメキシコ通貨危機前の1993年にはピークに達し、1年間だけで1,068億ドル、総流入額の66パーセントに達した。[19]

　この先進国の民間金融資本の途上国への資本移動の重要な受入国となったのは、アジアおよび中南米の中所得発展途上国である。1990－1996年の7ケ年だけでアジア諸国の純流入額は4,218億ドルに達し途上国への純流入額の42パーセント、中南米諸国の純流入総額は3,110億ドルと全体の31パーセントを占める。先進国から途上国への資本移動はアジアと中南米諸国で全体の70パーセント以上を占め、両新興資本市場は先進国からの資本流入の受け皿としては相互補完、ないしは相互代替市場となってきている。1980年代中南米諸国は累積債務の重圧に苦しみ国際資本の流入は停滞したが、それに替わってアジア市場が主な受け皿となった。アジア諸国への民間資本流入の中心は直接投資であり1990－96年の7年間の総額は2,304億ドル、全体の55パーセントを占める。アジア諸国への証券投資は1990年代前半活発化し1991年の28億ドルから1996年には200億ドルと7倍に急増している。中南米諸国への資

本流入の中心は証券投資であり、この7年間の総額で66パーセントを占めた。ただし中南米諸国に対する証券投資は1994年12月のメキシコ通貨危機の影響をうけて、1994年の608億ドルから1995年にはマイナス75億ドルと激減したが、1996年には271億ドルの水準に回復してきている。

　このような1990年代前半のアジア・中南米諸国に対する国際金融資本の流入は次のような特徴を有すると理解されている。規模の大きさ：1870－1914年の南北アメリカ及びオーストラリアに対して行われたロンドンを中心とするヨーロッパの金融市場からの資本移動に匹敵するほど歴史的には規模が大きかった。証券化した資本移動：この1990年代前半の資本移動は、1970年代の国際金融資本の移動が主にユーロカレンシー市場に滞留したペトロ・ダラーを多国籍金融機関が「協調融資」形態を通じて途上国の公共企業の開発プロジェクトに対する「プロジェクト融資」であったのに対し、国債・社債の購入、株式投資等「証券化」した資本移動であった。機関投資家の投機的投資：金融資本の移動は先進国のプッシュ要因と途上国プル要因によって活性化するが、この資本移動を媒介する上で重要な役割を演ずるようになったのが、短期の高い期待収益性を狙ったグローバル機関投資家の台頭である。この機関投資家達が保有するグローバル金融資産は20兆ドルを超えると推定されている。この機関投資家の投資は投機的な性格を強く持ち極度に足の速い流動的な投資である。[20] マクロ経済の撹乱要因：直接投資が途上国への資本の流入の中で依然高い比率を占めるが、短期の証券投資の絶対額が増大し、この証券投資は投資環境の変化に非常に敏感で、資金の流入・流出が極度に流動化し途上国のマクロ経済の撹乱要因となる性格を強く持つ。途上国の通貨不安はその典型的な例である。途上国経済の脆弱性の増大：途上国の金融市場が先進国の金融市場に統合されることによって途上国経済は先進国経済が発信する外的な撹乱要因に対して非常に脆弱となる。波及効果（Contagion Effects）：先進国から途上国への資本移動は機関投資家による「群行動」によって媒介される傾向を強くもち、1国に生じた通貨・金融不安は他国に急速に波及する。テレコミュニケーション技術の急速な発展がこの波及効果を増幅する。

これら先進国から途上国への民間金融資本の流入問題については世銀も最近調査報告書を発表している。[21]

（2）資本移動のプラスの効果

　先進国の金融資金が大規模かつ急激な途上国への流入がマイナスの効果だけを途上国経済にもたらすだけでは無い。先進国の民間の金融資本が途上国に流入することは数多くのプラスの効果をもたらす。特に先進国の民間企業の直接投資は途上国経済に多くのプラスの効果をもたらす。直接投資は、途上国が必要とする長期の外貨資金を供給するばかりでなく、生産技術、経営管理技術、品質管理技術等途上国経済が必要とする種々の技術移転を促進する、それとともに先進国企業は海外製品市場に途上国製品を輸出する機会を提供する、途上国が必要とする人材育成を企業内教育を企業の私的コストで実行する、途上国経済に対して資本、労働力、原材料等の生産要素の需要を誘発し、途上国経済にプラスの波及効果・産業連関効果をもたらす、合弁企業形態等によって先進国企業が企業化活動を行うことによって途上国が必要とする近代的資本主義文化、制度、技術革新のデモンストレーション効果をもたらす、直接投資がもたらす利益は再投資され途上国に追加的な長期資金の供給源となる。そして株式を公開し株式市場に上場することによって途上国の資本形成に貢献する等数多くのプラスの効果をもたらす。このように直接投資は途上国が必要とする経営資源を途上国に移転するばかりでなく、その経営資源を経営活動として具体化し、途上国における近代的資本主義経済の形成に貢献することが出来る。しかも直接投資がもたらす外貨資金は長期的な資金であり、企業経営環境が悪化しても容易に海外に流失することはない。従って途上国の金融市場の撹乱要因にはならない。直接投資のより重要な経済的な便益は途上国経済の投資効率を高め、雇用機会を創造し、地域経済を活性化させ、経済成長の促進に直接的に貢献することである。

　前述したように先進国からの資本移転は長期資金の融資として伝統的に行われてきた。特に1970－80年代の先進国から途上国への資金流入の中心的役

割を果たしたのは先進国の商業金融機関が供与した「プロジェクト開発融資」、大規模開発プロジェクトに対する「協調融資」であった。このような先進国の民間金融機関による途上国の開発プロジェクトに対する「開発融資」はプロジェクト融資であり、金融機関はプロジェクトの採算性およびプロジェクトの技術的なフィージビリティー、企業の経営能力等を厳密に審査し、プロジェクトから発生するキャッシュ・フローを担保に長期資金を供与する。民間金融機関がプロジェクト融資を供与する場合にはプロジェクトの経済分析は厳密には行われないが、少なくとも開発プロジェクトの財務的な採算性は確保される。この先進国の民間の金融機関によるプロジェクト・ファイナンシングは上記の直接投資と同じく長期資金を資金の受入れ当事者と1対1の長期的な関係の中で供与する。従って先進国の民間資本が直接投資、開発プロジェクト融資という形態で流入する限りでは、たとえ資金流入規模が大きくその流入速度が急激でもメキシコの通貨危機や東南アジアの通貨危機が発生する可能性は非常に低いといえる。

　途上国経済の撹乱要因となる証券投資及び途上国の金融機関による短期外貨資金の流入も同じようにプラスの効果を持ち得る。このような形態による民間資金の流入は本質的には途上国の金融市場が先進国の金融市場に統合されることを意味する。この途上国の金融・資本市場が先進国の金融・資本市場に統合されるプロセスは、途上国の金融・資本市場が発展すればするほど、また経済の自由化政策によって資本取引が自由化されればされるほど加速的に促進されることになる。この途上国の金融・資本市場の統合プロセスは次のようなプラスの効果を持ちうる。途上国の金融市場を拡大・深化させ市場の効率化を促進させる。その結果銀行間の短期資金の流通市場が拡大し、途上国政府が「公開市場操作」を行うことを可能にし金融政策が効果的に行えるようになる。途上国における資本市場の形成が促進され、民間企業は長期資金を直接調達することが可能となる。金融・資本市場の発達により途上国の資金の調達・運用が市場原理に基づき効率的に行われるようになる。資金が期待収益率の高いプロジェクトに投資され、資本の限界効率（ICOR：Incremental Capital Output

Ratio）を高め、貯蓄率の増大とともに途上国経済の潜在成長力を高めることになる。[22] 以上のような理由から世銀は1956年以降「国際金融公社」（IFC：International Finance Corporation）の活動を中心に途上国における資本市場の育成に努めてきた。IFCは、途上国の資本市場の形成に必要な法的制度、有価証券報告書の前提となる会計制度、株式統計データの収集と指標化等のインフラ整備、カントリー・ファンド及び地域・ファンド等のミューチュアル・ファンド（投資信託ファンド）を組成することによって途上国の資本市場を活性化すること等によって途上国の資本市場の育成に努めてきた。

（3）資本移動のマイナスの効果と対策

1992年9月に発生した「欧州通貨システム」の危機については途上国の通貨当局、世銀・アジ銀等の国際開発金融機関、エコノミスト達はこの危機が途上国の通貨危機の潜在的な脅威となるとは考えなかったようである。「欧州通貨システム」は先進国の問題であり、途上国には無縁な問題であると考えられた。しかしこの危機を契機にして先進国の金融資本、特にG・ソロスの「ヘッジ・ファンド」による「投機的攻撃」行動が注目されるようになった。通貨危機が途上国経済にも深刻な影響を持つと考えられるようになったのは、1994年12月のメキシコの通貨危機以降であろう。それとともに中近東に本拠をおくパキスタン系の金融資本家が経営する多国籍金融機関BCCIの不祥事が発生し、金融機関のグローバルな金融活動に対する監視体制の必要性が叫ばれるようになった。[23] それに追い討ちをかけるように、シンガポール金融先物市場で日経インデックス先物取引で若手のトレイダーの行為が原因でイギリスの老舗のマーチャント・バンカーであるベアリング証券が破産する事件が発生した。[24] 国際的な証券会社のガバナンスの問題が脚光を浴びることになる。途上国の金融・資本市場に関心を持つエコノミスト達は国際金融資本の流動化がもたらす問題に懸念を抱くようになり、通貨・金融危機に対する対応策として、チリ政府のように海外短期資金の借入れについては預金準備率を高め短期資金の流入を制限すること、短期投機資金についてトービ

ン税を課することによって資金の流入をコントロールすること、途上国の通貨の為替レート制度をフロート制に移行させて実質為替レートの増価を防ぎ、投機資本の流入に歯止めをかけること、短期的には高金利政策をとり「投機的攻撃」を防ぐこと、必要とされる外貨準備高は対輸入比率で指標化せず、短期国際金融資産カヴァレッジ比率で対応すること、海外資金の流入が国内のマネー・サプライを拡大し「過剰流動性」をもたらさないように中央銀行が不胎化介入を行うこと等が一般的な対応策として論じられるようになる。[25]

　途上国の通貨当局、国際金融機関及びエコノミスト達が以上のような対策を途上国政府がとる必要があると考えた理由は短期の国際金融資本が急激且つ大規模に流入することは次のようなマイナスの効果を途上国経済にもたらすと考えるからである。第1に、大量の海外資金の急激な流入と流出は通貨不安（固定為替制度下では実質為替レートの増価と通貨の切り下げ期待、フロート制の下では為替レートの乱高下）を造成し、途上国のマクロ経済の撹乱要因となる。第2に、途上国の金融・資本市場が先進国の市場に統合されグローバル化することにより、外的ショックに対する脆弱性が増し、他国の通貨・金融不安が途上国に同時的に波及し「テキーラ効果」が一般化する。第3に、民間の金融機関の投資行動は「証券化」（securitization）によって無名化し「群行動化」（herd-behavior）し途上国の対外債務管理、リスク管理を非常に困難にする。1980年代に途上国政府が累積債務を民間の協調融資団と行った債務の繰延べ交渉のような解決策の実行は出来なくなる。第4に、海外資金が大量に流入することによって途上国経済が過熱化し、投機資金が不動産等の非貿易財に投資され「資産バブル」を造成し、バブル経済を形成する原因ともなる。結論的には、国際民間金融資本が大量且つ急激に途上国に流入すると途上国政府がマクロ経済政策を実行するのを非常に困難にする。[26]

10.4　資本取引の自由化と通貨危機

(1) 資本取引の自由化の問題点

　金融資本のグローバリゼーションは先進国が1970年代、1980年代に行った金融の自由化、資本の国際取引自由化によって拍車がかかった。途上国への民間金融資本の流入はIMF・世銀の支援の下で途上国政府が1980年代に行った経済の自由化政策によってさらに加速化された。しかし途上国への先進国の民間の金融資本の流入は上記のようなマイナスの効果を持つことが徐々に認識されるようになった。その契機となったのが前述したように1992年9月の欧州通貨システムの危機及び1994年12月のメキシコ通貨危機であった。これらの危機は「21世紀型の危機」としての特徴を持つとされる。その理由はその国のマクロ経済のファンダメンタルズ及び実体経済が健全であるにも拘らず通貨不安に陥る可能性があると理解されるからである。この「21世紀型の危機」という概念はIMFのカムデッサス専務理事及びアメリカ財務省が使い出した概念であるという。[27]

　P・クルーグマンはすでに1979年に「投機的攻撃」によって一国の通貨体制は危機に陥る可能性があることを指摘していた。クルーグマンの論理は、ある国が固定為替制度を採用している場合、もしその国の政府が景気拡大政策を採用し、金融機関が信用供与を拡大すると経済は加熱し経常収支の赤字が増幅する。その結果その国の外貨準備高が次第に減少する。投機資本家はその国の政府が自国の通貨の固定為替レートを維持することが出来ないと予想して「投機的攻撃」を仕掛けるという論理である。[28] この「投機的攻撃」が現実のものとなるのは1980年代後半先進国が資本取引を自由化し、同じように途上国政府も1990年代に入って資本取引の自由化し始めてからである。

　IMF協定は加盟国が資本取引を制限することを禁じていない（IMF協定、第6条、第3項）。その理由は、IMF協定が成立した当時、経常取引の自由化を促進し世界貿易を拡大することが急務であったからである。しかしIMF

第10章 国際金融資本の流動化と通貨危機

は原則として資本取引の自由化を加盟国に対して推奨している。その理由は、資本取引を制限することは市場の価格機能を阻害する。資本取引は貯蓄過剰国から過小国への貯蓄の移転であるばかりでなく、違時点間の所得移転を意味し、資本取引の自由化は資源の効率的配分をもたらす。投資が期待収益率の低い国より収益率の高い国で行われるようになり、資本の効率的配分をもたらす。経常取引（貿易）を自由化して資本取引を制限するのは整合性がない。資本取引を自由化することはその国の厚生水準を向上することになると考えるからである。[29] 新古典経済学を信奉する大多数のエコノミスト達も資本取引の自由化は先進国ばかりでなく、途上国でも行われるべきであると考えている。IMFのエコノミストは61ケ国の途上国について資本取引が制限される場合の経済効果を分析しており、その結果によると資本取引を制限している国は一般的に所得水準が低く、政府の財政支出の割合が高く、中央銀行の独立性が低く、比較的にインフレ率が高く、閉鎖的な経済体制を持っている国である傾向が強いと指摘している。[30]

しかし資本取引の自由化に反対するエコノミストがいないわけではない。彼等は資本取引の自由化はマクロ経済安定化政策、構造改革の阻害要因となるばかりでなく、資本逃避を可能にし途上国の資本形成の阻害要因となると考える。より本質的なことは、大規模且つ急激な短期資本の流入・流出は噂、雑音、パニック、群集心理、バブル等「短期金融・資本市場の失敗」をもたらし、政府が市場介入し資本取引を制限することは「次善の策」であると考える。このような理由から短期資本の取引を制限することは経済学的に正当化出来ると考える代表的なエコノミストは、エール大学のJ・トービン（J.Tobin）、MITのR・ドーンブッシュ（R.Dornbusch）、カリフォルニア大学のB・アイケングリーン（B.Eichengreen）等である。特にトービン教授は短期資金の取引に税金を課することによって「車輪に砂を混ぜ」（"throw sand in the wheel"）取引量を制限しようとする。ドーンブッシュ教授は経常収支と資本収支勘定に別々の為替レートを採用する「二重為替レート政策」が有効であると主張する。[31]

IMFも短期資本取引の制限が暫定的な処置である場合には、資本取引の制限を認めているようである。IMFカムデッサス専務理事は1997年7月以降に発生した東南アジアの通貨危機に際して、IMFが短期資本取引の動向に対してより緻密な監視体制をとり、危機に対して即応する政策をとるべきであったとIMFが犯した間違いを認めている。[32)]

（2）資本取引の自由化の順序

　経済の自由化政策をどのような順番で政府は実行すべきかという「政策の順序性」（sequencing of policy reforms）という問題がエコノミスト達の間で盛んに論じられるようになってきた。政策の順序性が問題となったのは1980年代のチリ、ウルグアイ、ボリビア等の南米南端諸国（Southern Cone Countries）に対するIMFの「安定化政策」（Stabilization Policies）に関して論じられたのが発端であろう。悪性の超インフレが蔓延するこれらの国でどのような経済政策がどのような順序で実行されるべきかという問題である。この問題は1990年代の旧ソ連、東欧諸国の計画経済から市場経済に移行する「移行期経済」の問題としても引き継がれている。この問題に付いては数多くの研究論文が発表されている。[33)] 極論を好む現コロンビア大学のJ・サックス教授はすべて経済改革は同時にしかも短期間に実行すべきであるという「ショック療法」を主張することで有名である。[34)] しかし経済改革には会計制度の整備、社会の制度改革、法整備、人材育成、文化価値観の変革等の制度改革が不可欠であり、「ショック療法」は非現実的であると考えるべきである。

　エコノミスト達の通説的な見解は経済改革は次のような順序で実行されるべきであるという説である。まず第1に、マクロ経済の安定性を種々の経済安定化政策を実行することによって確立すること。その理由はマクロ経済が不安定な状況では個々的なミクロ経済政策を実行することが困難であると考えるからである。第2に、政府の価格統制の撤廃、企業の市場参入・自由競争に対する規制の撤廃、投資の自由化等によって実体経済の自由化政策を実

第10章　国際金融資本の流動化と通貨危機

行することである。この自由化政策によって実体経済の市場の歪みが是正されて市場の価格機能が発揮されることになる。第3に、貿易の自由化を実行する。貿易の自由化政策を実体経済の自由化の前に実行すると市場の歪みを強化してしまう可能性があるからである。第4に金融システムの自由化を実行すること。実体経済の市場機能が確立し、金融システムが自由化されれば金融市場の市場機能が発揮され金融資産が効率的に配分されることになる。国内の金融市場の自由化を実体経済の自由化の前に実行すると、金融組織の脆弱性をもたらし、実体経済の市場の歪みを強化してしまう。最後に、国内の実体経済・金融経済の市場の歪みが除去された後に資本取引を自由化すべきであるという主張である。資本取引は最後に自由化されるべきであるという理論は、(1)実体経済の市場の歪みが是正されない前に資本の自由化を行うと、実体経済の歪みを補強してしまうと懸念されるからであり、(2)金融市場の改革の前に資本取引を自由化すると、金融市場が攪乱すると危惧するからである。

　しかし実際には必ずしも資本取引の自由化政策は上記の理論に従って実行されない。深刻な経済危機・政治不安に陥ったインドネシアは実体経済・金融経済の自由化が1980年代以降にIMF・世銀の支援で実行される以前1970年に資本取引の自由化を断行している。このインドネシアの資本取引の自由化政策は成功であったとIMFのエコノミストは主張する。インドネシアが通貨・金融危機に直面し、さらには深刻な経済危機に陥る直前にこのIMFのエコノミストは、「インドネシアの資本取引の自由化政策は非常に成功した。…インドネシアが成功した事例は国際収支の悪い状況下でも資本取引の自由化が成功裏に導入され維持される証左である」[35]と主張している。

(3) 資本取引の自由化と通貨危機

　途上国が通貨危機に直面するとき、緊急避難的に短期の投機資本取引を規制することは必要になってくる。メキシコの通貨危機以降チリ政府はチリの金融機関が海外から短期資金を借入れる場合、その金融機関の中央銀行に対

する預金準備比率を高めることによって短期資金の流入を制限することに成功したといわれている。しかし問題は、途上国政府が短期資金の取引を規制する場合、短期資金と長期資金とをどのように識別するのか、投機資金と非投機資金とをどのように区別するのか、途上国政府が短期資金取引を制限するとその国に対する長期資金の流入にマイナスの効果を与えることになるのではないかという懸念が生ずる。このような弊害をさけるため途上国政府はこの処置が暫定的な緊急避難的な政策であることを市場に確信させる必要がある。しかし国際金融市場に対して途上国政府がどのように「信頼性」(credibility)を確立するかは政治経済的に非常に困難な課題となろう。

　短期の資本取引を制限するため「トービン税」を課すという方法も、短期資本取引の実態の把握、課税の実務の問題等を考えると非現実的で実効性に乏しい。二重為替政策も実益よりも弊害のほうが大きいであろう。より実効的な短期資本取引の制限の方法は、株式市場で株価の乱高下を防止するため株価の変動枠を定め、其の枠内で自由な取引を認める方法を短期資本取引に適用することが効果的ではないかと考える。

　1992年9月の「欧州通貨システム」の危機以来、危機管理体制の必要性がしばしば論議された。その論議の中で言及されるのは、IMF協定第4条がIMFに付与した加盟国のマクロ経済の「監視機能」の強化である。1994年7月ブレトン・ウッズ体制が50周年を迎え数多くのシンポジウムが開かれIMFは「監視機能」を強化する必要性があると叫ばれた。[36] しかしIMFは加盟国のマクロ経済のパーフォーマンスを監視することが出来るかもしれないが、短期資金が日々どのような取引行動をするかその動態を監視することは出来ないであろう。

　この章の中では途上国がとるべき為替レート政策についてはあまり直接的には解説しなかった。途上国の通貨不安は途上国の通貨がその信用力を失うために生ずる現象である。それは途上国政府が採用する為替政策の失敗であり、通貨の為替レートが短期のうちに急激に切り下げられ減価する現象である。途上国は現実的で理論的にも妥当な為替政策をとるべきである。この分

第10章　国際金融資本の流動化と通貨危機

野はIMFの専門分野である。しかしIMFのエコノミスト達の間で途上国政府が一定の状況下で採用すべき為替政策は何かという非常に基礎的な問題について統一的な見解は無いようである。メキシコ政府はメキシコ通貨危機が1994年12月に発生するまで1982－94年の期間10回以上為替制度を変えている。この期間メキシコ政府はIMF／世銀の支援のもとで経済調整政策・構造改革政策を実行している。何故メキシコ政府がこのように頻繁に為替レート制度を変えたのか理解に苦しむ。メキシコの通貨危機の根底には国際金融市場がメキシコ政府の為替政策に対する不信感があったのであろう。[37] IMFはメキシコの通貨危機を教訓として通貨危機に対する「早期警戒システム」を確立して加盟国政府が、早期警戒シグナルに従い事前に予防処置をとるよう仕組みを構築しようとしている。[38] しかしこのような「早期警戒システム」は多分に「自己実現の予言」(self-fulfilling prophecy)になりやすい。また危機を早期に予測することが出来る「理論モデル」は過去実際に発生した危機の事象から抽出した「確立モデル」であろう。危機が発生しそうな確率が高くなったと判断できても「危機が発生する」とIMFは公言することは出来ないであろう。

　投機的金融資本家が跋扈する現代の資本主義を特徴づけてスーザン・ストレンジは「カジノ資本主義」と称している。[39] 先進国に形成された「カジノ資本主義」は途上国の金融市場が先進国の金融市場に統合されるにつれて途上国にもその影響を及ぼし、潜在的な通貨危機を撒き散らし途上国経済に深刻な不安の状況を造成している。「21世紀型の危機」の本質は何であろうか。東南アジアの通貨危機はこの「21世紀型の危機」の前兆であろうか。

417

註

1. The World Bank, *The East Asian Miracle*, Oxford University Press, 1993.
2. The World Bank, *Boom, Crisis, and Adjustment ; The Macroeconomic Experience of Developing Countries*, by I.M.D. Little, Richard N.Cooper, W.Max Corden and Sarath Rajapatirana, 1993.
3. IMF, *World Economic Outlook*, May 1997, pp.72-92.
4. IMF, *World Economic Outlook*, October 1997, pp.78-97.
5. Asian Development Bank, *Asian Development Outlook 1996/1997*, pp.41-44 ; pp.79-84 ; pp.103-108.
6. *Far Eastern Economic Review*, 17 September, 1998, pp.44-46.
7. 経済企画庁調査局編、『アジア経済1997』、平成9年5月参照。
8. Krugman, Paul., "The Myth of the Asia's Miracle," *Foreign Affairs*, November/December, 1994.
9. IMF, *Mexico : The Strategy to Achieve Sustained Economic Growth*, September 1992, pp.65-72.
10. 稲葉守満著「途上国債務の政治経済学」、『国際関係研究』第19巻、第1号、平成10年7月。
11. IMF, *International Capital Markets ; Developments, Prospects and Policy Issues*, August 1995.
12. IMF (1995)、同上、26-28頁。
13. IMF (1995)、同上、6頁。
14. 河合正弘著、『アジアの金融・資本市場』、日本経済新聞社、1996年、44頁。
15. このメキシコ通貨危機に関するシンポジウムで発表された研究論文は、*Journal of International Economics*, Vol.41, 1996. に収録されている。
16. Flood, P. Robert., Peter M. Garber and Charles Kramer, "Collapsing Exchange Rate Regimes ; Another Linear Example," in *Journal of International Economics*, Vol.41, 1996, pp.223-234.
17. Calvo, A.Guilleromo., and Enrique G.Mendoza, "Mexico's Balance of Payments Crisis : A Chronicle of a Death Foretold" in *Journal of International Economics*, Vol.41, 1996, pp.235-264.
18. Sacks, Jeffrey., Aaron Tornell and Andre Velasco, "The Mexican Peso Crisis ; Sudden Death or Death Foretold" in *Journal of International Economics*, Vol.41, 1996, pp.265-283.

19. IMF, *International Capital Markets*; *Develpments, Prospects, and Key Policy Issues*, November 1997, page28. この報告書の中でIMFは国際資本市場の最近の動向について非常に詳細な分析を行っている。IMFは1980年から毎年「国際資本市場動向報告書」(International Capital Markets)を発表している。この報告書はIMFの調査局のエコノミスト達の現地調査にもとづいており、最近の資本市場の動向分析としては最も詳細な報告書といえる。IMFの調査局のエコノミスト達は毎年膨大な量の研究レポートをIMFの業務に関連する事項について作成している。しかし1990年代前半国際民間金融資本の途上国への移動が活発化し、1992年9月の「欧州通貨システムの通貨危機」、1994年12月のメキシコの通貨危機が発生し、国際金融資本の流動化が各国のマクロ経済の撹乱要因となってきているにも拘らず、この問題についてはあまり多くの研究レポートは作成されていない。
20. IMF (1997)、同上、27頁。
21. World Bank, *Private Capital Flows to Developing Countries*; *The Road to Financial Integration*, Oxford University Press, 1997, pp.75-151. 参照のこと。
22. World Bank (1997)、同上、153-169頁。World Bank, *Portfolio Investment in Developing Countries*, ed., by Stijin Claessens and Sudarshan Gooptu, 1993参照のこと。
23. BCCI (Bank of Crdeit and Commerce International) はルクセンブルクにある持株会社を本拠地としてカリブ海のケイマン諸島にある子会社を活用して国際的に金融業務を展開した。経営者陣はパキスタン人及びアラブ人であり、資金の洗浄行為その他の非合法行為を行いイギリス政府によって1991年に摘発された。このBCCI事件を契機として多国籍金融機関の活動に対する監視機構の必要性が強く認識されるようになった。Steven Solomon, *The Confidence Game*, Simon&Schuster, 1995, page532. 参照
24. Gapper, John, and Nicholas Denton, *All That Glitfers*; *The Fall of Barings*, Penguin Books, 1996
25. Haq, Mahbub ul., Inge Kaul, Isabelle Gruhberg, ed., *The Tobin Tax: Coping With Financial Volatility*, Oxford University Press, 1996
26. IMF (1997)、前述書。
27. IMF, *From Suez to Tequila*; *The IMF as Crisis Manager*, July 1997, page4.

28. Krugman, Paul., "A Model of Balance of Payment Crises," *Journal of Money, Credit and Banking*, Vol.11, August 1979, pp.311-25.
29. Guitian, Manuel., "Capital Account Liberalization : Bringing Policy in Line with Reality" in *Capital Controls, Exchange Rates, and Monetary Policy in the World Economy*, Cambridge University Press, 1995, pp.71-90.
30. IMF, Economic Effects and Structural Determinants of Capital Controls, by Victorio Grill and Gian Maria Milesi-Ferretti, *IMF Working Paper*, March 1995.
31. IMF, A Survey of Academic Literature on Controls Over International Capital Transactions, by Michael P.Dooley, *IMF Working Paper*, November 1995.
32. International Herald Tribune, Thursday, 24 September 1998.
33. 経済自由化政策の順序性について以下を参照のこと。Sebastian Edwards, *The Order of Liberelization of Balance of Payments*, World Bank Stall Working Papers, 1984 ; Ronald I.McKinnon, *The Order of Economic Liberelization* The Johns Hopkins University Press, 1991
34. 1995年9月アジア開発銀行での講演でJ・サックス教授はロシアと中国とい う移行期経済の比較分析をおこなっている。
35. IMF, Capital Account Convertibility ; A New Model for Developing Countries, by Peter J.Quirk, *IMF Working Paper*, July 1994, page13.
36. IMF/World Bank, *Fifty Years After Bretton Woods ; The Future of the IMF and the World Bank*, 1995, pp.219-246.
37. IMF, Speculative Attacks and Currecy Crises : The Mexican Experience, by Inci Otker and Ceyla Pazarbasioglu, *IMF Working Paper*, November 1995.
38. IMF, Leading Indicators of Currency Crises, Prepared by Graciela Kaminsky, Saul Lizondo and Carmeth M.Reinhart, *IMF Working Paper*, July 1997.
39. Strange, Susan., *Casino Capitalism*, Machester University Press, 1986, pp.1-24.

第11章　タイと東南アジアの通貨危機

まえがき

　1997年7月タイに発生した通貨危機は東南アジア諸国及び韓国に波及し、これらの国の経済を危機的状況に陥れた。インドネシアは最も深刻な経済危機に陥り、危機は政治危機及び社会危機にまで発展した。この章では危機の発生源である焦点をタイに当て、何故通貨危機がタイに発生しその危機が金融危機・経済危機に発展したのかを分析する。インドネシアが直面している危機については、開発と金融の危機という枠組みの中で次章で解説することとする。

11.1　通貨危機の構図

　1997年7月に先ずタイに発生しその後東南アジア及び東アジア諸国に波及した通貨危機は在来経験したことが無い新型の危機であるという認識が一般的となってきている。[1] その理由は第1に、1980年代の中南米諸国を中心として発生した中所得途上国の累積債務の危機や1994年12月に発生したメキシコの通貨危機が公共部門の債務返済能力に対する危惧が引き金となって発生した危機であったのに対し、アジアの通貨危機は民間の金融機関が過剰に短期資金を海外から借入れ不動産投資や過剰投資を行った結果生じた危機であるという認識である。特に1980年代の中南米諸国を中心に発生した累積債務の危機はこれら諸国の公的機関に対して民間の金融機関が大規模な「協調融資」を過剰に供与しすぎた結果生じた危機であり、民間の金融機関が途上国政府と債務の繰延べ交渉を行えば危機を回避することが可能であった。それに反

して東南アジアの通貨危機は債権者が債務者に対して債務の履行を猶予することによって危機的状況を回避することが出来ず、通貨危機が金融危機に発展し、金融危機が経済体制全体の危機に発展する性質を強く持っている。[2]

第2に、東南アジア諸国及び韓国のマクロ経済のファンダメンタルズが健全であるにも拘わらず発生した経済危機であるという点である。これら諸国の物価上昇率及び失業率は高くなく、財政収支の赤字幅も大きくなく国内経済は1980年代の中南米諸国のように不均衡状態にはなかった。またこれらの国の貯蓄率も高く旺盛な投資資金需要を満たすことが出来た。ただ問題は経常収支の赤字幅が拡大する傾向にあったことである。確かに東南アジア諸国及び韓国経済は1960年代以降30数年間の年率7パーセント以上の高成長経済を経験し種々の構造的な歪みを持っていた。実質7パーセントの経済成長は10年間でその国の経済の規模が2倍になることを意味しており、持続可能な成長率ではなかった。しかしこれらの国の実体経済がもつ構造的な歪みが経済全体を危機的な状況に陥れるほど深刻な問題であったかどうか疑問である。[3]インドネシアが直面した経済及び政治的危機は通貨不安が引き金となって発生したが、インドネシアの危機的状況は30年以上のスハルト政権の独裁的腐敗政治がもたらした経済体質に根在していると理解すべきであろう。[4]

第3に、資本取引が急速に自由化され、これらの国の経済が国際資本市場に統合された結果東南アジア諸国の経済が国際資本の流動的な取引に対する脆弱性を増した結果生じた危機であることである。即ち東南アジアの経済がグローバル化した資本主義経済に統合される過程で生じた危機であるという性質を持っているということである。危機の原因はこれらの国の金融市場及び資本市場が充分に確立される以前にこれらの国が資本取引の自由化を行ったことにあるとされる。[5]これらの国は経済を自由化する順序を間違ったのであり、資本取引を自由化する速度が速すぎたのであると考えられる。

第4に、通貨危機が金融危機の発生の引き金となり、金融危機が実体経済を危機的状況に陥れたばかりでなく、1つの国に発生した通貨危機が他の国々に急速に波及し危機の悪循環が連鎖反応的に他国に影響を及ぼすという危

第11章　タイと東南アジアの通貨危機

機の波及速度が早くなったことである。途上国の経済が先進国の経済に統合されればされるほど途上国経済が先進国の経済に対する相互依存性が増し、途上国は先進国が発信する外的なショックに対して非常に脆弱になる。途上国の１つの国に発生した危機は他の途上国に波及し、更には先進国経済にも波及するという危機の連鎖反応が東南アジア通貨危機の特徴となっている。[6)]

　第５に、先進国の機関投資家が保有する金融資産が20兆ドルを越える程に巨額化し、極度に流動化した短期の金融資本がより高い収益性を求めて1980年代後半以降急速に発展した「新興資本市場」に分散投資されるようになったことである。これら機関投資家は短期の収益率を確保するために新興金融市場に投資し、非常に投機的な性質を強く持つ。ジョージ・ソロスの「ヘッジ・ファンド」はその典型的な例であると考えられる。この短期の金融資本は流動化し、マクロ経済に対する攪乱要因となり途上国は極度に不安定化する。

　第６に、この様に国際金融資本が極度に流動化した状況下では途上国政府は固定為替制度を維持することが非常に困難となる。若し途上国政府が固定為替制度に固執する場合には、国際金融資本の投機的攻撃の対象になり通貨危機に陥り易くなる。タイの通貨危機はその典型的な事例であると考えられる。

　第７に、金融資本がグローバル化されればされるほど資本主義経済体制は内生的ショック及び外生的ショックに対する脆弱性を増し、また途上国が国際金融市場に統合されればされるほど金融資本の脆弱化が増幅されることとなる。特に途上国の経済体制及び政治体制はシステムとして発展過程にあり種々の構造的隘路を抱えているのであり、外的なショックに対する対応能力、自律的な回復能力を欠いており危機に陥りやすくなる。東南アジアの通貨危機はグローバル化した資本主義経済が内在的に持つ脆弱性が顕在化したものであると理解される。[7)]

　以下ここでは何故タイにこの様な21世紀型の通貨危機が発生したのか概観することにする。

11.2 タイ経済と通貨危機

(1) タイの実体経済のパーフォーマンス

　メキシコに通貨危機が1994年12月に突然訪れたようにタイの通貨危機は1997年7月に突然やってきた。それまでタイ経済は東南アジア経済の中で優等生的な存在であった。タイの1人当たりGNPは20年前の1977年には420ドルに過ぎなかった。この数字が示す経済の発展段階はアフリカのナイジェリアやガーナ、中南米のホンジュラスとほぼ同じ水準であった。しかし20年後の1996年にはタイの1人当たりGNPは2,960ドルの水準に達し、これはトルコやロシアよりも高い水準であった。表1が示すようにタイの過去20年前後の経済成長率は他のアジアの新興工業国（NIEs）やASEAN諸国の経済成長率と同じ高水準の年平均成長率7.0～8.0パーセント代を維持していた。タイがこの様な高い成長率を維持することが出来た理由は、世銀の報告書『東アジアの奇跡』（1993年）が指摘するように、タイ政府が1970年代の輸入代替政策に替わって1980年代に輸出志向型の開放経済政策を採用したこと、財政収支の赤字を最少限度に押さえ物価上昇率を低位の水準に抑えマクロ経済が比較的安定していたこと、高貯蓄率を可能にした金融組織の確立に努め高投資率に必要な資金を効率的に調達することが出来たこと、タイ政府は1958年に投資庁（BOI）を設立し、1972年には投資奨励法を制定し海外、特に日本からの直接投資優遇政策を実行したこと、しばしば軍部のクーデターによる政権交代という政治不安を経験するが、優秀なテクノクラートが国家経済社会開発庁（NESDB）を通して経済政策の運営をおこなったこと、産業構造が農業依存型から次第に軽工業にシフトし、輸出品目も農作物加工品、繊維製品、家電等の非伝統的な品目にそのウエイトがシフトしタイが比較優位性を持つ労働集約的軽工業が発達したこと等の複数の要因が相乗的にプラスに作用しタイ経済の高成長経済を可能にしたのであると理解される。タイの実体経済のパーフォーマンスについては数多くの解説書が出版されているが、

第11章　タイと東南アジアの通貨危機

表1　東南アジア及び東アジアの経済成長（％）

	1975-82	1983-89	1990	1991	1992	1993	1994	1995	1996
韓　国	7.0	9.6	9.5	9.1	5.1	5.8	8.6	8.9	7.1
香　港	9.3	7.2	3.4	5.1	6.3	6.1	5.4	3.9	4.9
台　湾	8.5	9.2	5.4	7.6	6.8	6.3	6.5	6.0	5.7
シンガポール	8.0	6.9	9.0	7.3	6.2	10.4	10.5	8.8	7.0
タ　イ	7.0	8.1	11.6	8.1	8.2	8.5	8.9	8.7	6.4
マレーシア	7.1	5.4	9.6	8.6	7.8	8.3	9.2	9.5	8.6
インドネシア	6.2	5.5	9.0	8.9	7.2	7.3	7.5	8.2	8.0
フィリピン	5.6	1.1	3.0	−0.6	0.3	2.1	4.4	4.8	5.7
中　国	6.0	10.7	3.8	9.2	14.2	13.5	12.6	10.5	9.6
日　本	3.9	4.1	5.1	3.8	1.0	0.3	0.6	1.5	3.9

資料：IMF「世界経済報告書」、1997年12月

表2　タイのマクロ経済指標

	1975-82	1983-89	1990	1991	1992	1993	1994	1995	1996
インフレ率	9.0	3.1	6.0	5.7	4.1	3.4	5.1	5.8	5.9
貯蓄率	19.6	25.4	32.6	35.2	34.3	34.9	34.9	34.3	33.1
投資率	23.6	27.7	40.2	41.6	39.2	39.4	39.9	41.8	40.8
財政収支	−5.8	−3.8	4.4	4.2	2.6	2.1	2.0	2.6	1.6
経常収支	−5.6	−3.2	−8.3	−7.7	−5.6	−5.0	−5.6	−8.0	−7.9

資料：IMF「世界経済報告書」、同上（インフレ率以外は対GDP比率）

その中にはタイの実体経済が潜在的に深刻な問題を抱えているという指摘は何処にも無い。[8] 世銀はタイ経済（1975-1990年）のパーフォーマンスを分析した報告書をタイに通貨危機が発生する以前に発表している。この報告書の中で世銀は「タイ経済の発展は奇跡的であるとはいえないかもしれないが、タイは構造調整政策を実行して1970年代、80年代の外的なショックに対応することが出来た」と述べタイのマクロ経済の運営が順調であったと結論している。[9] IMFも同じような報告書を1996年に発表しており、その報告書の中でIMFはタイ経済が構造調整政策を実行し、1984年には通貨を切り下げ、1985年以降は円高・ドル安によって国際競争力を強化することができたと指摘している。[10]

しかしこれらの報告書はタイの経済が高度成長経済の結果構造的隘路を孕んでいることを無視したわけではない。これらの構造的隘路とは、産業イン

表3 タイの輸出構造の変化（パーセント）

	1980	1985	1990	1995
農業製品	45.6	45.6	28.6	19.3
工業製品	34.2	39.7	61.9	70.1

資料：アジ銀：Key Indicators, 1997

表4 タイの資本流入（単位：百万ドル、パーセント）

	1992	1993	1994	1995	1996
純資本流入	9,652	10,515	12,183	21,921	18,031
中長期	4,263	7,396	4,606	9,332	12,242
短　期	5,389	3,119	7,577	12,589	5,789
民　間	3,972	6,647	4,628	8,140	10,964
直接投資	1,440	1,232	813	1,129	1,602
融　資	1,745	1,847	3,161	3,915	8,243
証券投資	679	3,568	654	3,096	1,119
公的機関	279	749	－22	1,192	1,278

資料：世銀レポート、1998年4月

フラの立ち遅れ、都市の過密と環境問題、投資と貯蓄のギャップ、拡大する経常収支の赤字、加熱する経済とインフレ懸念等の問題である。表2は1990年代に拡大する貯蓄と投資のギャップと経常収支の赤字の動向を示している。この様な構造的問題をタイが抱えていたにも拘わらず世銀はタイ経済の中長期的展望については比較的楽観的な展望を持っていた。[11]

　アジア開発銀行（以下アジ銀と省略する）も世銀と同じく楽観的な中長期展望をタイ経済に対して持っていた。アジ銀は拡大する経常収支の赤字はタイ経済にとって深刻な問題とならないと解釈していた。その理由は、貯蓄率が改善されれば経常収支の赤字幅は縮小すること、タイの輸出競争力は強く貿易収支は好転すると理解されること、財政収支は黒字であること、経常収支の赤字は短期資本の流入でなく、主に直接投資、証券投資、公的債務、輸出信用によって補填されていること、タイの対外債務は1995年現在で682億ドルと絶対額では大きいが、対GNP比率では41パーセントの水準にとどまっており、債務返済比率（debt-service ratio）は11.7パーセントと低いこと、

外貨準備も360億ドルと高くこの額は7ケ月分の輸入額に相当し十分であること等である。[12]

タイ経済が構造的問題に直面していることについて懸念を表明していたのは日本の官庁エコノミストである。旧経済企画庁の報告書はタイの実体経済が種々の問題を抱えていることを指摘していた。タイの経常収支の赤字が拡大した原因はタイの輸出競争力が低下したからであり、その理由は生産コストの上昇から、繊維、衣料、履物などの労働集約型製品の競争力が中国、ベトナムなどの低賃金国に比べて低下したことであると指摘している。タイの労働力のコストは中国やベトナムの3～5倍高いと推計されている。1990年代に入り工業製品の輸出がタイ全体の70パーセントに達し、1996年には工業製品の輸出の不振が輸出全体の伸び率に直接反映することとなった（表3参照）。さらにタイは経常収支の赤字を補うために短期資本への依存度を高めてきており、タイのように名目為替レートが固定されている国では、過大な資本流入が生ずると過剰流動性が発生してインフレ圧力が高まり、実質為替レートの増価を通して輸出競争力が減退する弊害があると懸念を表明していた。しかし旧経企庁のエコノミストは「タイでは依然豊富な外貨準備と国内貯蓄を保有しており、メキシコ型の通貨危機が今すぐに生ずる可能性は少ない」と判断していた。[13]

（2）資本取引の自由化と急激な海外資本の流入

タイ経済は経常収支の赤字及び投資と貯蓄のギャップを補填するため海外からの資本の流入に依存せざるを得なくなった。海外からの資金の流入は1992年の96.5億ドルから1995年には219.2億ドルと2.3倍に急増した。特に短期資金の流入は1992年の53.9億ドルから1995年には125.9億ドルと同じく2.3倍に急増している。このタイへの海外資金の流入はその50パーセント以上が民間の金融機関、資本市場に対する融資あるいは証券投資の形態を取っており、長期の足の長い直接投資はそのウエイトが非常に低かった。1996年の海外資金の流入は180.3億ドルと多少流入額は減額するが、それでもこの額は

タイ経済のGNP総額1,774.7億ドルの10パーセントの水準に達する程の膨大な金額である。

この海外からの資金の流入を可能にしたのはタイ政府が1980年代後半以降数次に渡って行った資本取引の自由化政策である。1988年商業銀行は非居住者から外貨預金を一定の範囲（5,000ドル以下）で受け入れることが許可された。1989年第1次資本取引自由化政策がおこなわれ、一定の範囲内でバーツの内外取引が自由化され、同じく一定の範囲内で外貨の内外取引も自由化された。1990年5月にはタイはIMF8条国に移行し原則として経常取引に伴う外貨取引に関する制限を撤廃した。それとともに第2次自由化政策が実行され、タイ居住者は5万ドルの範囲内で外貨の海外への持ち出しが可能となり、商業銀行は500万ドル以内での非居住者に対する外貨融資が許可された。それとともに海外の投資信託がタイの株式に投資することが許可された。これに呼応して日本の証券会社及び欧米の投資銀行、マーチャント銀行がタイの株式をポートフォリオとする種々の投資信託ファンドを開設し、積極的にタイの資本市場に対する証券投資を行った。1991年には第3次自由化政策が実行され、タイ居住者は無制限で外貨を保有することが許可され、外貨取引に課せられた金額の制限は撤廃された。投資奨励法も改正されタイ企業に対する100パーセントの株式の外人保有が許可され、また非居住者の外貨の持ち出しも原則自由となる。1992年には第4次自由化政策が発表されタイ政府はタイの商業銀行、金融会社（ファイナンス・カンパニー）及び海外の金融機関の子会社に対してオフ・ショアー・ファシリティ（BIBF：Bangkok International Banking Facility）を認める政策を発表する。このオフ・ショアー・ファシリティによって、タイの金融機関は外貨の所謂「外一外取引」及び「外一内取引」を行うことが可能となる。すなわちタイの金融機関は外貨を海外で調達して海外で運用することが出来るばかりでなく、タイ国内で外貨融資を行うことが出来るようになる。それとともにこれらの金融機関は種々の外為取引、輸出入金融業務、外貨債務の保証業務に従事することが許可された。タイ政府がオフ・ショアー・ファシリティを開設することにした目的は、バンコク

をシンガポールに次ぐ東南アジアの国際金融センターに発展させることにあった。1993年３月タイ政府は地場銀行15、外銀支店12、新規外銀20の計47銀行に対してバンコク・オフショアー市場（BIBF）への参入ライセンスを付与した。[14]

　タイへの海外からの資金の流入をさらに刺激したのはタイ内外の金融市場に存在する金利格差である。タイ中央銀行は過熱した経済、旺盛な投資資金需要、海外資金の流入による過剰流動性等によるインフレ圧力を抑制するため高金利政策をとった。1980年代以降タイの商業銀行の市中貸出金利は15パーセント前後の水準であった。これに比較してロンドンの金融市場でのインター・バンク金利（LIBOR）は数パーセントの水準に過ぎなかった。従ってタイの金融機関は海外の金融市場で外貨を低金利で調達しタイの国内の金融市場で運用することにより、為替リスクを織り込んでも高い収益を上げることが出来た。この様にしてタイに流入したドル資金、特にバンコク・オフショアー市場を通して調達されたドル資金は主に不動産投資等の非貿易財に投資され資産バブルの原因となったと推計されている。[15]

（3）タイの金融市場と資本市場

　タイの金融市場は、中央銀行（Bank of Thailand）、商業銀行（15行）、外国銀行支店（14）、政府貯蓄銀行（GSB）、政府住宅銀行（GHB）、農業協同組合銀行（BAAC）及びタイ輸出入銀行の４銀行の政府系特殊銀行、91のファイナンス・カンパニー（その内20は金融事業、70が証券兼業会社）、12の生命保険会社、61の損保その他の保険会社、政府系特殊金融機関であるタイ産業金融公社（IFCT）、中小企業金融公社（SIFC）、中小企業信用保証公社（SICGC）によって構成されている。タイ金融市場の特徴の１つはタイ全体の金融資産の70パーセントを商業銀行が保有しており、しかも大手４商業銀行（バンコク銀行、クルング・タイ銀行、タイ農民銀行及びサイアム商業銀行）が商業銀行全体の金融資産の65パーセントを保有するという寡占市場であるということである。[16] これら大手の商業銀行はサイアム商業銀行（1906年設立）

以外その歴史はあまり長くはない。最大の大手のバンコク銀行は1944年、クルング・タイ銀行は1966年に設立されたにすぎない。そしてバンコク銀行は同族系の華僑企業グループ、サイアム商業銀行及びクルング・タイ銀行はタイの地場産業系グループ等一定の企業グループに対して融資する金融機関であるという性質を強く持っていた。[17]

ファイナンシング・カンパニーの多くは商業銀行や華僑グループが主な株主である投融資会社である。商業銀行が中央銀行の監督下にあるのに対してファイナンシング・カンパニーは大蔵省の管轄下にあり、厳しい規制を受けずに投融資業務を行うタイ独特の金融機関である。これら金融機関の資金は約束手形等のコマーシャル・ペイパーを発行し、インター・バンク市場から短期・長期資金を借入れて調達する。このように調達された資金は不動産投資、種々の消費者金融として活用された。

タイの金融機関は過去にしばしば金融危機を体験した。1980年代前半タイ経済は第2次石油危機の影響を受けて景気が後退し金融機関は不良債権を抱えることとなった。その結果24のファイナンシング・カンパニーは営業停止となり、13のファイナンシング・カンパニーとアジア銀行（Bank of Asia）を含む5つの商業銀行はタイ中央銀行の支援を受けてその存続が可能となった。1980年代前半タイが金融危機を経験したのは、金融機関に対する監視・監督システムが機能していなかったこと、経営者の経験不足が主な原因であったと指摘されていた。[18]

タイの金融システムが未だ脆弱であったという認識から世銀はその後タイの金融市場について詳細な調査を行っている。その報告書の中で世銀は、タイ中央銀行は中央銀行としての役割に専念すべきであり、金融機関に対する監督権限を強化し、金利に対する規制を撤廃し、政策的な開発金融業務を直接行うことを中止する必要がある。商業銀行は自己資本比率を高めリスクに対する対応力を強化し、ファイナンス・カンパニーに対する株式保有を明確にしその透明性を高める必要がある。不良債権を抱える金融機関に対しては金融支援を組織的に行い金融機関の健全性を高め、国債の流通市場を拡大・

強化しタイの短期金融市場の発展を促進し、タイ政府が短期金融市場で不胎化介入等の金融政策を効率的に行えるようにすること等の勧告を行った[19]。しかしその後タイ経済は回復し金融市場の構造改革の必要性に対する関心は弱まってしまった。

それに反して関心が高まったのは新興資本市場としてのバンコクの株式市場の発展である。タイの資本市場の発展はバンコク証券取引所の開設（1962年7月）に遡る。1974年5月にはタイ証券取引法（SET：Securities Exchange of Thailand Act）が成立し、タイ証券取引所は1975年5月から取引を開始した。SET設立時には9社、70年代後半には69社、80年代以降上場企業の数は増大し1990年には214社、1995年には416社がSETに上場され、タイ資本市場は短期間のうちに急成長した。IFCが発表している新興資本市場の統計によると、タイの株式市場の時価総額は1986年の28.8億ドル（対GNP比率6.9パーセント）から1996年には1,415億ドル（対GNP比率80パーセント）と9年間で50倍に急成長している。その間PE比率も11.6倍から21.7倍に上昇している[20]。IFC、アジ銀はこのタイの資本市場を活性化するため技術協力、タイ投資信託ファンド等を通して種々の支援を行った。しかしタイの資本市場は問題を抱えていた。第1に急激に成長しすぎたために資本市場の法整備及び人材育成が立ち遅れたこと。第2に上場された地場産業企業の60パーセント以上の企業が金融関連企業によって占められていたことである[21]。

（4）タイの為替レート政策

アジア諸国は種々様々な為替レート政策を採用している。1998年10月現在完全変動相場制度を採っていたのは、韓国、台湾、インドネシア、フィリピン、インドであり、管理フロート制度を採っていたのは中国、シンガポール、タイ、マレーシア、ベトナム、パキスタンである。香港は米ドル・ペッグ制、ミャンマーはSDR・ペッグ制を採用していた。タイは1950年代から1984年までドルにペッグした固定相場制度を採用していた。タイの通貨バーツは、1961〜80年の期間非常に安定しており1ドル・20バーツの水準を保っていた。

しかしタイ政府は第2次石油危機以降経常収支の赤字が拡大したため、1981年5月1.1パーセント、1981年7月8.7パーセント、1984年11月14.9パーセント、1985年12月1.9パーセントと1980年代国内の圧力団体、特に軍部の反対を押し切って4回通貨の切り下げを行った。1984年11月以降タイの為替制度は管理フロート制に移行するが、タイのバーツは複数の通貨のバスケットにペッグしていた。ただしタイ政府はその通貨バスケットを構成する通貨のウエイトを公表していなかった。IMFが出版している加盟国の為替政策に関する報告書にもタイのバーツの為替レートがどの国の通貨のバスケットにリンクして決定されるのか明記していない。タイ中央銀行は「外国為替平衡基金」（Exchange Equalization Fund）が媒介通貨として商業銀行との取引の手段として使用するアメリカ・ドルの為替レートの上限と下限を毎日発表している。それと同時に、商業銀行は外国為替の小売市場で取引きするブルネイ・ドル、ドイツ・マルク、香港・ドル、インドネシア・ルピア、マレーシア・リンギッツ、フィリピン・ペソ、イギリス・ポンド、シンガポール・ドル、アメリカ・ドルの為替レートの上限と下限を毎日発表することを義務づけられている。[22]

しかし種々の調査によると、アメリカ・ドルの通貨バスケットのウエイトは高く1980年代後半の50パーセント代から1990年代には80パーセントに増大したと推計されている。[23] 従ってタイの為替制度は実質的にはアメリカ・ドルにペッグした固定為替制度であったと理解される。このタイ政府がとった為替政策は種々の問題を内包する事となる。先ず第1に、タイのバーツの名目為替レートは1980～96年の期間アメリカ・ドルに対してIMF方式で25.2パーセント減価しているが、この期間アメリカ・ドルは日本円に対して減価している。それゆえにタイ・バーツの通貨価値は他の貿易取引国の通貨に対して過大に増価する結果をもたらし、その分タイの輸出産業の国際競争力は低下したことになる。このタイ経済の国際競争力の低下現象はタイの交易条件の悪化傾向に直接現れている。タイの交易条件は1980～96年の期間中に23.7パーセント悪化している。特に1990年代タイの輸出の主力製品となった非伝統

第11章 タイと東南アジアの通貨危機

表5 タイの為替レート

	1980	1982	1984	1986	1988	1990	1992	1994	1996
為替レート	20.5	23.0	23.6	26.3	25.3	25.6	25.4	25.2	25.3
消費者物価指数	65.0	77.1	80.7	84.2	89.6	100.0	110.0	119.5	138.8
交易条件	126.2	99.7	104.6	110.3	107.1	100.0	99.6	101.3	98.3

資料：IMF「世界経済報告書」、同上（インフレ率以外は対GDP比率）

的な工業製品（家電、半導体等）の生産のために必要とされる資本財、中間生産財の日本からの輸入依存度が高く、経常収支を圧迫する要因ともなった。第2に、タイ・バーツがアメリカ・ドルに事実上ペッグされ、アメリカとタイの卸売り物価指数でみたタイ・バーツの実質為替レートは過去20年間1ドル20バーツ前後の水準に止まり非常に安定していた。しかしタイの貿易取引国のなかでアメリカの占めるウエイトは輸出が24パーセント以下、輸入が15パーセント以下でありそれほど大きくない。従って貿易取引によってウエイトづけられたタイ・バーツの実質実効為替レートは均衡水準から非常に乖離していたと推測される。第3にタイとアメリカの両国に存在する金利水準の格差がタイ・バーツに対する投機的攻撃の引き金となる可能性を秘めていたということである。為替レートの決定に関する「アセット・アプローチ」理論に従えば「利子平衡仮説」によりタイとアメリカの2国間に存在する金利格差はタイ・バーツが将来減価することが当然期待される[24]。第4に、1990年代前半海外からバンコク・オフショアー金融市場を通して大量のアメリカ・ドルが流入するとタイ政府が不胎化介入を行ってもタイのインター・バンク金融市場の深度は浅く、過剰流動性を完全にはコントロールすることは出来ないと考えられる。その場合タイの金利低下圧力及びタイ・バーツの減価圧力が働くことになる。しかしタイ政府がバーツをドルにペッグする事実上の固定相場制度をとっている以上バーツは過大に増価することになり、外国為替市場は当然のごとくにタイ政府が将来バーツを切り下げる政策をとると予想することになる。タイの通貨危機はタイ政府がバーツにペッグした事実上の固定為替相場制度を採用したことに原因がある根拠がここにある。

表6　タイの国別の貿易の構成（パーセント）

輸　出	1980	1985	1990	1995	輸　入	1980	1985	1990	1995
アメリカ	12.7	19.7	22.7	17.9		14.5	11.4	10.8	12.1
日　本	15.1	13.4	17.2	16.8		21.1	26.5	30.4	30.7
EU諸国	20.9	15.1	16.5	10.7		8.1	10.6	10.3	10.0
シンガポール	7.7	8.0	7.4	14.0		6.5	7.4	7.4	5.9
香　港	5.1	4.0	4.5	5.2		—	—	—	—
マレーシア	4.5	5.0	2.5	2.8		1.8	5.9	3.4	4.6
中　国	1.9	3.8	1.2	2.9		4.5	2.4	3.3	3.0

資料：アジ銀：Key Indicators, 1997

表7　タイとアメリカの貸し付け金利差（パーセント）

	1980	1982	1984	1986	1988	1990	1992	1994
タ　イ	18.0	19.0	18.8	17.0	15.0	16.5	17.5	14.4
アメリカ	15.3	14.9	12.0	8.4	9.3	10.0	6.3	7.1

資料：IMF, International Financial Statistics, 1995

（5）タイの対外債務

　タイの対外債務は1990年代経常収支の赤字が拡大したのにも拘わらず、タイの貯蓄率が高かったこと及び財政収支の赤字が低水準に抑えられたことのために他の国に比較して大きな問題にはならなかった。

　1996年の対外債務残高は表8が示す様に対GNP比率で50パーセント以下の水準にあったし、債務支払い比率（対輸出比率）も15パーセント以下の水準にあり、タイ政府がマクロ経済政策の運営にあたって対外債務は大きな支障にはならなかった。ただ問題としていえるのは、1990年代タイの対外債務の内短期債務が占める比率が上昇傾向にあったこと、及び対外債務の内ドル通貨債務の比率が1980年代の40パーセント代から1996年には32パーセントに低下したのに反し、短期債務の比率が同じ期間25パーセントから45.4パーセントに上昇したことである。この傾向の結果タイ政府の対外債務管理は短期の国際金融市場の動向や円・ドル為替レートの変動に微妙に影響を受けることになる。

表8　タイの対外債務《金額10億ドル》

	1980	1990	1991	1992	1993	1994	1995	1996
対外債務残高	8.3	28.1	37.7	41.8	52.7	65.5	83.2	90.8
長期債務	5.6	19.8	25.2	27.1	30.0	36.3	42.1	53.2
民間長期債務	1.7	7.3	12.0	13.8	15.3	20.1	25.1	36.1
短期債務	2.3	8.3	12.5	14.7	22.6	29.2	41.1	37.6
債務総額対GNP比率（％）	25.9	33.2	39.0	38.3	43.1	46.8	50.4	50.3
短期債務比率	27.8	29.6	33.1	35.2	43.0	44.5	49.4	41.4
債務支払い比率《対輸出》	18.9	16.9	13.0	13.8	137	13.5	11.6	11.5

資料：世銀：Global Development Finance, 1998

11.3　タイの通貨危機と危機管理

（1）タイの通貨危機

　タイの通貨危機の発生はタイの金融機関の脆弱性が表面化した1990年代前半に既にその兆候が現れていた。1991年4月タイの中堅の商業銀行であるバンコク商業銀行（BBC：Bangkok Bank of Commerce）の不良債権が全資産の26.7パーセントに達することがタイ中央銀行の銀行検査の結果判明した。バンコク商業銀行は無担保貸付、銀行経営者の親族に対する違法融資、バンコク株式市場の上場企業の合併・買収に対する融資等その資産内容に問題があった。1993年3月にはバンコク商業銀行の不良債権額は40パーセントに達し、1996年5月にはバンコク銀行の不健全経営は政治問題化し、タイ中央銀行はバンコク商業銀行の経営者を告訴することとなる。バンコク株式市場の上場企業の多くは金融関連企業である。これら金融関連株を中心にしてバンコク株式市場の株価は、金融不安、輸出関連企業の業績不振、経常収支の赤字拡大による先行不安等の理由のため1996年初頭から1997年初頭にかけて50パーセントの水準まで下落した。

　それと共に1994年12月に発生したメキシコの通貨危機の影響を受けて1995年以降タイのバーツは通貨投機の波状攻撃をうけるようになる[25]。タイの中央銀行の通貨当局にとって不幸であったことは、タイ政府が1990年代の初頭に

図1：東南アジア株式市場の株価の下落

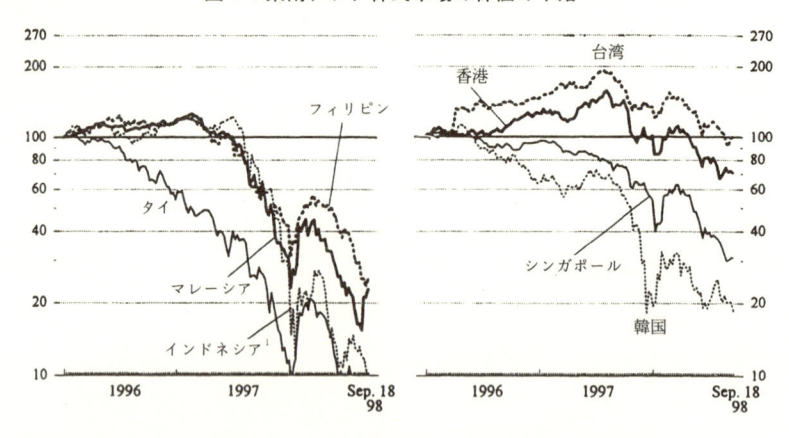

資料：IMF, World Economic Outlook, 1998, September.

　急激に実行した資本取引の自由化政策の結果生ずる問題に対する体制を確立していなかったこと、通貨当局がグローバル化する外国為替市場で自国の通貨を防衛する経験や技術を有していなかったこと、ドルにペッグした固定為替相場制度を維持することが出来ると信じていたこと、ヘッジ・ファンドを含む海外の機関投資が動員することが出来る資金規模に対する認識を欠いていたこと等の状況が指摘されよう。特に主要先進国の機関投資家が保有する金融資産は1990年の12.4兆ドルから1995年には20.6兆ドルに年率13パーセントの伸び率で増大した。1995年にアメリカの保険会社が保有する金融資産だけでも2.9兆ドルに達し、これはタイのGNPの11.7倍になる。この様な大規模な金融機関が保有する金融資産はその多くがファンド・マネジャーによって主要先進国の国際金融市場で分散投資され、その一部は東南アジアを含む新興資本市場で投資されることとなった。

　1997年初頭タイの中央銀行は386.5億ドルの外貨準備を保有していた。この水準はタイの輸入の7ケ月分に相当する。中央銀行の通貨当局は、タイ国内およびロンドン、ニューヨークの外為市場のスポット市場、先物市場でドル売りバーツ買い、インター・バンク市場でのスワップ取引によってバーツ

第11章　タイと東南アジアの通貨危機

を買い支えようとした。スワップ取引には 2 種類あり、第 1 は「買い・売りスワップ」である。この取引で中央銀行はバーツでドルを買い同時に先物市場でドルを売る契約をする。この取引の結果一時的に中央銀行の外貨準備が増大することとなりバーツの防衛に役立つ。第 2 の方法は「売り・買いスワップ」である。この取引で中央銀行はドルを売り、先物でドルを買戻す契約をする。この方法により中央銀行はマネー・スプライをコントロールし金利が高騰するのを防ぐ。この方法によりタイ中央銀行は1997年 5 月まで継続的に行われたバーツに対する投機的な波状攻撃からバーツの平価価値を守ろうとする。しかし1997年 5 月には中央銀行が保有する外貨準備高は25億ドルの水準まで低下してしまう。7 月 2 日中央銀行の通貨当局はこれ以上のバーツの平価を維持することが不可能と判断し、タイ政府はフロート制に移行することを決定する。それ以降タイ・バーツは急激に減価し1997年 6 月の対ドル為替レート25.7バーツから1998年 3 月まで45バーツの水準まで下落することとなる。タイに発生した通貨危機は他の東南アジアに波及しインドネシア、マレーシア、フィリピン及び「東アジアの奇跡」の象徴と考えられた韓国経済を通貨・金融危機に陥れた。

　この期間IMFのカムデッサス専務理事及びフィッシャー副専務理事はしばしばタイを訪問しタイ政府に対して為替制度を変更するように勧告した。その勧告の内容は、タイ経済の状況から判断してドルにペッグしたバーツの固定為替レートは維持することが不可能であると判断されるから、バーツの変動幅を拡大するか、あるいは、バーツの対ドル為替レートを10～15パーセント切り下げるべきであるという勧告であった。しかしタイ政府はこのIMFの勧告にしたがわなかった。その理由はバーツの変動幅を拡大することは通貨不安を誘発する原因となり、通貨の切り下げは多額の外貨債務を抱える企業及び金融機関のバランス・シートを悪化させタイ経済を危機的な状況に陥れると懸念したからである。

　1996年以降タイ中央銀行はバーツの平価を買い支えるため巨額の外貨準備を使って外為市場で先物・スワップ取引を通して市場介入を行った。その結

437

図2:タイ及びその他東南アジアの通貨の下落

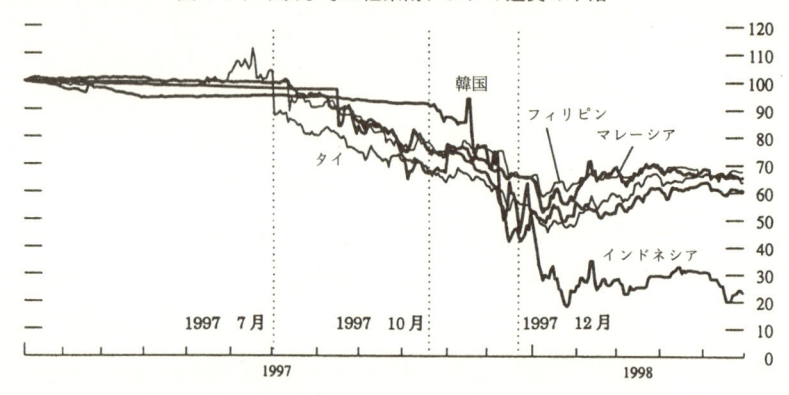

表9　主要先進国の機関投資家の金融資産(兆ドル)

	1990	1991	1992	1993	1994	1995	1990−95年平均伸び率(％)
保険会社	4.6	5.1	5.3	6.1	6.7	7.5	13.0
年金基金	3.4	3.7	3.9	4.3	4.8	5.2	11.0
投資会社	2.3	2.6	2.9	3.6	3.9	4.6	20.0
その他	2.2	2.4	2.5	2.8	3.1	3.3	10.0
総　計	12.4	13.8	14.7	16.8	18.2	20.6	13.0

資料:IMF, International Capital Markets, September 1998, page 184

果タイの外貨準備は激減し1996年12月の段階で国内および海外の金融機関に対するドル売り・バーツ買いのスポット・先物為替市場の為替債務は49億ドルから1997年6月には294億ドルに膨れあがってしまった。タイの通貨当局は海外の金融機関との通貨戦争で殲滅的な打撃を被ってしまった。タイ政府は通貨危機の原因を究明するため「ヌクール委員会」を1998年に設置しタイ通貨当局がバーツ防衛のためにどのような政策を実行したか調査した。この委員会は通貨当局者に対するヒヤリング調査を行い次の様に結論している。「バンコク・オフショアー市場の開設によって加速された資本取引の自由化政策は間違った政策であった。大蔵省及び中央銀行は早い時期にタイの為替制度をフロート制度に移行させるべきであった。タイ政府の通貨当局は1996

第11章　タイと東南アジアの通貨危機

表10　タイの通貨危機の推移

1997年
- 5月15日　タイ政府資本取引を制限することを決定。
- 6月27日　タイ中央銀行16のファイナンス・カンパニー営業停止を決定。
- 7月2日　タイ中央銀行為替制度を管理フロート制に移行すると発表。バーツは国内市場で15パーセント減価する。
- 7月28日　タイ政府IMFに支援を要請。
- 8月5日　タイ政府総合経済対策発表。
- 8月11日　タイ支援会議開催（東京）。
- 8月15日　タイ中央銀行42のファイナンス・カンパニーの営業停止を決定。
- 8月20日　タイ政府IMFと170億ドルの金融システム安定化政策について合意（IMF40億、世銀15億、アジ銀12億、日本40億、その他の2国間援助15億）。
- 9月1日　日本輸出入銀行タイ支援融資（4,800億円）調印。
- 10月14日　総合金融債権政策発表。
- 11月10日　反対党の党首チュアン・リークパイ首相となる。
- 12月8日　タイ政府56のファイナンス・カンパニーの営業停止を決定。

1998年
- 1月13日　投資奨励法を改正し非居住者の金融機関に対する投資を国内企業とみなし不動産の所有を認める。
- 1月20日　タイ政府非居住者による100パーセント証券会社所有を認める。
- 1月30日　タイ政府スポット市場での通貨取引の制限を撤廃。
- 3月13日　チュアン首相訪米、アメリカ輸出入銀行支援合意。
- 3月16日　日本輸出入銀行輸出産業支援融資（800億円）調印。
- 4月1日　アジ銀及び64金融機関による輸出支援融資（10億ドル）調印。
- 5月6日　チャイワット中央銀行総裁辞任。
- 5月7日　チャトモンコン中央銀行総裁就任。

年に輸出が停滞し、不良債権によって弱体化した金融システムの体質が表面化し、資産バブルが崩壊して海外の機関投資家がタイ経済に不安を抱き始めた段階でバーツの対ドル固定平価を維持することが不可能になったと認識すべきであった。

　タイの通貨危機は、P・クルーグマンの「投機的攻撃」モデルが実現した典型的な事例と考えられる。1979年、P・クルーグマンは固定為替制度を採用している国が一定の期間以上経常収支の赤字或いは財政収支の赤字を持続

すると「投機的攻撃」の対象となり易くなると警告を発していた。[26]しかも投機的攻撃によって生ずる通貨危機がマクロ経済にどのような影響を与えるのか事前に察知するのも難しく、また一国に発生した通貨危機は他国に波及するため警戒すべきであると主張していた。[27]ジョージ・ソロスはタイ政府が拡大する経常収支の状況の下でドルの事実上釘付けした固定為替政策を維持することは出来ないと判断して、ソロスのヘッジ・ファンドは1997年1月に大々的にタイのバーツに投機的攻撃を仕掛けたと後日述べている。ソロスはタイの通貨当局が固定為替制度を採用したために海外の金融機関は短期資金を為替リスクをあまり考慮せずに投資することが出来たし、タイの金融機関も同じく為替リスクをヘッジせずに多額の短期資金を借入れてしまったと述べている。[28]

(2) 通貨危機から経済危機へ

　タイの通貨危機は金融危機へと発展した。しかしタイが通貨危機を契機に経済危機に陥ったと判断するかどうかについては異論があろう。タイの実質経済成長率は1996年の5.5パーセントから1997年にはマイナス0.4パーセントに低下し1998年にはさらに低下してマイナス8.0パーセントに落ち込むと予想された。通貨危機が国内経済に与えた影響は東南アジア及び韓国経済の状況によって異なっており東南アジア及び韓国経済がすべて同じような通貨危機が原因で経済危機に陥ったと考えるのは極論であろう。しかし「経済危機」を既往の経済システムが外生的或いは内生的ショックに対応しきれずにそのシステムに機能障害を起こし、機能が極端に低下しシステムの構造或いは体質を変革しなければその機能障害を除去することが出来ない状況を危機と考えるならば、タイを含んだ東南アジア経済及び韓国経済は「危機的状況」に陥ったと理解することが出来る。この危機的状況は以下の諸条件が相乗的に作用して形成されたと考えられよう。タイ経済の体質や構造に内在する歪みとシステムの疲労と自律能力の低下、年平均7パーセント以上の実質経済成長率によってもたらせた実体経済と金融経済の能力のミスマッチ、企業の過

第11章 タイと東南アジアの通貨危機

大な間接金融依存体質(非常に高いレヴァレッジと脆弱なバランス・シート)、金融システムの負荷能力を超えた巨額な海外短期資本の急激な流入、金融システムの監視・監督機能の未確立、途上国の国内金融システムと国際金融システムとのミスマッチ、華僑資本の所有と経営の未分離[29]、タイ経済の国際競争力の低下、タイ政府の非現実的な固定為替制度、タイの通貨当局の学習能力不足、資本取引の自由化政策の失敗。

以上の要因を反映してタイの企業は1996年以降種々の問題を露呈し始めていた。バンコク証券取引所に上場された企業の内32パーセントの企業は資金繰りが悪化し利払いに支障を来たしはじめていた。民間企業は全体で490億ドル(タイのGDPの33パーセントに相当)に達する巨額の対外外貨債務を抱えており、その多くの外貨債務は為替リスクがヘッジされていなかった。従って一度通貨が切り下げられると企業は膨大な債務負担を負うことになる。タイの金融機関が保有する企業に対する債権総額の残高は5.5兆バーツに達し、この額はGDPの120パーセントの水準に該当する。この債権総額の23パーセントは外貨建て債権である。タイ企業のレヴァレッジは高く自己資本に対する債務比率は280パーセントの水準に達しており、タイ企業の財務体質は脆弱であった。従ってタイの通貨危機は企業のバランス・シートの悪化をもたらし、企業の財務内容の悪化は金融機関が持つ資産を不良債権化し金融不安をもたらす結果となった。

タイの金融機関の経営基盤は急激に悪化しタイ政府は1997年6月〜8月に56社の金融会社(ファイナンス・カンパニー)を営業停止処分にした。タイ政府は同年10月に包括的金融再建を発表し、「金融再建庁(FRA：Financial Sector Restructuring Authority)」と「資産管理会社(AMC：Asset Management Company)」を新設し、前者は56社の資産内容を評価しどの金融会社を精算処分にするか決定し、後者に不良債権を処分する権限を付与した。それと供にタイ中央銀行は自己資本基盤が弱体化したバンコク商業銀行の4行を一時その管理下においた。

441

表11　アジア諸国の実質経済成長率（％）

	1996	1997	1998
主要先進国（G－7）平均	2.8	2.9	2.1
その他の先進国	3.8	4.2	1.4
韓　　国	7.1	5.5	－7.0
台　　湾	5.7	6.9	4.0
香　　港	4.6	5.3	－5.0
シンガポール	6.9	7.8	0.0
インドネシア	8.0	4.6	－15.0
マレーシア	8.6	7.8	－6.4
フィリピン	5.7	5.1	－0.6
タ　　イ	5.5	－0.4	－8.0

資料：IMF, World Economic Outlook, 1998, September.
1998年は予測値

（3）タイ経済に対する緊急支援

　タイの通貨危機に対するIMF／世銀の対応は非常に素早かった。IMFはタイ政府の要請に応じて1997年8月20日に40億ドルのスタンバイ・クレジットの支援を一定の経済安定政策を実行することを条件に供与することを決定した。世銀は1997年12月にタイ政府の金融会社の再建計画を支援するため3.5億ドル、1998年4月に金融市場の再建計画を支援するため4.0億ドルをタイ政府に供与している。アジ銀はIMF／世銀の融資を補完する目的で1997年12月タイの資本市場の改革を支援するため3億ドルの融資、1998年2月にタイ経済の構造改革によって影響を受けやすい「社会的弱者」を救済するため5億ドルの融資、1998年3月にはタイの輸出産業を支援するため民間の金融機関と協同して9.5億ドルの協調融資をタイ輸出入銀行に供与している。日本政府はIMF融資を補完する協調融資として4,800億円を日本輸出入銀行を通してタイ政府に供与することを1997年9月1日決定している。日本政府は更に1998年4月に「東南アジア経済安定化緊急対策」を閣議決定している。その東南アジア経済支援対策の内容は、日本輸出入銀行の投資金融を活用して国内企業及び現地日系企業のアジアにおける投資を支援し、現地輸出関連

企業を支援するため貿易金融を供与すること、貿易保険の活用範囲を拡大すること、アジアからの輸入を促進すること等を主な内容としている。タイの通貨・金融・経済危機に対するIMF／世銀、アジ銀及び日本政府の緊急支援によりタイの経済は次第に回復し、IMFは経済報告書の中ではタイ経済は1999年以降経済成長率はプラスに転ずると予測した。[30]

おわりに─危機の形態─

（1）システムの機能障害

この章では「危機的状況」を「社会システム」が外的・内的ショックにより機能障害を起こしている状況として把握している。1つの社会は、経済、政治、文化等のシステムによって構成され、それぞれのシステムは更に複数のサブ・システムによって構成されていると理解される。「経済システム」は実体経済サブ・システムと金融経済サブ・システムによって構成されている。これらのサブ・システムは更に小さなサブ・システムに細分化されると仮定する。この「システム理論」は社会学の分野では1960年代にタルコット・パーソンズ等によって発展された。

このシステム理論に従えば「危機とはシステムが機能障害を起こし、自律的な力によってシステムの能力を回復し得ない状況」と概念づけられる。タイの通貨危機はこのシステム理論に従って以下のように説明されよう。発展の速度による機能障害：システムの発展の速度が速すぎたためシステムに対する負荷が強すぎてシステムが機能障害を起こしている状況である。この状況から脱するためにはタイ経済はその成長速度を遅くするか、システムの能力を強化する必要がある。システムの疲労：アジア的なシステム体質が過去の負荷を蓄積し自己制御能力を極度に低下させているのであり、システム自体の構造改革を行いシステムの新陳代謝を行う必要がある。タイ経済は構造改革を行いシステムの能力を回復する必要がある。サブ・システムの不整合性（ミス・マッチ）：タイの実体経済と金融経済のサブ・システムの能力が相

互補強的に発展することが出来るミス・マッチの状況にあることをさす。タイの実体経済及び金融経済もそれぞれ機能障害を起こしているのであり、システム自体の能力を強化する必要がある。タイの企業は国際競争力を強化し、金融システムはその体質を改善する必要がある。外的システムと内的システムの不整合性（ミス・マッチ）：タイの経済システム能力が急速にグローバル化した国際経済システムに対応出来ない状況にあるのであり、タイ経済は一時的に国内経済が国際経済に統合される過程を中断するかその速度を遅らす必要がある。即ち経済の自由化の速度を遅らす必要がある。システム維持機能：一定のシステムが機能するためにはシステムを支持・維持する条件を備える必要があり、タイ経済は法制度、会計原則、人材育成を強化する必要がある。システム機能のモニターリング：システムの機能が正常に作動しているか監視・監督し一定の軌道からシステムが乖離する場合、システムの軌道を修正する必要がある。タイ経済は金融システムを監視・監督する体制を確立し、経済全体が自律的に回復するフィードバック・メカニズムを形成する必要がある。システムの体制的危機：システム自体がその存続力を喪失しパニック状態に陥るとき、そのシステムは「体制的危機」にあると概念づけられる。タイ経済はこの様な「体制的危機」の状況にはないと判断される。しかしインドネシアの危機はより深刻な「体制的な危機」の状況にあると考えられる。

（2）危機の教訓

　タイ及び東南アジア、韓国経済の危機から学ぶべき教訓及び対策については既に数多くの研究レポートや解説書が発表されている。IMFは危機発生後「国際金融市場」の動向に関する報告書の中で詳細な分析を行っている[31]。日本のエコノミスト達も河合正弘教授を含み種々の見解を発表している[32]。河合教授は1998年5月から世銀の東アジア局に出向しチーフ・エコノミストとして世銀のエコノミスト達と協同して東アジアに関する報告書を作成している[33]。旧大蔵省の外為審議会も「アジア金融資本市場部会報告書」を作成して

第11章　タイと東南アジアの通貨危機

いる[34]。投機的金融資本家のジョージ・ソロス自身も自己反省的な見解を述べている[35]。これらの報告書の中でほぼ共通した見解が東南アジアの通貨危機から学ぶべき教訓として述べられている。第1に新興資本市場国は、短期資本の国内流入に対してチリ政府が行ったような制限処置が有効かどうか検討すること、資本取引を自由化する以前に金融市場を確立し、経済の自由化政策を一定の順序に従って実行すること、金融セクターの健全性を確保するため金融機関に対する監視・監督機能を強化すること、国内の資本市場を整備して海外の短期金融資本に依存せずに、必要とする長期資本を国内で調達することを可能にすること、政府機関、企業、金融機関と癒着関係を断ち切り、意思決定の透明性、ガバナンスを高めること、外貨建で債務管理体制を確立すること、為替投機のリスクを避けるため固定為替制度からより柔軟な為替制度に移行すること等の政策を実行すべきである。第2にIMF・世銀・アジ銀等の国際機関は、マクロ経済の危機的状況に対する予知・予防体制を確立すること、短期資本に対するサーベイランス機能を強化すること、早期警戒システムの開発、個々的な途上国の実情にあったマクロ経済均衡政策・構造調整政策の実行、途上国の貿易金融の補強と信頼性の確保、民間債務の繰延べ交渉に対する支援、海外の民間資本の流入を促進する保証業務の拡大、マニラ・フレイムワークによる地域サーベイランス強化等の政策を実行すべきであると指摘されている。特にアジア開発銀行及び日本政府はより積極的な役割を演ずるべきであろう。

註

1. 東南アジアの通貨危機の日本語文献については以下の文献が参考になろう。滝井光男、福島光丘編著『アジア通貨危機：東アジアの動向と展望』、日本貿易振興会、1998年2月：高橋琢磨、関志雄、佐野鉄司著『アジア金融危機』、東洋経済新報社、1998年8月：近藤健彦、中島精也、林康史著『アジア通貨危機の経済学』、東流経済新報社、1998年9月：関志雄著『アジア通貨危機』、岩波書店、1998年8月。

2. 1980年代の中南米諸国の累積債務危機に関しては以下の文献に分析がなされている。寺西重郎著『経済開発と途上国債務』、東京大学出版会、1995年12月：河合正弘、村瀬英彰著『発展途上国の累積債務問題』、三菱経済研究所、1992年。
3. 韓国のミクロ経済の構造的問題（財閥企業の国際競争力の低下、政府及び企業と金融機関の癒着等の問題）については興味ある分析が、深川由起子著『韓国・先進国経済論』、日本経済新聞社、1997年4月の中でなされている。
4. スハルト政権下に造成されたインドネシアの経済体質についてはオーストラリアの経済学者によって既になされていた。Richard Robinson, Indonesia: The Rise of Capital, Allen&Unwin, 1986参照のこと。この文献はスハルト政権に非常に批判的であったので、インドネシアでは発禁となっていた。
5. 最近世銀は東アジアの経済危機に関する報告書を発表しており、世銀の支援でこれらの国々が国内の金融システムを確立する以前に資本取引を自由化したことは失敗であったと分析している。The World Bank, East Asia: The Road to Recovery, 1998.
6. 一部エコノミスト達はこれらの危機が1929年の世界恐慌のような世界の金融恐慌に発展する可能性があると警告を発している。「世界同時金融恐慌」、『論争』、東洋経済、1998年11月号、20-89頁。
7. 榊原英輔著『国際金融の現場』PHP新書、1998年11月 George Soros, The Crisis of Global Capitalism: Open Society Rndangered, Public Affairs, 1998.
8. 原田泰、井野靖久著『タイ経済入門』、日本評論社、1988年：末広昭著『タイ：開発と民主主義』、岩波新書、1993年：渡辺和夫編著『アジア経済読本』、東洋経済新報社、1998年5月、123-146頁参照。日本経済が国際化、グローバル化するなかで、日本の学者はアジア地域に対する実証的な研究に関する関心をあまり持たなかった様である。タイ経済の動向についてもあまり実証的な研究はなされていない。
9. Warr, Peter G., and Bhanupong Nidhiprabha, *Thailand's Macroeconomic Miracle*. Oxford University Press, 1996, pp.228-236.
10. IMF, Thailand: *The Road to Sustained Growth*. December 1996, pp.28-29.
11. World Bank, *Thailand: Building on the Recent Success*. A Policy Framework, 1989, pp.146-162.
12. Asian Development Bank, *Asian Development Outlook: 1996/1997*, Oxford

University Press, 1996, pp.103-108.
13. 経済企画庁調査局編『アジア経済1997』、平成9年5月、108－119頁。
14. IMF, Sequencing Capital Account Liberalization : Lessons from the Experiences in Chile, Indonesia, Korea, and Thailand. IMF Working Paper, November, 1997, pp.96-113；大場智満監修、国際金融情報センター編『世界の金融・資本市場：アジア・太平洋編』金融財政事情研究会、平成7年7月、150頁。
15. 高橋琢磨、関志雄、佐野鉄司編『アジア金融危機』、東洋経済新報社、1998年10月、105－154頁。
16. Pakorn Vichayanond, "Financial Sector Development in Thailand", in Financial Sector Development in Asia, ed., by Shahid N.Zahid, Asian Development Bank, 1995, pp.303-370.
17. バンコク銀行グループについては、井上隆一郎編『アジアの財閥と企業』、日本経済新聞社、1994年6月、173－196頁参照。
18. Johnston, Barry, R., "Distressed Financial Institutions in Thailand : Structural Weakness, Support Operations, and Economic Consequences" in Banking Crises : Cases and Issues, ed., by V.Sundararajan and Tomas J.T.Balino, IMF, 1991, pp.234-275.
19. World Bank, *Thailand : Financial Sector Study*. Vol, I , II ,1990.
20. IFC, *Emerging Stock Markets Handbook 1996*. pp.218-221.
21. 筆者は1990年代前半アジ銀でアジ銀が参加したタイ投資信託ファンドの管理業務に従事していた。毎月投資顧問会社から送られてくる株式市場の資料を分析しながらこの問題について危惧を抱いていた。しかしタイの資本市場が発展するにつれて日本の機関投資家のアジアの新興資本市場に対する関心が高まり数多くの解説書が出版されるようになった。浜田博男編『アジアの証券市場』、東京大学出版会、1993年8月、107－137頁、273－301頁にタイ資本市場の動向について詳しい解説がある。その他多数の解説書が証券会社や銀行の研究所から出版されている。
22. IMF, Exchange Arrangements and Exchange Restrictions. Annual Report, 1995, pp. 485-487.
23. Peter G.Warr (1996)、前掲書、205-227頁。
24. 為替レート決定の「アセット・アプローチ」の解説については、Paul R.Krugman and Maurice Obstfeld, International Economics : Theory and Policy. Addison-Wesley, 1997, pp.332-397. 参照のこと。

25. The Nukul Commission Report (1998) 参照。この報告書の中でタイ中央銀行の通貨当局が1997年7月2日まで取ったタイ・バーツに対する投機的攻撃に対する防衛政策の内容が具体的に説明されている。
26. Krugman, Paul., "A Model of Balance of Payment Crisis," Journal of Money. Credit and Banking, Vol.11, August 1979, pp.311-25.
27. P.Krugman, "Financial Crises in the International Economy," The Risk of Economic Crises, ed., by Martin Feldstein. The University of Chicago Press, 1991, pp.85-109.
28. Soros, George, The Crisis of Global Capitalism. Public Affairs, 1998, pp.135-194.
29. タイの華僑財閥グループの経営体質については、末広昭、南原真著『タイの財閥：ファミリービジネスと経営改革』、同文館、平成3年7月に詳しい解説がある。
30. IMF, World Economic Outlook. 1998, September, Part I, pp.33-106.
31. IMF, International Capital Markets : Developments, Prospects, and Key Policy Issues. September, 1998, pp.11-81.
32. 河合正弘著「東アジアの通貨・金融機関と日本」、『世界』1998年3月、81-89頁。
33. The World Bank, East Asia : The Road to Recovery, 1998.
34. 大蔵省、外為審議会「アジア金融資本市場部会報告書：アジア通貨危機に学ぶ—短期資本移動のリスクと21世紀型通貨危機」、1998年。
35. Soros, George, The Crisis of Global Capitalism. Public Affairs, 1998.

第12章 インドネシアの通貨・金融危機

はじめに

　ここでは、先ず最初にインドネシア政府が1980年代に実施した金融の自由化政策の内容を紹介し、この自由化政策がどのような効果をもたらしたかを解説する。次にインドネシアの通貨・金融危機がスハルト政権の崩壊と密接・不可分に発生したかを分析する。さらにIMF支援のもとで実行された銀行再建の内容とプロセスを出来るだけ詳細に解説する。最後に、インドネシアの通貨・金融危機の原因と政策課題を提示し、途上国が金融危機を将来回避するため開発金融論の研究が必要であるという著者の主張を紹介する。

12.1　インドネシアの金融危機

(1) 金融システムの自由化政策

　1970年代インドネシア経済は年平均7.6%の高成長を持続していた。この高経済成長が可能となった主な原因は、石油価格の高騰であった。石油関連製品の輸出は全輸出の80%を占め、政府の70%の財政収入は国有石油開発公社プルタミナによって賄われていた。この石油価格の高騰はインドネシア経済に「オランダ病」をもたらす危険があり、政府はこの対策のため1978年通貨の切り下げを行った。またインドネシア政府は1975年に発生したプルタミナ危機の再発を避けるため、国営金融機関及び国営企業の海外資本市場での資金調達を制限した。1970年代インドネシアの金融システムの基本的な課題は、国有石油開発公社プルタミナが独占的に獲得した石油外貨収入を効率的に国内の資金需要者に供給することであった。この機能を果したのがインド

ネシア銀行が金融機関に供与した「再割引制度 (liquidity credits)」である。この再割引制度は、インドネシアの金融機関が提供した融資を、産業別、融資期間別、融資対象者別にインドネシア銀行が政策的に再割引する制度である。このインドネシア銀行が実施した再割引制度による融資は1980年代前半全銀行の総融資額の48％に達していた。[1]

しかしこのインドネシアの政策金融型の金融システムは、国営金融機関による国営企業、大統領親族企業、華僑資本に対する資金の優先的配分、限界生産性によらない政策的な資金配分による非効率性の増大、金融機関が本来持つべき融資の審査機能・リスク管理機能の発達の阻害、レント・シーキング等腐敗の温床の形成、金融市場の市場メカニズムの発展を阻害する等の弊害をもたらした。

1980年代に入り、インドネシア経済は、石油価格の低下による交易条件の悪化、ドル金利の上昇による債務履行負担の増大、経済成長率の鈍化と財政収入の減少等の課題に直面する。スハルト政権はインドネシア経済のマクロ経済環境変化に対応するため金融システムの自由化を含む一連の経済の構造改革政策を1980年代に実行することとなる。この経済の構造改革政策の目的は、インドネシア経済の石油依存体質を改善し、輸出志向型に産業構造を転換し、経済構造をより市場志向型に転換することであった。インドネシアの金融システムの自由化政策は、スハルト大統領支持のもとで少数のテクノクラートがIMF・世銀の支援を得て企画・立案され、大蔵省・インドネシア銀行の金融政策当局者も事前に知らされていなかったとされる。[2]

インドネシアの金融システムの自由化政策は段階的に実行された。第1段階の改革は1983年6月に実行され、改革の主な目的は金利規制の撤廃、産業別の優遇融資政策の廃止、インドネシア銀行が国営金融機関に優先的に供与した再割引制度の廃止を内容とする。第2段階の改革は1988年10月に実行された後に「PAKTO改革」と言われる金融市場のより包括的な自由化政策である。1980年代に実行された金融の自由化政策は、マッキンノン・ショウ (McKinnon/Shaw) の正統派自由化政策理論に従って実体経済の自由化政策

より短期間に急速に行われた。[3] これらを時系列的に要約すると下記の通りである。

表1　インドネシアの金融の自由化政策

1983年6月	①融資枠上限規制の廃止、②預金・貸付金利規制の撤廃、③インドネシア銀行の再割引制度の適用範囲の縮小
1984年2月	①インドネシア銀行証券（SBIs：Bank Indonesia Certificates）の再導入と②SBIの再割引窓口の設立
1985年1月	金融機関及び非金融機関が発行する約束手形によって構成される短期資本市場証券（SBPU）の導入とインドネシア銀行の再割引窓口の設立
1987年7月	SBIとSBPUの入札制度の設立
1988年10月	一連の金融市場促進政策の導入；①国内・海外銀行の新規設立、支店設立規制の緩和、②国営企業の国営銀行以外の銀行預金の自由化、③非金融機関の譲渡性預金（CD）発行の自由化、④金融機関による株式市場での資本調達の自由化、⑤リーシング、保険、ベンチャー・キャピタル、消費者金融、証券業務に関する規制の緩和、⑥預金準備率の15％から2％への削減、⑦その他の金融市場自由化促進政策
1989年12月	ジャカルタ株式市場の民営化
1990年1月	①インドネシア銀行の再割引制度の適用範囲の縮小、②融資上限規制の導入、③対中小企業融資の義務化（総融資額の20％）諸規則の導入
1991年11月	銀行を含む国営企業の海外市場での資金調達の上限の設定とインドネシア銀行の外貨スワップ条件の改善
1992年1月	新銀行法、保険法、年金法の制定
1993年5月	BIS規制による自己資本比率（8％）を達成する期間を1994年12月まで延期

以上の金融システムの自由化政策は、インドネシア銀行による銀行監視機能の強化、銀行自体の自己資本、組織・業務能力の強化等の金融システムの制度構築（institution building）を待たずに短期間のうちに急速に実行された。この金融自由化政策により、第1に、開発銀行を含む既存の銀行は商業銀行と農業銀行に大きく区分され、投資銀行等の非銀行金融機関は商業銀行

か証券会社に組織転換することが要求された。第2に、規制の緩和政策により銀行の資金運用の自由度が増大し、新型の資産運用や金融サービスを提供することが可能となった。しかし銀行が証券の引き受けおよび取引等の証券業務に従事することは禁じられた。第3に、新規に銀行業務に参入することが容易になり、また外国銀行との合弁銀行の設立も容易となった。銀行が前年度20ケ月間健全な銀行業務を遂行すれば支店の設立が認められた。しかし海外銀行との合弁銀行が新規の支店を開設する場合には、ジャカルタ、バンドン、スラバヤ、セマラン、メダン、デンパサール、ウジュン・パンダンの7都市に限定された。第4に、インドネシア銀行の金融機関に対する監視・監督（prudential regulations）能力を強化し、銀行の健全化をはかるため、①新規設立の銀行の最低資本規模（国内銀行の最小払込資本額100億ルピア、合弁銀行500億ルピア）の設定、②1974年BIS規制に従った銀行の自己資本比率（CAR：capital adequacy ratio）の適用、③110％の貸付・預金比率（LDR：Loan to Deposit Ratio）の適用、④不良債権についての引当金の義務化（非流動資産について3％、不健全資産50％、不良資産100％）等の規制を行った。第5に、政府は政策金融の種類と範囲を限定し、インドネシア銀行の優遇融資対象分野を米の生産、販売、価格安定化在庫及び東インドネシア地域に対する投資に限定した。第6に、1989-99年新規の融資規制が導入され、①関連企業に対する融資上限枠の設定、②合弁銀行の輸出関連プロジェクト融資の義務化（総融資額の50％以上）、③中小企業融資の義務化（総融資額の20％以上）を行い、企業と関連企業との癒着を防ぎ、輸出産業や社会的弱者であるプリブミ企業の支援政策を行った。さらに社会的弱者を救済するため国営企業は利益の1-5％の範囲内でプリブミ企業を育成するプロジェクト投資を義務づけた。第7に、従来国営企業は国営銀行にのみ預金取引が認められたが1988年10月の改革以降は預金額の50％の範囲内で民間金融機関との預金取引が認められた。第8に、資本取引に関する規制は1989年まで資金流入の上限規制だけであったが、1989年3月以降外貨保有額の上限規制を銀行については自己資本の25％の規制に変わった。1991年10月インドネシア政府は景気

の過熱の沈静化、対外債務をコントロールするため国営企業が海外資本市場で外貨資金を調達する場合、事前の閣僚委員会の許可を義務つけた。[4]

(2) 金融自由化政策の効果

1988年のPAKTO改革と呼ばれる金融システムの自由化政策によりインドネシアの銀行組織は、国営銀行による独占的な組織から市場メカニズム指導型の民間銀行中心の組織に非常に短期間に移行することになる。銀行の数は1988年の111行から1991年には192行に増大し、銀行の支店数も1,728店舗から3,563店舗に増加した。銀行の総資産額も1988年の50兆ルピアから1991年には155兆ルピア、1994年には251兆ルピアに増大し、銀行の総資産規模は6年間に6倍に増大した。[5] 民間の銀行数も63行から126行に倍増するが、ほとんどの民間銀行は華僑資本に所属する銀行である。インドネシアの主要な華僑資本は、企業集団が必要とする長・短期資金を自己の企業集団に所属する銀行から調達するようになる。しかし急成長を遂げた華僑資本、PT.Astra, PT.Bentel, PT.Mantrustの各企業は1990年代の初頭に過剰投資・放漫経営の結果経営破綻をきたし、華僑資本と構造的な癒着関係を持つ民間銀行の脆弱な構造的体質の問題が次第に顕在化する。

自由化政策の結果、インドネシアの預金・貸出し実質金利は金融市場の動向を反映して上昇する。預金金利は1988年の9.9％から1991年の16.5％に上昇し、貸し出し金利も12.9％から19.8％に上昇する。市場の深化度を示すM2・GDP比率も1988年の29.6％から1991年には43.6％に上昇し金融市場での通貨の流通量が拡大傾向にあることを示している。また銀行経営の効率性を示す預金・貸出し金利スプレッドも減少傾向にあり、自己資本利益率も政府の規制緩和の結果現実的な数値に収斂する傾向を示した。[6]

このインドネシアの金融市場の自由化政策は、国内貯蓄率の向上には直接影響を与えなかったが、金利水準と金利構造、銀行経営の競争性及び効率性、国内金利と国外金利の連動等金融市場の発展を促進し、他のアジア諸国の金融市場の自由化政策に比較して一般的には成功であったと評価された。[7] 世銀・

アジ銀はインドネシア政府の金融自由化政策を支援するため種々の金融市場近代化のプログラム融資を供与した。[8]

しかし1990年代初頭インドネシアの銀行組織の脆弱性を示す種々の兆候が現れ始めた。1992年後半インドネシアの代表的な華僑資本、アストラ企業グループの系列銀行のスマ銀行（Bank Summa）の経営が破綻し、インドネシア銀行はスマ銀行の業務の停止及び清算処分を行う。スマ銀行はアストラ企業グループの創設者ソレアジャヤ（Soeryadjaya）家族が所有・経営する銀行であるが、不動産投資を含む短期間の過剰投資（1988年12月－90年6月までに金融資産が3.8倍に膨張）がたたり経営破綻をきたした。[9] 1993年にはインドネシアの国営の開発銀行Bapindoスキャンダル事件が発生する。この事件は開発銀行の経営陣が中堅の華僑資本Golden Key社に対する不正融資事件であり、この事件により頭取、専務を含む経営の上層部が逮捕された。[10] また1993年には国営商業銀行の不良債権問題が表面化し、国営商業銀行保有の資産の15％以上が不健全ないしは回収不能の不良債権であることが判明する。インドネシア銀行は世銀の支援を得てこれら国営商業銀行の自己資本の充実、経営の商業化政策を実施する。[11]

このように金融の自由化政策を実施する過程でインドネシアの銀行の脆弱性を示す兆候が顕在化する。この銀行の脆弱性を改善する対策をしてインドネシア銀行は銀行の自己資本を充実する政策を実施した。金融市場が自由化されるとインドネシアの銀行は資金の調達・運用の両面で内外の金融機関と競争することになり銀行経営のリスクが増大する。インドネシア銀行はBISの銀行経営の健全化規制（prudential regulations）に従い銀行の自己資本比率の増大を義務づける。国立商業銀行に関してインドネシア政府は1992年世銀から3億ドルの金融セクター開発融資を受け国立銀行の資本の強化を図った。

インドネシアに金融危機が発生する直前に発表されたIMFの報告書は、インドネシアの金融システムは構造的な欠陥を持っていると指摘していた。即ちインドネシアの金融システムは、増大する不良債権、膨大な対外債務の

第12章　インドネシアの通貨・金融危機

表2　インドネシアの銀行（1996年）

	商業銀行	国営銀行	民間外為銀行	民間非外為銀行	地域開発銀行	合弁銀行	外国銀行
銀行数	239	7	77	87	27	31	10
事務所数	2,614	990	1,158	161	277	18	10
総資産（10億）	451.8	194.4	181.8	24.5	11.8	23.1	16.2
資本資産比率（％）	7.4	6.1	7.9	9.0	8.5	12.6	7.4
資産収益率（％）	1.2	0.8	1.3	0.2	2.1	2.6	4.3
貸金・預金比率	113.4	130.5	95.0	109.5	84.4	341.3	103.6

資料：IMF, Indonesia：Selected Issues, September 1997, page 62.

表3　インドネシアの銀行の不良債権
（総資産のうち不良債権の比率）

	1993	1994	1995	1996
商業銀行全体	14.2	12.1	10.4	10.0
国営銀行	19.8	18.6	16.6	15.4
民間外為銀行	5.2	3.7	3.7	4.8
民間非外為銀行	22.3	16.0	13.8	13.0
地域開発銀行	20.6	19.9	16.2	14.9
合弁銀行	6.8	8.1	7.1	7.0
外国銀行	2.8	2.5	2.0	2.6
不良債権の対GDP比率	7.3	7.3	6.2	5.4

資料：IMF、同上 67頁

為替リスク、大量の不動産投資、少数の華僑資本による銀行支配と癒着融資、多数の経営破綻銀行の存在等の問題を抱えており、これらの問題を解決するためには金融システムの構造改革が必要であると指摘していた。特にインドネシアの銀行システムについては、自己資本の充実、銀行経営者のガバナンスの改善、破産銀行の破産処理、インドネシア銀行の監督・監視権限の強化と強制捜査の実行、銀行検査専門官の育成と実践訓練、銀行経営者の癒着融資の監視と罰則強化、銀行の財務データの開示と透明性の確保、支払い決済システムの近代化、契約法、担保法、破産法等の法制度の整備、預金保険機構の設立等の制度改革を即急に推し進める必要があると指摘していた。しかしこのIMFの報告書もインドネシアの金融システムが危機的な状況にある

とは判断していなかった。[12]

(3) インドネシアのマクロ経済動向と通貨危機

インドネシアの金融・経済危機は他のアジアの危機と同じく突然やってきた。J・サックス（Jeffrey D.Sachs）が指摘するように、「危機は突然やってくるから危機となる」のである。[13]アジアの最新の経済動向について現地事務所を通して最も知り得る立場にあった世銀のエコノミスト達もインドネシアやタイに発生した通貨・金融危機を事前に予知することは出来なかった。世銀の主席エコノミストの要職に就いたJ・スティグリッツ（Joseph E.Stiglitz）はこの事態を危惧して、何故エコノミスト達がアジアの金融危機の発生を予知することが出来なかったのか危機の発生の直後詳細に分析している。[14]

表4　インドネシア危機の系譜

1963年	スハルト陸軍戦略予備軍司令官任命（5月）
	マレーシア対決開始（9月）
1965年	9月30日運動（10月1-2日）
	スハルト陸軍司令官就任（10月16日）
	「治安秩序回復作戦（大量殺戮）」実施（10-12月）
1966年	スカルノからスハルトへ大統領権限委譲、スハルト新秩序成立（3月11日）
1967年	スハルト大統領代行就任（3月7日）
	IGGI（対インドネシア借款団）結成
	スハルト、インドネシア共和国第2代大統領就任（3月27日）
1973年	スハルト大統領再選、政党合同により開発統一党、民主党結成
1974年	反日暴動事件（1月）
1975年	プルタミナ危機、東ティモール併合（12月）
1978年	スハルト大統領3選
1983年	スハルト大統領4選
1988年	スハルト大統領5選
1993年	スハルト大統領6選、メガワティ・スカルノプトリ民主党総裁に選出
1996年	メガワティ民主党総裁解任（6月）
	ジャカルタ暴動（7月27日）

第12章　インドネシアの通貨・金融危機

1997年		スハルト政権下 6 回目の総選挙、政府党ゴルカ圧勝（74％）
	7 月 2 日	タイ・バーツ変動相場に移行、15－20％下落
	7 月11日	ルピアの対ドル為替変動幅を上下 4 ％から 6 ％に拡大
	7 月24日	東南アジア　通貨一斉下落
	8 月14日	完全変動相場制に移行、ルピア大幅下落
	8 月20日	タイ政府IMFとスタンバイ・クレジット合意（ 3 年）
	10月31日	政府、金融・財政引締めと構造改革からなる「包括的経済政策」発表
	10月31日	IMF支援、経済改革を条件に国際機関・二国間援助総額　230億ドル
	11月 1 日	民間銀行16行を閉鎖、預金取り付け騒ぎに発展
	11月 5 日	IMF理事会　スタンバイ取り決め承認
	12月 4 日	IMFスタンバイ・クレジット韓国政府と合意
	12月 5 日	スハルト大統領、健康悪化で「休養」を発表、ルピア下落
	12月中旬	インドネシアの銀行取り付け騒ぎ、銀行50％の預金喪失
1998年		
	1 月 6 日	98年度国家予算発表
	1 月15日	IMFとの間で新たな経済処置合意、ルピア下落圧力続行、インドネシア銀行、大量の流動性資金を銀行に供与
	1 月20日	スハルト大統領、次期副大統領にハビビ国務相を示唆、
	1 月27日	銀行再建庁（IBRA）設立、銀行部門の改革・企業の外貨債務対策発表
	2 月14日	銀行再建庁（IBRA）54銀行に介入
	2 月中旬	政治・金融不安、ルピア下落、カレンシーボード導入検討
	2 月23日	インドネシア銀行ディワンドロ総裁解任
	2 月30日	銀行再建庁（IBRA）長官　解任
	3 月10日	国民評議会でスハルト大統領 8 選、ハビビ副大統領、長女入閣
	4 月 4 日	銀行再建庁（IBRA） 7 銀行閉鎖　 7 銀行接収
	4 月 8 日	改訂IMF支援プログラム発表
	4 月22日	破産法成立、商事裁判所開設
	5 月 4 日	IMF改訂支援プログラム承認
	5 月 5 日	IMF合意に従いガソリン・電気料金値上げ、メダンで暴動
	5 月12日	ジャカルタでトリサクチ大学の学生に兵士が発砲、学生が死亡
	5 月14日	ジャカルタで大暴動、死者1,000人以上、地方都市に拡大
	5 月中旬	ルピア下落　銀行取り付け騒ぎ再発　インドネシア銀行資金注入
	5 月21日	スハルト大統領辞任を発表、ハビビ副大統領が第 3 代大統領に就任
	5 月29日	銀行再建庁、Bank Central Asia 接収

457

6月5日	ハビビ大統領政治犯の釈放を開始、出版統制の廃止、労働組合の自由化　海外債権団対インドネシア企業債務繰り延べ交渉枠組み合意
8月21日	銀行再建庁接収3銀行を閉鎖
9月21日	銀行経営株主の責任負担枠組み合意
9月29日	政府4国有商業銀行を合併し単一の国有銀行 Bank Madiri を設立
10月6日	改訂銀行法成立　銀行再建庁権限の強化
10月8日	民主党メガワティ派、闘争民主党を結成、メガワティが党首
10月中旬	ルピア増価（1ドル11,000ルピアから7,000ルピア）

1999年
1月27日	ハビビ大統領東ティモールに自治を提案
1月28日	新政治3法（政党法、総選挙法、議会構成法）を国会が可決
3月13日	銀行再建策として公的資金注入の対象行を決定、38銀行閉鎖
4月21日	2合弁銀行閉鎖
7月5日	政府銀行再建庁管理下の銀行をBank Danamonに吸収合併
6月7日	新法の下で総選挙実施、闘争民主党が第一党（34%）
7月20日	スハルト前大統領、脳卒中で入院
8月30日	東ティモールで住民投票実施、自治受け入れ反対（独立支持）79%
8月中旬	Bank Bali 事件政治問題化
9月	東ティモールで併合派民兵が反乱、軍事非常事態、国際軍による治安維持
10月	国民協議会開催　憲法改正　東ティモールの併合破棄　アブドラーマン・ワヒドが第4代大統領、メガワティが副大統領に選出

2000年
5月12日	自由アチェ運動とインドネシア軍スイスで停戦に合意
8月8日	検察庁　スハルト大統領を財団に関わる不正疑惑で在宅起訴
8月28日	新経済調整相、「経済回復促進プログラム」を発表
9月26日	スハルト大統領三男トミー、不正土地取引容疑で有罪判決

資料：種々の文献から作成

　インドネシアの通貨はルピア（Rupiah）である。インドネシア政府は管理フロート為替レート制度を採用し、インドネシア銀行は毎日の直物為替レートを通貨バスケットの加重平均に従い決定し発表していた。インドネシアは

第12章　インドネシアの通貨・金融危機

　1988年5月にIMF8条国に移行し、経常取引での外国為替取引に関する規制を撤廃していた。またしばしば言及したようにインドネシア政府は1970年以来資本取引の自由化政策を採用し、インドネシア居住者及び非居住者による資本取引は原則的に無制限に認められた。[15] インドネシアは過去為替レート政策をマクロ経済政策の安定化政策の手段として非常に有効に活用した。インドネシア政府の為替政策は以下の三段階に区分される。第1段階は、1966年10月－1971年1月の期間であり、この期間政府は徐々に複数為替制度から単一為替制度に移行した。第2段階の1971年8月－1978年10月の期間インドネシア政府は固定為替制度を採用した。第3段階は1978年11月以降政府が採用した為替レートの切り下げ政策である。政府は、同年11月に51パーセントの切り下げ、1983年4月に38パーセントの切り下げ、1986年9月に45パーセントの通貨の切り下げを実施した。これら3回の通貨の切り下げ政策は、「オランダ病」を回避し非石油関連輸出産業を育成し経常収支を改善する目的のために実施された。これらの為替レートの切り下げ政策はインドネシアのマクロ経済の安定化に寄与したと高く評価されていた。[16] 1990年代前半為替レートは年平均1ドル1,843ルピアから1996年には1ドル2,342ルピアへと直接表示で6年間で27パーセント減価したが、年平均の減価率は4.1パーセントの水準に止まり安定していた。

　しかし1997年7月2日タイ通貨バーツがフロート制度に移行すると減価圧力が「アジア風邪」または「アジアのモンスーン」のごとくにインドネシア通貨ルピアに襲いかかった。インドネシア政府は7月11日ルピアの対ドル変動幅を拡大するが、減価圧力に抗しきれず8月14日完全自由フロート制に移行する。インドネシア政府はルピア通貨不安を、過剰な設備投資と加熱した経済による経常収支の赤字、インフレ圧力、民間の短期海外資金の借入れが原因と考え、開発予算の13パーセントに相当する公共投資プロジェクトの中止を含む財政健全政策、中央銀行債務証書（SBI）の割引率の引き上げ等の金融政策、銀行の不良債権処理等の政策を発表した。しかしルピアの減価圧力が続行し10月6日対ドル為替レートが3,845ルピアにまで下落した。政府

459

は10月 8 日IMFに経済支援を要請した。[17]

　J・スティグリッツが指摘するように、インドネシアのマクロ経済のファンダメンタルズは良好であり通貨・金融危機が発生する兆候は無かった。表5が示すように、1990年代の実質GDPの成長率は 8 パーセント、物価水準は多少高めの 8 パーセント、固定資本形成の対GDP比率は他のアジア諸国に比較して高水準を維持、政府の財政収支もほぼ均衡しており、インドネシアのマクロ経済の動向は健全であった。多少問題視されるのは対外債務のうち短期債務額が外貨準備額を越え、経常収支の赤字が 3 パーセントを上回っていたことだけである。しかしインドネシア経済全体の生産性ないしは効率性を示す指標として考えられる「限界資本係数」の値も他のアジア諸国に比較して必ずしも悪くはなかった。

　1997年危機発生時インドネシアの対外債務残高は1,400億ドル（対国内総生産の60パーセント）であり、この内の347億ドルが短期債務であり、この短期債務総額は外貨準備額207億ドルの1.7倍の水準であった。この短期債務の対GDP比率も韓国の比率より低く、リスク水準が極端に高いとは認識されていなかった。インドネシアのこの短期債務の多くが海外の金融機関に対する外貨債務であり、インドネシア経済のファンダメンタルズや銀行のバランス・シートが健全であれば借換えが可能であり、流動性の危機を起こす水準ではないと認識された。海外の信用格付け機関ムーディーズ（Moody's）のインドネシアの外債の格付けはBaa 3 の水準であり、この水準はメキシコやフィリピンの格付け水準より高かった。ムーディーズはインドネシアの国営銀行及び大手の華僑系民間銀行をBaa 3 の水準に格付けし、「インドネシアの銀行は金融自由化後の拡大期にあり、会計、法制度、監督等の銀行インフラ整備は不十分であり、金融資産の質も高くなく脆弱な体質を持つ。しかし中期的にはインドネシア経済のファンダメンタルズが健全であり、インドネシア銀行は合理化、集中化、特殊化が進展する」と判断していた。[18]日本の金融機関の対インドネシア融資残高は1997年時点で232億ドルであり、その多くはインドネシアの日本企業ないしは合弁企業に対する融資が中心であり、日本

第12章　インドネシアの通貨・金融危機

表5　インドネシアのマクロ経済動向（％）

	1980-84	1985-89	1990-94	1995-96
実質GDP成長率				
インドネシア	5.0	5.6	8.0	8.1
韓　国	6.3	9.5	7.6	8.0
タ　イ	5.7	9.0	9.0	7.2
フィリピン	1.3	2.7	1.9	5.2
マレーシア	6.9	4.8	8.7	9.0
物価上昇率				
インドネシア	12.5	6.9	8.6	9.0
韓　国	12.6	4.2	7.0	4.7
タ　イ	8.5	3.2	4.8	5.8
フィリピン	20.2	9.5	11.4	8.3
マレーシア	6.0	1.3	3.5	3.5
固定資本形成比率				
インドネシア	22.4	24.7	27.0	28.3
韓　国	29.4	29.5	36.8	36.7
タ　イ	24.1	29.2	40.1	41.1
フィリピン	27.4	18.1	22.5	22.7
マレーシア	34.1	26.5	36.7	42.6
財政収支				
インドネシア	-0.4	-1.7	-0.1	1.0
韓　国	-2.5	0.1	-0.4	0.3
タ　イ	-4.4	-0.2	3.0	2.0
フィリピン	-2.8	-3.2	-2.0	-0.9
マレーシア	-8.3	-5.8	-0.7	1.2
経常収支				
インドネシア	-2.5	-2.9	-2.3	-3.3
韓　国	-4.3	4.1	-1.3	-3.4
タ　イ	-5.7	-2.0	-6.4	-7.9
フィリピン	-4.5	0.8	-4.0	-4.5
マレーシア	-8.2	2.4	-5.5	-7.4

資料：IMF, World Economic Outlook Data Base

の金融機関の危機意識はあまり強くなかったとされる。[19]

表6　アジア諸国の限界資本係数

	1987-89	1990-92	1993-95
インドネシア	5.0	5.6	8.0
韓国	6.3	9.5	7.6
タイ	5.7	9.0	9.0
フィリピン	1.3	2.7	1.9
マレーシア	6.9	4.8	8.7

資料：Steven Radelet and Jeffrey D.Sachs, "The East Asian Financial Crisis," Brookings Papers On Economic Activity, 1998

表7　アジア諸国の対海外金融機関債務（10億ドル）1997年

	合計	銀行	公企業	借り手民間企業	短期債務	外貨準備	短期債務比率
インドネシア	58.7	12.4	6.5	39.7	34.7	20.3	1.7
韓国	103.4	67.3	5.7	31.7	70.2	34.1	2.1
タイ	69.4	26.1	2.0	41.3	45.6	38.7	1.2
フィリピン	14.1	5.5	1.9	6.8	8.3	9.8	0.8
マレーシア	28.8	10.5	1.9	16.5	16.3	26.6	0.6

資料：Steven Radelet and Jeffrey D.Sachs：同上

表8　海外の金融機関の対アジア諸国融資残高（10億ドル）1997年

	合計	日本	アメリカ	ドイツ	その他
インドネシア	58.7	23.2	4.6	5.6	25.3
韓国	103.4	23.7	10.0	10.8	58.9
タイ	69.4	37.7	4.0	7.6	20.1
フィリピン	14.1	2.1	2.8	2.0	7.2
マレーシア	28.8	10.5	2.4	5.7	10.2

資料：Steven Radelet and Jeffrey D.Sachs：同上

（4）通貨危機とスハルト政権の崩壊

　IMFの使節団はインドネシア政府の要請に応じて1997年10月上旬インドネシアを訪問しインドネシア政府と交渉に入った。10月31日インドネシア政府は、標準的なIMFの財政・金融緊縮政策を中心とするマクロ経済安定化プログラム、経営が弱体化した16銀行の閉鎖を含む銀行の再建計画プログラム、

第12章　インドネシアの通貨・金融危機

貿易・投資の自由化プログラムを内容とするインドネシア経済再建プログラムを今後3ケ年間の期間に実行することを条件とする総額100億ドルのIMFのスタンバイ・クレディットを受入れることに合意する。このIMFの対インドネシア政府スタンバイ・クレディットは11月5日IMF理事会で承認された。[20]

しかしスハルト大統領はIMFとの合意に反する種々の政策決定を行った。第1にスハルトは11月1日緊縮財政政策の意に反して親族が関係する15の巨大プロジェクトの実施に許可を与えた。第2に、11月1日インドネシア銀行によって閉鎖が決定した16の銀行の中に大統領次男の経営するアンドレメダ銀行（Bank Andremeda）及び異母兄弟の経営するジャカルタ銀行（Bank Jakarta）が含まれており、スハルトはこれら大統領親族が公然と政府の決定に異を唱えることを黙認した。第3に、1998年1月6日IMFの合意に反する歳出拡大の予算発表を行い、内外の市場関係者にマイナスのシグナルを送る結果となった。この間71歳のスハルト大統領の健康状態が12月5日以降悪化し、市場関係者はスハルト政権の終焉を予測し、資本逃避が起こりルピアは12月の1ドル3,700ルピアから1ドル8,000ルピアにまで急激に下落した。

このルピアの急激な下落により1997年10月31日にIMFと合意したマクロ経済安定化政策、銀行再建プログラム、構造改革プログラムは最早実情に合わなくなり、IMF及びインドネシア政府は1998年1月15日経済財政政策の改訂に合意した。スハルト大統領はこの合意書に対するインドネシア政府のコミットメントを内外に示すためマスコミの面前で、IMFカムデッサス専務理事の見守るなかで合意書に署名した。[21] 1998年予算は大幅に修正され、インフラ・プロジェクト12件の中止、国民車プロジェクト優遇税制の見直し、ハビビ科学・技術相が主宰する航空機産業への補助金撤廃、政府の歳出を削減する目的の石油補助金削減、電気料金の段階的値上げ、華僑資本が支配的な力を持つセメント、紙、合板産業などのカルテル撤廃、米以外の食糧に対して食糧庁（BULOG）が持つ輸入・流通独占の撤廃、銀行再編などきわめて多岐にわたる経済改革政策が発表された。しかし1月20日スハルト大統領は

463

スハルト政権の継続性を確保するため次期副大統領に攻撃的な民族主義的経済政策の信奉者であるハビビ国務相を指名する。市場はこれを嫌いルピアは更に下落する（図1参照）。スハルト大統領は再びIMF政策を公然と批判し国民協議会の席上で「カレンシー・ボード」を採用し、通貨の安定を図る政策を発表した。

　インドネシア通貨ルピアの安定化を図るためスハルト大統領に「カレンシー・ボード（currency board)」の採用を進言したのは、アメリカの経済学者である。カレンシー・ボードは極度に不安定化した途上国経済で通貨の信憑性を確立する方法として話題になっている方法である。このシステムはイギリスが植民地の通貨制度として採用した制度である。イギリス政府は植民地の経済運営のため、植民地に独自の中央銀行を設立せず、現地の植民地政府の「通貨庁（currency board)」に通貨の発行をゆだねた。通貨庁は途上国政府保有のポンド・スターリングの外貨準備高に連動させて現地通貨を発行した。現地通貨の流通量が外貨保留量によって左右されるため、植民地政府は通貨の安定を図ることが出来た。現在このカレンシー・ボード・システムを採用している国は香港、アルゼンチン、エストニア等複数の国である。これらの国は原則として、通貨発行権をもつ中央銀行を持たず、豊富な外貨準備を持ち、安定した金融システムを持つ国である。[22] IMFは通貨危機に直面しているインドネシアがこれらの条件を備えていないとして、インドネシア政府がカレンシー・ボード・システムを採用することに反対した。3月6日IMFはインドネシア政府に供与したスタンバイ・クレディットの支払いを一時停止した。

　3月10日スハルトは国民協議会で大統領に選出（7選）された。3月14日組閣された内閣にはスハルト大統領の長女が社会福祉大臣、スハルト軍事政権の癒着・腐敗の象徴的存在であるボッブ・ハッサンが通商工業省大臣に任命された。民族主義者で先端・ハイテク技術によってインドネシアの工業化を促進することを主張するハビビ前科学技術大臣が副大統領に就き、ハビビ副大統領の腹心ギナンジャールが調整大臣というスハルト政権の布陣は内外

第12章　インドネシアの通貨・金融危機

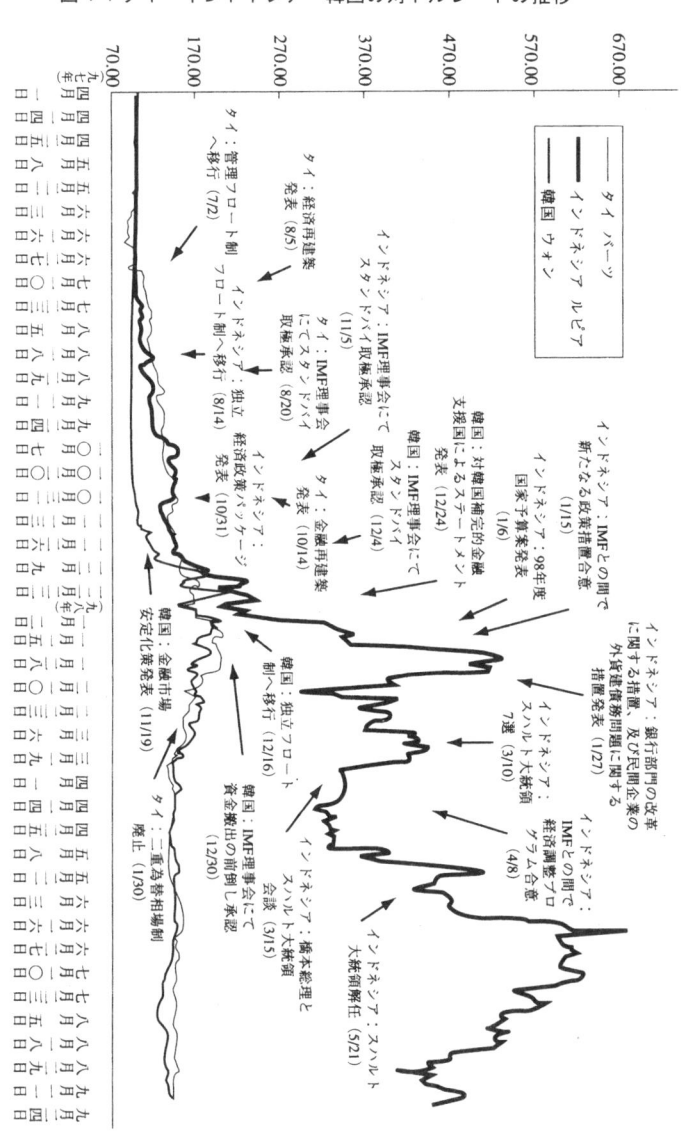

図1：タイ・インドネシア・韓国の対ドルレートの推移

資料：財経詳報社編　図説：国際金融　1999年

465

の市場関係者、インドネシア国民から歓迎されなかった。日本の橋本総理はジャカルタを訪問し3月15日スハルト大統領と会談した。

スハルト大統領はカレンシー・ボード・システムを使用する計画を断念し、3月中旬IMF使節団と更なる交渉を重ねIMFの要求する経済財政政策の修正案に合意し（4月10日）、IMFのコンディショナリティーを履行することを確約した。IMFはこの交渉のなかで1997年10月31日に合意し、1998年1月15日に再度確認した国内市場に対する規制緩和政策の履行を更に強調した。[23]通貨の下落は止まり、ルピアの為替レートは小康状態を保った。

しかしこの間インドネシアの社会不安が急激に深刻化していった。インドネシア政府はIMFとの合意に従い、1997年11月食糧庁（BULOG）が持つ小麦、小麦粉、大豆、にんにくに対する独占的な輸入権限を撤廃した。これに関連してインドネシアの食糧必需物資の価格が高騰し、インドネシア各地で華僑が経営する小売商店が暴徒によって略奪される事件が1998年1－2月に頻発した。ルピアの暴落は対外債務を抱える企業のバランス・シートを悪化させ、銀行の貸渋りによって多数の企業が経営破綻をきたした。失業者が増大し1月末の政府発表で800万人に達した。学生運動が復活し1月中旬以降デモが連日行われ、「改革（Reformasi）」、「スハルト打倒」「腐敗・癒着・縁故：KKN（korupsi, kolusi, nepotisme）」がスローガンとなった。インドネシアの社会不安・政治不安は3月以降急激に深刻化し、5月には危機的な状況に達した。[24]インドネシアの危機的状況を日本のインドネシア研究家白石隆教授は次のように描写している。[25]

表9　スハルト体制の終焉

5月4日（月）経済改革の一環としてガソリン70パーセント、灯油25パーセント、電力料金20パーセントの値上げが行われた。公共料金も上がった。北スマトラのメダンでこれに抗議する学生と治安部隊が衝突、暴動が起こり華人商店が略奪、放火され、多数の死傷者が出た。暴動は北スマトラの地方都市に飛び火。
5月9日（土）スハルト大統領非同盟G15首脳会議出席のため15日までの予定でカイロに出発。

> 5月12日（火）夕刻、ジャカルタ・トリサクティ大学で学生5,000人が街頭に出ようとして警察部隊と衝突、6人が射殺。
> 5月14日（木）スハルト大統領が大統領辞任の意思を表明。午前10時頃からジャカルタ北部の中華街（コタ）で暴動、略奪が発生、ジャカルタ全地域に拡大…多くの華人女性が集団暴行…1万4,000人の治安維持部隊が動員。
> 5月15日（金）スハルト大統領帰国…ハビビ副大統領等スハルト支持要人と会談。
> 5月18日（月）朝9時から学生が国会前に集結し「スハルト辞任」を要求。午後ハルコモ国会議長がスハルトに辞任を勧告…与党ゴルカ議員団打開策検討…夕刻スハルト大統領私邸にてハビビ副大統領以下主要閣僚・国軍司令部最高幹部要人と協議。
> 5月19日（火）スハルト、アブドラ・ラフマン・ワヒッド等イスラム指導者と会見、イスラム指導者スハルトの大統領辞任を勧告。
> 5月20日（水）国軍部隊ジャカルタの厳戒体制…午後3万人の学生が国会を占拠。
> 5月21日（木）大統領官邸にてスハルトは大統領辞任を声明し、ハビビ副大統領が大統領就任の宣言を行う。

　以上の様にして1966年から30年以上継続したスハルト軍事抑圧政権は崩壊することになる。スハルトの後を継ぎ第3代大統領の職に就いたハビビ政権は、スハルト政権の亜流であり、短命に終わった。スハルト反対勢力の妥協の産物とし誕生した第4代大統領のワヒド政権はインドネシア政治の民主化を促進するものと期待されたが、具体的成果を見ずに終わった。[26] その後第5代大統領としてスカルノ大統領の娘メガワティ・スカルノプツリが大統領職に就き、インドネシア政治の民主化が本格的に開始されるものと期待された。しかしメガワティ政権は短命（2001年7月〜2004年10月）に終わりインドネシア国軍出身のユドヨノ前調整相が2004年10月大統領となる。

（5）金融危機のダイナミックス

　前述したように1990年代初頭からインドネシアの金融システムの脆弱性を示す種々の兆候が現れた。アジアの実業家達はインドネシアがアジアで最も腐敗した国である公然と指摘する程になっていた。[27] アストラ華僑企業グルー

プに所属するスマ銀行（Bank Summa）が5億7千万ドルの負債を抱え経営破綻し、1992年12月インドネシア銀行はスマ銀行の免許の取り消し処分を行った。世銀は1992-93年国有商業銀行の資本基盤を強化するため「金融セクター再建プロジェクト（Financial Sector Development Project）」融資（3億ドル）をインドネシアに供与し、国営銀行の体質改善に努めた。1993年5月政府は「国有銀行業務監督委員会」を設置し、国有銀行の業務の監査を強化した。しかし1994年2月には「Golden Key 事件」により国有開発銀行バピンド（Bapindo）の経営が破綻する。[28] IMFもインドネシアの銀行のバランス・シートが悪化し、資本比率も不健全な程低く、インドネシア銀行の監視機能も弱体であり、インドネシアの銀行が問題を抱えていることは十分認識していた。[29] しかし一般の投資家や市場関係者たちはジャカルタ株式市場上場の銀行が公開する公認会計士が監査した年次報告によってしか主要な銀行の財務内容を判断する方法がなかった。インドネシアの主要な銀行の年次報告書を見る限りインドネシアの銀行は健全であると一般には認識するしかなかった。[30]

　IMFはインドネシア政府から支援要請を受けると直ぐにインドネシア総銀行238行の中から銀行全体の総資産の85パーセントを占める主要な銀行92行を選出し、これら銀行の詳細な実態調査を行い、CAMEL（Cash；流動性；Assets；資産内容；Management；経営者の資質；Equity；資本；Liabilities、負債）評価を含む銀行の財務・業績審査を行った。この審査の結果、36銀行の財務内容が悪く破産状態にあると判断された。[31] この36銀行の内16銀行の財務内容が最も悪く、IMFはこれら16銀行を閉鎖することをインドネシア政府に勧告した。この16銀行の中には前述した様にスハルト大統領の息子が経営するアンドロメダ銀行（Bank Andromeda）、大統領の長女が主な株主である工業銀行（Bank Industri）、異母兄弟が経営支配権を有するジャカルタ銀行（Bank Jakarta）が含まれていた。インドネシア政府は1997年11月にIMFの勧告に従いこれら16銀行を営業停止処分にした。この当時IMFもインドネシア政府当局者達もインドネシアの金融システムが体制危機に直面し

た状況にあるとは認識していなかった。従って預金者一般を保護する法的処置をとらす、これら銀行の預金者の預金を上限1,000万ルピア（3,000ドル相当）まで保証するに止めた。

しかしインドネシア政府が16銀行を閉鎖処置にすると言う決定は、国民の間に銀行に対する不安を抱かせ12月以降急転回する金融危機の端緒となってしまった。12月以降のタイ・韓国・インドネシアの通貨の下落、スハルト大統領の健康状態と後継者の不透明さ、政府のスハルト親族関連銀行に対する政治的な対応、海外の金融機関によるインドネシアの銀行に対する信用供与の停止、輸出入取引業務の収縮等が信用不安の相乗効果をもたらし、インドネシアの銀行全体に対する預金者の取り付けが開始された。12月中旬まで全銀行資産の50パーセントを占める154の銀行が取り付けの影響を受け、インドネシア銀行の緊急融資を受けることとなった。11月には短期インター・バンク資本市場の一晩当りの金利が57パーセントに上昇した、インドネシアの多数の銀行は流動性を確保することが困難となった。インドネシアの金融危機が現実のものとなった。

銀行の体制的危機に対して政府は一般的に次の10段階に応じた対応策を講じると指摘されている。この10段階とは、①累積する企業・金融機関の国内・対外債務、②債権者・預金者による銀行取付及び中央銀行による緊急融資、③中央銀行による包括的な債権者・預金者保証による体制危機の回避と銀行再建計画の実施、④緊急融資供与によって膨張した通貨供給量を不胎化によってコントロール、⑤政府の銀行再建計画の法的、資金的、制度的枠組みの決定、⑥銀行に対する流動性支援政策から長期的視野にたつ再建計画の実施、⑦金融セクター全体を再建する長期的戦略の策定、⑧自己資本拡大による銀行の財務体質の改善と銀行監視機構の確立と規制の強化、⑨一時国有化された銀行の民営化、企業債務の処理、不良再建の売却、⑩最後に政府が金融危機に際して実施した債権者・預金者保護政策を解消し、市場原理に従った銀行運営の再開という10段階である。インドネシアは過去数年この金融危機のプロセスを圧縮的に体験することになる。[32]

表10　インドネシアの金融危機のダイナミックス

第1段階：1988－1997年8月：銀行の急拡大
　＊金融自由化政策による銀行資産の急膨張
　＊拡大する企業・金融機関の対外短期債務

第2段階：1997年10－11月：危機の前兆
　＊通貨下落とマクロ経済の混乱
　＊インドネシア銀行の脆弱性が顕在化

第3段階：1997年12月：銀行が体制的危機に突入
　＊インドネシア銀行取付騒ぎ
　＊インドネシア銀行の銀行に対する緊急融資開始

第4段階：1998年1－2月：金融危機に対する制度的な対策
　＊ルピアの下落深刻化；1ドル4,600ルピアから17,000ルピアに下落
　＊1月28日：政府、3つのプログラムを内容とする金融再建政策発表；①銀行預金者・債権者保護政策；②銀行再建庁（IBRA；Indonesian Bank Resturucturing Agency）の設立；③企業再建計画の枠組み決定

第5段階：1998年3－5月：金融危機が深刻化
　＊3月：インドネシア銀行が緊急融資条件を改訂
　＊銀行再建庁（IBRA）が積極的な活動開始；4月インドネシア銀行より2兆ルピア以上借入れている7銀行を経営管理
　＊3月：インドネシア銀行が銀行再建基準を公表、世銀・アジ銀の協力で銀行資産の評価
　＊4月：ジャカルタ証券取引所上場のBDNI、ダナモン銀行が銀行再建庁の管理化
　＊5月16日：セントラル・アジア銀行（BCA）、インドネシア最大の民間銀行の取り付け騒ぎ、インドネシア銀行30兆ルピアの緊急融資；5月29日セントラル・アジア銀行再建庁の管理下

第6段階：1998年6－9月：長期的再建計画の策定
　＊ダナモン銀行の株主総会破産宣告を行う、銀行再建庁がダナモン銀行を他の銀行の不良債権を処理する「ブリッジ銀行」を設立
　＊銀行の資産評価の結果、インドネシア銀行全体が破産状態にあることが判明、不良資産額300兆ルピア（対GDP30パーセント）に達すると推計
　＊民間企業の対外債務処理に関して「フランクフルト合意」が海外の金融機関・企業との間に成立

> *インドネシア債務整備機構（INDRA：Indonesian Debt Restructuring Agency）の設立
> *政府が3つのプログラムを内容とする金融システムの長期再建計画を策定；①権限が強化された銀行再建庁（IBRA）のもとで銀行の再建；②国有銀行の再編及び③公的資金注入による銀行の資本基盤強化
> *8月：インドネシア銀行4国有銀行を単一の国有銀行マンディリ銀行（Bank Mandiri）に統合することを決定
> *9月29日：マンディリ銀行設立；銀行資産総額の30パーセントを保有するインドネシア最大の銀行となる
> *9月29日：インドネシア銀行 民間銀行に対する公的資金注入計画・基準を策定
>
> 第7段階：1998年10月－1999年12月：再建計画の実施
> *健全な銀行を核として民間銀行を再建し国有銀行の再編によってインドネシアの銀行全体を健全化する計画を実施
> *1999年3月13日：76銀行を健全銀行A 基準と判断；9銀行を公的資金注入適格銀行と判断
> *1999年12月：銀行再建庁（IBRA）441兆ルピア（対GDP36パーセント）の金融資産を保有
> *銀行株主との協定締結、資産を処理する持ち株会社設立
> *民間企業の債務処理機構（JITF：Jakarta Initiative Task Force）を設立

資料：IMF, Anatomy of a Banking Crisis, 1997-99, Working Paper, May 2001

　以上のように1998年5月インドネシア最大の民間銀行セントラル・アジア銀行が預金者の取り付けに遭遇した時点で、インドネシアの金融システムは崩壊寸前の危機的な状態に達した。セントラル・アジア銀行はスハルト軍事抑圧政権の腐敗・癒着構造の象徴的存在であり、スハルト政権の崩壊ともにインドネシア最大の金融シセテムは体制的な危機に直面することとなった。インドネシア銀行はこの金融システムの体制的な危機を回避するため膨大な規模の緊急支援を危機に直面した大手の民間銀行に供与した。これら大手銀行に対する緊急支援の総額は表11が示すように1998年9月時点で125.5兆ルピアに達し、これは総緊急支援総額151.2兆ルピアの83パーセントを占める。インドネシア銀行が供与した緊急支援総額は1998年の国内総生産額（GDP）

471

表11　インドネシア銀行の緊急融資残高（10億ルピア）

	1997年12月	98年1月	98年3月	98年5月	98年9月
セントラル・アジア銀行		3,930	3,001	24,121	34,046
ダナモン銀行	8,647	13,147	18,297	25,303	29,486
輸出入銀行			18,472	19,064	17,784
ウマム・ナショナル銀行	1,696	4,245	6,734	8,584	10,861
DNI銀行	8,510	18,266	27,571	29,221	32,300
小　計	18,853	39,588	74,075	106,293	124,477
緊急融資総額	31,664	61,038	97,802	132,738	150,189

資料：IMF, Indonesia: Anatomy of a Banking Crisis, May 2001, page 46

表12　金融危機の影響（対前年度伸び率　％）

	1997	1998	1999	2000
国内総生産（GDP）	4.5	−13.1	0.8	4.8
製造業	5.1	−11.4	3.7	6.1
建設業	7.2	−36.3	1.3	4.3
金融業	5.8	−26.5	−7.4	4.5
物価上昇率	11.1	77.6	2.0	9.4
金利（インターバンク）	27.0	64.1	23.8	10.5
国内投資許可額	19.0	−94.3	−11.8	−67.3
海外投資許可額	13.0	−30.2	−19.8	−44.0

資料：Bank Indonesia, Annual Report 2000

　376.4兆ルピアの40パーセントの水準に達した。この結果通貨供給量は急激に膨張し、インドネシアの物価水準は1998年78パーセントに急上昇した。インドネシア銀行から大量の緊急支援額を受けた銀行は、為替リスクを回避するためこれらルピア資金をドルに転換し、ルピア下落圧力に拍車を掛ける結果となった。

　インドネシアはこの金融危機の結果、過去最大の経済危機に突入することになる。インドネシアの1998年の国内総生産額は対前年比で13.1パーセントのマイナスの成長率を記録した。これはタイの10.8パーセント、マレーシアの7.4パーセント、韓国の6.7パーセントのマイナス成長率に比較して経済活動の収縮の幅が大きかった。インドネシアは1997年4.5パーセントのプラス

の成長率を記録しており、経済の落差は対GDP比率で17.6パーセントとなり、インドネシア経済に深刻な影響を与えた。製造業、建設業、金融業の経済活動は表12が示すように大幅に落ち込み、1998年には物価水準は77.6パーセントに上昇し、インター・バンク金利水準も64.1パーセントに上昇した。更に深刻な影響を受けたのは民間部門の設備投資計画であり、国内投資及び海外投資規模は許可ベースで1998年以降大幅に落ち込んだ。2000年の対1996年投資計画額比率は国内投資で17.5パーセント、海外投資で20.3パーセントの水準に落ち込んでしまった。このインドネシア経済の設備投資の急激な落ち込みはインドネシア経済の生産性に非常に深刻な負の効果をもたらすのではないかと危惧された。[33]

インドネシアの銀行は1998年1月に設立された銀行再建庁（IBRA）のもとで再建の途上にある。銀行再建庁は総ての大手民間銀行を含む銀行資産全体の30パーセント、対GDP比率で20パーセントの銀行資産を持つ銀行を銀行再建庁の管理下に置き不採算銀行は閉鎖処分にした。インドネシアの総ての銀行は詳細な財務分析の結果、自己資本比率の基準に従ってA、B、Cランクに区分され、Cランクに区分された銀行は閉鎖処分にされた。A、Bランクに区分された37銀行に対しては2000年12月時点で自己資本を強化するため430.4兆ルピア（対GDP比率108パーセント）の公的資金が注入された。

一時国有化されたセントラル・アジア銀行等の大手民間銀行の株式は段階的に売却された。銀行再建庁の管理下にある銀行資産の総額は1999年には、不良債権を含み約400兆ルピア（対GDP比率25パーセント）に達した。銀行再建庁の活動内容は2000年4月以降月間報告書の中で紹介されている。[34]これら大手の華僑系銀行はインドネシア銀行から巨額の緊急融資を受けており、これら銀行の株主は銀行再建庁との合意に従い不良債権を一括処理する持ち株会社を設立して不良債権の処理に当たっている。セントラル・アジア銀行の主要な株主であるサリム・グループは自主的に自己の企業グループに所属する107社の資産をこの持ち株会社の管理に移管している。[35]

インドネシアの民間企業が抱える債務総額は1,200億ドルと推計されてお

473

り、この債務のうち50パーセントが対外債務である。これら民間企業の債務のうち40−50パーセントが不良債務であると推計されている。インドネシア政府はこれら民間企業が抱える不良債務を処理するため、閣僚レベルの金融セクター政策委員会（FSPC：Financial Sector Policy Committee）を設立し、この閣僚委員会の管轄下に民間企業債務の処理を仲介する機構JITF（Jakarta Initiative Task Force）を世銀の技術協力を得て大蔵省の中に1998年後半設立した。この民間債務処理機構（JITF）は積極的に海外の債権者及び国内の債務者との仲介にたち債務処理を行っており、2000年10月時点で50の仲介事例、債務総額100億ドルの債務のリストラ交渉を支援した。[36]

　IMFがインドネシア政府に1997年11月に供与した100億ドルのスタンバイ・クレジットは、インドネシアの金融危機がより構造的な問題を抱えていることに鑑み、より中長期的なIMFの支援ファシリティーである拡大信用ファシリティー（EFF：Extended Fund Facility）にインドネシア政府の要請に従って切り替わった（1998年7月）。[37] 1997年11月以降IMFの支援の下で行われてきた金融システムの再建を含むインドネシア経済の安定化政策・構造調整政策を補完するため、世銀・アジ銀はインドネシア政府に対して種々の資金・技術援助を供与している。世銀は1998年4月インドネシア政府に対して「政策改革支援プログラム」融資10億ドルを供与し、インドネシア政府の公共部門の効率性及び透明性の改善、金融部門の改革と企業の債務処理、民間企業のガバナンスの改善及び社会的弱者救済プログラム等の政府の政策を支援している。世銀は金融システムの改革に関しては、預金者保証政策、インドネシア銀行の監視・規制機能の強化、銀行再建庁（IBRA）支援、銀行の法的制度の改善等について支援をおこなっている。[38]世銀はインドネシアの金融危機の1つの大きな原因が金融機関、企業、政府機関のガバナンスが弱体であったためと認識し、その後のインドネシアに対する開発支援の中で「制度改革」を強調するようになってきている。それとともにIMF・世銀の構造調整策によって社会的弱者が過度の負担を負わないように貧困層に対する支援プログラムを重要視している。[39]

アジア開発銀行（アジ銀）はインドネシア経済が「高コスト」構造等の問題を抱えつつも長期的な展望については比較的楽観的な見方をしていた。危機の直前に発表されたアジ銀のインドネシア経済に関する報告書には、インドネシアの金融システムや経済のファンダメンタルズの脆弱性を警告する分析はなされていない。[40] しかしインドネシアが金融危機に直面するとアジ銀は、IMF／世銀の融資プログラムを補完する対インドネシア融資プログラム、「金融セクター・ガバナンス支援」（140億ドル）プログラムを1998年4月、社会的弱者を救済することを目的とした「社会的保護システム開発」プログラム融資（1億ドル）を1998年6月にインドネシア政府に供与した。アジ銀は金融システムのガバナンスの改善や貧困解消がインドネシア経済の健全なる発展に不可欠であると判断し、その後の対インドネシア支援プログラムでこれらの分野が重要視されている。[41] 更にアジ銀は1997年11月18日－19日フィリピンのマニラでアジアの通貨・金融危機に対する対策を検討するために開かれた14ケ国蔵相・中央銀行総裁代理会議で合意をみた「マニラ・フレームワーク」を支援するためアジ銀の内部にアジア域内の経済モニターリング・ユニットを設立し常時アジア経済のマクロ経済動向をモニターしている。[42]

12.2　開発と金融―金融危機の教訓―

（1）金融危機の原因と政策課題

　インドネシアを含めたアジアの通貨・金融危機の原因に関しては、①J・サックス等が主張するパニック理論、②IMFや日本の経済学者達が主に主張する21世紀型国際金融の危機論、③金融経済学者達が主張する金融機関が本質的に持つリスク理論、④インドネシア経済社会の構造的腐敗・癒着構造に根ざすインドネシア金融システムの脆弱性理論等に整理することが出来るであろう。先ず第1に、J・サックスはアジアの実体経済は過去の高経済成長が示すように健全であり、アジア諸国特にインドネシアが通貨・金融危機に陥ったのは海外の投資家・金融機関がタイの通貨危機に端を発したアジア

の通貨危機にパニック的に反応し短期海外資金が急速に流出したことに原因があると考える。特にインドネシアの金融危機の引き金となったのはインドネシア政府がIMFの政策指導に従ってリスク管理体制を確立する以前に16銀行を閉鎖処分にしたことであると判断する。この決定がインドネシア銀行全体に対する国民の信頼を喪失させ、大手銀行の取付け騒ぎに発展し結果的に銀行の体制危機を惹起した。J・サックスはIMFの対アジア支援政策はこれらの国々の通貨・金融危機を悪化させる結果をもたらしたIMFの政策を批判する[43]。M・フェルドシュタイン教授もアジア通貨・金融危機はIMFが自己の専門分野を越えてアジア諸国に構造改革を押し付けたことによって更に深刻化したたと考える[44]。

　J・サックスは通貨・金融危機対策として30の具体的な政策提言を行っている。先ず途上国の金融システム改革に関しては、①途上国の金融機関が早急に会計基準等の国際基準を導入、②中央銀行の金融システムに対する監督・監視機能の強化、③金融機関の株主所有集中形態の排除・国際化、④非銀行金融機関の育成による金融資産の多角化、⑤企業ガバナンスの強化、⑥近代的な破産法の確立、⑦金融機関の財務内容の開示、⑧金融機関による海外金融市場から短期資金借入れの制限処置等をとるべきであると提言している。IMFに関しては、①IMFの支援政策を評価する外部機関の設立、②IMF保有の情報の開示、③IMF理事会の投票権を途上国の利益を反映するように再配分、④IMF理事会の意思決定方法の変更が必要であると述べている。国際金融システムに関しては、①変動為替相場制度の採用、②地域的な通貨基金の設立、③国際的な債務不履行を処理する国際的な破産処理機構の設立を提言している。国際的な経済支援政策に関しては、①債務減免を支援政策の一環として適宜導入、②固定為替制度を前提としないIMFの支援政策、③国際金融機関の持続的な関与を支援する政策が不可欠であると考える。国際金融市場に関しては、①マクロ経済・金融システムの安定を阻害する短期金融資本の流入の制限、②長期金融資本の流入の促進、③ヘッジ・ファンド等のグローバル投資ファンドの投資情報の開示、④投機的投資の規制、⑤国

第12章　インドネシアの通貨・金融危機

際金融資本の流動化に関する調査委員会の設置等が必要であると論じている。アジアの経済回復のために必要な短期の金融政策としては、①銀行の自己資本の充実、②銀行の不良債権を政府の国債に代替、③企業の対銀行債務の選別的な減免措置、④海外の金融機関の金融システムの参入の奨励政策の実施等を提案している。最後に、アジアの経済の競争力を強化する長期的な政策として、①科学・技術の発展のために必要な人材開発・人的資本開発、②能力主義による行政組織能力の強化、③腐敗を排除し組織の透明性を確保するための官僚機構、司法制度等の強化等合計30の政策提言を行っている[45]。これらJ・サックスの政策提言は1部非現実的な内容のものもあるが傾聴に値する。

　第2番目の「21世紀型の国際金融危機」理論はIMFのエコノミスト達や日本の専門家達がしばしば主張する論議である。インドネシアを含めたアジアの通貨・金融危機の原因に関するIMFの公式の見解は当然発表されていないが、IMFの見解はIMFが出版する世界経済の動向や国際金融の動向に関する出版物の内容から間接的に窺い知ることが出来る[46]。日本の経済学者や金融問題専門家達も以下説明するようにアジア通貨・金融危機は21世紀型の金融危機であると考える傾向が強いと言えよう[47]。これらの理論は、①東アジア・東南アジア諸国の実体経済は、高成長率の持続、健全な経常収支・財政収支、高貯蓄・高投資率、安定した物価上昇率等のマクロ経済指標に代表されるように健全であった。②危機の直接的な原因は、資本取引きの自由化によって加速した短期の金融資本が急速に新興市場に流入したためであり、資本取引の自由化とこれらの国が採用した固定為替制度の矛盾が噴出したためである。③更に短期の投機的な金融資本はリスクに非常に敏感であり、1つの国に発生した通貨危機は多国に群行動的に波及し危機を「アジア風邪」のように蔓延化させる傾向を強く持っている。④さらにこれらの国の銀行は金融の自由化政策により短期間の間に急速に拡大・膨張し、しかし中央銀行は金融システムの監督・監視能力を強化することが出来なかった。そのためこれらの国の金融システムは脆弱化していた[48]。これらの論議は、IMFの国際

金融資本フローの監視機能の強化、IMF加盟国の金融システムの強化、民間金融機関の資本の自由化に伴うリスク負担、金融機関のガバナンスの強化等の国際通貨システムの改革という大きな政策課題と直接関連してこよう。

第3に、金融システムの持つ本質的な脆弱性に関しては過去しばしば論じられてきた。金融危機は異常な現象でなく、金融システムに付随する通常な現象であることはC・キンドルバーガー（Charles P.Kindleberger）が1978年に既に指摘していた。[49] 途上国の経済発展にとって健全な金融機関の発展が不可欠であることは、R・マッキンノン（Ronald I.McKinnon）及びE・ショウ（Edward S.Shaw）等が1970年代の前半指摘していた。[50] マッキンノン・ショウ理論の主要な内容は途上国の金融システムが市場原理に従って金融資産の需要と供給が行われれば、金融市場の価格機能によって資本が限界生産性によって効率的に配分され、その国の貯蓄率が向上し、従って投資率が高まりその国の経済の成長に貢献するという理論である。このマッキンノン・ショウの主張を継承して途上国の金融システムに関する実証的な研究を行ったのがM・フライ（Maxwell J.Fry）である。しかしフライの研究の関心領域は途上国の金融政策の研究にあり、金融システムの制度的研究ではなかった。したがって途上国の金融システムの体制的危機の問題はフライの主要な関心領域ではなかった。[51]

途上国の金融システムの危機の問題に対する関心が高まったのは1970年代後半−1980年代の前半に発生した中南米の金融危機以降であろう。チリ、アルゼンチン等の中南米の主要国はIMFの経済安定化政策に従って金融システムの自由化政策を断行した。しかし多くの国の銀行が多額の不良債権を抱え経営が破綻し、金融システム自体が危機的な状況に陥った。不用意な金融自由化政策は金融危機をもたらす可能性があると、ディヤス・アレハンドロ（C.Diaz-Alejandro）は「金融規制よさようなら、こんにちは金融危機」と言う名言を残した。[52] 特に世銀は途上国の金融システムに関心をもち1989年の「世界開発報告書」は途上国の金融システムの特集号として出版されている。しかし世銀はこの報告書で途上国の金融システムの発展が経済発展に不可欠

第12章　インドネシアの通貨・金融危機

の条件であることを実証的に説明するのにとどまり、不用意な金融システムの自由化政策は金融システムを危機に陥れる危険性については深く分析していなかった。[53]

しかし世銀はその後も途上国の金融システムの改革に関する研究論文の発表や国際会議を開催し、途上国の金融システムの発展を支援した。これらの国際会議やシンポジウムにインドネシアの経済学者達も参加しているが、これらのインドネシアの経済学者達はインドネシアの金融改革は順調に進展していると主張していた。[54] しかしインドネシアの代表的な経済学者M・パンゲツー（Mari Pangestu）はインドネシアに金融危機が発生した後に、インドネシアは中央銀行の監督・監視制度を充分確立する以前に即急に金融システムの自由化を実行したと事後評価を行っている。アジアに通貨・金融危機が発生する直前にも世銀は中南米を中心とする中所得国に発生した金融危機を分析する研究会を開き、危機の原因及び政策課題について検討していた。[55]

途上国の金融システムが抱える問題ばかりでなく、先進国の金融経済学者達も金融機関が持つ構造的なリスク体質を繰り返して指摘していた。特に銀行は、①信用リスク、②流動性リスク、③金利リスク、④市場リスク、⑤外貨リスク、⑥業務リスク、⑦経営破綻リスク等のリスクを抱えており銀行の経営管理にはリスク管理が不可欠であると認識されていた。アメリカでは銀行経営のリスク管理の問題に関しては多数の良書が出版されており、銀行経営にとっていかにリスク管理が重要であるかは充分認識されていたといえよう。[56] 銀行のミクロ経済学の分野でもリスク管理の問題が重要なウェイトを占めている。[57]

アメリカの代表的な金融経済学者の1人であるコロンビア大学のF・ミシュキン（F.S.Mishkin）教授は途上国の金融機関の危機の発生メカニズムは、先進国の金融危機と同じく情報の非対称性、モラル・ハザード、逆選択の理論で説明出来ると主張する。即ち金融機関と融資の借手の間には情報の非対称性が存在し、資金の借手は自己の信用リスクを充分認識しているが、金融機関には借手の信用リスクを客観的に評価する情報をもたない。従ってこの

479

情報の非対称性を利用して信用リスクの高い借手が金融機関から資金を借入れることになる。その結果金融機関の信用リスクが増大する。借手は一度金融機関から融資を受けると、その資金は他者の物である故より大きなリスクを犯して事業を行おうとする。その結果モラル・ハザードが発生する。[58]

　この理論に従いミシュキン教授はメキシコや東アジアの通貨・金融危機の発生のメカニズムを説明しようとする。先ず第1に、不良債権の増大による銀行のバランスシートの悪化、金利の上昇、株価の下落、経済の不安定の増大等の負の条件が発生する。第2に、その結果金融機関の逆選択・モラル・ハザードによって金融機関のリスクが増大する。第3に、それを引き金に通貨危機が発生する。第4に、この通貨危機が更に金融機関の逆選択・モラル・ハザードを悪化させる。第5に、その結果経済活動が収縮し金融危機をもたらす。この金融機関の逆選択・モラル・ハザードの悪循環が金融危機を更に悪化させる。[59] しかし著者はこの逆選択・モラル・ハザード理論ではインドネシアの金融危機は理解できないと考える。

　この章で著者がシナリオ風に描いてきたのは、インドネシア経済社会の構造的腐敗・癒着構造に根ざした金融システムの歪みであり、このミクロ社会の深層はIMF型のマクロ経済学理論や新古典派経済学にその基礎をおく金融経済論では理解し得ないという主張である。この立場からすればインドネシアの金融危機はS・ハガード（Stephan Haggard）等の政治経済学的はアプローチが最も妥当な理解の仕方と考えられる。[60]

　著者がこの章の中で主張してきたのは、①インドネシア経済社会の腐敗構造はスハルト軍事抑圧政治体制に根ざし、②インドネシア経済は国軍、国営企業、華僑、大統領親族企業の暗黙の同盟関係によって発展してきた、③インドネシアの金融システムはスハルト政権が形成した「インドネシア型民族資本主義」が必要とする資金を提供する役割を果たした。韓国の朴軍事政権がピストルの銃弾によって終わりを遂げ、フィリピンのマルコス独裁政権が民衆の力によって終わりを遂げたように、インドネシアのスハルト政治・経済体制は通貨・金融危機によって崩壊した。スハルト大統領がIMFの専務

理事の前でIMFとの合意文書に署名する姿は象徴的な出来事であった。この見地からすると、インドネシアの金融システム及び経済の再生の鍵は、いかにインドネシアが企業、政府、金融機関を含む社会全体のガバナンスを形成することが出来るかにかかってこよう。この意味でアメリカの代表的なアジアの金融システムの研究者であるコロンビア大学のH・パトリック教授 (Hugh Patrick) の主張は納得しえよう。即ち「インドネシアの金融システムの危機は、金融システム自体のガバナンスの危機であり、金融システムを再建するためには社会全体のガバナンスを構築する必要がある」[61]という主張である。

(2) 開発金融論の進め

以上のようにインドネシアの金融危機をみてくると、われわれはインドネシアを含め発展途上国の金融システムを充分理解しえていなかったのではないかと危惧される。アメリカの代表的な開発経済学の教材として使用されてきたトダロの開発経済学やハーバード大学の国際開発研究所の研究員等が著わした開発経済学のテキストの中で、途上国の金融システムの紹介や分析はわずかな紙面しか割かれていない[62]。この辺の状況は日本の開発経済学も同じようである。日本の代表的な開発経済学者である渡辺利夫、原洋之介、速水祐次郎教授等の開発経済学の研究の中では途上国の金融システムの分析についてはあまり関心が払われていない[63]。

しかし寺西重郎教授は日本の経済発展の過程で金融システムが果たした役割を詳細に研究した業績があり、その後も途上国の金融システムの発展に関する研究を継続しており注目に値する[64]。更に中堅の金融組織の研究者である奥田英信等がアジアの途上国の金融システムの研究成果を発表している。この努力が今後のも継続されることが期待される[65]。国際金融論を専門とする河合正弘教授もアジア地域における金融資本の動向に関心を寄せている[66]。

最近世銀もアジアの通貨・金融危機の経験に鑑み、途上国の経済開発と金融の問題を正面から取り上げようとしている。その成果が発表されているが、

481

残念ながらこの研究書の中には我々が遂行すべき政策課題が明示されていない。日本の研究者の今後の課題となろう[67]。言うまでも無く途上国の金融システムは、①貯蓄を動員し、②金融資産を効率的に配分し、③企業のガバナンスの形成を促進し、④金融取引に付随するリスクを軽減し、⑤実体経済の取引を円滑化することによって経済発展に不可欠な資本を動員し、技術発展に貢献することによって途上国の経済発展を可能にする。今後日本で開発金融論に関する研究が更に強化されることが期待される[68]。

註

1. World Bank, *Indonesian Experience with Financial Sector Reform*, 1994, page 5.
2. Cole, David C., and Betty F.Slade, *Building A Modern Financial System*, Cambridge University Press, 1996,pp.98-112.
3. Nasution, Anwar., "Financial Sector Development in Indonesia," in *Financial Sector Development in Asia*, ed., by Shahid N.Zahid, Asian Development Bank, 1995, ショウ・マッキンノン以外の途上国の金融システムの近代化理論としてはL・テイラー（Lance Taylor）が主張する未組織金融機能を組織化することを目的とする「構造主義理論（Structuralism）」がある。Lance Taylor, *Structuralist Macroeconomics ; Applicable Models for the Third World*, 1983.
4. Nasution, Anwar.、上掲書、175－184頁。
5. Cole, David.C., 前掲書　108頁。
6. World Bank、前掲書、28－35頁。
7. Cho, Yoon-Je., and Deena Khatkhate, *Lessons of Financial Liberalization in Asia*, World Bank, 1989, pp.1-72.
8. Asian Development Bank, *Appraisal of The Development Finance Loan Project in Indonesia*, October 1989.
9. MacIntyre, Andrew., and Sjahrir, "Survey of Recent Development," in *Bulletin of Indonesian Economic Studies*, Vol.29, No.1, April 1993, pp.12-16.
10. Cole, David C., and Betty F.Slade、前掲書、136－140頁。

第12章　インドネシアの通貨・金融危機

11. Fane, George., "Survey of Recent Developments" in *Bulletin of Indonesian Economic Studies*, Vol.30, April 1994, pp.30-32.
12. IMF, The *Indonesian Financial System ; Its Contribution to Economic Performance and Its Key Policy Issues*, April 1997 ; and IMF Staff Country Report, *Indonesia ; Selected Issues*, September 1997, pp.53-60.
13. Sachs, Jeffrey D., Wing Thye Woo, "Understanding the Asian Financial Crisis," in the *Asian Financial Crisis : Lessons for a Resilient Asia*, ed., Wing Thye Woo, and Jeffrey D.Sachs and Kluas Schwarb, The MIT Press, 2000,pp.13-43.
14. Furman, Jason., and Joseph E.Stiglitz, *Economic Crises : Evidence and Insights from East Asia*, Brookings Papers on Economic Activities, 1998, pp.1-114
15. IMF, *Exchange Arrangements and Exchange Restrictions*, Annual Report 1995, pp.234-238.
16. Woo, Wing Thye and Anwar Nasution, "Indonesian Economic Policies and Their Relation to External Debt Management," in *Developing Country Debt and Economic Performance*, ed., by Jeffrey D.Sachs and Susan M.Collins, Viol.Ⅲ, The University of Chicago Press, 1989, pp. 96-113 ; Wing Thye Woo, Bruce Glassburner and Anwar Nasution, *Macroeconomic Policies, Crises, and Long-Term Growth in Indonesia* 1965-90, World Bank, 1994, pp.48-49 ; pp.87-93 ; and pp.110-112.
17. Government Statement on Policies to Deal with the Impact of Rupia Fluctuations, Indonesian Parliament Plenary Session, September 16, 1997, by Mr.Marie Muhammad, Minister of Finance. 白井早百合著『検証IMF経済政策』東洋経済新報社、1999年4月、150－157頁。
18. Moody's Investors Service, *Banking System Outlook : Indonesia*, September 1996.
19. ジャカルタ駐在の日本大手都市銀行ジャカルタ支店長のこの著者の現地調査時の談話。
20. Government of Indonesia, Letter of Intent With Memorandum of Economic and Financial Policies, singed by Mr.Marie Muhammad, Minister of Finance, dated October 31, 1997.
21. Government of Indonesia, Letter of Intent with Memorandum of Economic

483

and Financial Policies, January 15, 1998.
22. カレンシー・ボード・システムについては以下の文献参照のこと。
World Bank, Nissan Liviatan, ed., *Proceedings of a Conference on Currency Substitution and Currency Boards*, World Bank Discussion Papers, 1993 ; Guillermo E.Perry, ed., *Currency Boards and External Shock* ; *How Much Pain, How Much Gain* ? 1997 ; 香港のカレンシー・ボード・システムについては、Robert C.Effros, ed., *Emerging Financial Centers* ; *Legal and Institutional Framework* IMF, 1982, pp.95-115.
23. Government of Indonesia, Supplementary Memorandum of Economic and Financial Policies, April 10, 1998.
24. インドネシアの金融危機とスハルト政権の崩壊の過程に関しては、次の文献に詳しく紹介されている。Stephan Haggard, *The Political Economy of the Asian Fiancial Crisis*, Institute For International Economics, 2000, pp.65-70 ; pp.114-124.
25. 白石隆著『崩壊インドネシアは何処に行く』NTT出版、1999年、54－102頁。
26. この時期のインドネシアの政治・社会不安については日本のマスコミが詳細に報じているが、インドネシア研究者の観察記録が参考になる。加納啓良著『インドネシア繚乱』文春新書、平成13年3月。
27. Schwarz, Adam., *A Nation In Waiting* ; *Indonesia in the 1990s*, Allen & Unwin, 1994, pp.135-144.
28. この時期著者はアジア開発銀行のインドネシア担当の民間投融資プロジェクト審査を担当しており、1980年代の後半から1995年頃まで前後30数回インドネシアを訪問していた。アジ銀の融資適格プロジェクトを発掘するため著者は頻繁にバピンド開発銀行を含むインドネシアの国営銀行の幹部と面談する機会を持った。その幹部経営者の中には逮捕されたバピンド開発銀行のスベクチティ頭取も含まれている。国営銀行の融資プロジェクト審査担当官とも頻繁に会う機会があったが、彼等のプロジェクトの審査能力は低かった。政治的な配慮で融資プロジェクトを選択する傾向が強く感じられた。彼等は融資プロジェクトにアジ銀の並行融資を強く望んでいた。アジ銀の現地スタッフもインドネシアの金融システムの腐敗振りを充分認識しており、インドの国営銀行からアジ銀に出向していた銀行経営の専門スタッフは著者に、インドネシアの銀行は不良債権を大量に抱え財務体質が急速に悪化していると懸念を表明していた。

29. インドネシア金融危機発生の直前に発表されたIMFの金融セクターに関するレポートはインドネシアの金融システムの脆弱性を指摘していた。次の文献参照のこと。IMF, *The Indonesian Financial System ; Its Contribution to Economic Performance, and Key Policy Issues*, April 1997.
30. インドネシアの大手の華僑企業グループであるシナルマス・グループに所属するインターナショナル・インドネシア銀行（P.T.Bank International Indonesia：BⅡ）の年次報告書（1995年）によると、この銀行の自己資本比率はBIS基準の8パーセントを超え、資本利益率・総資産利益率によって示される銀行の収益性も高く経営危機を窺わせる兆候は見当たらない。この銀行の総資産は1991年の3.7兆ルピアから1995年には12.9兆ルピアに年平均37パーセントで4年間に3.5倍に増大した。従業員は3,900人から5,400人と1.4倍増大したに過ぎない。幹部経営陣は関連家族によって占められ、彼等は銀行経営経験者ではなく銀行経営の専門的な教育を受けた者ではなかった。この銀行は金融危機の後経営破綻する。BⅡ Annual Report 1995.
31. インドネシアの金融危機に関しては最近IMFのスタッフが詳細な分析レポートを発表しており、以下個々での記述は主にこの報告書に依存している。
Charles Enoch, Barbara Baldwin, Olivier Frecaut, and Arto Kovanen, *Indonesia : Anatomy of a Banking Crisis Two Years of Living Dangerously 1997-99*, IMF Working Paper, May 2001.
32. IMF, op.cit., pp.23-41
33. Bank of Indonesia, Annual Report 2000, pp.198-222.
34. 銀行再建庁の詳細な活動状況については以下の文献参照されたい。
BPPN/IBRA, Monthly Report, April2000-June 2001 ; IBRA's website ; www.bppn. go.id
35. Information Memorandum, PT.Holidiko Perkasa, April 2001.
36. Jakarta Initiative Task Force (JITF), *Enhanced Mediation Program and Integrated Restructuring Strategy, 2000*.
37. Government of Indonesia, Letter of Intent submitted to IMF, July 29, 1998.
38. The World Bank, *Report and Recommendation On Proposed Policy Reform Loan*, April 28, 1998.
39. The World Bank, *Indonesia : Accelerating Recovery in Uncertain Times*, October 13, 2000 ; *Indonesia Country Assistance Strategy* ; FY 2001-2003,

January 4, 2001 and *Indonesia : Private Sector Development Strategy*, January 10, 2001.

40. Asian Development Bank, *Country Economic Review : Indonesia*, October 1997.
41. Asian Development Bank, *Financial Governance Programs : Sector Development Program* : Indonesia, 8 April 1998 ; *Social Protection Sector Development Program*, 23 June 1998 ; *Indonesia : Country Operational Strategy*, March 2001.
42. マニラ・フレームワークについては、『図説：国際金融』1999年版、財経詳報社、188頁参照。アジ銀の「Regional Economic Monitoring Unit」のアジア域内の経済動向のモニタリングの内容については、アジ銀のホーム・ページ；http//aric.adb.org 参照のこと。
43. J・サックス（Jeffrey Sachs）教授のパニック理論については以下の論文参照のこと。
    Radelet, Steven., and Jeffrey Sachs, "The Onset of The East Asian Financial Crisis," *NBER Working Paper Series*, August 1998, National Bureau of Economic Research ; Steven Radelet and Jeffrey Sachs," The East Asian Financial Crisis : Diagnosis, Remedies, Prospects," *Brookings Papers on Economic Activity*, Vol.1, 1998.
44. Feldstein, Martin., "Refocusing the IMF," *Foreign Affairs*, March/April 1998,pp.20-33.
45. Sachs, Jeffrey D., and Wing Thye Woo, "A Reform Agenda for Resilient Asia," and "Understanding the Asian Financial Crisis," in *The Asian Financial Crisis : Lessons for a Resilient Asia*, ed., by Wing Thye Woo, Jeffrey Sachs and Klaus Schwab, The MIT Press, 2000, pp.3-43.
46. IMFのアジア通貨・金融危機に関する見解は以下の文献に詳しく論じられている。
    World Economic Outlook, May 1998.
    International Capital Markets, September 1998.
    World Economic Outlook, October 1998.
    World Economic Outlook/International Capital Markets, December 1998.
47. 日本におけるアジア通貨・金融危機に関する研究書や論文は多数発表されているが以下の文献が参考になろう。

第12章 インドネシアの通貨・金融危機

滝井光夫・福島光丘編著 『アジア通貨危機』日本貿易振興会 1998年
経済企画庁経済研究所編『エコノミック・レサーチ；アジア通貨危機特集』、1998年6月号。
近藤健彦他編著『アジア通貨危機の経済学』東洋経済新報社、1998年。
荒巻健二著『アジア通貨危機とIMF』日本経済評論社、1999年。
高橋琢磨他著『アジア金融危機』東洋経済新報社、1998年。

48. これらの見解は元IMFのエコノミストであったM・ゴールドシュタインの見解に代表されよう。Morris Goldstein, *The Asian Financial Crisis ; Causes, Cures, and Systemic Implications*, Institute For International Economics, 1998.
49. Kindleberger, Charles P., *Manias, Panics, and Crashes : A History of Financial Crises*, Macmillan, 1978.
50. McKinnon, Ronald I., *Money and Capital in Economic Development*, The Brookings Institution, 1973 and Edward S.Shaw, *Financial Deepening in Economic Development*, Oxford University Press, 1973.
51. Fry, Maxwell., *Money, Interest, and Banking in Economic Develoopment*, The Johns Hopkins University Press, 1988.
52. Diaz-Alejandro,Carlos., "Good-bye Financial Repression, Hello Financial Crash," in *The Journal of Development Economics*, Vol.19,1985,pp.1-24.
53. The World Bank, *World Development Report* 1989.
54. Chant, John., and Mari Pangestu, "An Assessment of Financial Reform in Indonesia ; 1983-90," in *Financial Reform : Theory and Experience*, ed., by Gerald Capiro,Jr., Izak Atiya, and James A.Hanson, Cambridge University Press, 1994, pp223-275 ; Binhadi, "Financial Deregulation and Bank Supervision," in *Financial Sector Reforms, Economic Growth, and Stability ; Experiences in Selected Asian and Latin American Countries*, ed., by Shakil Faruqi, 1994, pp.81-101 ; Syahril Sabirin, "Capital Account Liberalization : The Indonesian Experience," in *Financial Sector Reforms in Asian and Latin American Countries*, ed., by Shakil Faruqi, 1993, pp.147-161, The World Bank.
55. Pangestu, Mari., and Manggi Habir., *The Boom, Bust and Restructuring of Indonesian Banks*, August 2000. The World Bank, *Preventing Banking Sector Distress and Crises in Latin America*, Proceedings of a Conference

held in Washington, D.C. April 15-16, 1996 ed., by Suman K.Bery and Valeriano F.Garicia；*Bank Restructuring*：*Lessons from the 1980s*, ed., by Andrew Sheng, 1996 and *Preventing Bank Crises*：*Lessons from Recent Global Bank Failures*, ed., by Gerald Capiro, William C.Hunter, George G.Kaufman and Danny M. Leipziger, 1998.

56. 先進国の銀行経営のリスク管理の問題に関しては下記の文献参照のこと。
Joel Bessis, *Risk Management in Banking*, John Wiley&Sons, 1998.
Marcia L.Stigum and Rene O.Branch, Jr. *Managing Bank Assets and Liabilities*；*Strategies for Risk Control and Profit*, Dow Jones-Irwin, 1983.
George H.Hempel, Alan B.Coleman and Donald G.Simonson, *Bank Management*, John Wiley&Sons, 1983.
Fred C.Yeager and Neil E.Seitz, *Financial Institution Management*, Reston Publishing Company, 1985.
Joseph F.Sinkey, *Commercial Bank Financial Management*, Macmillan, 1992.

57. Freixas, Xavier., and Jean-Charles Rochet, *Microeconomics of Banking*, The MIT Press, 1997, pp.191-256.

58. Mishkin, Frederic S., The *Economics of Money, Banking and Financial Markets*, 6th Ed., Addison Wesley, 2001,pp.136-137.

59. Mishkin, Frederic S., ibid., pp.202-209. "Understanding Financial Crises：Developing Country Perspective," in *Annual World Bank Conference on Development Economics* 1996, The World Bank, 1997, pp. 29-62.

60. Haggard, Stephan., *The Political Economy of the Asian Financial Crisis*, Institute for International Economics, 2000.

61. Patrick, Hugh., *Corporate Governance and the Indonesian Financial System*, Draft Report, April 2001, APEC Study Center, Columbia Business School.

62. Todaro, Michael P., *Economic Development*, Addison-Wesley, 7th Ed., 2000；Malcolm Gillis, Dwight H.Perkins, Michael Roemer and Donald R.Snodgrass, *Economics of Development*, 4th Ed., W.W.Norton,1996.

63. 渡辺利夫著『開発経済学』日本評論社、1986年；原洋之介著『開発経済論』岩波書店、1996年；速水祐次郎著『開発経済学』第2版　創文社　2000年参照のこと。

64. 寺西重郎著『日本の経済発展と金融』岩波書店、1982年；『工業化と金融システム』東洋経済新報社、1991年；『経済開発と途上国債務』東京大学出版会、1995年。
65. 奥田英信・黒柳雅明著『入門開発金融』日本評論社、1998年；奥田英信著『ASEANの金融システム』東洋経済新報社、2000年。
66. 河合正弘著『アジアの金融・資本市場』日本経済新聞社、1996年。
67. The World Bank, *Finance for Growth* ; Policy Choice in a Volatile World, Oxford University Press, 2001.
68. Levine, Ross, "Financial Development and Economic Growth：Views and Agenda," in *Journal of Economic Literature*, June 1997, pp. 688-726..

おわりに

　最後に結論として本書で取り上げてきた問題について著者の率直な見解を纏めて読者の参考に供したいと思う。第1部ではラテンアメリカとアフリカの経済発展について書いた論文を纏めた。先ず第1章でラテンアメリカ諸国の経済発展の構造の問題を取り上げた理由は2つある。その第1の理由は、著者が長年フィリピンに住んで常に疑問を感じたのは、資源が比較的豊富で教育水準も高いのに拘わらずフィリピンが何故タイ・マレーシア・シンガポール等の東南アジア諸国の経済発展に遅れてしまったのかという問題である。この疑問に対する著者の仮設の1つは、資源賦存量は必ずしも持続的な経済発展の必要・十分条件でなく、「資源の呪い」理論が指摘するように豊富な資源の賦存自体が逆にその国の経済発展にとってマイナスの効果をもたらす場合もあるという事実である。このことはアジアで急成長を遂げたシンガポール・台湾・韓国は資源が乏しいにも関わらず短期間に驚異的な経済成長を遂げたことからも理解出来る。この疑問に対する著者の答えは「資源賦存状況によってそれぞれの社会はそれぞれに適した社会制度を構築し、この社会制度がその国の経済発展に影響を与える。フィリピンとラテンアメリカは類似の資源賦存量と共通のスペイン植民地統治の歴史を共有している。フィリピンはラテンアメリカ諸国に類似した社会構造と政治文化を形成し、この政治経済の構造的特徴が経済発展の阻害要因となった」という仮説的解釈であった。フィリピンは数世紀スペインの植民地であり、アメリカ・スペイン戦争以降はアメリカの統治下にあった。このような歴史的な背景からフィリピンの典型的な上流階層エリートの多くはスペイン人の血統或いは混血（メスティゾ）の血筋を持つ大規模農園（ハシエンダ）の経営者で、その多くがハーバード大学等アメリカの一流大学の出身者である。これ等フィリピン

の上流階級のエリートはシンガポール・韓国・台湾のエリート達とは本質的に価値観、行動規範、政治文化が異なるという解釈である。このような背景から著者は常々「フィリピンはアジアの中のラテンアメリカである」と感じていた。

　第2番の理由は、19世紀の前半独立国となったラテンアメリカ諸国が戦後独立国となった東アジア諸国に比較して何故経済発展が長期間停滞することになったのかという純粋に開発経済学のか視点からの問題提起である。この疑問は新古典派成長理論に依拠する量的な「成長会計」分析からは回答を得られないという著者の考えである。一国の経済発展は生産要素の投入量と産出される生産量の関数関係では説明出来ない社会の経済活動の構造的特徴によって影響を受けるという主張である。この社会の経済活動の構造的特徴を「成長会計分析」では「全要素生産性」と概念づけているが、これは経済学者にとって説明不能な「残余」ないしは「ブラック・ボックス」となる。この社会の経済活動の構造的特徴を理解するためには、その社会の歴史的発展パターンと経路、社会の構造と文化的規範、政治構造と文化、社会制度の形成と発展等「構造主義」理論が提起する問題を理解する必要があると著者は考える。

　以上の問題提起から、第1章の記述を通して読者は以下のことを理解するであろう。南アメリカ新大陸のスペイン・ポルトガルの植民地支配は資源の掠奪的開発と現地人の抹殺とアフリカ人の奴隷労働者の酷使に依存していた。ラテンアメリカ社会の資源賦存状況はラテンアメリカ社会の特有の構造である寡頭支配の権力体質と富の集中を形成した。この構造的特徴は北アメリカ大陸の個人主義的な市場経済体制とは異質の性質を持つ。このラテンアメリカの経済発展の特徴を理解するにはその歴史的な背景、ラテンアメリカ特有の社会権力構造、寡頭支配の伝統的政治文化等を考慮した政治経済学的なアプローチが不可欠であるという著者の主張である。

　第2章から第4章で取り上げたアフリカ、特に旧イギリス植民地アフリカ諸国の経済発展を理解するうえで最近注目されているのは西欧社会の植民地

支配責任論である。カナダのN・ヌン（Nathan Nunn）は西欧社会が行った奴隷貿易はアフリカの社会に部族間の猜疑心と対立を植え付け、アフリカ人の深層心理に人間不信の精神構造を形成し、これ等がアフリカ社会の紛争の原因となりアフリカ社会の経済発展の阻害要因となったと主張する。[1] 政治学者J・ハーブスト（Jeffrey Herbst）は戦後アジアの発展途上国の多くが「開発国家」として経済発展に国家が指導的な役割をはたし、これ等の国の経済は急速な発展を遂げた。これに対してアフリカ諸国では独立以降現在まで、紛争や腐敗、「国家機能の崩壊」現象が頻繁に発生し経済が停滞した。その根本的な理由は西欧社会が長期のアフリカの植民地支配の過程で経済発展に必要不可欠の「国家形成」（nation-building）の準備を怠ったためであると考える。経済発展には国家形成が先行すべきであるというのが著者の主張である。[2]

　発展途上国の経済発展のプロセスを制度論の視点から精力的に研究を行い、その活動が最近注目の的になっているのがダロン・エースモグル（Daron Acemoglu）である。エースモグルは「西欧社会はアフリカの植民地支配の過程で近代資本主義経済システムの不可欠の要件である私的財産制度、市場経済制度、契約制度等の制度の構築を怠った…これが現代のアフリカ社会の経済発展を阻害している根本的な原因である」という趣旨の主張を行っている。[3] また本書の中で著者がしばしば強調したように旧イギリス植民地であったアフリカ諸国はルガード卿が定式化した「間接統治」の下で「国家形成」（nation-building）の準備を怠った、このためアフリカ諸国は現在「国家の崩壊」や紛争に悩まされている。

　しかし以上の問題を解決するためにJ・サックスが主張する「ビッグ・プッシュ理論」に基づいてアフリカ社会に対するODA援助を拡大することには慎重であるべきであろう。その理由は、アフリカ社会のガバナンスを改善しないとODA資金は無駄な開発投資になると危惧するからである。[4] このためにアフリカ社会のガバナンス、社会・組織・人的能力を改善する個々的な地道な開発プロジェクト支援を実施する長期的な努力が先ず優先されるべき

おわりに

である。[5] 日本政府もアフリカ社会の国家のガバナンスを確立するための支援を最優先すべきであろう。

　第2部では途上国が直面する主要な課題である「貧困と環境」を取り上げた。第5章で紹介した途上国の貧困問題の根本的な解決策は、途上国の経済成長を支援することであろう。このことは中国の事例から理解することが出来る。過去20数年以上で中国は高い経済成長を持続した。その結果貧困人口が急激に減少した。このことから高い経済成長率を長期間維持することが貧困削減の最善の方法であることについて異論はないであろう。しかし数理経済学者や計量経済学者が論議する「貧困の計量的測定基準」に開発援助の実践家達は過度に神経を使う必要はない。重要なことは貧困を正確に定義して、その削減方法を論議することではない。重要なことは最も救済を必要としている貧困層を「操作的に定義し」貧困の底辺層の人口を可能な限り減少させる政策努力を怠らないことである。その際有効なのは第6章で紹介したバングラデシュのグラミン銀行が率先して実施した貧困解消を目的する「ミクロ開発金融」であろう。しかしミクロ開発金融の内容、組織、運用は途上国に存在する貧困の「深刻度」、環境条件、貧困解消の阻害条件を考慮してプラグマチックに修正・変更してその国に適した「ミクロ開発金融」プログラムを実施すべきであろう。

　第7章では環境を保全するためには、先ず人間が環境を大切にする環境倫理を形成すべきであるという前提から、アメリカの環境保全思想の歴史的発展を紹介した。次に発展途上国が経済発展の過程で同じ間違いを犯すべきでないという願いから日本が経験した深刻な公害問題を取り上げ、日本政府が実施した環境保全政策の経緯を少し詳しく紹介した。それとともに先進国で展開された「環境クズネッツ曲線」論争の内容を紹介し、「環境クズネッツ曲線」の命題にはその妥当性に限界があり留意する必要があることを示唆した。[6] 最後に東アジア・東南アジア諸国の環境汚染の具体的事例と政府の環境保全政策の内容を解説した。第8章では地球環境問題の1つの事例として東南アジアの熱帯雨林の破壊と消失の問題を取り上げ、これ等の原因に1960年

代以降の日本の高度経済成長が直接・間接的に無関係でないことを示唆した。
　第３部の各論文は1980年以降顕著になった国際的な資本取引の自由化政策によってもたらされたグローバリゼーションの弊害を、中所得国の累積債務の危機（第９章）、国際金融資本の流動化と通貨危機（第10章）、タイと東南アジアの通貨危機（第11章）及びインドネシア通貨・金融危機（第12章）で論議した。直接投資の増大によって途上国経済が先進国の多国籍企業の分業体制に組み込まれることは、途上国の経済に種々の便益をもたらすことは確かであろう。多国籍企業の海外直接投資は、雇用機会の増大、外貨獲得、産業連関効果、地域経済の活性化、経営資源の移植による人材開発効果等多数のプラスの効果を発展途上国の経済にもたらす。最近のバングラデシュの繊維産業の急成長はその典型的な事例であろう。しかも多国籍企業の直接投資は途上国への長期資金の流入であり、途上国経済にとって外的衝撃の要因になりにくい。しかし先進国の急激で大規模な短期資金の途上国経済への流入は様々なマイナスの効果を持つ。これら資金の出し手の中心は先進国の大手金融機関及びヘッジ・ファンドに代表される機関投資家達である。これ等短期資金は先進国政府が実施した1980年代以降の金融自由化政策によって世界中を席巻した。この様な金融資本主義を、スーザン・ストレンジは「カジノ資本主義」、その資本主義が操る短期資金を「狂った金」と呼んだ。[7]このカジノ資本主義の狂った金の犠牲になったのが短期金融資本のプッシュ要因・プル要因が最も効果的に作動する新興「中所得」発展途上国である。発展途上国はその低所得段階では「貧困の罠」に嵌り中所得段階に達すると「金融資本の罠」に嵌ってしまう。ブレトン・ウッズ体制の指導原理である経済の自由化政策はその実施の順序と速度を誤ると、ジアス＝アレハンドルが揶揄するように「さようなら金融規制、こんにちわ金融危機」になりかねない。[8]経済の自由化政策は先ず実物経済の自由化から着手すべきで、金融市場や資本取引の自由化は中央銀行が金融市場・組織及び資本取引に対する監視・監督機能を強化してから実施すべきである。この順序を間違えるとインドネシアの事例のように金融危機が政治・経済危機に発展する。以前法哲学者が

「法の究極にあるものは政治である」と看破したように、「経済の究極にあるのは政治である」ことを我々は深く肝に銘じるべきであろう。

平成22年8月22日　猛暑の鎌倉にて

稲葉　守満

註

1. Nunn, Nathan., "Historical legacies : A model linking Africa's past to its current underdevelopment," *Journal of Development Economics*, 83, 2007, pp.157-175.
2. Herbst Jeffrey., *States and Power in Africa : Comparative Lessons in Authority and Control*, Princeton University Press, 2000, pp.251-272.
3. Acemoglu, Daron, Simon Johnson, and James A.Robinson, "The Colonial Origins of Comparative Development : An Empirical Investigation," *American Economic Review*, 91, 2001, pp.1369-1401. その他のエースモグルの注目すべき研究論文は彼の新著にその多くが収録されている。Daron Acemoglu, *Introduction To Modern Economic Growth*, Princeton University Press, 2009.
4. Moyo, Dambisa., *Dead Aid : Why aid is not working and how there is a better way for Africa*. Farrar, Straus and Giroux, NY., 2009.
5. Easterly, William., Can the West Save Africa? in *Journal of Economic Literature, June 2009, pp.373-447*.
6. 植田和弘著『環境経済学』、岩波書店、1996年、196－198頁。石見徹著『開発と環境の政治経済学』、東京大学出版会、2004年、31－36頁。
7. Strange, Susan., *Casino Capitalism*, Oxford, Blackwell, 1986（邦訳、小林裹冶訳『カジノ資本主義―国際金融恐慌の政治経済学』岩波書店、1988年）: Mad Money, Manchester University Press, 1998（邦訳、桜井公人他訳『マッド・マネー』岩波書店、1999年）参照。
8. Diaz-Alejandro, Carlos., "Good-Bye Financial Repression, Hello Financial Crash," in *Journal of Development Economics*, September-October, 1985, pp.1-24.

著者略歴

稲葉　守満（いなば・もりみつ）
　日本大学法学部／大学院法学研究科非常勤講師
　1960年　日本大学法学部卒業
　カナダ・ウエスタン・オンタリオ大学大学院政治学部修士課程修了（1964年5月）；カナダ・トロント大学大学院政治経済学部博士課程修了（1967年11月、1970年Ph. D取得）；ハーバード大学大学院経済学部客員研究員（1974−75年）(A Post-Doctoral Study)；オックスフォード大学 St. Antony's College 客員研究員（SAM；A Senior Associate Fellow）（1995−96年）；コロンビア大学経営大学院客員研究員（2001年7月−9月）；トロント大学政治経済学部研究助手（1967−70年）；三菱総合研究所　研究員／主任研究員（1970−81年）；アジア開発銀行 Sr. Project Economist/Sr. Investment Officer（1981−95年）；日本大学国際関係学部／法学部教授（1996年−2007年退職）

主要著書
『人間のための労働』（共著）、日経新書、昭和49年；『南北問題の政治経済学』（共訳）、学文社、1998年；『危機の政治経済学』（共著）、時潮社、1999年；『開発政策論―講義要綱』、ＤＴＰ出版、2003年；『開発政策論―ミクロ経済政策―』、時潮社、2007年

開発の政治経済学
―グローバリゼーションと国際協力の課題―

2010年9月30日　第1版第1刷　　定　価＝4500円＋税

著　者　稲　葉　守　満Ⓒ
発行人　相　良　景　行
発行所　㈲　時　潮　社

〒174-0063　東京都板橋区前野町4-62-15
電　話　03-5915-9046
ＦＡＸ　03-5970-4030
郵便振替　00190-7-741179　時潮社
ＵＲＬ　http://www.jichosha.jp

印刷・相良整版印刷　製本・武蔵製本

乱丁本・落丁本はお取り替えします。
ISBN978-4-7888-0656-6